乌丙安民俗研究文集

民俗文化综论

乌丙安 / 著

長春出版社
全国百佳图书出版单位

图书在版编目（CIP）数据

民俗文化综论/乌丙安著. —长春：长春出版社，2014. 1

（乌丙安民俗研究文集；7）

ISBN 978－7－5445－3200－6

Ⅰ. ①民… Ⅱ. ①乌… Ⅲ. ①风俗习惯－中国－文集 Ⅳ. ①K892－53

中国版本图书馆 CIP 数据核字（2013）第 271317 号

民俗文化综论

著　　者：乌丙安

责任编辑：孙振波

封面设计：尹小光

出版发行：長春出版社　　总编室电话：0431－88563443

发行部电话：0431－88561180　　读者服务部电话：0431－88561177

地　　址：吉林省长春市建设街 1377 号

邮　　编：130061

网　　址：www. cccbs. net

制　　版：吉林省久慧文化有限公司

印　　刷：长春市利源彩印有限公司

经　　销：新华书店

开　　本：155 毫米×225 毫米　1/16

字　　数：390 千字

印　　张：29. 25

版　　次：2014 年 1 月第 1 版

印　　次：2014 年 6 月第 2 次印刷

定　　价：58. 00 元

总　　序

缘　起

从 1953 年在北京师范大学中文系钟敬文教授门下攻读民间文学专业首届研究生开始，直到 2013 年的今天，我从事民俗文化的学术研究与教学活动已经整整 60 年，度过了一个甲子的周期。论人生苦短的岁月，按照农历不必掐指推算，转瞬间，如今我已是 85 岁步履蹒跚的耄耋老人了！此刻，真不敢遥想当年在钟师耳提面命下的青春年华，更不堪回首曾经的二十几个严冬濒临生命极限的磨难！最难得的是 50 岁那年从贫困的辽北小山村被召回到大学岗位，重操旧业至今的 35 年，总算有了较充实的专业教学和研究的时间和空间。于是，也才有了日积月累的些许成果。遵循人文学界的惯习，不论你自己荒废的还是被荒废的时光有多少，这从事学术 60 年、适逢 85 岁华诞的数字，都是可资纪念和庆贺的缘由，自然要把所积攒的成绩拿出来，呈献给学术界作为汇报，请同仁们品评指点。

更何况，今年还有两个缘由十分重要：今年是钟师诞辰 110 周年，应该认真纪念；今年又是中国民俗学会成立 30 周年，我所有的民俗研究论著的绝大部分都是这 30 年间写作、发表和出版的，我的学术生涯和我参与建立建设的这个学会都是紧密相关的。

简而言之，110周年、30周年、60周年和85岁，这4个数字不期而遇的说不完的奇巧故事，就是这部8卷本《乌丙安民俗研究文集》出版问世的缘起。至于说此前我出版的著作90%都已经绝版售缺，各出版社纷纷要求再版发行，确有此一说，但这只是一个理由，并不能构成一个今年必须要出版的缘由。

解　说

学界有几位老朋友问："为什么要出版《乌丙安民俗研究文集》？出版《乌丙安文集》不是更全面些吗？"我的回答很简单，我作为专业研究者、专业教师，还是以我自己喜爱的专业理论、方法或与之相关的专业工作实践为主比较贴切。面向的读者也主要限于相同或相邻专业的同仁们。所以，我在报纸杂志上发表过的许多一般性的散文、随笔、杂谈、社评、政论等文章，都不在这套文集中。即使是和民俗学相关的60多篇序言，我也没有把它们收到这部文集中。甚至像1978年12月30日撰写的"重建民俗学的新课题"，1982年2月7日撰写的"在民俗学的历史任务面前"等多篇这样的长篇呼吁性、建议性文章，也都没有收进这套文集中，我想也可以留待下一步放到另类文集中酌情出版，或干脆把它们舍弃。

这一套8卷本的民俗研究文集，集结编入的主要是1980年至2010年这30年间出版的11部专著中的8本书。另外的3本：一本是《生灵叹息》，1999年1月由上海文艺出版社出版，这是一本以民间信仰采录随笔为主要内容的读物，不适于编入民俗研究文集；一本是《日本の家庭と北方文化》，我与大林太良等合著的日文版书；另一本是《满族の家族と社会》，我与江守五夫等合著的日文版书。后两本分别于1993年6月、1996年4月由日本东京第一书房出版。其中我执笔的大部分内容的中文本也已经编入本文集的《民俗文化综论》卷中。

经过统一调整，和出版方编辑人员研讨推敲，对个别分卷书名做了修改，形成一套多卷集的不排顺序号的套书。具体情况如下：

《民俗学丛话》：原书1983年6月由上海文艺出版社出版。本文集保持原书名和原书内容与结构的完整性，但是，鉴于此书出版较早，篇幅较小，论题较少，30年后的今天，显然难以满足民俗学科拓展的研究视野。为此，我决定为这部“丛话”增添“下篇”。包括民俗象征体系话题、地方产食民俗文化的话题、民俗语言和语言民俗话题、民俗文化形态研究话题、灾害民俗学新课题、神话研究反思系列话题、两性民俗学发生论题、民俗发生论的思考话题、民俗学史论系列话题等17个专题，和原书15个专题相加共有32个专题系列。这样，大致把我近30年来关注的部分研究议题做了有限的表述。或者可以反映出我在民俗研究历程中的一些不成系统的思考和困惑。在这里还必须郑重说明：下篇的17个专题中，除了神话研究、民俗学史论的9个专题外，其他8个都是不同时期写成的论稿，从未发表，这次定稿后，首次和读者见面。特别是关于民俗学原理中“民俗发生论”思考的话题，是我那本《民俗学原理》中没有来得及涉及的话题，希望得到品评与交流。

《中国民俗学》：原书1985年8月由辽宁大学出版社出版，1999年9月增订本新版出版，本文集保持原书名和原增订本内容、结构不变，只将与本套文集《民俗文化综论》中重复的“生态民俗”章节删除。同时还修正了几处不恰当的章节标题。

《民俗学原理》：原书2001年1月由辽宁教育出版社出版。《中国民间信仰》：1996年1月由上海人民出版社出版。本文集编入上述两书，分别保持原书名和原书内容与结构的完整不变，未做任何改动。

《萨满信仰研究》：原书名《神秘的萨满世界》，1989年6月由三联书店上海分店出版。本文集编入时为了协调书名排列，将原名改为《萨满信仰研究》，原书内容与结构的完整不变，未做任何改动。

《民间口头传承》：原书1957年4月繁体字版书名是《人民口头文学概论》，1980年11月春风文艺出版社再版修订时，改书名为《民间文学概论》。此次编入本文集时，为了关照原书的“口头文学”研究特色，调整各分卷书名，再一次更名为《民间口头传承》。同时，删除了原书中与本学科专业理论不相适应的一些章节。

《民俗文化综论》：原书名《民俗文化新论》，2001年10月由辽宁大学出版社出版。此书编入本文集时，我和责任编辑都认为“新论”之说并不是科学概念，此书原来就是若干论题的综合研究论述，所以最终还是改为“综论”较为妥当。

《民俗遗产评论》：原书名《非物质文化遗产保护理论与方法》，2010年7月由文化艺术出版社出版。本文集将此书编入时，特别选收其中所有关于非物质文化遗产民间文学类、民俗文化类遗产保护的评论篇章，同时增添了有关“农业文化遗产保护”的专题论述，整合起来编成一卷，并冠之以《民俗遗产评论》的书名，比较适宜。

这就是我编辑民俗研究自选文集的简单做法。大量艰苦的技术工作，自然都交给了很负责任的孙振波编辑。

感　想

在本文集即将出版之际，说百感交集真的是并不为过！我致力于民俗文化研究凡60年！用一句北方老百姓俗话概括，那就是“三十年河东，三十年河西”啊！也就是文人常常慨叹的“沧桑”之感。60年岁月尽管眨眼而过，毕竟扎扎实实抓住时间做了些有效的研究，成果肯定会是十分可观的。但是，作为国家一级学会的中国民俗学会今年刚刚欢庆了它的30华诞，我这套8卷民俗研究文集的绝大部分也都是在这30年间写成发表的，我不禁扪心自问：那前30年的有效时间哪里去了？钟敬文老师生前把那个年月被毁弃的民俗学叫作“绝学”，他为了重建这门“绝学”，最后率领他的弟子徒孙奋斗到了百岁，抓住改革开放跨世纪的大好机遇，夺得了民俗文化学科的繁荣与发展。

庆幸之余，令人深思。回眸这60载寒暑春秋，年华任虚度，坎坷且蹒跚，痴心虽广种，薄收却点点。不免留下太多的遗憾！

此刻，我坐在“天龙家园”自宅的书桌边，最后校阅这本文集的8卷书稿，不由得让我联想到几十年前阅读佛教信仰民俗典籍中的《天龙八部》，依次解读形象奇特、意蕴深邃、因缘互动、光怪陆离的八种护法神灵的动人故事，对我研究信仰习俗很有教益。如今，我在这天龙家园的自家小屋里，把我笔下的八卷民俗论著呈献出来，衷心希望以它微不足道的正能量为我国当代民俗学虔诚“护法”。

为此，将本文集俗称为“天龙八卷”也未尝不可！

2013年谷雨写于沈阳天龙家园

民俗文化与现代化的思考（代序）

民俗，作为一种独特的文化现象，从形成之日起就是一种文化传承工程。这种工程在人类文化史的进程中，始终是以它的流动性特征显示其运动的。换句话说，民俗在文化史上从来就是一个永不间断的流程。因此，任何历史阶段都有民俗元素的流通、流动和变动，甚至包括十分细微的变化在内，在现代化进程中也不例外。

民俗，在文化史的任何时代，都不是一种原封不动的“遗留物”，它从来都是化作当代的形态，或缓或疾地流动着的。因此，绝不可以把民俗当作“活古代”“活化石”或“文化古董”加以鉴赏和展览，而应当立足于现在、着眼于现代进行探索和研究。即使是关于古代民俗及民俗史现象的研究，也不能离开那时的“现代”和历史的新发展动向。

民俗，在整个文化发展的流程中，从来就不是静态的。它的流动，不仅有动势（趋势），更有流向。这种民俗发展的趋势和流向，包含着未来，包含着民俗发展前的预示和先兆。特别是各类显形习俗，几乎都有未来民俗可供展现的依据。现代化也几乎离不开这些依据。至于那些观念形态的深层的隐形习俗，也因与吉凶、祸福、美丑、善恶、真伪等相依存，而保持着与未来民俗价值的密切联系。

民俗的流程在任何一段历史时间中都有过去、现在和未来。任何一种民俗事象，都以其不同的形式传袭着过去，参与着现在，干预着未来。现代化自然也不会游离在这种民俗流程之外。

民俗的流动常以同质民俗为主体，在认同的过程中缓缓流去，有时几乎近似停滞状态地流去，使传袭下来的过去支配着现在、吞噬着未来。这种经验在我国封建时代的民俗流程中俯拾即是。但是，在历史、社会、文化大转折、大变动的过程中，异质民俗之间，新旧民俗之间，或双向流动，或激烈冲撞，或实行融合，以致使过去改观，使现在和未来发生结构性的改变。

由民俗丛构成的民俗模式，从来就不是一成不变的，它不停地在可适应与不可适应的条件下调节自身，任人们优选，以逐渐形成现代化民俗模式。

民俗文化与现代化都是历史的范畴。民俗既不仅仅代表过去，现代化也不仅仅标志未来，它们必然于此时此刻的现在发生遭遇，产生不可避免的相依关系。因此，民俗文化与现代化必然相互参与、相互干预，引出一个崭新的未来。

民俗文化与现代化——一个在理论上、实践上都很有意义的新课题，很值得当代民俗研究者探索。

目　录

民族篇

民艺篇

民俗篇

第一章　生态民俗的新视角

一、关于生态民俗

文化人类学关于旧大陆我国北方农耕文化类型的研究，大多数是以杂粮栽培型农耕向种麦混合型转变农耕的说法为定论的。这种说法当然和我国北方农业史上种植高粱、黍子、稷子、谷子、杂豆及早期稻、稗的杂粮种植历史经验十分吻合。大约公元前2000年左右，华北平原及黄土高原的种麦农耕发展，农业技术的精耕程度提高了，于是才有了北方文化史的空前辉煌。以后作为湿地杂粮的稻、稗，在中国南方也脱离了杂粮复合文化而独立成型，发展了稻米文化。

中国内地的农耕，向旱田、水田两个方向扩展，并不断完善，直到今日。

在中国北方麦黍、南方稻米的农耕文化分野中，文化人类学往往关注了农耕技术、工具及整田开渠等的配套发展，却对形成两大农耕文化分野的生态环境缺乏解析。事实上，在北南两种不同质的农耕文化中，自然环境的温、热地带与旱、雨季候起着决定性的影响。

中国北方麦黍农耕文化是在旧大陆温带干旱地区的杂粮种植基础上发展起来的。在广阔的平原和高原地带，对雨水的需求和渴盼成为文化的重要内容；五谷丰登、风调雨顺成为几千年农耕民俗祈求的终极目标。农民遵循的阴历周期、二十四节气的周期，农事节会和宗教节会的定期活动，几乎都是围绕着这个祈盼丰收的主题。北方农民难有胜天的志气，只有靠天吃饭的经验，祖祖辈辈在饥饿线上挣扎。因此，从生态民俗文化的视角考察中国北方农耕文化，就具有十分重要的意义了。

生态学告诉我们：人类作为高级杂食动物，在食物链中占据绝对统治地位。人类和其他生物种群之间保持着全方位的联系，同时进行着食物链的广泛优选；人类对于自身种群在自然环境中的分布也不停顿地进行合理结构，努力形成人类消费能力和相关食物链之间的比例相适应，于是人类不停顿地调整自身和食物链之间的关系。人类还创造了十分丰富多彩的联系食物链的种种独特方法，在利用食物链之间的诸多环节方面，创造了一系列的民俗文化，千方百计地努力使食物链不致中断，从而使人类获得更多的生活资源。这些民俗文化首先是物质文化的制造、操作等民俗。比如，人们得到了五谷杂粮种子，通过各种方法的种植，取得粮食，再经过加工制作，成为食物；又比如，人们创造了驯养技法，使食物链中可食可用的动物永远不致中断。同时，又创造了精神文化的信仰民俗。比如祈求大自然力救助自己，即祈求超自然力的神、佛、仙、灵等救助人们获得猎物、畜群、粮食及人类繁衍的丰收等。

联系食物链的有关民俗文化，叫作生态民俗。生态民俗又分为动物生态民俗和植物生态民俗。其中自然包括生态环境的有关气象、季候的民俗。这些显然都和食物链有着直接的或间接的诸多环节的联系所形成的民俗事象，就叫作生态民俗链。

二、有关动物生态的民俗

通常在生态民俗的研究中，十分注重关于动物食物链中天敌关系在民俗中的广泛应用。例如，渔猎民俗中用猎犬围猎野物，用驯鹰捕猎小兽及小鸟，驯养鸬鹚（鱼鹰或水老鸦）在江湖捕鱼，并由此派生出了驯鹰及驯服鸬鹚的民俗。至于养猫治鼠的民俗已成为日常生活的事象了。目前，在我国东北、西北及内蒙古等地区仍然保留着驯养猎鹰及利用猎鹰捕猎的习俗。在江南水乡的江流、湖泊中还较普遍地留存着驯养鱼鹰并利用鱼鹰捕鱼的风俗，在山区还有采收山蜂蜜的传统习俗，猎犬围猎在东北仍有遗存。

任何一个地方的生态环境中的动物种群分布，都形成了当地特有的生态传承关系。这种传承关系当然也包括食物链的相克传承关系。比如，在广阔的华北平原、松辽平原和黄土高原、蒙古高原的农田区发现各种类的野鼠时，就必然联系到它们和食物链中哪些粮豆作物的关系；同时必然联系到另外某些在食物链中以野鼠为捕食对象的其他动物，如兽类中的狐、鼬，禽类中的鹰、鹞、枭和虫类中的蛇等。这种食物链中的尖锐对立的矛盾因素，直接影响着人们的各个生活领域，形成了民俗。也可以说，正是食物链的传承关系，自然形成了物与物之间的民俗链关系，同时也形成了非物的精神上、观念上，特别是信仰习俗观念方面的民俗链。人们要种植足够维持自身自下而上的粮农作物，就不能不消除侵害粮食作物的鼠患，就不能不对捕杀吞食鼠类的动物产生原始崇拜的神秘感知。于是，人们对捕食家畜牛、羊、猪的猛兽也产生敬畏的神秘感知。于是才有了原始的动物崇拜及以后发展起来的动物神崇拜和动物保护神崇拜。这正是至今广阔的北方农村依然延续着魏晋以来的北方动物崇拜传统供奉北狐、黄鼬、蟒蛇及虎、熊、狼、马、牛、鹿等的生态民俗依据。在民间尊称狐仙为胡仙、胡三太爷；黄鼬仙为黄仙、黄三太爷；蟒蛇仙也称为长仙或常仙，冠称人姓，不敢言讳。同时，在北方农耕民中广为流传有关动物的神异传说，如狐惑、狐媚及黄鼬迷人、蟒仙附体之类的精灵故事。还到处风行有关动物先兆及动物禁忌的习俗。

在动物生态传承的民俗中很值得注意的是与食物链有密切关联的虫神崇拜。北方农耕进入酷暑炎夏，最大的农作物天敌之灾害莫过于各种虫灾。此刻正值粮谷作物拔节抽穗的重要时节，在治虫无良法的民间，多靠烧香祭拜虫王，祈祷祓除虫灾。旧时，北方各地多建有虫王庙或八蜡庙，供奉虫王神。东北地方每逢农历六月初六为“虫王会”，官民齐行庙祭，杀猪为牲，乡民聚食，祈求保佑庄稼不受虫害。又传当日是虫王诞生日，致祭护青。大多数乡民在当日于庙祭时召开“青苗会”，制定保护青苗的民约章法，选举青苗守护人，祭礼隆重热烈。华北地区多以 6 月 22 日为会期。

其余如东北地方 6 月 23 日马王生日，于马神庙大祭；24 日牛王会祭日等，也都是动物生态传承中民俗链的重要环节。

三、有关植物生态的民俗

在生态民俗研究中，植物在食物链中的生态资源开发意义是非常重要的。中国北方人们的杂食和畜禽草食构成了十分复杂的共享和互克的食物链民俗关系。人们需要粮食为口粮，家畜与家禽也需要粮食为饲料，粮食对于人类与畜禽来说是共享的，但也是互争相克的。在歉收之年，人争畜料和畜夺人粮的矛盾是常有的。只因为畜禽中的大部分又是人们肉食、奶食、蛋食的供给者，所以在食物链中人们必须扩大与畜禽在粮食需求上的共享，用大面积且多产的农作物产出供食用的粮食。同时，人们还要为马、牛、羊、猪、鸡、鸭、鹅等畜禽提供并保留足够的草场，提供饲草和野菜。同时，还要种植瓜、薯和蔬菜，栽培和利用鲜果类（梨、桃、李、杏、苹果、柿、枣、山楂等）及坚果类（栗、核桃、榛子、松子等）植物果实，补足自身的饮食需求。人们在广泛地利用植物生态直接或间接选取食料外，还要利用野生林木用做烧柴，用于房屋畜栏的构建。人们还要利用山野植物资源采集草药并用于医疗人畜疾病和保健。绿色植物作为生态有机环境中的生产者，和人们的关系非常密切。人们与绿色植物之间不仅有直接的关系，而且因人们需要草食动物供给肉蛋与皮毛，需要草食大畜做劳力，所以与畜禽需求的草食植物又有着广泛的间接关系。

民间关于植物生态利用的民俗链，通常都表现在极为细致的农耕畜牧生产作业的年历中。也就是说，民间家家户户或每个村屯，一年365天中，天天都有不成文的生产作业进度的安排。因地因时而形成的独具民俗特色的连续作业历，在生态民俗学的研究中有极大的科学意义，可以从中检测出民间关于植物生态利用的民俗链的所有环节。这些环节在作业中呈现出综合立体交叉的状态。比如因地制宜的不同地块的不同粮谷的种植，因时不同的先后栽培、管理和收割，农耕与放牧、饲养的同时并举，生产工具（主要是传统农具）与交通运输工具（主要是人力、畜力车辆）的配制等，都有一系列的物质民俗文化。每个生产日都充满了有节奏的农耕生态民俗活动，日复一日，年复一年，以有程序的作业环节推动农耕民俗文化的发展。只要对民间的农耕畜牧生产作业历做出十分具体的完整的综合调查，就会清楚地了解我国北方农耕文化中人们如何操作植物生态利用的民俗链关系，从而发展了自身的最基本的物质文化。由于传统的民俗文化研究十分偏重观念形态中的民俗事象，所以历来对于地区性农耕畜牧等物质民俗的作业活态缺乏微观研究和综合调查，因此对于生产历中的民俗链测查也近乎空白。

一方水土要靠各种广生态的植物提供食物来养育一方人和一方畜禽，中国北方更不例外地要靠比南方少得多的植物的质和量来养一方人畜。因而，民间仰赖这北方水土的恩赐就尤为侧重，有关植物生态传承自然也源远流长。

比如，有关麦种的来历的神话与传说，有关社稷神或五谷神的祭祀传统，有关莜麦、荞麦、谷子、糜子、高粱等杂粮的传说，都反映了民间对粮食的崇敬及“民以食为天”的原生态传承观念。关于人参的神秘崇拜以及关于特殊花草、树木、蔬菜的神奇信仰，也都展现出了深厚的植物生态民俗传承影响。其中有关桑蚕、柞蚕神崇拜及有关植物的多种禁忌，更加令人信服地认识到植物生态民俗链在民间文化中的重要性。

北方粮谷杂豆几乎所有祭祀仪式中都具有驱邪除煞的神秘功能，形成了数千年的巫术信仰传统，婚丧大礼中更不可或缺。这突出地反映了古老的农耕民对粮食的神圣崇拜，相信这些供给人类生命力的植物籽实具有超自然的威力。民间敬奉粮食种植神的习俗也是植物生态民俗链中常有的事象。通常是把对当地农耕丰产起过救助作用的官吏或平民敬拜为神，享以香火供祭，以志不忘。像河北邯郸境内的磁山地区民间塑像供奉一位古代被传做张公的小吏为神，感念他传播了种粮技术，发展了粮食生产，使百姓有饱饭吃。境内黄粱梦村上的神仙庙中，特设有供奉“麦奶奶”的神殿，就是对历史上曾有来自山东的一位无名氏妇女的敬奉，因为她教会了当地农民种麦技术，吃上了饱饭，农民感恩，尊称她为“麦奶奶”，享用香火供品。这些朴实的民间信仰活动，其根基都建筑在农耕作物生态民俗链之上，在百姓中得到认同才传承下来。这些民间神，无论有姓无名还是无名无姓，都不关重要，最重要的是他们都为当地的农耕生态民俗文化做出了特殊贡献。

四、关于自然周期形成的生态民俗

人类社会必然地要在生态环境中严格受到自然周期的制约。也就是说，任何人类生活的地方，都不可避免地受到气象、季候条件的限制。因此，就形成了自然周期的生态民俗链。中国北方的农耕文化也不例外，从来都受到北方严格的一年四季、全年二十四节气的冷暖、雨旱的制约。在这里，广大农村的农事活动总是遵循着几千年传统的太阴历周期安排的。各地方有当地古老传承的二十四节气歌，有丰富的春夏秋冬与12个月中风雨、晴阴、旱涝等的经验性气象谚语。北方农民在经验性的自然周期生态民俗中所遇到的最为严峻的问题，就是春旱、夏涝、秋吊和飓风、冰雹、霜冻等灾害。在有关季候的民俗链中，风不调、雨不顺的现象给人们增加了循环不已的民俗压力，使“靠天吃饭”“听天由命”的小农宗法观念难以转变，使民间信仰习俗根深蒂固。

翻阅中国历代史书有关北方农耕地区的记载和北方数以千计的地方志卷，就很容易发现其中有关各地春季大旱、禾苗枯干、饥民遍野、易子而食的记录。还不难找到整个北方农村普遍风行“祈雨”“祭龙王”等习俗的描述。据地方志书载：为求及时降雨，每逢旱时，如三日不雨，乡人奔走相告。齐集龙王庙前，均以柳圈为帽，面庙跪香，以祈降雨。或抬龙王塑像、神牌出庙以行，乡人赤足，执旗，鸣鼓随行。每过庙宇、井泉，焚香跪拜。有的于家门前以桶盛水，洒泼人群。求雨日，禁宰杀，禁烟酒，禁撑伞。城镇祈雨，大寺鸣钟诵经。如降雨，则宰牲酬神，演戏唱影，名为谢降等等。这种求雨形式，各地大同小异，非常普遍。据统计平均每个县内有龙王庙30多座，可知北方诸省祈雨民俗的广泛性。同时，人们在岁时节日还把农历五月十三日，即所谓“关老爷磨刀日”定为“雨节”，俗说“大旱不过五月十三”，渴盼当日普降甘霖。又有的地方把农历七月七日的“七夕”，即所说“牛郎织女相会日”定为“雨节”，希望借牛郎织女相会于天河相对哭泣时落下雨水。干旱之灾使中国北方农耕民经年累月处于贫困饥饿之中。夏秋之交，粮谷抽穗急需阳光晴天时，却常逢连阴雨天，田间积涝成灾又是北方农耕一大劫难。此刻，民间又利用巫术“祈晴”，用黄、白纸剪妇女人形一个，斜粘帚枝一小节，用线悬于屋檐下或庭树枝上，借风力旋转摇摆做扫除状，名“扫晴娘”（或“扫天晴”），祈望扫尽云雨放晴。

五、关于人类在食物链中居统治地位的生态民俗

前文已说明，人类在生态环境的食物链中已经居于自觉的统治地位了，这是生态学明确的论断。因此形成的生态民俗中最值得注意的便

是：人类对自身作为人的种群分布不停顿地进行着合理结构。这就使人们努力达成人类社会的物质消费能力和其他相关的食物链之间的比例相互适应。这就是说，人类为了在自然生态环境中占有统治地位，就不得不分别发展自己的种群，并把自己的种群分布在尽可能满足本种群消费需求的丰饶的生态环境中，形成与食物链之间相适应的比例，从而发展自己的种群。人们调整这种比例的关系，也是有悠久的历史经验的。比如，把种群组成部落社会；构成氏族、家族；结成民族；创立国家；占据领土；拥有资源、财产；甚至组成军队，发动战争，殖民掠夺，不断调整世界的势力范围等。又如，不停顿地创造发明，用科学技术谋求自身消费的满足等。这些都是人类在生态环境中曾经做过的自以为合理的结构。

至于对传统的农耕社会而言，小农的社会族群也对自身的分布不停顿地进行自以为适应自身消费力的“合理结构”，那便是在发展自身生产作业的同时，发展自己的族群，进行自然的种的繁衍。也可以说是在增殖人口扩大族群的同时，企图以增多劳动力的方法去适应不断加大了的消费能力。这是人类在生态环境中居统治地位的一种自以为“合理结构”的努力。于是，求生育，求多子多孙的种的繁衍民俗就成为这种生态民俗链的中心环节。

生殖崇拜，求子习俗，拜送子观音，奶奶庙会上香，拴娃娃以及婚俗中的生育求子的主题，以种种形态构成这种生态民俗链。我国北方农耕文化中的生殖崇拜和求子习俗有着久远的传统，在盲目生育和父系血缘族群扩张的重男轻女的求子习俗中，形成了北方人自身消费能力和食物链之间比例长期失调的历史循环状态，越是多生子女，越是穷困的不合理结构。生态民俗学以其高度的科学性呼唤北方农耕民在调整自身消费能力与食物链之间的比例中求得适应和平衡。

从以上五个方面的生态民俗链探讨中，不难发现我国北方农耕文化中信仰民俗的原生态属性。当我们拨开了社会、历史、宗教等遮盖在民间信仰上的种种迷雾时，就会从自然生态的无限广阔深厚的背景中审视种种民俗事象的本质和产生根源了。

正如德国伟大的唯物主义哲学家费尔巴哈在论述信仰时所说的那样："自然界的变化，尤其是那些激起人的依赖感的现象中的变化，乃是使人觉得自然是一个有人性的、有意志的实体而虔诚地加以崇拜的主要原因。如果太阳老是待在天上不动，它就不会在人们心中燃起宗教热情的火焰。只是当太阳从人眼中消失，把黑夜的恐怖加到人的头上，然后又再度在天上出现，人这才向它跪下，对于它的出乎意料的归来感受到喜悦，为这喜悦所征服。……如果大地上老是结着果实，还有什么理由来举行播种节和收获节的宗教典礼呢？大地上的果实之所以显得好像是出于天意的、理当感谢的恩赐，只是因为大地时而把它的宝库打开，时而又把它关闭。惟有自然界的变易，才使人变得不安定，变得谦卑，变得虔敬。"① 生态民俗链中的民间习俗正是这样。

① 费尔巴哈·费尔巴哈哲学著作选集（下）[M]. 上海：三联书店，1962：459－460.

第二章　对中国北方麦黍文化的论证

目前从新的观点重新探究中华文明之根的学术热潮，正在升温。但是，不难看出许多不同角度的着眼点往往都不约而同地关注了中国古文化史的精英文化。学者们从儒家、法家、道家、阴阳家的早期贡献论述到他们在中国文化发展中的深刻影响，不少真知灼见突破了旧学经院教条的框框，阐发了颇有价值的理论，相对地却对中华民族文化的根基缺乏探索。甚至按民族区分研究文化史论时，也很少从实证上抓住中国各民族原产食文化的萌芽、发展、分野的具体特征进行辩证。我注意到，很久以来的汉族文化研究，在宏观上偏于笼而统之，在微观上极少文化质（素）的比较，致使汉族文化的研究，始终在模糊概念和范畴中"摸象"，流行了许多形而上学的不得要领的说法。事实上，中国如果以黄河、长江两大河流为轴，以地处北南不同的生态环境为分野，以北方旱田、南方水田的农耕产食文化为内容，不难看出汉族文化起码可以有北方的麦黍文化和南方的稻米文化的鲜明区分。如果不从这两大农耕产食的文化体系去认识汉族文化，汉民族的文化类型及特征是无从概括或把握的。本文正是为了从中华文明的根基去探索汉文化的特色，才选择了以黄河流域为主轴的麦黍产食农耕文化为对象，对汉文化以及它与北方诸民族文化的关系做一些粗线条的论证，以期使中华民族文化的学术焦点再微微升起些热度。

一、从中国古代产食分布看麦黍文化

当代文化人类学关于人类产食传播的学说，不论有哪些局限，其所依据的产食文化类型却是十分实在的。产食文化在世界几个大河流域的发展，推进了社会的变迁，兴起了古代都城生产与消费方式，形成了新石器文明的产食活动模式和古俗惯制。原始采集经济经过野生种子的发现及耕作种植方法的发明与农具的创造，发展了农耕产食文化丛；原始狩猎经济经过对剩余存活猎物的驯养，发展了畜牧产食文化丛；同时也经过网具的发明，使猎鱼走上捕捞渔业的产食文化发展道路。产食活动的大分野，在全球所有的陆地与海洋形成了不同的产食传播环境。其中，利用大河流域的自然水系和灌溉系统，推动了农耕文化的优先发展，在全世界范围内构成了比较合理的产食文化分布。

其中，中国北部以黄河流域为主体的定居产食活动，早在仰韶文化、龙山文化时期便进入了杂粮种植型的农耕时代。当时栽培的作物至少包括：稷、黍、粟、稗、菽（豆）类及麻籽，以及当时作为杂粮复合体的麦与稻。后来，麦类作物在中国北部有了大发展，逐渐把其他杂粮排挤到次级位置；而中国南部又突出发展了多品种的水稻作物，统率了其他作物，形成了中国两大农耕文化体系。值得注意的是北部中国杂粮种植型的文化有其突出的特色。那就是以黍、稷为先导的古代五谷栽培文化丛的农业根基。众所周知，中国最早的五谷是黍、稷、麦、菽、麻（籽）。黍、稷的地位十分显要。在麦类食物尚未普遍进入寻常百姓家的漫长历史中，黍米、稷米是中国北部的日常主食。在《诗经·小雅·楚茨》中有“自昔何为？我艺黍稷，我黍与与，我稷翼翼”。在不少古代典籍中更称稷是“百谷之主”“五谷之长”。尽管那时麦类在杂粮中也鲜有位置，在《诗经》的《鄘风》《魏风》中都有名句吟麦，但比起黍稷，还稍有逊色。从现代黄河中上游及其支系渭河、汾河流域的作物分布和民间日常食物取向看，以吃稷子米（糜子米）、黍米（黏黄米）、粟米（小米）这三种黄色米类为主食的民众远比吃燕麦、小麦粉的为多；或者平均每户吃上述黄色米类的顿数远超过了吃麦食的次数。小米粥、稷子饭，黄米年糕成为民俗美食伴随亿万农家流传了不止五千年。

在全世界旧大陆农耕文化中，中国北方独树一帜，它与地中海种麦文化和东南亚根栽文化以及东印度、中国南部发展湿地杂粮——水稻文化都大为不同，在广阔的黄土地带发展了黍、稷等杂粮的旱田种植文化，并拥有很高的精耕程度，直到近现代发展成为以种麦为主的大农业文化。这种农耕文化模式普遍采用了牛、马、驴等畜力耕作，与中国南部的水牛相对应；大片土地的垄作和种子直播法与中国南部的小块水田和插秧法相对应；利用天雨与中国南部的固定水塘相对应；畜力拉车与中国南部人力撑船的运载工具相对应。同时，形成了以黍米、稷米、麦粉、杂豆为食物的形形色色的米面食品与中国南部以大米、糯米为主食物的饮食文化的两大分野，直至今日。

二、从中国古代俗制的某些创立看麦黍文化

人类文明的标志有很多，其中人类社会较早地以度、量、衡制度为准绳进行公平的有秩序的交换和交易，是古代文明的一个十分重要的标志。中国的度、量、衡制度的产生虽然无法确定时日，但是却可以准确地断定来自种植业占农耕统治优势的古老年代首先是中国最早的度制：度，是测定物体长短的俗制。中国古代测长短的用具叫作“度尺”，同时又称“黍尺”。标定这种尺的依据是以黍粒为准，每一个纵黍籽粒为1分长度；10黍纵粒为1寸；1百个黍纵粒为1尺，即所谓黍尺。以此类推，千黍为丈。

其次是中国最早的量制：量，是测定器物容量的。中国古代制定了

合、升、斗、石的容量器具，也同样是以黍的中等籽粒为准的。每1200粒黍为1合，12000粒黍定为1升，12万粒黍为1斗，以此类推。

再次是中国最早的衡制：衡，测定物体重量的制度。中国古代标定最轻的重单位是絫（同累），以上又有“铢”“龠”“两”之分，以后有了斤。中国古代的衡制单位不论怎样说法不一，但大都是以黍粒的单位为准的，也有以粟粒为准的说法（如《淮南子·天文》）。通常的标定是10黍为1累；百黍为1铢；12铢为1龠，即1200黍；24铢为1两，即2龠为两，或称12铢的两倍重量，叫作“两”，这正是“两”这个重单位的由来，以此类推。又有以粟为依据的衡制，则确定144粟粒为1铢重，即12粟为1分重，12分当1铢重，12铢当半两重。

由重量单位的铢和两导致了汉代币制，流通了半两钱、五铢钱。汉武帝以前的半两钱在流通中出现了不足量的弊害，武帝元狩五年罢半两钱，铸五铢钱；魏、晋、南北朝相继流通五铢钱为通用币。甚至在古代神仙传说中把仙衣的重量都颂之曰“五铢衣”，以言其极轻。所有这些，一概源于黍、粟的种植。

某些古代文明的俗制，只要认真追踪探索，就不难找到和中国北方的麦黍种植文化千丝万缕的血缘关系。黍的籽粒在中华文明的悠久历史上不仅仅是中国人赖以生存的食物，当然这一点是首要的，但是黍粒作为中国北方特有的文化元素，却能实实在在发挥它创造文明俗制的功能。当古中国的农民用百粒纵黍排成相连的直线，并把它称作尺的时候，一种公众认可而人人遵守的制度便形成了约定俗成的文明秩序。古中国度量衡制及部分汉币制的创建和世代沿袭，全然来自于种黍这一原文化，从而奠定了古代中国货物交流、买卖交易、互市交换的公平秩序，广泛促进了古中国的社会繁荣。

三、从中国古代稷神信仰看麦黍文化

中国民间信仰的多种体系是中国本土文化独具特色的重要组成部

分，其中历经数千年岁月被尊奉为国家宗教地位的信仰，也不过只有对天、地、日、月、社、稷诸神的崇祀。这里地神与社神分别都是与农耕密不可分的土地神，而稷神则更是最直接的麦黍文化的农神、谷神。

稷，这种被古人尊为“百谷之主”“五谷之长”的食粮，在麦黍文化的早期，以其全民遍食的优势登上神位，经历了漫长的演变过程。

稷神在古代神话中曾有一段神化或人格化的过程。《山海经·大荒西经》中说：“帝俊生后稷，稷降以百谷。”稷神自天取百谷而降，植于人间。《淮南子·氾论训》中又说：“周弃做稼墙而死为稷。”稷神同时作为周的始祖神，教民以农耕技艺。不论稷神是天帝之子还是周代英雄始祖，都只能说是一种人为神话的附会。这种各有出入的附会唯一可靠的内容是稷神为百谷之主的含意及其与农耕种植的密切关系。正如《孝经纬》所阐释的那样：“稷，五谷之长也，谷众不可遍祭，故立稷神以祭之。”又如汉蔡邕《独断》中讲了稷神神话后，结语说：“以稷五谷之长也，因以稷名其神也。”足证剥开神话的外衣，古中国人信奉和崇拜的是实实在在的稷这种谷物。这正是历代皇朝持续不断祭祀稷神的真意。

古代中国祭祀稷神的规格高、规模大。官方传统祭祀是由皇帝亲祭天地的同时祭稷神。从 24 年的西汉末年，皇帝祭稷神的重要位置和祭皇室祖先等同。当时的典籍中明确规定稷是“人所食以生活也，王者莫不尊亲祭，自为之主，礼如宗庙”。正因为有这种传统，所以直到明、清王朝，依然是在紫禁城正前方左祭太庙，右祭社稷神。

从汉代以来，中国所有郡县都设有稷神祭坛，通常每年大祭三次：农历二月十五日、八月十五日、十二月初八日。唐代还实行过每年四季共祭四次。到了 16 世纪，明王朝又改为在县以下的里（乡），每百户人家设一个稷神方坛，命百姓祭五谷之神。到了清代，县乡求雨抗旱时也到祭坛祭祀稷神。在中国南部种稻文化兴起以后，各地的祭谷神实际上已经是在祭稻谷或稻谷魂了。

在民间，自古以来稷神就是谷神，几乎从来就没有附会到天帝之子或什么民族祖先的英雄神上。像每年年终例行的“蜡祭”（腊祭），又称“冬祭”，是祈求来年农业丰收的大祭。直到今天，中国北方的农村，都以大同小异的仪式隆重度过“腊八节”，就是古“蜡祭”的一种延续。“蜡祭”又称“蜡八”或“八蜡”，所祭的是八农神，包括农具神、农事神、田埂神、牲畜神、街坊神、渔神、虫神和占第二位的稷神（司啬）。

古代中国的稷神信仰在中国北方遗存至今，足以证明麦黍文化的根基所在。

四、从中国古代文化精英看麦黍文化

从先秦时期的诸子百家争鸣发展起来的古代中国哲人辈出的精英文化史的辉煌，不难看出一个十分质朴的人文特点，那就是几乎所有的各学派大师都诞生于中国北方的麦黍文化圈层中。这不能被看作是一种无足轻重的文化现象。

代表中国各代思想史的几大家学说的代表人物，分别出生并成长于黄河流域的中下游。如果沿大河逆流而上排列，代表儒家的孔子生于山东曲阜，孟子生于山东邹县东南，颜回生于山东曲阜西南，曾子出生于山东费县；代表阴阳家的邹衍出生于山东；代表道家的老子出生于河南鹿邑东，庄子生于河南商丘东北；墨子虽然出生于河南商丘，却长期居住在山东；荀子出生在河北却游学于山东并在山东苍山县为兰陵令；古代“名家”的古逻辑学家代表公孙龙出生于河北；代表法家的韩非子出生于山西河津东北；代表道家的列子（列御寇）出生于陕西华县东；其他如代表军事家的孙武，也生于山东。还有齐国的名相管仲、晏子，也都是山东人；秦名相吕不韦生于河南濮阳西南，变法的商鞅也是河南人，贾谊生于河南洛阳，大儒董仲舒生于河北枣强东。这些用现代地名说明古代列国出生的诸子百家与其他历史名人，都是在麦黍文化的哺育下成长并创立了伟大学说和辉煌事业的。

在这里用十分简易的统计罗列方式作证。只是为了提出一个醒目的问题，供我们研究民族文化的同行共同思考：为什么这么多的大思想家、大政治家在古代的中国北方辈出？他们的学说和思想以及政治实践与北方的麦黍文化有什么血缘关系？麦黍文化的实际创造者、广大农耕民进入封建制新兴的时代，那种从奴隶制桎梏中解放出来的精神、思想、信仰给新兴的封建主造成了强大威胁，于是代表农耕民的和代表封建宗法性的或对抗封建宗法性的，或调和农民与封建主的种种主张在麦黍文化的根基上兴起，成为人类文化史、思想史上的宝贵财富和巨大遗产。特别是发展到了汉武帝时期董仲舒的“天人三策”学说时，麦黍文化的封建宗法性政治观、信仰观在理论上、实践上集儒家与阴阳家之大成，深刻地影响了中国北方农耕民的封建宗法思想和迷信观念；时至今日，依然根深蒂固，难以自拔的文化保守主义倾向在中国北方仍旧闭锁着广大农民的精神，不能不令人深思。

五、从沿袭至今的食俗看麦黍文化

麦黍文化的最直接表现当然是世代沿袭并有所发展的麦黍食俗文化了。这里只列举十项食俗，作为论证的补充。

1. 舍粥、放粥风俗是典型的北方麦黍文化在水旱灾荒年民间的流行风俗。旧时寺庙或一些佛、道教慈善团体，常利用宗教节日或新春冬腊，或灾荒期间，在寺庙外搭建临时粥棚，用大木桶装满熬好的小米稠粥，发放给饥民灾民。发放期长短不一，少则三五七日，多则过月至百天。这种风俗至少反映了麦黍种植在历史长河中由于天灾人祸的影响，灾荒年与歉收年远远多于丰收年。中国北方的农耕灾荒史在典籍中多有实录，“易子而食”的饥荒惨景也不下 80 则记载。虽然农家官家年年大祭稷神祈求丰收吃饱饭，但是事实上五千多年的祭稷神历史，同时也是五千年的饥饿或半饥饿的历史。

2．育儿风俗中的产妇“月子粥”习俗。北方农家产妇的“坐月子”“猫月子”，是产后一个月期间的重要习俗，其中喝热小米粥的食制要在许多地区一日三粥坚持足月。产妇喝粥同时吃红砂糖、核桃仁。民间认为这是产妇大虚后的最适度的补养饮食。此俗特别流行于山西、陕西、内蒙古、河北的大部农村，至今还有遗存。

3．婚礼中的美食“黄米喜糕”。北方农家举行婚礼的当日清晨至中午喜宴，制作油炸黄米糕款待宾客，俗称“吃喜糕”。黄米即黍米、黄黏米，多包有红豆馅。即使家庭条件不太富裕的人家办喜事，不能用油炸，也要制作成包馅扁圆形糕饼层层摆放在陶瓷盆中，上面浇以少量沸油，俗称“压油糕”，用以待客。吃喜糕的习俗流传至今。

4．死丧停灵时供“倒头饭”风俗。北方农家成年人故去后，在停尸或入棺前后，在死者头前供一满碗黄米黏饭，饭半生不熟，堆填碗中成漫尖，拍实，然后上面插一双筷子，直供到死者出殡为止。据民间传，这种饭称“倒头饭”或其他大同小异的叫法，用它供祭死去的亲人是为了让死者吃饱上路到阴间世界。

5．陪嫁品“酸饭罐”。在山西西北、陕北和内蒙古河套平原的汉族农家，几乎家家在灶台上摆放着一排排黑又亮的陶瓷坛罐，上边往往盖有红漆厚木盖，这便是“酸饭罐”，简称“酸罐”。大多数都是作为新娘娘家陪嫁品带到婆家来的，至少要陪送两个，或有多者以示富有。罐中存放不十分熟的黄米黏粥，待发酵成酸饭时热吃，酸味漫屋扑鼻，农家喜食并用来待亲友。这种食俗和灶间陈设习俗及婚嫁礼俗起自何时，尚不清楚，但是作为种黍文化的遗存，颇有古风。

6．每年冬祭的“腊八粥”。这是至今不衰的古农事大祭的产物，遍布北方诸省乡村。每年农历十二月初八是包括稷神在内的八个农业神的祭日，北方农家自古以来便选用8种米、豆做黏粥，其中主要是大黄米。做好粥后，先将粥糊撒到田地头、水井头、犁杖头、牛圈马槽头、地边树干上、土地庙前头，表示谢神；随后全家老幼团聚喝腊八粥，庆祝丰收，祈诸神保佑。

7. 北方满族祭祖供的“黏饽饽”。满族引进了中原汉族的农耕文化后，很早便掌握了种植黏谷、食用小黄黏米的技法，创造“黄米面黏饽饽”这种风味糕点来祭祖并作为民族美食。这是满族庆丰年祭祖节日的食品，是一种黄米面包赤豆馅的圆包形蒸食品。

8. 东北达斡尔族婚宴上的“拉里”。居住在内蒙古东部草原和黑龙江西北的达斡尔族接受了汉族麦黍文化后，不仅种植了杂粮，更食用了黄米黏粥。每逢婚宴，不可缺少的便是主人请宾客亲友吃这种叫作“拉里”的黄米黏粥。据达斡尔老人解释，因黏粥吃时粘连不断，用来象征结婚两家结亲后永远亲密紧相连之意。

9. 北方游牧民族食品中的“炒米”。众所周知，蒙古族饮食在传统中分“红食”与“白食”两种，前一种指的是牛、羊等肉食，后一种指牛奶、羊奶、马奶、奶油、奶酪、奶茶等。蒙古族人在喝奶茶时，或游牧、行军、商旅时，都要吃“炒米”。米是稷子米（糜子米），但需先将稷谷粒炒熟然后脱壳才食用，或泡在热奶茶中，或放炒米在口中咀嚼，是最方便于游牧行旅的美食。蒙古族牧民年年用牛、羊、皮毛从汉族农民那里换取稷米食用，成为必备的食粮。据有关蒙汉关系史的专家考证，最晚在 14 世纪的蒙古军人中已用炒米做干粮了。足证稷的种植对北方骑马民族有多么重要的影响。

10. 遍及中国北方的小麦、燕麦（莜麦）食俗不胜枚举。山西、陕西、内蒙古等地吃莜麦面食几乎成了农家压倒一切的主食。当地在谣谚中唱道：“三十里莜面，四十里的糕；十里的荞面饿断了腰。”这是在麦黍文化的杂粮生活圈中对粮食实用价值的不同评价。说的是庄稼人行路，吃莜面可走 30 里不饿，吃黄米年糕走 40 里不饿，可是吃荞麦面只能走 10 里路便饿到走不动路的程度。蒸莜面可以制作出多种食品，技法多样。至于小麦粉（俗称白面）的制作和食用，更有许多讲究。从日常食用的馍、饼、面条，直到遍及中国北方的饺子且不必多叙，就是用于节日食用、礼仪陈列、祭祀供品的花样翻新、千姿百态的民俗面点艺术品种就不下千种。充分反映了麦黍文化结束了早期以黍、稷为主食的“黄食”阶段后，发展到了以小麦为主食的“白食”阶段。麦黍文化在饮食风俗的演变中向高产的精食美食推进了，开辟出了一条通向富足的农耕之路。

上述10项中国北方麦黍文化圈内诸民族的风俗，都标志了中国北方的麦黍文化独具的特色。在探究中华民族传统文化的本质时，不能不对中国北方与中国南方在文化质上相异的因素给予特别的关注。也只有这样才能透视出民族文化在北方大地上呈现出的本质特征，从而为发展北方文化做出前进的可行导向。

后面的话

上述粗浅的看法，本不该标作论证。因为它还没有认认真真从典籍到实证考察做大量艰苦的论证准备工作。这些看法不过是20世纪80年代在国内外讲授民俗学中不断思考的一些课题。1991年间，民间文艺家刘琦、张余为筹办北方十省民俗文化学术研讨会，邀笔者共同策划论题时，我们深感太笼统地研讨中国传统文化（特别是汉族文化）或太分散地研讨小地区文化都不可能真正解析中国传统文化。同时，只取某一家思想学说（如孔子或老子、庄子）论证中国文化，也无从切中中华文明之根。于是我提议从南方的稻米文化和北方的麦黍文化这两大农耕文化的分野入手和着眼，对于研究传统文化进而透视中华文明之根基，是完全顺乎科学程序的。为此，1992年10月在太原市召开了北方十省麦黍文化研讨会，笔者应邀讲述了这一课题的研究要旨。

第三章　关于区域文化的思考

近来关于“区域文化”的议论几乎成了文化艺术界的热门话题。但是，究竟怎样理解这样一个既不生疏又不太熟悉的概念呢？这倒是一个值得探究的科学性较强的问题。

前几年，学术界掀起过一阵关于中国传统文化论争的浪潮，几乎触及了我国从古到今政治、经济、文化的各个方面。这种论争的主要范围和对象，其实主要局限于对中华民族中汉文化传统的上层统治的共同观念和体系的议论。在论争中很少涉及我国多民族生活方式所依据的不同的或相融合的本土观念体系及这种本土文化的地区性根基。因此，那一场传统文化的论争，不可能真正最后在地区性本土文化上解决什么实质性问题，甚至还对广泛的民族民间本土文化的实际形态做出了某些曲解错断。

“区域文化”的提出，为切实探索中华民族传统文化的形成、发展及其本质带来了新的契机。它将引导并促使文化界、艺术界、学术界从宏观抽象的大文化体系上，把着眼点转移到相对微观的、具体的、本乡本土的文化上来进行观察，最终探寻到中华民族文化最丰富多彩的最生动的发展轨迹。对此，从以下六个问题上做一些有关的思考。

一、“区域文化”是富于弹性的地缘化概念

“区域文化”是个伸缩性强的、有弹性的地缘化了的概念，它可以从许多角度加以认识。从自然地理分布上看，可以有大陆文化、次大陆文化与海洋（岛）文化之分。大陆文化又可分割成亚洲大陆文化与欧洲、非洲、美洲等不同大陆文化；又可分为平原文化、山地文化、高原文化、草原文化、森林文化、沙漠文化等。从产食经济的分布上分，也可以有南亚、东南亚的稻米文化和东北亚的狩猎文化及中近东、北亚的游牧文化等区分。从人类文明发祥地的分布看，还有各民族不同的大河文化（例如黄河文化、恒河文化、尼罗河文化等）。从古民族文化的历史分布状况看，还可以有华夏文化、吴越文化、巴蜀文化、齐鲁文化、楚文化、燕赵文化及外国的日耳曼文化、斯拉夫文化等等。以世界古代文明遗址的考古分布上还可以分出仰韶文化、半坡文化、红山文化、牛河梁文化等许多以遗址命名的文化。与此同时，按不同民族分布形成的文化，有蒙古文化、满族文化等。按宗教传播的分布又出现了道教文化、佛教文化、伊斯兰教文化及基督教文化等。虽然宗教文化本身并非区域文化，但是，宗教传播随信徒集群而定点分布，具有地缘化特点，自然也就进入区域文化了。可见，只要在特定地方形成了共同文化模式分布，并形成了当地的文化传统，就构成了区域文化。

区域文化体现地缘化的弹性还表现在区域范围大小的伸缩性上。比如我国文化通称中国文化，这从世界范围来认识，就是一个国家的区域文化。稍加缩小，就可以有中原文化、黄土高原文化及东北文化、西北文化之类的划分。再缩小还可以分出例如辽沈文化、胶东文化、辽东半岛文化，以至具体的城镇、村屯文化等多层次的各大小不等地区的文化。

目前，我国区域文化的概念，是在中华民族文化的大概念之下提出

的。它所指的大致是一个省、市、自治区及以下市、地区、县、乡镇直到村落的逐级地方的文化。在我们辽沈地区，大体上指的是包括辽东、辽西、辽南、辽北、辽中等五个文化在内的地方文化。有人又通俗地称它为“关东文化”的主要组成部分。

在这里，不能不分辨一下区域文化的地缘性质。所谓地缘，除了自然地理的区划和自然生态的分布是决定因素外，另一个决定因素则是在特定地区长期形成的大体稳定的民俗文化传统。离开了这两个自然和人文的决定因素，就不可能构成有特定区域特色的文化。在这里，任何行政管理区划的界定都不是区域文化的范围，相反，历代行政区划从来都不得不适应和依据区域文化的特色调整其管辖范畴及权限。也就是：区域文化的概念，最终是不能以行政区划的概念予以解释的。它只依附于文化传统形成的轨迹。在这里，文化的地缘化传播过程是十分重要的。

二、小区域文化传统是一个民族大文化传统中的小传统

任何一个民族文化传统的形成，都是在许多区域文化传统的交流过程中，经过普遍化的共同完成的。逐渐形成了民族文化传统，再向更广泛的区域传播时，再经过地缘化过程，与地方土俗文化模式边竞争边融合，再经过地方文化的吸收、修正和消化，发展了形态不一的多样化区域文化。这种多元化的多向的传播与融合，构成了独具特色的区域文化的小传统，具体地体现着大传统的本质及某些层面。

判定区域文化的内容与形式时，首先就应当认真考察这种大传统和小传统的关系。比如，当我们调查研究辽沈地区文化的特色时，就不能不密切注意到山东的齐鲁文化传统和河北的燕赵文化传统是怎样在若干年历史长河中经过跨海和出关的移民线路与辽沈大地的土著文化相融合的特点；就不能不注意到满族文化、东部蒙古族文化（喀喇沁文化及蒙古贞文化）的根基与锡伯族文化、朝鲜族文化及回族（伊斯兰）文化

的移入。经过多民族、多地区的经济往来、政治变迁、风俗杂糅、宗教传布和道德认同，充分表现了中华民族共有的精神风貌。但同时又充分展现了辽沈地区文化的地方性格而有别于中国南北其他地区的文化。

在辽沈地区文化中，又大体划分为若干小区域文化，各自形成了小传统。以沈阳为中心的辽中文化正是辽沈文化中的代表性的小区域传统文化。它既有古代满汉文化融合的传统，又有近代半封建半殖民地文化影响及当代民主主义社会主义新兴民族文化的特点。

三、区域文化是原生文明与次生文明结合的产物

当代文化人类学在探讨人类文明的进程时，特别注意对区域文化中当地固有的民俗传统的发展及外来民俗传统影响的综合研究。人类学把当地固有民俗传统的发展叫作“原生文明”，把外界文明传播影响经过地缘化之后和当地民俗相结合的新发展叫作“次生文明”。这是很有道理的。

以沈阳为例，唐代以前及唐以后的沈州治下的民俗传统似乎已经很难考察了。13 世纪末元代的沈阳叫乐郊城，辖境略大于现在的市辖县区，直到 14 世纪末明洪武二十年改为沈阳中卫，再延至 17 世纪 20 年代，前后 300 多年间，这里成了汉、满、蒙、回、锡伯乃至朝鲜各族经济往来、民俗杂糅的经济文化集散地。17 世纪中叶，随着满族的勃兴，满族传统文化在沈阳这块土地上得到充分发展。在以后清王朝发展的 200 多年当中，汉文化全面出关东移，形成了以满汉融合为主体的沈阳（奉天）文化圈。在这个文化圈中同时仍然包含着蒙古族民俗文化的成分和回族伊斯兰文化传统的局部聚落。在封建时期这种多元文化的融合，可以认定是当地“原生文明”的标志。进入半封建半殖民地时期，欧美殖民主义的渗透，日俄军国主义的入侵，西洋东洋的外来文明接踵而至，在和当地传统文化的角逐竞争中，经过地缘化的吸收、修改和再

融合，到东北三省沦亡于帝国主义铁蹄之下时，沈阳已经迅速发展了受外来影响的“次生文明”，陷入殖民地文化统治的深渊。以后沈阳又经过了全面深刻的社会改造，不断弘扬民族文化的优良传统，并用崭新的思想影响全民的观念体系，才使得“原生文明”与“次生文明”中固有的糟粕不断被抛弃，使优良传统的精华成为建设当代文明的依据和根基。改革开放以来，西方文明（资本主义文明）随着我国的现代化经济建设迅速袭来，形成了新历史时期“次生文明”重整再造的态势。外国良俗传入的同时，它们的恶俗陋习也泥沙俱下，纷纷侵入，并和“原生文明”中那些旧俗恶习搅在一起，出现了沉渣泛起，污水横流的一股黑潮。为此亟待弘扬民族文化，唤起对优良传统观念体系的共识和觉醒。

四、区域文化中城乡民俗文化的双向交流

区域文化离不开人类文明社会形成的城、镇、乡、村等社区聚落。大致说来，城镇和乡村是两种不同的区域社会生活共同体。它们分别构成了两种不同的区域民俗文化类型。比如沈阳市区及所属新民县、辽中县县城，与其外所辖乡村有很大不同。市、区、县、镇人口众多而且高度密集；乡村人口稀少且极大分散。城镇居民多从事大工业、手工业、运输业、建筑业生产及非生产性职业；乡村居民多从事农、牧、渔、林等食料、原料生产的自然经济及少量加工业。城镇居民之间的联系靠多种异质劳动交换；乡村居民多用同质劳动相联系。市区居民移动性强，阶层变动性大，移入民（如“大跃进”时的盲目流入人口）居多数，世代祖居民为数偏少，同时拥有大量临时性流动人口；乡村居民稳定性强，阶层变动性小，祖居民（老户）占绝对数字，流动人口降到最低数。市区民俗文化相对出现了小区域差异，甚至受职业集团的影响出现多种多样民俗结构。例如沈河区旧城内街区的老商界民俗与铁西区新工

业街区的产业工人民俗，以及南湖、北陵一带教学科研区的民俗，都有若干不同，难以保持全市性的完整划一，只能形成多样统一的状态。市区外的乡村民则容易保持民俗的大面积完整统一，民俗文化现象大同小异，相似相通较为显著。造成城市民俗活动空间相对狭窄，乡村民俗活动空间十分广阔的局面，甚至在一些偏僻的村落依然保留有十分古老的土生土长的“原生文明”。

城乡民俗文化的差异，并不意味着城乡文化的隔绝和截然对立，相反，它们之间往来传播的互相交流十分密切。

在我国，乡村环绕中心城市的民俗圈是最普遍的区域文化特征。这种民俗圈，就是城乡之间民俗双向交流循环往复的标志。这些标志大体表现在五个方面：

1. 以城乡商品交换的贸易市场习俗为标志，市民从乡民手中得到农副产品；乡民从城市市场得到生产工具、生活用具及衣物等消费品；同时相互传递各种文化信息。

2. 以社会精神文明的习俗风尚为标志，城市上层的文化管理机构及多种文化单位的设置，对基层乡村实行支配作用。城市的习俗风尚的变革对乡村民俗的演变发挥着积极影响。

3. 以文化娱乐习俗为标志，城市文化娱乐的设施及其活动的开展对乡民具有吸引力，形成乡民“逛城”的游乐习俗。城市游艺下乡流动表演活动同样对乡村娱乐起到活跃作用。城市许多娱乐的内容与形式成为村落文化娱乐未来发展的趋向。同时，乡村传统游乐活动逢年过节按俗进城的表演，也为城市不断充填了固有文化传统的精神。

4. 以移民迁徙习俗为标志，我国城市居民的较大数量来自乡村。除了像沈阳这样的历史悠久的古都市还保留一少部分定居十代以上的祖居民外，其余大多数是定居不过三四代的原乡村民。尤其是每当乡村发生大灾害时期或城市建设工业生产大发展时期，以及社会大变动时期，乡村居民流入城市迅速转化为城市居民的现象带有普遍性。近 30 多年来“盲流”的出现往往就是这种迁徙的标志。在我国同时还有过城市居民短期或长期向乡村迁移的历史经验。于是在城市民俗中也保留有乡村民俗的传统，乡村民俗中也浸入了许多城市习俗。在这个问题上，城乡亲友之间的密切往来也是文化交流的重要渠道。

5. 以现代化进程中传统民俗的变异为标志，村向乡，乡向镇，镇向城市，小城市向中城市，中城市向大城市的鱼贯发展，形成了现代化都市文明的特色。有的小村落甚至急速发展成现代化大城市，例如过去的上海，今日的深圳。都市文明（包括地缘化了的外来文明）对乡村习俗进行分解、融合，使原有的乡村民俗传统趋于淡化，出现了许多城市习俗化的乡村民户，步入乡村城市化的新阶段。原来覆盖面很大的乡村固有文化往往被分解为家庭习俗和邻里、亲友习俗，以家风和小区域习俗风貌出现。沈阳所辖的市镇和乡村正在向这种文化交流的趋势发展。

事实证明，现代城市消费生活给农副产品贸易市场带来繁荣的活力，大量村民在都市中流动，把城市的服饰习俗、饮食习俗、居住习俗、交通习俗及婚姻礼仪、社交往来、文化娱乐等习俗几乎都带回乡村，经过地缘化的吸收，逐渐融入传统的乡土风俗中。我国的几次大规模建设与发展吸引了成千上万的村民进入都市。使许多村民转化为市民，并把村落习俗带入城市，使许多都市风俗充满了乡土气息。城市居民的几度上山下乡，先把城市风俗带入乡村，后又把乡村习俗带回城市，使城乡风俗得到融合。近几年乡村城市化趋向十分明显，不少富裕乡民采用了城市居民的礼仪习俗举办婚礼，按城市规格改良居住条件，变更生活方式，城乡民俗的演变愈趋活跃了。

五、城市区域文化的都市化过程及其特点

我国城市区域文化的民俗特点与欧美城市民俗特点不同。主要表现

在我国城市中心周围的城区或城郊，有着十分显著的城乡风貌交叉互存现象，常常给人以城中有村，村中有城的印象。像北京的海淀区、丰台区、门头沟区、燕山区及通往通县、昌平等地的城郊；上海的闵行区、吴淞区、浦东区及其他近郊区；沈阳的于洪区、苏家屯区、东陵区、新城子区，都是城乡交叉并存的地区，构成一种中国式的都市化民俗类型。它们有别于欧美资本主义大城市的都市化过程。欧美大城市的形成多有大规模乡民或大量国外移民涌入城市的扩张经历。那里的市民绝大多数是离乡型移民迅速形成的。而我国城市的都市化过程，大多数是由季节离乡型村民和定居就业型村户在长期的城市扩张中形成的。那些季节离乡型村民曾经由城市临时工逐渐进入市民层；那些定居村户，经过城市扩张从被建厂矿的农田上直接就业进入市民层。使这两种市民层长期保持了村民和市民的双重民俗性格。

这种城乡交错的醒目地带，呈现出一个城市新旧民俗文化的竞争和演变的鲜活状态，最值得城市区域文化探索者注意。在这些地带，展现着一个城市新俗旧俗汇集的文化优势。

在城市的都市化过程中，像沈阳这样一座古城的近现代扩张是很有典型性的。老城区和新市区在新发展中相集结，老城区那种古都旧俗的民俗文化原型与新市区那种还没有脱离乡村土俗文化的或缺乏完整统一民俗传统的，甚至一下子引进外来文化的种种状态形成对比，显示出一个城市在区域文化发展中的时间差和小地区差。这是对城市区域文化探索时必须强调的着眼点之一。都市化的每一个进程中都显现了城市区域文化的某些重要的演进和变异。城市的都市化过程，常常出现传统文化改观的现象。通常有两种趋势：一种是都市化的现代化发展比较急速地引入外来文化，经过吸收、转化，形成许多为人们所适应的新风新俗，有些文化模式对传统文化产生较大的冲击；另一种是旧城市固有的民俗文化往往显示出对都市化发展的强力抵制（例如那种独门独户的小院居住习俗，包括对火炕的依恋观念，对住宅小区、公寓式的集体住宅习俗，包括对睡床的反感，都是这种抵制的内容）。这两种趋势在角逐中，不可避免地出现传统文化变异改观，形成新的文化适应局面。一般说来，常常是新风俗中的健康内容通过传统的民族的形式传播而得到公认；旧习俗中的优良成分通过现代化的外来新形式处理而取得共识；于是潜移默化的移风易俗便在文化整合与择优选良的过程中有效地进行了。

因此，探讨城市区域文化，很难静止地把一座古城的老传统作为这个地区文化的内容和标志；也不能形而上学地截取某一个历史年代、某一个层面的文化特点以偏概全地判定该城市的文化。恰恰应该历史地、科学地、全面地从多民族、多角度的地区文化发展的轨迹中去把握其内容、形式和有别于其他区域文化的某些特征。在这里，城市区域文化发展演进的生动活泼的状态是至关重要的。

区域文化的探讨需要全面考察和科学论证，需要深入地区文化的基层，调查、体验、观察、感受，并进行认认真真的思考。也只有这样，才可能有效地把握区域文化的本质特征。

六、关于“都市风”

当我们一谈起民俗、民风，便常常想到村寨山乡，那些古老传统存活的地方和那里的人们，仿佛只有那些地方的人们中间才有风俗。其实，从民俗文化演进发展的历史来看，这种认识是片面的。当我们进一步探索人类文明进步史的一些重大课题时，就会认识到人类社会不停顿地兴起和传播文明风潮，却原来起自都市的建立与勃兴。

说来其实道理很简单，假如人类社会始终停滞在原始公社的生产水平和生活状态中，就无从带来什么可以令人们创造、学习的风化和习尚。只有当阶级社会形成，古代都市生活萌生，文明的新风潮才演成习俗惯例，广泛传布开来。古代产食经济的演进，传播了产食民俗文化，有相当规模的贸易创造了“市”，推动了城镇的发展。有了发达的城市，才兴起了被称作文明的衣、食、住、行，婚丧嫁娶，节日庆典，祭祀礼仪。使自古以来的都市文明为全社会不断创造的新的生活方式，卷起一阵民俗演进的新潮流。每当我们由衷赞美中国的古老文明和中华民族优秀文化传统时，就应当想到那是中华民族都市文明所写成的灿烂篇章。不仅中国如此，古埃及、古印度的文明也不例外。

都市文明的早期，有一些重要标志，人口聚集并不断增加；食料、原料丰富，产量增加；科学技术不断发展（如水利灌溉，冶炼锻造，天文气象，航海交通等）。多种风俗杂糅、传播、融合、创新。阶级差别，行业分工形成了风俗的等级差和类型差。专业人才大量出现，文艺、宗教不断繁荣，大多数古城风俗画表现为环绕寺庙宫观兴建，瓦肆勾栏百戏竞演。乡村环绕城镇分布，使城乡两大社区的民风民俗得以充分交流集散，使城市成为周边乡村风俗演进变异的策源地。

近代都市文明进一步使城市成为人类文明进步的核心地区。都市成为国家的决策重地，成为社会发展的中心基地，成为民族文明的窗口。是大都会文化引导人类社会向前迈进。

都市文化的新发展，在现当代的最大标志是科学技术与教育的发达和经济的腾飞。发达社会和地区的文化是以全球知名的大都市文化为先导的。如今，全球性的西方大都市文化的扩张与冲击，正是这种现象的反映。我国的改革开放，不能不面对这一现实，迎头赶上，有效发展具有中国特色的大都市文化并使其发挥先导作用。现在，最值得密切注视的是：我国都市如何去分解涌进来的西方大都市文化，如何优选并吸收、消化其中优良的营养成分，如何分辨和继承本民族传统文化中的精华，以便开拓出最具有内外适应性的为亿万群众所需要的所向往的最佳文化土壤？这正是当代急需抢答的重大新课题。每一个为弘扬民族文化而奉献的人，都不能不对这个课题有所思考或有所作为。

说到这儿，就不能不提到上海。上海作为近代殖民化大都会的那些岁月，既流入了西方恶腐之俗，也传播了许多科学与民主的进步发达之风。上海的历史影响黑白可见，上海文明，举世闻声。近40年的大上海，始终以它的新貌和中国式的大都会文明带动着大江南北和沿海大陆发展新风。大上海在移风易俗的进程中立下了不朽功勋。如今，大上海又走上了迎接新世纪的历史新台阶。如何在现代文明建设中发挥强有力的先导作用，就成了都市民俗文化工作者和探索都市民俗学的有识之士肩上的重任了。一个以都市新风新俗为龙头的移风易俗潮流，必将在形形色色的都市风中兴起，逐步荡涤残留的沉渣和浸入的污水，创造出一个崭新的民俗文化大环境，任凭全社会共享。

在当今世界性的大都市文化诱惑中，我想国人都在注视着上海、北京、香港等大都市究竟刮什么样的都市风！

第四章　民俗文化观念

一、精神文明建设中的“民俗压力”

在我国当前“巨龙腾飞”的现代化建设进程中，人们越来越感觉到有一种顽固的习惯势力，在阻碍、干扰和破坏经济建设的正常进行。在政治、经济、文化、社会生活的各领域中，伴随着改革和开放所取得的惊人成就，也暴露出了种种腐败现象、犯罪现象和相当多的人在精神面貌方面的不健康现象。这种习惯势力，从民俗学的角度观察，主要是一种传承了多少世纪的封建主义的习惯势力。这种势力形成了一股“民俗压力”，以其与现代化完全格格不入的特征在当代生活的各个领域中起着反作用。甚至有些重大的符合时代需要和发展的新的改革，往往在顽固的“民俗压力”下，半途而废而重走了老路。

在政治生活中，党风问题是关系到一个政党的生死存亡的一个重大问题，也是关系到能否真正建设好全社会精神文明的关键问题。党风不正主要表现在六个方面：

> 一是官僚主义严重。高高在上，做官当老爷，说空话、大话、套话，敷衍塞责，“官衙门”作风严重。
>
> 二是自由主义严重。不执行党的方针政策，不受党纪国法的约

束，乱发议论、搬弄是非、散布流言蜚语，恶意造谣中伤。

三是极端个人主义膨胀。追逐名利，计较得失，以权谋私，讲排场、摆阔气。贪污受贿，利用公款请客送礼、游山玩水，牟取暴利，安插亲信，为子女亲友图谋私利。

四是本位主义严重。不顾大局、以邻为壑，扯皮掣肘，图谋狭隘的小团体利益，争权力大小、级别高低。

五是人情论、关系学至上。不讲党性法理讲人情、不讲原则讲关系。拉帮结伙，派性作怪，护短说情，为违法乱纪开脱罪责。

六是无组织、无纪律，我行我素。

这六种主要表现正像《中共中央关于社会主义精神文明建设指导方针的决议》中所着重概括的那样：“我们党作为领导全国政权的政党，党员干部是全心全意为人民服务，还是做官当老爷，以权谋私，凌驾于人民之上作威作福，成为党风建设中一个特别重大的问题。”对这些问题，如果从民俗科学的角度做历史的纵向考察，这些不正之风几乎都来源于两千多年的封建主义传统风习和小农经济所形成的观念形态。它们是传统风俗中消极面的再现，沉渣的泛起。这是几千年陈规陋习在新的历史大变革时期向执政党施加的从内到外的沉重压力，以致使少数党员经不起陋习恶俗的重压走上违法犯罪的道路，诸如贪污受贿、投机诈骗、走私贩私、出卖情报、腐化堕落、坑害百姓等。

对人民不负责任，把权力、地位看得至高无上，这种权位欲是传统宗法制形成的一切特权的最陈腐的民俗观念。它必然导致假公济私、以权谋私、任人唯亲，为小集团或亲朋子女谋取私利的后果。同时，它必然导致抵制或破坏法纪。同样，那种搬弄是非、造谣诬陷，拉帮结伙等恶习，也是旧社会极端自私心理和极端放任的观念在新时代的再现。根深蒂固的私有制观念，以其十分隐蔽的传统民俗形式，在现代化建设时期，从物质生活到精神生活全面诱发出了形形色色的不正之风，和国家的根本制度发生了极为严重的对抗。这正是传统民俗压力的要害所在。

当前，随着经济体制改革的纵深发展，政治体制改革也正在进行。而政治体制改革极其重要的一个方面就是加强和健全民主制度，改变那种靠掌权人主观或经验进行决策的习惯。而凭主观和经验进行决策的这种现象，早已经形成习惯势力，它源于家长制遗风和小生产的狭隘思想意识。这种惯俗从来就与民主和科学格格不入。以个人意志或心血来潮、兴之所至进行决策的结论，往往脱离实际而缺乏针对性和科学性，当然在生产建设中也不会有好的结果。封建家长制遗风在我国民俗传统中，历史悠久，并且从来就没有受到过根本性摧毁。相反，它不仅在民间家风习俗中依旧有传承实力，而且更严重的是在政治生活的党风中也照例存在着、泛滥着。这种遗风在十年“文革”内乱中形成的个人专断，已经造成巨大灾难，使党和国家的政策严重失误。

由几千年的封建帝王的金口玉言到一家之主的说了算，显示了个人权力或权威至上的传统习俗观念是根深蒂固的。其影响必然在大大小小的机构中形成个人权力支配范围，出现种种滥用权力的不正之风。

在我国封建社会的漫长历史中，作为一种持续传袭的民俗现象，所谓的民主监督与民主制约，从来就没有真正形成。甚至古代农民起义初期内部仅有的一点民主性精华，也总是被农民起义政权的迅速帝制化所消除。民间习俗也充满了听命于一人的“家无二主、国无二君”的观念。民主本身也历来被“为民做主”“为民请命”的有权力者的权威所代替。真正的人民群众当家做主，从来就没有相沿成风成俗。因此，时至今日，我们的民主生活还不是很健全。而有些人对于“民主集中制”的某些解释，仍然把重心放到了“高度集中”的一面。各种形式的民主监督自然常常受到个人权力的强烈压制。

政治生活中的传统习俗观念的潜在和泛滥，必然导致社会生活中社会关系因袭旧俗，靠传统的人情世故互谋私利。小自请客送礼，大至收受贿赂，新的社会关系和正常往来，被几千年传袭下来的陋俗严重扭曲了。

社会风气不正，直接造成社会秩序不安定。旧俗、恶俗乘虚而出，陈腐的家风，繁缛的婚丧礼仪，迷信巫术邪说的活动也都死灰复燃。在现代化的进程中，公开或隐藏地泛滥着愚昧和野蛮。正常的家庭生活与社会生活受到各方面的旧俗干扰和侵害，甚至有的要受巫医、神汉的支配。在一些富裕起来的农村居民和城镇职工中，不仅奢靡之风大起，更严重地还大刮赌博之风，有的倾家荡产，有的酿成罪案。在经济领域不正之风狂卷之下，旧社会遗留下的、曾一度绝迹的娼妓或变相卖淫等恶俗，又重新出现。各种畸形陋俗为形形色色的犯罪行为提供温床，已经成为当前建设现代精神文明的严重障碍。

许多恶陋习俗泛滥的事实警告我们，如果对于它们掉以轻心，不进行科学的认识和处理，仅靠一般号召和推行一般形式的文明措施，或仅靠法制手段打击犯罪，现代精神文明建设是难以取得成功的。

二、从“冷烫”与“干洗”小议我国民俗观念

我国传统民俗文化按着自己特有的模式稳定地发展了几千年，形成了中国特色的风俗习惯定式。这种定式往往在民族交往、民族战争和民族大迁徙中方才出现许多明显的演变。西方学者往往把我国民俗文化的这种内部封闭保守的倾向称作“冷社会文化”，仿佛这种民俗文化几千年一贯制，很少创新和演进。

19 世纪中叶以后，西方殖民主义的远洋入侵，震动了这种“冷社会文化”。随着“洋人”的侵入，带来了“洋枪”“洋炮”“洋船”及形形色色的“洋”货。民俗文化随之出现了大量冠以“洋”字的事物名称，标志了“土”与“洋”的异质民俗特色。在物质文化中，中国普遍使用了“洋”货，并通用了新民俗词汇。洋楼、洋车、洋马、洋火、洋油、洋布、洋酒、洋蜡、洋灯、洋文、洋书、洋乐、洋伞、洋

教、洋人、洋狗之类的俗词广为流行。这是我国最早接受西方物质民俗与精神民俗融入本民族文化的民俗观念的演进。无论以后怎样反帝反洋货，最终还是把这些洋货及其使用习惯纳入中国人的民俗生活规范之中。

随着近代西方产业革命的剧变，终于把使用“电”的高技术传到古老的中国，于是在洋货名词中，出现了大量冠以“电”字的常用俗词。电灯、电车、电梯、电线、电柱、电炉、电扇、电影、电报、电话、电台、电铃、电门以及具有方言土语特征的“电锅”（发电机）、“电匣子”（收音机）、“电驴子”（摩托车）等词也广为传用。甚至在东北地区把交流电收音机叫作“水电匣子”，是因为这电发自小丰满水电站。把半导体直流电收音机称作“干电匣子”。以至今日出现了电视这玩意儿，还是冠之以“电”。全中国的日常生活习俗，终于随电气化的技术发展，进入电脑时代。

现代化发展是以电子工业高科技为先导的。电子计算机这种人工智能机器，被人们称之为“电脑”。以标明它像人脑一样灵，形成俗名。在国际上不论怎样统一称呼它为“Computer”，但在中国依然沿着由“洋”到“电”的观念来约定俗成。

但是，高科技发展在日常生活中的全面应用，几乎全面改变了人类社会的物质生活方式和精神生活方式。现代化发展成为全球性毫无争议的战略目标，许多传统生活方式的发展条件不再具备了，以传统文化生活为引导的传统世界正在向现代化剧变。我国的改革开放促使人们不得不在心理上适应这种剧变。但是，传统生活模式和传统文化观念又牢固地牵掣着从传统民俗文化走过来的人们，于是，人们在接受新民俗文化事物时，依然难以摆脱旧俗观念的深刻影响，才出现了矛盾的民俗概念和一时约定俗成的民俗新词。遍及全国的“冷烫”和“干洗”就是最典型的例证。

“冷烫”与“干洗”，都是现代高科技的产物。它彻底改变了传统的“烫”和“洗”的模式，完全是与“烫”和“洗”毫不相干的事。它利用日用化学药剂，取代了原来用“火烫”“电烫”卷发的陈旧技术，也同样不经过几千年来“水洗”的方法使衣物除垢去污。但是，人们所习惯的“烫”和“洗”的观念仍然难变，这才不约而同地叫出了“冷烫”和“干洗”词语。这种叫法人人认可，甚至连语言学者也不得不随俗呼叫。本来“烫”从火，无火怎言烫？“洗”从水，无水何谓洗？“冷”与“烫”本不相容，“干”与“洗”势不两立，然而却在新旧民俗文化的转换剧变期，它们就可以阴阳相合，矛盾统一，合成一词，为人们接受为通用词语，这正是民俗观念转变时期必然产生的现象，在我国尤其如此。

在民俗语词上和民俗新概念上所以形成这种近似笑谈的矛盾，是由外来民俗文化事象与传统民俗文化事象相冲撞时，发生了难以适应的后果造成的。就拿“烫发”这个外来发饰习俗来说，最初，从西方先传来了用金属夹剪经火烧高热后卷直发为波浪形的方法，我国汉语于是产生了俗名叫作“火烫”。以后金属夹剪通上了电源，用电热卷发的技术传入，我国俗语中又出现了“电烫”一词，逐渐由电烫取代了陈旧的火烫。近几年从西方又传入了用化学药剂卷发的新技术，完全抛弃了火烫、电烫的旧法，也可以说完全取消了那种火烧火燎发丝的原始方法，与“烫”已经无关。然而，人们依然摆脱不了原来的“烫”的观念，保持着原来那种“不烫哪能成卷发”的认知习惯。于是才硬是创造出来这个叫作“冷烫”的俗词。这里确实反映出我们中国人的传统民俗观念形式及特有的民俗思维定式。

中国人民对从西方传入的美发习俗，从开始就着眼于它的做法和手段，却往往忽略美发的具体目的。也就是说，首先关注了用火、用电、用冷药水去“烫”发，于是“烫发”的概念形成。西方人创造的美发习俗，从一开始就着眼于卷发的修饰目的。所以把头发卷成大小波浪形，卷曲形的概念从一开始就形成了。至于是用火还是用电，以至又用了冷药剂，都只是为了更好地使头发卷曲成美发型。因此，英语俗语从一开始就对这种美发习俗叫作“Permanent Wave”。“Permanent”是“长久不变”或“长期固定”的意思，“Wave”是“波浪形”的意思，连起来可直译做“长久不变的固定波浪卷发”的语句，或简称“固定卷发”或“卷发”就可以了。这个语词，我国一律译成了“烫发”，失去了原意。这个外文俗词不标志火烫、电烫或冷烫等烫发的意味，无论将来高科技用什么来卷发，这个俗词可以永久不变。反过来看，我们的烫发观念，一旦不再使用烫的手段，便无言以对，只好弄出个“冷烫”的阴阳怪气混合词。好在有一个约定俗成，于是也就在语词使用上认可了。这说明外来民俗移入我国的过程中，我国人往往抛开了原习俗的本意和叫法，按我国传统观念去接受这种习俗并冠之以本土特色的名称，然后推而广之。不论原俗本意如何，都要另造词汇。

在这一点上，日本人在接受西方外来民俗事象时，则往往采取了和我们不同的态度。比如“烫发”习俗，在日本也有老年人叫过“电发”，但是并没有传开，而是从一开始就把英语原词引进，通用外来语“パーマネント・ウェーブ”或简称“パーマネント”“パーマ”。不论火烫、冷烫或再什么烫，叫法不变，都是卷发，只是在操作时，才分别叫用电热卷发和用药剂卷发。现在，冷烫概念已广为传用，把“冷烫”直译成外文给来我国的外国旅行者听，他们几乎不懂为什么能出现这样不可思议的词汇。他们哪里晓得我国的传统民俗观念的复杂性呢?

当然，也不能一概而论。西方人中，至少德国人在发展烫发这个习俗过程中，也出现过类似我国这种民俗观念的转换。德国人在美发卷发习俗中和西方国家相同，都存在“天然卷发”和“人工卷发”两种类型。人工卷发叫作“Kunstlich gewelltesHaar”；天然卷发叫作“naturlieh gewelltes Haar”。其中人工卷发相当于我们的“烫发”一词，叫作“Dauerwellen”。这是由两个词组成的，前半部“Dauer”是“耐久”的意思，后半部“Wellen”是“波浪”的意思，合起来直译做“耐久的波浪卷发”，与英语完全一致，并不包含“烫发”的意思。因而不论用什么方法卷发，这个俗词可通用。但是，德国人在经验中一直经历的是“火烫”“电烫”之类的高热处理卷发，所以近些年改用液体冷药剂卷发，促使德语中的卷发一词，也注入了“冷卷”的含意。在口语中“去做冷烫”的俗话是“Kalt - Wellezeit”，这“Kalt”就是“冷”的意思，直译可做“去做冷波浪发型”。表现了德语俗语合成中的民俗观念的转换。这种和我国“冷烫”的叫法稍有些接近的特点值得注意，似乎原来的旧观念中是存在“去做烫波浪发型”的意味的。

让我们再来用比较民俗语言学的方法探究一下“干洗”这个矛盾混合词的民俗文化观念吧！用水洗涤衣物这种生活习俗在我国至少也有3000年历史了，无水不成洗。有一则小谜语很能表述这种用水洗的几千年一贯制的观念：“此物真希奇，越洗越有泥；不洗还能吃，洗了吃不得。（打一物）”这则谜语在猜的时候，没有一个人不是从被水所洗的物件中联想的，所以很不容易猜中这种越洗越脏越不能入口的东西。实际上，这谜底是使用诡词法隐藏起来的“水”本身，是水越洗越有泥，是水洗用之后不能入口。这是从谜面到谜底都运用了水洗习惯引发思考的，可见水洗概念该多么稳定。如今，用含苯的去污剂就可以免去水洗，就可以使衣物洁净，一改几千年传统习惯。这种化学药剂除垢的新习俗在西方流行开初，它的俗名就和洗不同。“洗”在英语中叫“Wash”，洗手间叫“Washroom”，洗衣机叫作“Washing machine”，洗衣房叫作“Washhouse”，都离不开水洗。但是，干洗在英语中叫“drycleaning”，只有干除垢店的意思，与洗衣店叫法完全两样。甚至在英文中干洗店的叫法和吸尘器的叫法相同，都可以叫“Cleanet”，可见干洗属于吸尘除垢性质，洗衣机才有水洗清洁的功能。这样看来，干洗与洗毫不相干，但是传入我国后，不论用水用药剂，依然是传统老习惯——洗，只不过一个湿洗，另一个是干洗罢了！

日本人引进了这种干洗技术，同时引进了“drycleaning”（ドライ

·タリーニング）这个除垢去污的外来语专用俗名。他们把“洗濯”与除污垢区分开，各有叫法，做法不一，观念也有别。尽管在日本语中也有“干式洗濯”的说法，但是广泛通用的仍是外来语干除垢去污。

就“干洗”一俗语不能不再重提德语。在德国出现了这种用化学清洁剂除垢去污的日常习俗后，德国人就按传统习惯语合成了一个俗词，叫作“Trockenreinigung”，前半部“Trocken”是“干燥”，后半部“reinigung”是“洗涤”，和我国的“干洗”不谋而合。但是，如果细究起来，德语中还有一个常用的俗词“Waschen”和英语的“Wash”相当，都是“洗”的本意，而“reinigen”这个俗词，“去污除垢”是它的本意，转用时有了“洗”的意味，可见和我国汉字的“洗”的本意还不甚相同。

民俗的发展和演变处在急剧变动的时期，新旧习俗、本土传统习俗与外来新潮习俗的合理冲撞，形成了民俗融合和民俗趋同，这是必然的不足为怪的现象。对于民俗观念转变过程中出现“冷烫”与“干洗”这样的俗语，也应当在社会进步发展中看到传统民俗是如何努力去适应现代化的进程这种积极现象，而不必咬文嚼字去挑剔字眼儿。人们的民俗观念在适应新的物质文明和精神文明的建设，艰难地改变，这是特大好事。

在民俗文化推陈出新的发展前景中，适者生存，仍是一条不可抗拒的规律。

三、中国占卜习俗与传统价值观研究

德国学术界对于中国多民族民俗的调查与研究虽然早在19世纪末已有发端，但是真正走向繁荣，还应当以近半个多世纪兴起的汉学与中亚、东亚民族各领域的民俗研究成果为标志。其中，不仅有老一辈学者W·爱伯哈特和W·海希格等的贡献，也有五六十年代涌现的一批优秀学者的突出成就。联邦德国波恩大学中亚研究所研究员庞纬博士关于中国信仰民俗中汉民族占卜习俗的科学研究成果，就具有代表性。

哲学博士庞纬，德文原名是维尔奈·班克（Werner Banck）。他以精通汉学的知识给自己取了汉文姓名庞纬。用“庞”姓谐德姓“Banck”音，用“纬”名谐德名“Werner”音。从20世纪70年代起到现在，中国海峡两岸的民俗学者、民族学者、文化史学者们便以庞纬博士称呼这位德国的“中国通”了。这位定居在学术城奥古斯汀的汉民俗学者在中国台湾以及新加坡、马来西亚的华侨区等地至少有10年的调查研究历史，1976年在台湾阳明山完成并出版了他编辑的巨著《中国灵签研究》的上卷（16开本1131页签诗资料本）。1985年在维斯巴登又著述出版了《中国灵签研究》（DAS CHINESISCHETE MPE-LORAKEL）下卷（德文本，大32开本理论研究本）。对中国近现代拜庙求签占卜吉凶的习俗做了集大成的研究。1986年庞纬博士带着他多年的心血研究成功的科学成果前来我国，应邀参加了在上海举行的“首届国际中国文化学术讨论会”，在会上发表了题为《从签诗看中国传统社会的价值观》（The traditional Chinese Value-system as evaluated from-temp eoracles）的学术讲演，博得了与会学者的高度赞赏。

庞纬博士选定中国民间占卜术的寺庙神签诗作为自己探究中国社会及思想文化的目标是十分有意义的。他早在20世纪70年代就认为“占卜术在中国已有三千五百余年的历史，无疑是中国最古老的今天仍然遗留的社会惯制之构成元素。其重要性可以从甲骨文中窥见一斑，甚至作为占卜手册的《易经》也证明那种重要性。至于灵签，那也许代表《易经》演变之最后发展，也从而和《易经》传统有密切关系。11世纪左右，灵签已从易占中脱颖而出，其普遍性也与日俱增。然而，今天所有关于占卜术的研究，都以甲骨文和《易经》为重心，仅有极少数人士注意灵签，对于这种重要资料，何以它的研究工作却呈现一片空白？此事实在令人费解。因为在中国，上自帝王公卿，下至贩夫走卒，莫不或多或少地将自身遭遇的疑难或希望质诸于所信仰的神祇，灵签就是具体的神意，其影响极为深刻。甚至今日，灵签仍是最普遍也是最主要的占卜方式。加之，每首签诗除了正文以外，还有释义和典故，从整个签文中可以看出时间性和地域性的因素，也反映着当时人的动机和需要等问题。并且也能看出过去与现今中国传统社会制度之最主要的价值体系。总之，对于研究社会学、宗教学、民俗学和文学等人士而言，签文及其释义和典故提供了非常丰富的原始资料”。① 在这里，庞纬博士阐明了两个重要意义：一个是通过签诗占卜的研究探索，认识中国传统社会的最主要的价值体系；另一个是通过丰富的签诗资料研究社会学、宗教学、民俗学及人文科学。前者是对于中国传统文化的全面解剖及深层分析的需要，后者是发展某种学科的需求。显然，对于一个民俗学家来说，这两者都是极为重要的，直到近几年，庞纬博士还一再强调签诗“由于它的通俗化，更能普及于民间”；“比易占更容易接受，所以它的影响是非常广泛的。要想了解中国社会和她的思想文化，我认为灵签的研究，可以说是一份很有意思的第一手资料。”② 由于他研究签诗的目的不仅十分明确，而且十分正确，因此他的研究取得了很大的成就，并在德国起到了这个研究领域的开创和重要的作用。

签诗，旧时佛寺道观中以一定数目的竹片为签，上写通俗诗句，编号标等，存贮竹筒中作为卜具，令参庙拜佛跪神的迷信者在祝祷中抽取，以诗语卜吉凶。早在五代、宋时期，求签习俗已经风行，明清两代更为盛行。现时，韩国、日本、新加坡、泰国、印尼、越南、柬埔寨、美国的华侨区的寺庙仍然盛行这种求签的习俗。和旧时察看竹签诗所不同的是，现在多做纸帖、纸卡或纸卷，上印诗句或加有“神意”或“解语”。有的寺观还设有专事解释神签的僧道，以帮助迷信者寻求适

---

① 庞纬．中国灵签研究．上卷［M］．台北：龙记出版社，1978.

② 庞纬．中国传统文化的再估计［M］．上海：上海人民出版社，1987：603.

合的答案。近几年来，它随着城乡经济的某种繁荣，在我国传统的旧俗影响下的许多人中又泛起了求神问卜的迷信风潮，严重影响了社会的进步和精神文明的建设，甚至因此酿成了灾害。从现实的移风易俗的需要出发，我认为庞纬博士对签诗研究的高度重视给我国民俗学者以很大的启发，使我们对有如此重大影响的民间占卜术的研究有了新的认识。

庞纬博士的《中国灵签研究》所以取得很大成就，是和他对签诗的调查研究分不开的。他的调查不仅十分辛劳，而且也十分周详。从1968年开始，他从德国远涉重洋，到东北亚、东南亚各国及美洲华人区陆续收集到大约一千套各路寺庙的签诗。每套签诗的首数不等，少则11首，多则365首，比较常见的有28、32、60、64、100等首。他对收集到的千套签诗做了认真仔细的核对整理，找出相同的签套161套，筛选出有代表性的标准签诗402套，共纳入签诗24000多张，每一张签条上还有4个到20几个不等的占卜答案或题解，总共包括36万个问卜项目。他对这浩如烟海的几十万个项目都做了详细统计、分类、论述，完成了《中国灵签研究》上下两卷巨著。

这种调查采录的学术风范，为民俗学的研究工作做出了好榜样。试想，这种国际性的调查收集要度过多少年月？走完多少路程？投入多少经费和花费多少心血？要经过多少周折？要遇到多少困难？但是，庞纬博士在资料调查方面终于取得了惊人的成绩，在掌握第一手资料方面可以说已经达到了集近现代签诗之大成的程度，已经受到中国海峡两岸民俗文化研究者的特别瞩目和高度珍视。他所拥有的签诗资料已经成为人类文化史的国际共有财富。这也正是庞纬博士的巨大贡献之一。尽管他本人对于经费不足，印刷数有限，不能全部复制签文而深表遗憾，但是，就他已经公之于世的55套3121首影印签诗资料来看，其容纳中国民间传统文化心理及代表民众价值观念的信息量已经是很可观的了。这55套签诗分别采自55座寺庙的主神殿或配祀神殿，这些寺庙除80%分布在中国台湾的台北、台南、彰化、澎湖、新竹、高雄、台中、宜兰、金门、马祖等市县的里巷乡村外，其余 20% 分布在马来西亚、泰国和美国的华侨区。足以证明这位德国的中国占卜习俗研究家的踏查线路之漫长及调查工作所标志的国际水平了！这一点，很值得我国民俗学者认真借鉴和学习。

除了上述有关中国签诗调查研究的巨大贡献外，庞纬博士对于中国签诗的分析论述，在德国的中国占卜习俗研究领域占有不容置疑的重要地位。他对于签诗的科学分析都收纳在德文本《中国灵签研究》的下卷中。用他自己的话说：这部著作的上卷被称作“资料篇”，下卷则被称作“分析篇”，以此构成中国签诗研究的上下姊妹篇。

《中国灵签研究》的分析论述卷计 394 页，共包括六个部分：第一部分是前言；第二部分是导论；最后一部分是附录，其中包括缩写目录表，包括用欧洲各种文字撰写的和中文、日文撰写的参考资料目录，图片及图片目录，勘误、修正及补遗。其余三个部分是这部著作的中心部分。也就是本书正文部分的一、二、三章。这第一章是典型签诗分析，共 30 首，包括它的原型复印件和它们的德文译文、注释；变体异文的图表及序文、主文、说明；同时有介绍 37 个寺庙的目录，包括它们在中国台湾、福建，新加坡、马来西亚、泰国各地的分布情况。第二章是灵签考查总图表。包括灵签组的总目录指南；灵签组的总目录索引；以签诗第一句为题的目录索引（以褚 C 顺序排列）计 161 首；签诗神谕之神佛名总目录，计 155 位；灵签结语表，包括“上上”“大吉”等结语导言；结语分类组表格；结语组在灵签组中的分布。第三章是求签问卜的表格分析。包括求签问卜总表格说明及其数量分析；包括求签问卜及其异文变体的 160 个类型表格，关于上述类型的分析。

在上述三部分对签诗的科学分析中，运用数学方法对 36 万个占卜项目的 160 个类型分别进行了求平均值比数的精确计算，成为最令人瞩目的分析特点。试想，面对 36 万个占卜项目，逐项分类统计，归纳成 160 个项目类型，这已经是一桩很艰苦细致的解析工程了。但是，作为民俗学家，如何从这种分类中辨认求签群众对哪些占卜项目更为关心?哪些项目又最能切合大多数求签问卜者的动机?却是个相当困难的问题。一般说来，有三种取得结论和寻求答案的研究方法。一种是民俗学者依靠自己对求签深信者的问卜动因的调查统计做依据；另一种则是对签诗占卜项目分别在总平均值中的百分比数进行计算，然后找出各类项目所占百分比数的高低顺序，依次找到与深信者切身利害相关的社会问题。第三种就只能靠对社会生活的观察体验做出科学判断了。前者对求签问卜动机的调查是十分困难的。除了由于求签人的流动性、松散性使多方面背景资料无从取证外，更主要的是求签动机的许多隐秘性因素也使这种调查不大可靠。后者对于社会问题的判断又往往因学者本人的主观因素干扰也容易失之武断而不确切。最客观的结论来自科学的调查统计数据。在掌握了充分足够的第一手资料后，精确计算出科学数据，并用这些数据证实科学结论，则是最有说服力的。庞纬博士便选用了这种精确计算，寻找科学数据的方法，取得了成功。

他把36万个占卜项目合并同类项后，归纳出160类项目，然后把每类项目在总平均值中求出它的万分比数（比百分比更加精确的数），再依比数的高低次序把160类项目列成表格，立即得到前20几类项目是数百年来与中国求签问卜群众有最切身利害关系的社会生活问题这个结论。经他计算的结果表明，以下项目居前列：

1	婚姻	839. 405/10000
2	求财	828. 729/10000
3	讼事	816. 531/10000
4	六甲（求子）	622. 318/10000
5	功名	612. 487/10000
6	疾病	583. 466/10000
7	失物	516. 135/10000
8	出行	422. 850/10000

这些数据表明：婚事、钱财、官司、生育、功名、疾病、寻物、行旅等是人们生活中最关心的问题。

庞纬博士认为这样统计的结果，和社会现实中人们受到上述切身问题的困扰的实际情况十分接近。人们在以上主要问题所形成的矛盾中，感到前途茫茫，不能预知，只好阅卜“神意”。他认为“从这些项目可以了解中国社会自明朝、清朝以来的传统价值观”①。

他在论述这种测算占卜项目平均值百分比数的方法时，还提出“可以用地区性、时代性和信仰的神等方面，分别统计，所得的高低顺序必定会不一样。譬如：都市和乡村的价值观可能很不相同”②。

他在对占卜项目的分类统计中还发现许多亵渎神明，违反传统道德的事情，诸如：偷盗、堕胎、贿赂、嫖娼等行为，根本就不可能出现在任何签诗占卜的问答中。他以此论证“中国人价值观中的道德趋向”③。

在他的研究中，由于大量收集了海外侨区及移民区的签诗，所以，当进一步把占卜项目再归纳成 24 大类时，立即发现万分比数的最高数值却是“旅行”一项，高达 875.211/10000，超过了原来列为第一的“婚姻”。旅行项目中包括出行、渡洋、回乡、行旅等。他分析说：这项统计表明，“这乃是近百年来，中华民族遭遇较多的社会波动，向外谋求发展的倾向逐步加强的结果”④。从庞纬博士的《中国灵签研究》中，透过精确的统计与精密的分析，从占卜签条中可以窥察中国传统文化的价值观念的全部和细部，为中国民俗研究提供了打开深层封锁迷宫之门的金钥匙。

他在近几年的研究中还介绍了中国台湾社会学家蔡文辉先生在 1968 年对 706 名求签男女所做的调查统计，并把这种对求签问卜项目

---

① 庞纬. 中国传统文化的再估计［M］. 上海：上海人民出版社，1987：603.
② 庞纬. 中国传统文化的再估计［M］. 上海：上海人民出版社，1987：603.
③ 庞纬. 中国传统文化的再估计［M］. 上海：上海人民出版社，1987：603.
④ 庞纬. 中国传统文化的再估计［M］. 上海：上海人民出版社，1987：603.

的采访调查和他本人的签诗统计分析做了比较。他指出：从方法论上看各有长短利弊。他认为蔡先生的资料证明了他采访的求签人女性占79.9%；受教育程度低，只有小学文化水平的问卜者占91.35%。同时还可以看到，由于社会的开放，减少了人们在婚姻方面对占卜的依赖，从而表明“价值观的趋向会随时代的背景和需要而改变”①。

总之，德国学术界对中国占卜习俗的研究，是从20世纪60年代兴起的。庞纬博士以他几十年的心血和辛劳从调查和研究两方面为德国开拓了这一东方民俗的新领域，同时以他的巨著《中国灵签研究》作为这一领地的科学的基石，为国际民俗文化史宝库增添了夺目的光彩。他所起到的先导作用是不容置疑的。正像老一代德国民俗学家沃尔夫姆·爱伯哈特博士在《中国灵签研究》上卷序言中所说：“我确信这部灵签研究和庞纬先生现有的分析，将会澄清许多观点，并且将促进其后人们也去探索这些问题和其他更多的问题。我还希望，社会学者和人类学者做一些实地考察工作，要和求过签的人们进行谈话，听取他们的反映。最后，我希望有一天比较人类学家会把这些中国神签同尼日利亚的签诗做一个比较，它们之间有许多有趣的相同点，当然也有许多有趣的区别。”这段话说明了庞纬博士所做贡献在理论上方法上对这个领域的深远意义，很值得我国民俗学者思考。

庞纬博士是我国海峡两岸民俗学、民族学界的老朋友，他的科学成就无论从理论上还是方法上都给了我们很多启发。笔者1989年夏秋在德国讲学期间，在波恩和庞纬博士做过几次深谈，以后我返回西柏林寓所后，又通过电话长谈过几次民俗研究的问题。他的许多好见解对进一步发展中国民俗学，对从深层、底层进行民俗调查研究，对我国当代民俗研究方法上的改进，都有积极意义和十分有益的借鉴。我们期待着中德民俗学界的进一步合作与交流。

---

① 庞纬．中国传统文化的再估计［M］．上海：上海人民出版社，1987：603.

四、端午节民俗的原形态

端午节是我国民俗大节，不仅每家每户都要隆重庆祝，同时还在地方上有丰富多彩的节庆活动，其中包括纪念屈原的祭江招魂古俗。实际上，这个节日一直是以止病瘟、避兵鬼、驱邪禳灾的节日传下来的。在端午节的活动中，像古代用五彩丝缠粽子、缠手足腕、用楝叶包米粽，采插艾叶、菖蒲，取蟾酥，涂饮雄黄酒，调制朱砂酒，采多种草药，张挂钟馗画像或避邪符印等都和纪念屈原无任何联系。即使在长江中下游，也有一些地方把端午看作是纪念伍子胥或纪念越王勾践及孝女曹娥的，与屈原之死也无关。可见，端午节作为各地方的民俗节日分别有纪念地方历史人物的内容，但作为全民性的民俗大节，则是以酷暑之前进行一次大规模的避瘟驱毒活动为主要内容的。当然，除了防病去病外，古代的避瘟带有许多俗信色彩。也正因为如此，这个节日的民俗意味就更浓重了。

古人流行的端午日采艾悬艾、涂饮雄黄酒，其去瘟解毒的含义是十分明显的。但是，系挂五彩丝的驱邪意义就比较复杂了。

五彩丝绝不是五彩缤纷的花色丝线，而是确定了的红、黄、蓝、白、黑五种颜色的丝线合并成的缕索。五月初五这一天，成人们把它系在肩臂上，或做成五色丝镯，缠绕在儿童手足腕上，或悬在蚊帐、摇篮上。

五彩丝，又俗称五色丝。古俗名称避兵缯、朱索等。系在蚊帐、摇篮上的又叫宛转绳、健绳。早在东汉应劭著《风俗通义》中就已经记载说把它系在臂上可避除兵鬼不染病瘟。在《续汉书》《后汉书》中，端午日这天用朱索五色印做门户装饰，认为可抵防恶气。五色丝的五色代表五行，汉代信仰五行阴阳之说，五色又代表了五方位，彼此相生相克，具有神秘的驱邪迎吉作用。青色属木，代表东方；赤色属火，代表南方；

黄色属土，代表中央；白色属金，代表西方；黑色属水，代表北方。以动物为标志，东方为青龙，南方为朱雀，西方为白虎，北方为玄武（龟蛇），中央为黄龙，均为灵物。五色丝可以驱邪避瘟的象征意义远比实际功能明显，因为至今没有关于这几种色彩为什么会消灾祛病的具体说明。可见这是信仰中的具有魔力和象征的神奇物，和节日用的艾叶、菖蒲、雄黄等医药功用显然不同，纯属民俗信仰上的需要。

但是，从另一方面看，节日的五色丝又充分表现了祝贺的含义。儿童用五色丝系脖颈、缠手足腕时，俗称长命缕、续命缕、百岁索、健索。辽代北方妇女于端午日系五色丝于手臂上俗称合欢结，辽代妇女把五彩丝扎成人形簪在发髻上，也叫长命缕。辽、金帝王系五色丝，并遍赐群臣僚属五色丝，又称赐长寿缕。江南用纸帛折菱角方后再缠以五彩丝，于节日相互馈赠，妇女将这种叫作“襞方”的节日饰物缀在胸前，以示妇女在劳作方面的功绩。这些习俗已经与避兵鬼、除病瘟关联不多了，更多的是从正面祝福祝寿了。这正是端午节在驱邪避瘟的同时所具有的祝贺祈寿的积极主题。

端午节的饮食习俗除了喝雄黄酒之外，最突出的有代表性的就是吃粽子。粽子，古称角黍。早在 2 世纪时便流行这种食品了。最早是用新竹筒盛米煮成筒粽，后来才改用楝叶、菰芦叶、竹叶、苇叶裹黏米煮成尖角心形状食用，据传最早流行于长江、汉水流域，与端午节投粽入江中祭屈原或饲蛟龙的习俗相合，流传为节日食品。唐宋以来粽子成为举国上下最流行的节日美食和馈赠礼品，不仅家家争做，而且市场上也出售各种各样的米粽。唐明皇还为此吟出了“四时花竞巧，九子粽争新”的诗句。节日期间供祭神佛和祖先也都用米粽。1700 余年以来，粽子花样繁多，随着华人在全球各地移居，把粽子也带到世界各地成为中餐美食，快餐珍品。粽子早已脱离了祭屈原、饲蛟龙的古俗文化束缚，成为当代广泛流行于世的传统食品。

粽子作为节日食品其本来的意义不在于祭祀的需要，主要是节令的需要。在汉代的《风俗通义》里关于粽子有一句很重要的话往往被学者们忽略。它认为粽子所以用菰叶裹黏米和枣栗等馅，用灰汁煮熟食用是“取阴阳包裹之象也……所以赞时也”。在《齐民要术》中也引述了《风土记》的注说：“黏黍，一名粽，一名角黍；盖取阴阳尚相裹，未分散之时象也。”这是用阴阳之说解释这种食品象征节令特征的意义所在。农历五月初五，是正当夏至的节气，恰好是寒气终于消尽，热气达到饱和，凉气将至未至的仲夏季节，阴阳达到相互裹胁、均匀调和的状态。此刻的时令才是全年最适中的季节，为此古时把端午节又称为天中节。在这个节令吃用黏米做的凉食，用菰叶、苇叶、箬叶包裹，用灰汁煮熟后晾凉，色香味别具特色，可以从中品验到这个节令阴阳相裹的风味。不然的话，人们何不照常做糯饭省时省事，偏要费事耗时去包制各种各样的粽子呢？从这个古老的传统特色看，这粽子的发明创造和吃粽子习俗的源远流长，倒很有适应自然生态环境、选择相应生活方式的某些科学道理。李时珍在《本草纲目·谷部四》中着意介绍了粽子这种食品，可见作为节令美食，也可以说还有相当的药膳食品的养生价值。

最后说说龙舟竞渡。赛龙舟据记载是源于为屈原招魂，这在楚地已经相沿成习。但这似乎也只是部分地区的活动。因为在吴越地区，龙舟竞渡又变异为祭伍子胥或祭曹娥。即使是在楚地祭屈原的竞渡，也变异为从四月初八揭篷打船开始便进入了划船比赛的准备，远比祭祀更加郑重、繁忙。在《武陵竞渡略》和《荆楚岁时记》中那种热烈紧张的竞技描写和赛事意义已经全然离开了为屈原招魂的传说原意。龙舟竞渡前都分别请来“山老师”（巫师）祭神作法，占卜胜负，也与招魂无关，只是为了预测夺标胜负，从中我们不难看出龙舟竞渡原本具有的较强的竞技主题。这在江南水乡是十分明显的。

我国北方从来没有端午节竞渡习俗，所以从来也没有过祭江为屈原招魂的意识和信仰。但是，历史上却有过端阳驰马射柳、骑马击球的传统竞技。辽国的契丹族将士和金国女真族兵将，都有端午节日射柳、打马球的竞技遗俗。

驰马射柳是于端午清晨，先设棵棵小柳树于校场，将柳树干中上部削去青皮一段，使之露白，作为靶心。然后赛者依次驰马拈弓用无羽横镞疾射削白处。比赛名次是：射断柳干后驰马接断柳在手为胜，断柳而不能接到手中者为次，另外射中非白处或射中削白处却未断柳者与未射中者一样均为负。这种节日竞技实际上是一种很好的军事技术的训练，相沿成习，直至清末。至于骑马击球是在马上执鞠杖，杖头如偃月形，兵分两队争击，射门取胜，和现代马球相似。

如今，南国的龙舟竞渡活动已经发展成国际赛事。而北方随着封建军事帝国的灭亡，原属于旗兵将士的骑马竞技活动，并没有传入民间，自然也就随之自消自灭，古老的节日赛事已经失传，使北方的端午缺乏应有的热闹气氛。如果有条件进行抢救、挖掘、整理，把射柳和马球的竞技与北方民族的传统骑射民俗结合起来，或许有希望成为北方端午节两项大型的节日竞技活动。

第五章　比较民俗学的新课题

一、比较民俗学的新认识

比较民俗学（Comparative folklore）是从民俗学（Folklore）中引出来的一个对不同地区、不同民族、不同国家各种类型民俗事象进行比较研究的分支学科。在民俗学产生发展的近一个多世纪里，比较民俗学的发展，从西方的英、德、法和北欧各国到东方的日本和中国，在国际上形成了一股强有力的学术潮流。

大体上说，国际上比较民俗学研究是从原始神话和民间故事等口头文学传承的民俗事象开始的。最初，民俗学者们注意到，不同地区、不同民族中流传着同类型的神话和故事，它们往往大同小异。这种民俗特点表明，相近、相似或相同的文化现象在不同地区、不同民族中广泛地存在着。

以“造人神话”为例，很可以说明比较神话的意义。造人神话，是原始神话中人类起源神话的重要类型，它的主要内容是：最初的人类是神用泥土制造成的。这种类型的神话在古代很多民族中都普遍地存在着。我国古代《风俗通义》中有这样的记载：“天地开辟，未有人民，女娲抟黄土作人，剧务力不暇供，乃引绳于泥中，举以为人。”《圣经·旧约·创世记》记录的希伯来神话中说：“耶和华上帝用地上的尘土造人，将生气吹在他的鼻孔里，他就成了有灵的活人。”古埃及神话中有位豺头人身名叫赫奴姆的神，用泥土制造了人，并赋予他们以灵性。古希腊神话中的大神宙斯也用泥土造人，然后给以智慧使之成活；具有神力的普罗米修斯用赋予生命的黏土做成鸟兽虫鱼，最后又照神的形态造成了人。在北美印第安迈都族人中，流传着大地创造神用红褐色泥土加水造成最早的男女二人的神话。在澳大利亚土人神话中，大神拜艾梅创造世界的最后一件工作，便是用最小的尘粒粘合起来造成第一个人。这些古老的神话分布在欧亚大陆和北非、北美、大洋洲各地，虽然彼此远隔千万里，却如此酷似，自然成为民俗学注目的对象。作为研究人类文化发展的民俗科学，在对这些古俗现象的比较分析中，探寻了人类童年时代的宇宙观、生产与生活的状态，从而了解人类文明进步的轨迹。经过对上述造人神话的比较研究，至少能得出以下有意义的民俗学结论：

1. 人类祖先把自身的起源归之于某个或某几个创造神，反映了人类的原始信仰和思维。

2. 世界各地普遍产生并流传用泥土造人的神话，可以推断古代人类大致都经历过一个共同的生产阶段——制陶时代。用黏土造人的神话是原始人将自身来源的探索与制陶工艺奇异地结合起来的结果。

从20世纪末以来，比较民俗学者对广布世界各地的许多故事进行了比较，其中英国和日本民俗学者先后对“灰姑娘型”故事所做的比较研究，是很有代表性的实例。《灰姑娘》是一个反映恶后母虐待非亲生女的故事，女主人公依靠亡母的奇异神力和化形动物的暗助与王子成婚，获得了幸福。由于这则故事在流传中多是以女主人公失掉一只水晶鞋（玻璃鞋或金履）为情节线索的，所以全世界又俗称这个故事为

《水晶鞋》。从9世纪我国唐代诗人段成式在《酉阳杂俎·支诺皋》最早记载这则故事以来，近代又发现了遍布世界各地的大约六百多个同类型的故事。经过对这类故事的比较研究，对于了解过去时代人民心理愿望，解剖家庭制度等民俗形态产生了积极的作用。

比较民俗学发展到现代，其范围迅速扩大，除了比较民间口头文学以外，还涉及民俗传承的其他方面。比如，对不同地区、民族农牧渔猎的生产习俗、交易习俗、交通搬运习俗、工匠习俗和衣、食、住等消费习俗的比较；对他们的出生、成年、婚嫁、丧葬等礼俗的比较；对家族、亲族与社交往来习俗的比较；对都市社会与村落社会习俗的比较；对不同地区、民族的种种信仰观念和祭仪以及节日活动等习俗的比较；对民间艺术、游艺、竞技活动习俗的比较等，都是比较民俗学的重要领域。

比较民俗学领域的扩大，是和现代国际交往与民族文化交流的发展状况分不开的。许多民俗学者把目光集中到两个以上国家或两个以上民族在习俗上的异同现象，加以比较研究，从中探索国家之间、民族之间的文化传播及习俗影响的关系。正因为如此，比较民俗学才具有研究人类文化发展史的意义。它往往从宏观的角度，跨地区、跨国界、跨民族地进行广泛的调查和类比，以便从中找出彼此之间的有机联系、各自的重大特征和带有普遍性的规律。即使有时对某项民俗进行微观的解剖透视，也往往从鸟瞰的角度出发，从细微的异同现象中找出深刻而广泛的意义来。

比如，比较民俗学对世界范围种植稻米的生产习俗和大米食俗进行了研究。这是经济民俗学中一个很有研究价值的课题。在比较过程中，人们注意到在水田的灌溉、育秧、耕作、经营管理等过程中，以及种稻信仰仪式、种稻的神话、传说和插秧歌谣、米食制作的种类、样式和方法等方面，无论在印度、缅甸、泰国、菲律宾、印度尼西亚，还是在日本、朝鲜和中国各地，都具有丰富多彩的民俗形式。以关于稻米起源的信仰观念来说，大体上表现出三种类型。1. 天或天神降稻穗或米给人间；2. 神鸟或灵兽送来或盗来稻穗；3. 神奇的岩洞里流出稻米。第一种类型在中国、朝鲜、日本、越南、缅甸、印尼、泰国较为普遍；第二种类型在日本、朝鲜、中国南方少数民族较为多见；第三种类型主要出自中国的广东、广西、云南、福建、贵州、四川一带和朝鲜庆尚南、北道和平安南道等地域。这几种观念都显示出对稻米的神圣崇拜和原始信仰。又如，关于祈禳稻谷丰产的习俗，在比较研究中也展现出各民族人民不同的精神面貌。像稻穗扬花季节，有一种习俗严禁在稻田附近做洗衣等有声响的劳作，以防“惊吓”了稻花受粉；又有一种习俗是在此季节故意到稻田边讲说一些关于男女交合的秽言，以此“诱惑”稻花多受粉。这些旧俗，几乎在种稻各国、各民族的传统种稻区（我国北方新稻区不在内），都不同程度地存在着。我们只有在比较研究中才能找到这种意识产生的基础和原因，从而了解种稻民的物质文化与精神文化状况。比较民俗学对各民族秧歌的研究，则为认识种稻生产活动及稻农思想感情和艺术情趣，提供了有益的帮助。

比较民俗学对社会习俗的比较研究也取得了巨大成果。民俗学者从一些民族古文献中发现了大量追忆远古兄妹配婚的记载，同时又从土著民族地区，如北美印第安人部落，中太平洋波利尼西亚群岛、东南亚、中国西南少数民族山寨等地，调查了大量有关兄妹成婚的口头传说及近缘婚例，从中探索了人类血缘家族制度发展阶段的婚姻制度，科学地认识了人类社会走向文明进步的艰难历程。

比较民俗学还从民族文化交流的角度显现了它的科学功能。比如，印度与我国、我国与日本之间的文化交流，都有着悠久的历史。印度的佛教在公元前2世纪传入中国，与中国原有习俗相结合，丰富和发展了中国的民俗。中国佛教又经过朝鲜半岛的百济国于6世纪传入日本，又影响了日本的民俗。中国唐代文化的鼎盛时期，再度形成了与日本、印度的密切交往关系。因此，印度、中国和日本的习俗有不少相近之处。

就以人在一生中的“通过仪礼”来说，印度、日本和我国多有相近相应之处。“通过仪礼”这个民俗词汇，本来就是从佛教术语 Rites de Passage 移用过来的。通过仪礼包括诞生礼、成年礼、婚礼、葬礼及其间的过渡礼。我国初生儿诞生礼，包括过渡礼满月、周岁，大约有 29 种习俗程序，其中测定前生与预卜未来的旧习俗，正是受佛教影响的轮回观念。在旧时代，我国父母常常根据幼儿期熟睡时面作笑容测定新生儿对“前生”的追忆。在日本，常由母亲根据婴儿偶然发出的呼声判定“前生”，如呼“哞哞”声，便以为是“牛转世”。在我国和日本都有让幼儿“抓卜”未来的习俗。在我国俗称“抓周”，即在幼儿一周岁时，在幼儿面前摆放小刀、剑、笔、墨，任其抓取，以卜幼儿“前生命定”的前途和职业。在日本，这种仪式多在婴儿期举行，男孩面前多放笔墨纸砚，女孩面前多放纺织用具。再如葬礼，我国和日本民间都有在死者停尸时供饭的旧俗，用以表示让死者灵魂享用后出发上路，这是受佛教轮回转世观念影响形成的丧俗。日本盛行的成年礼，则与我国古代的冠礼、现代西南少数民族中的成年礼有许多相似点。此外，我国和印度、日本在礼仪习俗中对“3”“5”“7”“9”等神秘数字的信仰，对“12 属相”的俗信，对红、黄、蓝、白、黑等色彩的崇拜，也都有类比的意义。

比较民俗学的研究，在早期较长时间里，大多注重不同地区、不同民族民俗的相似、相近或相同点，这对于研究人类文化发展的同步现象或交流影响无疑是极有价值的，但是，对彼此的相异点和特殊性却有些被忽视。随着现代民俗学的发展，比较研究已经开始重视同异两方面的考察，这对于探究某一地区、某一民族文化发展的独特性，便更具有意义了。如亲族称谓这种社会习俗，是全世界各民族都有的习俗惯制。对全世界亲族称谓加以比较后，我们可以发现，通行的亲族称谓大致分为两种：一种是类分称谓法，另一种是叙述称谓法。欧美各国和日本用类分法。他们对父母双方的同辈兄弟及姊妹的丈夫都采用统一称谓，如英语的 uncle、法语的 oncle、俄语的 дядя，相当于汉语的伯、叔、舅、姑父、姨父。他们对父母双方的同辈姊妹及兄弟的配偶，也都采用统一称谓，如英语的 aunt、法语的 tante、俄语的 тётя，相当于汉语的姑、姨、伯母、婶母、舅母。我国以汉族为代表的亲族称谓则采用了具体的叙述方法，这种严格的称谓标记，正是强调父系血缘关系的“九族制”亲族习俗的反映。我国的汉族称谓法把血缘关系的直系、旁系，亲疏远近划分到个别化程度，在长期封建时代里，正是为了保持家族世系血缘关系的纯度和私有财产继承的可靠性。这种封建家族制派生出来的称谓，只有在大量的比较研究中才显得十分突出。这给研究我国社会习俗的独特性，提供了重要的线索。

国与国之间，民族与民族之间民俗的交流和传播，越来越成为比较民俗学的着眼点。显然这种比较研究对国际民间友好往来和民族文化交流有着积极的现实意义。同时，比较民俗学对民俗特性的比较研究，也有助于我们辨别哪些是本民族独具的良俗，哪些是本民族特有的恶习陋俗，哪些是外民族传播来的习俗，这对移风易俗，推进社会的文明进步有很大实际作用。

二、中日民间习俗的比较研究

常言道：“十里不同风，百里不同俗”，这在比较民俗学的微观研究领域中是千真万确的。研究者们常常在地域民俗的相互比较中，找到大量风俗的变异现象，用来探索民俗文化发展流变的轨迹。但是，这种变异现象，在民俗传承的宏观领域中，又常常受到历史文化源流的制约，形成大量同源、同形态、同意义的民俗，成为民俗流变的根基。从广泛的民俗文化圈观察，同质民俗是基础，多种变异是形式，这在比较民俗学的宏观研究中带有常规性质。1988 年由辽宁人民出版社出版的《千里同风录》（马兴国著）一书中对中日民俗文化的比较研究，正是从这个基点出发的。这本著作着眼于中日民俗同源同根的历史本来面貌，又着手于中日民俗事象的千姿百态的变异，突出了“千里同风”，万里同俗的中日文化交流特点，为中日比较民俗史的建立，写出了崭新的篇章。

《千里同风录》从产育、婚姻、丧葬、服饰、饮食、居住、交通、娱乐、岁事等九个方面进行了比较研究。如果再加以归纳，可以看到该书主要从以下四个方面的民俗进行分析论述。

1. 中日民间消费生活方式的比较研究也就是关于衣、食、住、行的生活习俗的比较

作者首先充分运用了中日两国古典文献记录中的史料，把民俗与历史文化渊源紧密联系起来求证，得出了正确结论。作者引述了《日本书纪》中关于日本从中国聘入织工、缝女多人推广汉服、吴服的记载。同时把从4世纪到6世纪间日本大和国统一全国以来迅速推进的中日文化交流做了醒目的介绍，用圣德太子着隋唐服的事实说明中日服饰习俗的古代渊源。特别是对文武天皇颁布的《大宝律令》，元正天皇颁布的《养老律令》以及仁明天皇的诏书中关于日本服饰制作方法规定为仿依唐法的介绍，很有意义。它概括了从中国武周朝经唐玄宗开元、天宝朝直至唐武宗会昌朝，历经140余年的服饰文化交流与传播，代表了日本奈良时代和平安时代初期的民俗风貌。作者在论述中日稻米文化渊源时也简介了由中国中、南部向日本传播的说法，同时连带馒头制作，米粉糕、豆腐的制作和多种蔬菜的栽培和食用，都有历史上的交往。其中，尤以中日僧侣在素食习俗上的传播，成为中日饮食习俗交流的重要线索。例如，13世纪中叶，中国制酱方法经日本名禅僧觉心留学中国回国后推广，获得成功的事例，更证明了中日调味习俗的某种共同根源。中日茶俗的同源，更是值得注目的事实，作者也从历史的交往上做了追述。中日居住习俗的交流，也与中日僧侣建造寺院及中日宫廷营建的传播有着密切的关系，在此，作者介绍了唐代鉴真和尚与明代隐元禅师的

贡献。作者还着意比较了中日造船、航海的习俗发展，都相应地引述了有力的史料证明。

其次，该书作者并不停留在俗源传播的探究上，更主要的是对日本消费生活习俗的特点做了阐述。这在关于和服传承特点的分析论述中表现得十分清楚。作者用四个特点来说明日本穿着和服的习俗。他从自然条件的分析入手，说明了日本人民适应了温带海洋性气候，以大部地区的温和、多雨、湿度大的环境需要为标准，发展了肥大舒适的裙和腰两侧开口通风的上衣，形成了和服。同时突出说明了日本纺织业的高度发展给服饰精美创造了物质生产条件。和服的社会等级特点对和服及其各类型发展起了重要的作用。和服的色彩、图案、纹饰又从多方面反映了日本各种职业特征或民间信仰特征。例如，作者具体分析了日本服饰的色彩信仰，深红、深紫的尊贵、神圣，由宗教崇敬转入宫廷地位的标志。该书作者还从和服引申开去分析了具有独特风格的日本布袜和木屐。在饮食习俗的论析中，也评价了日本料理的独特流派。作者论述居住习俗时，又突出介绍了日本式庭园的自然美，抒情言志，追求净土世界的佛禅影响。通读这几章，深深感到作者在对中日民俗的认同中，刻意追寻日本民俗的特异趋向，使读者把握到日本民俗中所具有的浓郁的日本意味和风貌。

2. 中日民间社会生活仪礼的比较研究

这部分包括了人生仪礼的四大阶段礼仪的比较，即产育礼，成年礼，结婚礼，丧葬礼。

作者首先分析了产育习俗的古老观念，把中日两国石祖崇拜的习俗与崇拜、产神崇拜的关系做了比较，列举了极其相似的现象加以论证。然后，以婴儿诞生后中国的“洗三”习俗与日本初生之日婴儿“浴汤之仪”为例做了比较，进而对婴儿百日、周岁的相似仪式也做了分析，找到日本周岁试“力饼”与我国“抓周”的卜吉含义的相似点。

作者还从史料上找到日本天武天皇朝仿唐代冠礼制在男子中推行的

结发加冠俗制称为“加元服”。作者对照我国西南少数民族中残留的成年礼仪式，介绍了日本奈良、平安时代女子成年式的染黑牙古俗。

在婚礼习俗的比较中，作者先对比了中国《唐律》与日本《大宝律令》《养老律令》的异同，强调指出封建婚制对两国民间婚俗的严重影响，对女性婚姻自由的压抑与摧残，从而揭示了中日传统婚俗的男尊女卑性质与夫家族权的威慑作用。同时又具体分析介绍了日本古俗形成的从妻居婚姻形式，即服役婚与招赘婚保持了一定的妇女自由特点。

作者对中日丧葬古俗共通的招魂做了介绍。同时详尽地运用两国古典文献资料论证了日本古代葬俗在我国唐代同期，几乎都以唐人丧葬仪礼为基准，甚至写入天皇的律令中。在对比中国土葬古俗的儒家全尸观念与日本火葬古俗受佛教影响之后，作者对日本丧葬习俗的发展演变做了评述。对日本葬仪奠礼和举行追荐佛事的宗教习俗色彩做了精细的论述，使读者对中日丧葬习俗的分野在儒释两家的严重影响找到了贴切的答案。

3. 中日民间信仰习俗的比较研究

这是作者在比较民俗学方面最具特色的部分成果。在全书中，中日民间信仰的比较，贯穿成书的全过程。这样，作者便牢牢把握了比较民俗的核心，从显形民俗的衣、食、住、行与婚丧仪礼，向隐形民俗的深层信仰观念开掘，寻求不同民族之间共同、相通的观念、意识和行为模式。

作者在论及服饰之始，便探究了日本服装禁忌与中国民间信仰的关系，继而又把日本饮食禁忌与中国民间信仰相联系，然后再分析日本居住习俗与中国民间信仰的渊源，日本的交通习俗和宗教信仰的关系等。作者把中日两国的产育习俗、婚俗、丧葬习俗都和宗教信仰、阴阳五行密切结合论析，使人生礼仪的社会性质有了更深刻的信仰文化的诠释。特别关于日本岁时节日习俗的论述，都分别从神道、巫术、除祟、驱邪、逐疫及礼佛、超度鬼魂等方面探究了节日与信仰的深层关系，同时也展示了中日极其相似的种种节日祭祀仪式。例如新年、端午、七夕、中元节（日本盂兰盆祭），都充满了祭祀特点。甚至作者在比较中日游艺竞技活动时，也十分注意娱乐活动过程中娱神、敬神的重要因素。

4. 中日游艺竞技习俗的比较研究

作者选取了博戏、棋艺、放风筝、斗鸡、斗草、踢球、打马球、荡秋千、角力、乐舞戏曲和杂技，几乎把中日共同的大部分娱乐竞技习俗做了分析、比较，很有新意。

其中，中日独有的围棋和角力（中国的摔跤，日本的相扑）、掌法（柔道）、乐舞和戏曲，是中日游艺竞技民俗交流的历史产物，它们在长期发展中，有的自始至终同源一流，像围棋技艺的发展那样，形成了中日共有的艺俗，至今不衰；有的则在历史长河的发展中，独具民族特色，形成了各自的民俗传承；像大相扑与摔跤，柔道与武术、歌舞伎与京剧等。作者在民间游艺的比较分析中，尤为重视微观比较，例如中国传统戏曲的脸谱和日本歌舞伎“隈取”的造型和色彩研究；中国三弦与日本“三味线”的比较，中国戏曲角色行当与日本歌舞伎角色的对应比较，都是很有价值的。

该书通过上述四大方面分了若干引人注目的话题进行分析、评述和论证，为读者展开了两幅异曲同工的东方民俗画卷，代表了东方文明的古老民俗文化创造，可供民俗研究者进行更为广泛的探索。《千里同风录》一书为中日民俗比较研究开拓了一条新路。

近几年来，民俗文化热潮在我国已经掀起，比较民俗学也已经引起了学术界的重视。但是，以往的比较研究多停留在民间文艺的神话、传说、故事的比较上，过于褊狭，没有真正触及民俗文化的多侧面比较或全方位比较。《千里同风录》的作者，以他熟悉中日两国民俗及对日本风俗进行过实地考察的优势，撰写了这部中日民俗比较研究的专著，以它丰富多彩的内容和精到的见解，填补了比较民俗学上的一大空白，并起到了开创先河的作用。

比较民俗学的科学功能，主要从民族文化交流的角度充分显示出来。近年来，某些论述常常把毫不相干的某两国民俗现象生拉硬扯到一起进行比较，用乱猜谜底的伪科学做所谓结论，这是一种学术歪风。《千里同风录》一书充分发挥了比较研究的科学功能，始终把握住中日文化交流的历史主线，做出了论证，得出了令人信服的结论。这是本书具有的最大的特点，也是本书学术价值与科学意义的所在。作者这种扎实的学术功底和严肃的科学态度，很值得提倡和学习。

《千里同风录》的出版已经引起了中外学术界的极大兴趣和关注，我们盼望作者以这本书的出版作为良好的起点，写出更加完整的详尽的中日民俗比较研究巨著来，为比较民俗学的建设，再做贡献。

第六章 国际民俗学发展的一些新趋向

我所看到的20世纪80年代中期至90年代中期国际民俗学发展在以下四个方面有突出表现：

一、民俗文化、民俗文物的保护

在许多国家和地区的民俗发展中具有的共同特点就是对民间文化、民俗文物的保护。日本和德国、韩国都有官方的、民间的民间文化财产保护组织，并和联合国教科文组织中的民间文化保护组织建有密切关系，得到联合国的、国家的、地方的、民间财团的资助。各地方的和国家著名的民俗学者几乎都担任了这类保护组织的重要职务。他们为抢救和保护传统民间文化及民俗文物做出了卓越贡献。如韩国中央大学教授任东权、郑晒浩、沈喁俊等博士，全南大学教授池春相博士等。日本各县、市、町、村几乎都有文化保护组织。比如对马岛民俗学者永留久惠就是长崎县对马文化财委员长。德国也有同样的组织机构。经过这些组织的调查研究、论证、呈报，几乎所有民间文化遗产遗物都得到了国家或民间文化财团的保护。比如日本姬路市狮子舞、加贺泥人、山古志村的斗牛，以及各地民居等都得到了保护。德国把村镇有民间特色的房屋都保留下来，拨款资助按原样维修彩绘，每年举行全国性民居大赛，鼓励乡村保护传统小教堂、农舍、用具、器皿。德国以格林童话为国宝，在格林童话分布地区有一个欧洲闻名的民间故事博物馆。在威悉河流域的每个城镇村庄，都以当地最有代表性的一个民间故事和传说为主要标志，建筑物上的雕饰、彩绘，店名、商标、广告，所有中心广场的雕塑，都有故事中的主人公形象。甚至汉堡港的工人住宅区的每栋楼都以格林童话故事形象命名。在德国，平均每两个乡就拥有一个专职历史民俗学者，负责乡史和民俗的调查研究，并负责论证呈报民俗文物保护对象。在考察了维横山区热丁豪森乡时，乡俗学者赠送了他的乡历史民俗著作，并参观了乡级保护的 7 家超过二百年的农舍及农具和传统农家生活。韩国和我国台湾也都有类似的情形。

二、民俗博物馆的全面发展

随着经济的高度发展，日本和德国的民俗博物馆已经兴建得十分完备了。日本除了国立民俗博物馆外，县、市及大多数大学都有民俗博物馆或专项民俗馆（如民具、民家等）。德国也是除国家民俗博物馆外，各州都有大型的露天民俗博物馆，黑森州、维斯特法伦州有两个占地在 50 公顷的露天博物馆。所有民居、农舍、各种手工业作坊、小教堂都是从本州各地农村征购来的原件，所有作坊都在做着传统工匠活儿。来自全球各地及国内的参观人数平均每天都在 3 万至 5 万之间。大多数乡镇也都有当地民俗馆，接待外地来访者及当地的团体和学校的参观者。几乎所有的博物馆都设有研究部或配备 1 至 2 名博士研究员，出版民俗图册专集及研究论集。所有露天博物馆都加入了欧洲露天博物馆协会，进行国际巡回联展及国际民俗博物馆学的交流。博物馆定期或不定期举行民俗报告会，民俗演示活动。在经济繁荣的现代物质生活中，民俗博物馆已经成了这些国家精神文明的窗口和民族文化的醒目标志。博物馆的管理及馆藏资料的储存与使用，全部电脑化。匈牙利的国立博物馆的民俗部、原来东德的东柏林国立民俗博物馆、莱比锡民俗博物馆也都是一流的。

三、民俗文化村的兴建

随着东亚经济的空前高速发展，韩国和中国台湾在短短时间里，兴建了巨大宏伟的民俗文化村。汉城（首尔）郊区的韩国民俗村是目前东亚最大最完善的民俗文化园地，是韩国中央和地方的民俗学家精心设计完成的杰作。中国宝岛台湾的民俗文化村是以高山族各族系民俗为内容的民族风情园地。南投县鱼汉乡临近日月潭处有占地62公顷的“九族文化村”，屏东县玛家乡与三地乡交界处有占地83公顷的“台湾山地文化园”，分4个区全面展示了九族传统屋舍村寨及民俗原型，以生活化的立体形态展现了各族特有的民间工艺及民俗歌舞与祭祀。这些大型民俗村，参观者都要用3至5天才能仔细看完。这些民俗村吸引了国内外很多的考察者和游客。民俗工作者为兴建民俗村做出了卓越贡献。

四、民俗研究与出版的新潮

随着经济的繁荣和现代科技手段的完备，民俗研究有了高效率的开拓。日本、韩国发展了对传统民俗与民俗学的系统化研究，不仅出版了民间文学的集成、大成、通观之类的书，还出版了民俗大系及民俗研究大系之类的巨著。在此基础上还开拓了新领域，开展了民俗影像研究，民俗造型研究，国际民俗比较研究。日本已经基本上完成了全国列岛的民俗录像片集成的制作。还建立了用现代机器人技术武装起来的民俗声像造型馆，开发了广泛的国际性民俗比较研究的双边和多边研究专题。德国一批历史民俗学者经过对美洲大陆现存250个印第安人部落民俗的周密调查和对哥伦布发现新大陆的全部历史资料的查证，集体写出了1500页上下卷16开的巨著，文图并茂，雄辩地论证了真正发现和开发新大陆的是亚洲人先民，即现在的印第安人，同时揭露了哥伦布等到达美洲大陆后的残暴屠杀和掠夺，1992 年 12 月他们在柏林举办了空前规模的大型民俗展，令人信服地看到了印第安人对人类的伟大贡献，在欧洲形成了轰动效应，世界各地来的参观者爆满一个多月。日本、德国、韩国和我国台湾都利用经济实力开发协作的比较研究新课题。德国一批学者重新兴起犹太民俗学研究，国际萨满教研究和全球性传统民俗现代化演变的研究。在本国内则开拓了民俗传统与现代政治、经济的综合研究。例如德国民俗学者写出了两德统一的民俗归属问题的巨著，受到世界瞩目。上述发达国家和地区的民俗研究越来越走向课题立项科学化，调查研究组织化，克服了以往个人研究的从兴趣出发的自发性、盲目性、随意性及分散的弊病，向协作攻关的方向发展，有很高成功率。另外，国际性研究正在向靠近当代社会现状的方向发展，加强了对民俗演变、演化的动态研究。例如日、德关于乡村都市化过程中传统习惯分解改观的研究、都市民俗新潮的研究、剧烈变迁中的村落习俗典型调查、传统民俗文化与现代生活方式的相斥与相容的实证研究等。值得注意的还有，这些国家和地区的民俗研究更多地向广泛应用的方向发展。其中突出的便是民俗资源应用于旅游方面的努力获得全球性成功。民俗风情多样化的展示，正成为国际共享的物质和精神财富。我国台湾近些年的“美丽岛”建设以台湾独具的民俗风情吸引了五大洲游客，不仅开掘了宝岛致富的财源，也向世界形象地弘扬了民族文化。日本近几年举办了各种国际性民俗博览会更是以充分展现日本各地传统乡土民俗文化为突出特色的，民俗学者在其中都担任了重要角色。如 1992 年世界民话博览会在日本远野市举办的多彩多姿的国际民俗交流活动，为期 1 个多月，就是在大会执行委员会长、日本民俗学会野村纯一会长及部分理事、监事的主持下出色完成的。1989 年 9 月在汉城（首尔）举办的亚洲首届民俗学大会也是在韩国民俗学会任东权会长主持下召开的。这次洲级大会与韩国第 18 次民俗大会衔接起来召开，充分显示了韩国民俗研究的成果和民俗学者的群体实力。

五、中国民俗学在国际交流中的重要位置

韩国民俗学会会长任东权博士在亚洲首届民俗学大会的闭幕式上说过一句话："不了解中国的民俗和民俗学，就不能使朝鲜半岛的民俗研究取得成功。"日本民俗学会监事江守五夫教授在主持日中北方家族习俗比较研究学术会议时说："不研究中国北方诸民族的家庭习俗，就不可能阐释日本国东北地方的家庭习惯。"国际萨满教研究会主席霍帕尔博士认为，中国的萨满教及萨满教研究是国际萨满教研究最重要的组成部分。众所周知，日本有中国民话之会、中国民俗学会、中国俗文学会、满学协会等学术团体，都频繁来华做过中国民俗调查。还有新成立的多所国际大学都设有研究中国民俗的专门机构。日本文部省、丰田文化财团、野村证券等每年都投入高额资金组织专家、学者来中国考察民俗，建立合作研究项目。许多国家的大学派出了留学生、研究生、访问学者来中国研究各民族民俗。仅辽宁大学民俗研究中心近 10 年就接纳了日本、德国、意大利、法国、荷兰、瑞典、澳大利亚、英国、加拿大、韩国、原苏联、蒙古、乌兹别克等国留学生、研究生 168 人，访问学者 17 人，其中日本、韩国学生、学者占半数。德国的几个汉学中心、蒙古学中心、满学中心和两个东亚研究所的研究骨干和学术带头人，几乎都是研究中国民俗的专家。两德统一后，原东、西柏林的汉学民俗学家汇合，结成柏林自由大学东亚研究所的中国民俗研究主力。德国、日本、韩国于 20 世纪 70 年代在中国台湾留学或常驻中国台湾研究中国大陆民俗。德国大众汽车公司等较大的文化财团每年出巨资支持研究中国民俗的科研项目。目前，德国的中国民俗热还在升温。1992 年 12 月在柏林举办了"中国辽宁农耕民俗文化展"，引起了德国各阶层特别是学界的极大兴趣。1994 年 2 月又在柏林举办了"中国北方民俗文化在文化移入情况下的变革"国际讨论会，与会者除中、德学者外还有法、

意、奥、美、俄等多国的研究中国民俗的著名学者。日本现在拥有一大批精通汉语并有田野作业经验的研究中国民俗的中、青年后备力量，德国同样拥有一大批精通汉语文、满语文、蒙语文的中、青年民俗学者，都将成为21世纪研究中国民俗学的国际主力。中国台湾学者也开始把民俗研究的视线瞄准了祖国大陆，开始了传统民俗的合作研究。

中国的改革开放，已经把中国民俗研究推向世界。中国民俗文化已经被国际上认定为全人类的文化财富。全世界发达国家和地区的官方、财团、学界都在积极参与中国民俗的研究，他们投入的财力、物力、人力都不可等闲视之。在当前市场经济的大潮中，如果中国不采取积极主动的有力举措推动全方位的民俗研究，我们必将长期处于被动局面，也许会出现研究中国民俗的中心不在中国的遗憾。

希望中国民俗学者携起手来，加强团结，积极闯出开拓中国民俗学事业的新思路，以便更有效地适应国际上中国民俗研究热的新形势。也希望中国各级民俗学会为此在组织联络、统筹协调及学术指导方面有更广泛积极的作为。我个人也愿为此竭尽全力，支持学会工作，使之发挥更大的作用。

第七章　中国民俗学跨世纪展望

1978年12月30日我在一篇题为《重建中国民俗学的新课题》的论文中，曾经引述从19世纪末跨入20世纪的国际民俗学史料，论证了上个世纪之交的民俗学历史经验教训。文中有如下一段话，评说了中国民俗学史的历史悲剧：

> 在国际民俗学史上，外国学者曾不止一次地评价维多利亚时代英国民俗学活动的繁荣盛况；更不止一次地研究了那个时代英国民俗学界的巨大灾难，即后继无人的悲剧性结果。两次世界大战把英国的后起之秀都抽到了战场上；战争使英国民俗学近乎中断了40个年头。到20世纪40年代末，可怜的英国民俗学会老资格的会员，没有一个是20世纪的新人。当时，在他们的民俗学定期讲演会上，只能有气无力地谈谈日用家具的式样或关于土豆的风俗。没有民俗学的继承人，这就是早期世界民俗学史上的一出历史悲剧。令人十分痛心的是，这样的历史悲剧居然重演在我们伟大的当代中国。我国的民俗学也已中断40个年头，后继乏人、青黄不接的现状远比发生在英伦三岛的往事更为严重。如今，60岁以下的研究人员，掌握民俗学的寥寥无几。

发表该文的当时，中国正值“拨乱反正”，抚平“文革”灾难创伤，百废待兴的新历史开端。从“五四”新文化运动中刚刚产生发展起来的中国民俗学，不仅惨遭抗日战争以来的10年动荡的影响，还遭受了新中国成立以来30年间极“左”思潮及“文化大革命”的灭顶之灾。40年，除了有限的民族学和民间文艺学的调查研究活动外，民俗学已濒临“绝学”境地，伤势之重，与劫后共和国相同。于是，我们在大声疾呼重建中国民俗学时，观照了上一个世纪的国际民俗学史，以资借鉴。

所幸的是，中国民俗随着共和国的改革开放步伐，终于经过了紧迫的重建期，向崭新的繁荣期迈进了。民俗研究团体和机构纷纷成立，民俗调查和科学研究成果累累，民俗学基础理论知识已经在部分大学课堂持续传播，民俗学刊杂志也已进入文化市场，民俗专业方向的学士、硕士和博士正不断成长扩大，成为跨世纪的人才及有代表性的后备民俗学家，中国民俗学各项专业学术带头人正在并已经走上国际论坛，中国民俗学正在世界范围内传扬，国际性的学术交流已经形成热潮，中国民俗文化的丰富资源正在被广泛开发并应用于各项现代化建设事业。这一切都是有目共睹和众所周知的。

但是，当即将告别20世纪，跨入新世纪的时候，面对来之不易的民俗学的繁荣和仅有的成就绝不能停留在沾沾自喜和一时兴奋的某种满足程度上。因为，民俗科学曾长期处于封闭的社会环境中，如今打开了国门，不仅出现了各行各业“冲出亚洲，走向世界”的愿望和冲动，也出现了对剧变的世界环境的很大的不适应。外来的物质文化与精神文化正以前所未有的强力涌入国门，传统的民俗文化也迅速进入与外来文化相处、相融、相争、相撞的阶段。中国民俗学也迈向了与国际民俗科学接轨交流的新里程，原来带有封闭性甚至宗法性的小生产式的民俗文化研究，已经出现了某些呆滞状态。于是，新世纪的到来，对中国民俗学的发展是一种难得的振奋。它将敦促我们进行严肃认真的世纪之交的关于民俗学的思考。

一、中国民俗文化正面临剧变

1993年5月，我在为《广东民俗大观》一书撰写的序文中，曾经评价了广东民俗学者在中国物质文化剧变的紧要关头对传统民俗文化事象的挖掘、采集、编纂、出版，是一桩很有远见的文化壮举，并指出它将作为建设现代精神文化的重要组成部分对中国文化发展做出巨大贡献。在序文中有如下一段关于世界剧变和弘扬民族文化关系的议论：

众所周知，现代文明世界的构成和发展，是以电脑等高新科技为物质文化的前进动力的。全球性的物质生活剧变几乎无一例外地是以西方发达国家和地区的水准为目标的。因此，经济实力强大的国家和民族在30多年间实行了全球性的经济冲击；许多部落社会、小型孤立社会、经济落后不发达社会，有的被吞灭，有的先后被迫改变了自己的生存方式。现代西方文化潮流在全球迅速扩展，迫使许多弱小民族的族群解体，社会原貌消失，文化习俗几乎全面破坏。至于现存的地理上有优势又人口众多的古老文明的较大民族和国家，也往往在抵制西方现代文化扩张的冲击时，处于世界经济体系的比较边缘的地带或比较从属的地位。因此，在当今剧烈变迁的人类社会中，每个民族如何自觉地运用文化法则去适应这种变局就成为当务之急的大事。这就是为什么要在中国现代化发展进程中强调弘扬中华民族优秀文化的根本原因。同时也是民俗科学工作者探索如何继承和发扬本民族本地区优秀的民俗传统，并把它纳入到具有中国特色的现代化建设中的重要依据。

当前，在经济迅猛发展的大潮中，全球性的文化法则正在推动着文化多样性的快速成长。各民族的优秀民俗文化成为国际上的全方位的广泛需求。正像中国各民族优选了西方现代文化中的许多成分纳入中国文化生活中一样，中国各民族优秀文化财富也受到了全世界的广泛关注和青睐。因此，中国各民族优秀文化在国际范围内的全面开放与弘扬成为不可忽视的重大课题。我们通常说的越是民族的、民俗的，就越是国际的这句话，其根据正在这里。

但是，不可讳言的是，我国飞速发展的现代经济和现代西方文化的扩张和移入，在中国文化生活中造成一种错觉，许多人往往把西方化认做现代化的国际标准，从而自觉或不自觉地鄙弃中国传统的优秀民俗文化。同时，另有更多的人借着经济生活的剧变肆意用反文明的文化糟粕或垃圾充填生活内容，沉渣泛起，浊水横流，优秀的民俗文化不但得不到发扬，反而常常遭到屈辱和破坏。即使有许多优秀的民俗文化艺术瑰宝得到利用，也往往因为缺乏引导或缺少文化保护意识而使它们在金钱利诱面前变形和扭曲。国人的整体文化素质尚待提高，传统的民俗文化正处于鱼龙混杂甚至杂乱无章的状态，移风易俗的工作总量，十分繁重。挖掘、整理、弘扬和振兴优秀民俗文化，任重而道远。

面对经济转型期中国民俗文化剧变的复杂状态，民俗科学理应大有用武之地，民俗学者与民俗文化工作者理当适应这种新的剧变形势并有所作为。

二、中国民俗学的跨世纪任务

中国民俗学奠基人钟敬文教授不止一次地阐释说：民俗学不仅是“过去学”“现在学”，而且也是“未来学”。因此，中国民俗学绝不应该也不可能脱离当前中国民俗文化的变革现状，而去从事脱离现实的“纯”学术研究。中国民俗学也只有在研究中国民俗文化的历史和现状的基础上才有可能发展中国民俗学本身的学科理论研究。

目前，中国民俗文化作为对象，正在受到文化人类学、民族学、社会学、宗教学、伦理学、民俗学等多学科的关注。我国民俗学的发展水平尽管在某些方面有所建树，但就其总体而言，尚处于稚弱阶段。严格地说，中国民俗学除了在基础理论知识方面正在走向完备之外，作为独立学科的民俗学专论及分支学科理论还远远没有建立。事实上，中国民俗学还不得不依赖文化人类学、社会人类学，包括民族学、社会学在内的百多年来的理论成果及科学方法发展自身。目前我国的民俗学仍在人为地从属于人类学范畴，还没有形成独立的强势学科。

从民俗学近十多年的学术活动来看，我国民俗研究的触角更多地伸向了56个民族传统的乡土风俗，做了大量记事描述性的民俗调查，其成果大多是粗线条的一般性介绍，真正严格意义上的田野作业科学采集成果，尚属少数。研究成果又往往多依据古代文献典籍和外国译著，相形之下来自实证调查的论著较为少见。更为突出的是，民俗调查研究缺乏现状及演变的动态分析，过多地停留在对各地方民族已渐消失的古俗旧俗的静态描写上，使当代的民俗研究与时代的步伐、社会的变革相距较远，呈现出某种对民俗现状漠不关心的游离状态。

在这一点上，我国民俗学研究工作存在着明显的弱点。面对着当代衣、食、住、行等日常生活习俗的发展、变异，婚丧礼仪的扭曲与变形，民族民俗文化村的兴建，多种民俗博览与民俗旅游的开发以及民俗节会的再创造等等，都缺乏民俗文化研究者的积极关注。传统民俗正在城乡现代化进程中被广泛地应用，却偏偏缺少有关民俗的应用研究。和当代国际民俗学在这一方面的热心有不小的差异，表现出某些冷漠。1994年2月在德国柏林举办的一次关于中国北方农耕民俗的多国学术研讨会上，却是以现代外来文化移入中的中国北方民俗变异为主题的。我们可以预见到，在世纪之交的未来一二十年间，中国民俗文化的剧变和传统民俗的广泛开发和应用将会在全社会突出起来并发展下去。中国民俗学必将把固有的传统民俗描写、鉴赏、考证的领域拓宽，向多专业、多方面、多功能的应用广角走去。否则，民俗研究在下一个世纪初，以其脱离实际的对民俗古董的搜寻与品评而流于清淡，以致遭到淘汰。

当然，这种议论绝不意味着贬低民俗学基础理论的本体研究，相反地正是为了在民俗的应用研究基础上，给民俗理论的发展创造更好的条件，使民俗研究更具有时代色彩和鲜活的生命力。

中国当代的民俗学，从1978年为其重生鼓与呼开始，就带有十足的“民间”性质。在这以后，民俗学作为一门学科始终没有被列入“官方”学科行列，中国社会科学院及各地方有关院所到20世纪末也没有民俗研究机构的设置。全国高等院校的法定学科专业分类和课程设置，到1998年才有了它一席之地。全国先后成立的20多个民俗学会团体，从1981年辽宁省民俗学会诞生到现在，百分之百起自“民间”，甚至从来也没有像“官方”学科挂靠的学会那样有自上而下的一整套学科组织系统。中国民俗学会从1983年5月成立起，这个国家一级学会的组织就设立在北京师范大学中文系的民间文学教研室中。民俗学课程从1981年3月走入辽宁大学课堂开始，扩展到今天10多所院校开设这门选修课，也完全是各地院校自行添设的。大学生组成的民俗学社也只是第二课堂的自发兴趣组织。中国民俗学科发展中的这种“民间”性在整个科学事业的“正规军”面前，处于一种“散兵游勇”式的尴尬地位，和中国跨世纪的民俗文化发展需要的现状很不相称。因此，迅速建立自上而下的民俗科学正规队伍，便成为当务之急的大事。目前，民俗学界近十几年成长起来的少得可怜的后起之秀，不是在散兵线上孤军作战，就是名正言顺地归入人类学、社会学、民族学的科学队伍，从而使复苏的民俗学继续在薄弱的边缘学科羊肠小道上徘徊不前，难以走上独立学科的大道。

中国民俗学的发展呼唤专业人才的加速培养，然而中国各大学以民俗学为主攻方面的研究生，却在以每年4－6名博士生和15－20名硕士生毕业的微小数字累计增进中。专业人才的匮乏已成为困扰跨世纪民俗学的首要问题。缺乏专业培训的基层民俗文化工作者队伍，也因没有合适的对口专业工作项目而很少有所作为。有些爱好民俗文化的业余人员尽管常常参与多种民俗文化活动，甚至自发地主办、主持某些民俗文化艺术活动，也因为专业功底不厚，科学水平不高，使这些活动质量较差，甚至违背民俗科学原则，造成严重后果。因此，在中国范围内，多渠道、多层次、多形式地培养民俗专家、民俗科普工作者和民俗文化工作者的任务，应当立即采取措施，刻不容缓。

中国民俗文化在现代化剧变中，自然地提出了保护优秀民俗文化的任务。在中国遭受“文革”浩劫后，保护国家文物的意识不断增强，但是相对地保护优秀民俗文化的观念却仍然淡薄。优美的传统民居精品常常被破坏，精美的民间工艺绝活逐渐失传。鄙视民俗文化传统中的优秀成分成为司空见惯的世俗观念。在和世界上的发达国家和地区相比较，国际上那种城镇乡村处处有民俗博物馆的整体文化氛围，反映出那些现代化都市和村落与民俗传统的文化血缘关系的密切程度，从而展现出那些国家独到的弘扬民族文化的精神文明的高度。我国各民族的民俗文化大多仍在其本土上保持着鲜活的原形态，因而民俗工作者往往缺乏对未来剧变的科学预见而缺少保护意识，更少有危机感。一旦现代化发展猛烈冲击了原文化形态，出现了山乡巨变，引发了村寨都市化进程时，再来动用保护民俗文化财富的措施，都将为时已晚。这在日本、德国、法国的都市化发展中都曾有过很典型的经验和教训。如今，日本的“民家园”及全欧洲的许多露天博物馆的建成，几乎都是利用早已征集来的多种民居和民具的原件，再重新组建成功的。至于美洲的印第安家园，新西兰毛利族聚落点，韩国民俗村，台湾嘉义山地门及日月潭的九族文化村，深圳华侨城中华民俗文化村等的民族风俗面貌的再现，更是在各民族民俗文化生活剧变中对精心保护下来的民俗精粹集中演示的典范，借用对民俗文化的再创造，体现现代社会中人类对民间传统的眷恋和尊重，并达到维护人类文化史的教养目的。

经济的高速高效发展必将导致高文化的广泛追求，一个具有民族民俗文化特色的现代化社会必将构成，未来世界对传统民俗文化精粹的需求不是越来越少，而是越来越多了。中国民俗学跨入新世纪的任务更重、目标更高了。如果民俗学的自身发展远远不能适应新世纪的形势发展，其后果必然受到历史的惩罚。

为此，当代民俗学的跨世纪情势，很值得民俗学人、热心于民俗文化事业的工作者以及各种推动民族文化现代化发展的有识之士和决策人士深思。

三、中国民俗学的学科意识

就学科发展现状看，应实事求是作一个估计。中国民俗学发展并不太快，理论基础并不雄厚。从全世界范围来看民俗学发展，尽管中国有中国的特色，但实事求是地说，中国还是在起步阶段。我们学习过日本的东西，但仔细一推敲，近 30 年来，更多的是德国人的东西，德国 16 世纪后半叶到 21 世纪初的一些学派的东西。中国过去受苏联民族学影响的民间文学，在俄罗斯已有新发展。民俗学的队伍不大，真正从事带有典型意义的民俗科学发展的民俗学研究和调查，甚至带有应用价值、应用研究的民俗学队伍是很小的。长期闭关锁国如今一朝开放，使中国看到发达国家传统学科有关方面的准备早已完成，中国则不得不从头做起。

基本理论研究的底子一定打得要牢，谁都能“嫁接”一个新的边缘学科，这种现象很不正常。基本理论的建设，应在一些基本的观念上、民俗科学最核心的点上下工夫。目前仅停留在概论上是很不够的，民俗的构成非得找出其规律性的核心然后展开综合研究不可。

现在的研究主要是受“两种生产”理论的启发，先从生产民俗出发。这两种生产是：第一是有机生命体的生产。古人讲食色，性也，抓住了这一点。民以食为天，民俗先研究食。研究了食文化才波及服饰居住，展开消费生产。先有消费后有生产。第二种生产是人类自身的生产。衣食住行围绕着食，婚丧嫁娶围绕着性。民俗紧紧围绕着食、性这两个字展开。中国的基本理论研究应抓住民俗的本质进行深入研究，借鉴国外学术成果的合理部分，建立自己的民俗学。应先分别扎实研究各分支理论，分支理论是宏观理论的基础，从一个核心出发入手，不一定都从一个地方入手，殊途同归。分支学科的综合自然就是中国特色。现在学术界在争论中国特色之中有许多人是带着感情色彩的——排他性。

民俗学者的任务是研究、注意各种民俗事象，不必对有些民俗现象发愁。现在许多旧民俗现象重新出现了，有人说“沉渣泛起”，民俗学也不能去横扫，横扫的结果仍是扫不掉，民俗学的任务只能是去研究它。

现在有些人研究应用民俗，研究新民俗，对学科发展来说，仅仅是权宜之计。应用民俗、新民俗研究能在经费上得到支持，但靠这样下去发展民俗学的分支学科是困难的，真正的出路在学科的基本建设上。

四、民俗学基础理论的建立

民俗学的基础理论是民俗学科赖以发展的本体论和目的论的范畴的理论，前者是关于民俗学到底研究什么的问题？后者是关于民俗学到底为什么而研究的问题？基础理论对于民俗学的重要性，在于它是研究民俗的普遍本质及普遍规律的理论。它是民俗学科总体系的指导思想，它具有整体性、开拓性及学科发展的战略性。它以其与民俗实践相结合的多种功能而渗透到民俗应用之中，从而对社会发展起重大作用。基础理论的每一个重大的发现和突破，都往往给整个民俗学科带来深刻的影响和变革。民俗学的基础理论，应当是各民俗分支学科的最基本的观点和理论支柱，它的建设，对民俗学发展的意义，至关重要。

但是，由于中国民俗学的发展历史比较短，且十分曲折，所以几乎是刚刚揭开历史篇章便断了代，刚刚苏醒便进入了冬眠。直到20世纪70年代末，才出现了新的生机。众所周知，在中国民俗学的历程中，前60年的头20年中，以民俗调查为先导，形成了开创期的某种可喜的繁荣。以后，战乱与建国的历史像大潮一样卷没了民俗这门学科，如果从抗战开始到20世纪70年代末的重建民俗学作为一个时期，那么只能说是一个令人百感交集的民俗学理论的大休眠期，它持续了40年之久。民俗学被学术界几乎遗忘了或遗弃了。历史迫使民俗学在中国无立锥之地，导致民俗研究的历史断层。这种实实在在的历史，完全不必要用牵强的资料去填充无法填补的空白。

20世纪80年代，是中国民俗学真正重生的年代。我个人试图在民俗学基本知识上进行再认识，并做出一般理论的探讨。这就是从1981年3月起在辽宁大学正式讲授了民俗学课，1983年6月出版了《民俗学丛话》，1985年8月出版了《中国民俗学》的匆匆行程。在这之后，紧接着又有一些同行朋友先后出版了民俗学著作及发表了许多论文。中国民俗学确实也开始了自己新的行程。但是，平心而论，80年代的民俗学理论研究，始终没有跳出一般性“概论”知识的圈子，只在民俗科学普及的领域争相努力了。当然，这也是很必要的，也是中国民俗学史发展的必然结果。但是，用各种大同小异的变体，构筑民俗学基本知识的努力，并不能证明已经建成了民俗学的基础理论。相反，应当认识这些基本知识虽然也涉及了一些理论和规律。但是，它们远远不是基础理论的本身。靠各种相似的多种基本知识的版本去从事调查研究，只能在民俗工作的实用上做出一些一般的了解。并不可能对民俗本质及其规律进行有效的分析、论证、透视、解剖。在这一点上，也可以说：目前已出版的民俗学的“概论”性著作，只能努力完成普及辅导性任务，绝不能取代基础理论。目前，中国仍处在民俗学理论的贫困时代，有待于今天去建立它，丰富它，发展它。这也就是当代一些民俗学论著，仍在引用19世纪末过时的西方理论的某种原因。万不可把基本知识错认为基础理论。

1982年9月，我开始了“民俗学原理”及其方法论的研究。从1983年起，我连续在硕士研究生中讲授了《民俗学原理》这门学位主课，计16番，每番总学时120学时，力求揭示民俗的本质及其规律。我先后讲授了《人的习俗化过程论析》《民俗本位论》《民俗心理分析》《民俗控制论》《民俗传承论》《民俗结构论》等章节。同时，对《民俗发生论》《民俗圈层论》《民俗文化整合论》等国际性重大基础理论，进行了再认识的修正。到目前为止，已初步形成了《民俗学原理》的50万字论稿。近些年在欧亚几国（日本、韩国、匈牙利、德国）的多次讲学，已经初步验证了上述理论研究的积极效果。2001年1月《民俗学原理》由辽宁教育出版社公开出版。

1989年冬我从德国返回以后，对中国民俗学研究的新趋势做了一些了解。十分可喜地注意到中青年民俗理论的崛起，已经形成较好的势头。他们当中，有一些学者根基很好，富于开拓精神，且有实践经验，在一些理论探讨方面已经有了不容忽视的建树。中国民俗学基础理论的全面构建，民俗学领域系统工程的完成，必将由当代中青年民俗学者于下世纪初的10年中基本实现。

中国民俗学理论队伍在全国人文学科队伍中只是一支小分队，有志于此的老一辈先驱者，已经基本上完成了他们的历史使命。后继的第二代传人（现年60岁以上的民俗研究者）受民俗学科断代的历史局限，大多“半路出家”，理论修养上总有某些先天不足的缺憾。近10年中成长的从25岁到50岁左右的三四代传人，无论从数量上和素质上、能量上，都是这支小队伍的主力军。老一代传人在民俗学理论的继承与发展上，充其量也只能完成一些力所能及的过渡性任务。尽管目前仍然主持着中国高等学校的一些民俗研究中心，开展着国内、国际较大的重点科研项目的研究工作，但是，毕竟远远不能适应科学发展的现实需要。

中国需要这支队伍具有较强的凝聚力，较为和谐一致的事业理想及共同目标，较为和睦的相互敬重的平等的同行人际关系。学术界陋俗中那种内耗不断、门阀观念、排斥异己、论资排辈、弄权玩术的不正之风，在民俗学队伍中理应杜绝，以便创造一个团结进步、心情舒畅的良好的学术研究的环境，给后来青年人开拓一条宽敞的成功之路。一切基础理论都要由相适应的人才去建树，民俗学人才就更加难得了！

目前，理论著作出版之艰难，令人担忧。山东大学的《民俗研究》学刊肩负了理论研究的重任，已经做出了很大贡献。我们应当爱护它，支持它。这个刊物至少在德国、法国、韩国有着很好的影响，受到重视。它将随着理论研究的发展，成为更有影响的学刊，走向世界论坛。

五、现有民俗博物馆的发展与提高

民俗博物馆全国专业委员会级组织的成立，标志着中国民俗博物馆事业的发展进入了一个重要阶段，具有里程碑意义！

早在20世纪70年代末，以钟敬文为首的7位教授便在全国第四次文代会上发出了关于建立中国民俗博物馆的有关倡议，引起了全国民俗学者、博物专家的热烈响应。是时，我也在给中国社会科学院领导的公开建议信中，突出地对逐步建立全国性、地方性民俗博物馆的问题做了阐述，受到当时以周扬为首的该院负责人的赞成和支持。但是，由于长期“左”的思潮干扰，国家经济状况的不佳，那些倡议、建议都只停留在呼吁阶段，未能付诸实施。随着改革开放形势的发展，民俗学界的同行们因地制宜，在当地党政支持下，先后建立了各具特色的民俗博物馆，为中国的民俗博物事业，填补了一个又一个空白。像苏州民俗博物馆、丁村民俗博物馆、祁县民俗博物馆、河边民俗博物馆及天津和青岛民俗博物馆都先后在这方面创建了理应载入文化史册的功勋。作为一名民俗科学工作者，对这些博物馆的领导、学者所做出的巨大贡献，深表敬佩。

1994 年，我第 3 次访德归来，曾给河边民俗馆的专家们写了一封信，对民俗博物馆的建设提出一些看法。作为民间团体的专业委员会，不妨在全面总结各馆的经验基础上参考这些看法，听取各方面的意见，在不脱离中国国情的前提下，确定工作目标和计划，力争在 21 世纪初达到一定的目标。

专业委员会在促进馆际合作方面应当发挥重要作用。有条件时可以游动性地举办巡回联展。在发达国家的民俗博物馆际之间，联展、借展和租展是常事，而且展出的同时要进行民俗工艺品大展销。在那里经济效益也很可观。20 世纪 80 年代中期，上海民间文艺家把上海地区的民间工艺品，特别是民间传统玩具拿到美国、欧洲展出，结果木版套色印了几十张的“灶神”杩儿，都很抢手热卖。如果经过各馆联合筹备、收买、征集，在天津、苏州、太原等地巡回举办“中国民间传统玩具展”，边展边卖，一定很可观。这只是举例说明我的建议，发挥委员会的“集团”性开展民俗博物的功能，无论在社会效益和经济效益等方面都会得到成功。

我在全国第四次文代会的学术报告中，介绍国际民俗学发展的新趋势时，着重讲的第二点就是“民俗博物馆的全面发展”已成为发达国家和地区的文明标志。一个城市和乡镇是否具有现代文明水准，首先看两馆建设，即图书馆和民俗馆。日本的所有县、市、町、村四级社区，都有独具特色的民俗馆，陈列着当地的多种民具和民俗事象的原型。德国也同样，每个村镇、市、县、州都有民俗博物馆和露天博物馆，都配备博士研究员或乡村级专业民俗学者。每个城市、乡村都有划定为“民俗文物”的民宅、农舍，排成编号，政府负责定期修缮。拥有这些民宅、农舍的户主，保留了家庭传统用具和生活方式，参观者可以入室登堂，参与主人的生活，使民俗事物成为各村镇城市的最显眼的景观。所有这些几乎都由各地方民俗博物馆的专家负责规划、安排。希望我们的专业委员会能逐步走上类似上述发达国家和地区的日常民俗工作之路。我们的专业委员会应像雪球一样，在全国越滚越大，逐步达到全国至少县县有民俗馆，全面发展的态势。

当务之急是现有民俗博物馆的发展与提高，在民族化的基础上如何解决科学化与现代化问题。展品固然以征收的原物为主，但是不排除重新制作，不然，就可能成了“旧货市场”或“估衣庄”。凡制作的展品或模型，一定要尽可能精致，不能粗制滥造，要讲究、地道，不能将就、凑合。随着经济的繁荣，博物馆的档次要逐步和国际接轨，以期和国际民俗博物馆合作开发某些国际感兴趣的项目。

第八章　当代中国民俗文化的剧变

在人类文明发展史上，曾经有过十分缓慢的社会进化历程，但是，在特定的地区间或族群中，或在特定的历史条件下，也有过多次较为急剧的社会演化过程。

从人类的童年时期起，人类社会就一直伴随着族群之间的征伐和奴役，经受着军事蹂躏和种族灭绝，但是，与此同时人类社会也伴随着多种生活方式上的相互冲击，甚至还出现过各种类型的民俗文化上的人为同化，以致某些人群被迫改变了固有的风俗习惯。这种文化剧变的历史经验，在具有古老文明的中国文化史上，其实并不陌生。例如，17 世纪中叶满族贵胄征服了中原后，在全社会强制推行了满族服制与发式，使汉族改变了某些风俗习惯；同时，在满汉文化交融过程中，汉族民俗文化以其优势也大幅度地变革了满族生活方式，直到使满族全民族实施了汉语化。这是近三百年来民俗文化发展史上发生剧变的鲜活史实。这显示出最清楚不过的特定的文化剧变的法则。

当然，上述例证的那种剧变，无论如何也只不过是宗法制度下，中国社会内部民族之间的文化变异，还没有扩大到影响全世界的范围。当人类社会进入了 20 世纪的现代产业发达时期之后，又经历了像两次世界大战那样大规模毁灭人类的剧变，以及战后工业革命与高科技发展的急速剧变，使人类社会进入了现代文明的新纪元。

现代文明世界的建构和繁荣，有一个全新的要素，那就是以电脑等高新技术为物质文化发展的前进动力，从而引发了全球性的物质生活与精神生活的剧变。少数富强的超级工业国，用它们的经济实力控制了世界大部分原料产地和销售市场，并在近30年实行了全球性的经济冲击，使得全球绝大多数国家和地区几乎都以西方发达国家和地区的现代化水准为发展目标。许许多多分布在全球各地的小型孤立社会，不是被吞灭，就是沦为强国的保护属地。历史上曾经有过古老文明但是又长期经济落后不发达的社会，也纷纷被迫或不得不自己改变了自身的生存方式，现代西方文化潮流在全球扩展，使各种类型的传统社会原貌几乎都处在急剧变化之中，各种传统民俗文化正在因为遭到强力破坏而迅速改观。

众所周知的事实证明，世界上的所有民族和国家，都不得不在不同程度上适应这种全球性的经济发展大趋势。现代化的发展，毫不留情地损害着传统民俗文化赖以存在的条件和基础。在传统民俗文化作为生活导向的那种传统社会，实际上已经支离破碎，不复完整存在；全人类几乎都在行为上和心理上尽力适应这个剧烈变动的现代社会。无论从理论上还是从实践上，都可以确证以下合乎逻辑的事实：当固有的传统民俗文化对全社会人们的生活方式的引导，已经不再适应现代社会环境时，人们就自然而然地将不再遵循传统文化的指引，转而接受或创造具有新适应性的现代文化，这时人们就逐渐或迅速适应了这种民俗文化的剧变。

在这里，十分明显的事实是，传统民俗文化制度与现代社会发展状况在很多方面显得格格不入，难以配合。中国传统民俗文化就其整体而言正是如此，它也将毫不例外地与现代化社会的发展呈现出互不适应的复杂状态，其中异常突出的正是民俗文化的不可避免的剧变。

中国民俗文化的剧变，从表面上看来，首先是衣、食、住、行等消费生活方式上的巨大改变，但是从深层看来，中国民众正经历一场观念的转变，也可以说是世界观的巨大转变。在中国人的世界观转变过程中，当前呈现出两种社会范畴和两种文化的相冲相容状态。所谓两种社会范畴，指的是传统社会范畴和现代社会范畴。

传统社会范畴是把过去的传统文化和现在紧密连接在一起的社会范畴。它的特点是，极力保持古老的民俗文化在现代的循环往复状态，特别强调传统民俗文化世代继承的特征和文化延续功能。

现代社会范畴则相反，它是把现代的文化变迁，尽力延伸到未来的社会范畴。它的特点是：极力促使现代文化的更新演进，促使人们逐步或尽快远离过去，促使全球不停顿地经历和体验新情况、新事件及新生活模式，特别强调现代化民俗文化的发展创新特征，而不再出现循环的重复和轨迹。

这两种观念的社会趋向，在当前民俗文化剧变中，必然表现为两种文化倾向：

一种倾向是：面对文化剧变继续坚持遵循古老的传统民俗生活方式，或不能改变固有的生活方式和观念，对文化的急剧变迁持某种排斥态度，对古老的民俗文化传统经常表示出特殊的尊重，面对着眼前的文化剧变，产生了许许多多困惑，特别是对外来的西方文化难以认同。这种倾向面对文化变局往往采取被动的守势，以守传统民俗文化的守生存的姿态去争生存，极力强化传统民俗文化的认同，用来抑制现代西方文化潮流对传统的严重威胁。这种倾向反映了一种传统文化心理取向，它代表了一种传统的谋求民族生存的文化策略。

另一种倾向是：面对文化剧变迅速调适新的生活方式，去努力改变生存环境，随时随地寻求新的发展机会；甚至早在文化变迁之前，就已经先期接受了新事物、新观念，适应了新的经济冲击和国家政治上的新潮流；同时很快接受了民俗文化的新变迁，比较习惯于选用其他民族的或外来的风俗习惯，并对古老的传统民俗文化不表示什么特别的尊重。这种文化倾向在文化剧变中并无多少困惑，往往显示出融合新旧民俗文化的巨大适应能力。这种倾向大多数情况下不安于现状，有一种激进的、开放的文化心理取向。在文化相容与文化相斥的战略上，这种倾向则主动接受新文化，把对传统民俗文化的重整再造和快速适应变迁作为最佳的求民族生存的文化策略。

上述两种倾向正好形成了当代中国民俗文化剧变中的文化整合与世界观整合的新态势。从实践出发，我国近十多年的改革、开放和现代化进程所显示的剧变，对我国城乡社区传统生活进行了强大冲击，数以亿计的城乡民众，自觉不自觉地对这场剧变也表现出了很大的适应能力，显示出从传统社会走过来的广大民众不仅能适应现实社会中固有的各种恒变，也同样能够适应社会大变动中特有的这种剧变。可以看到，中国人正经历着一场新的文化认同与文化整合，并以此来适应快速发展的崭新生存环境。中国人民一方面从物质上和精神上撷取现代西方文化中形形色色的生活方式；另一方面又选择种种方法和手段保留或恢复多彩多姿的传统风俗习惯。他们既接受了外来西方文化的许多影响，又不愿放弃固有的传统民俗文化生活。他们力求做到新旧文化的配合相容和嫁接组合，无需进行文化心理的再造重建，使文化心理与世界观的整合不必发生激烈的你死我活的大转变。这大约就是当代中国经济文化转型期中民俗文化生活的基本情态。

基于上述状态，中国当代民俗文化产生了鲜明的两极分化发展的特征。这里所说的民俗文化两极化发展特征，是指物质生活习俗方面的现代化追求和社会生活习俗及信仰生活习俗方面的复旧而言。当前，在衣、食、住、行等物质生活方式上，较为普遍地追逐现代化水准和超高消费与享受。以暴富阶层奢靡挥霍的生活方式为导向，形成了日常生活中形形色色的比富、夸富、显富、媚富的拜金主义的时尚。不加选择地、不伦不类地套用各种外来生活方式，同时引进了域外吃、喝、嫖、赌、吸等新型恶俗形式并被看成时髦。用财富堆砌和铺张起来的婚礼与葬礼已成为时兴。随着物质生活的高消费增长，传统的勤俭持家和勤俭办一切事业以及艰苦奋斗等良俗，较普遍地或遭到鄙弃，或受到嘲弄。

在家庭习俗方面，大家庭正在最后解体。核心家庭正在迅速形成，传统婚姻基本上得到改造，新式自由婚姻较为普遍实行，和西方社会相似，问题家庭增多，离婚率大幅度上升。但是，另一方面家庭的宗法性礼俗迅速复苏，海内外同姓宗亲活动十分活跃，立族谱、建族史、修祖陵的热潮正在升温。民间信仰习俗经过从“土改”到“文革”的漫长的被迫休眠期，目前正普遍复旧并应运重生。除了较大规模地对民族始祖及古圣先贤的祭奠日益隆盛外，数以千万计的供奉各路神佛仙真的寺庙宫观香火正旺。民间还兴起了集资建庙风，愈演愈烈。与计划生育及“生男育女都一样”的观念相对照，朝奶奶顶和拜娘娘庙的求子习俗异常红火。致富的许愿还愿使各路财神的偶像稳坐上众家户和超级商厦的祭坛。占卦卜算，求吉避凶，请巫招魂，跳神驱鬼，以及建宅迁坟动用阴阳风水等，都成了当今民间日常生活司空见惯的古旧习惯。

目前，民俗文化在中国正经受金钱至上的风潮所误导，向经济转型期特有的文化误区走去。混合紊乱的千奇百怪的民俗事象在民众生活中正处于前所未有的鱼龙混杂、良莠不辨的状态之中，无论是本土的习惯还是外来的风俗，都在经受着相互冲撞、融合以及文化法则对它们的重整再造。

中国当代民俗文化的这种文化整合动势，标志着一种新的文化正处在一个合成过程中，这应当是文化人类学需要认真探索的新课题。中国当代民俗文化到底需要多少文化元素才可以融合成一个完全整合的十分连贯的系统？这是值得当代民俗文化学者认真关注的问题。要知道，中国作为一个十分传统的拥有古代东方文明典范的国家，其社会的传统民俗文化曾经具有十分封闭的文化保守主义特征；如今，中国作为一个积极改革、开放，迅速跃入现代化发展的国家，其社会的传统文化心理取向如何与现代文明相适应，这正是最为关键的问题。民众如何从传统文化的丰富遗产中优选出现代化文明所需要的文化元素，同时剔除那些必须淘汰的文化元素；又如何从外来文化那些令人眼花缭乱的文化元素中优选适宜于自身需要的元素，并排斥那些与本土文化无法调和共存的文化元素，更是当代民俗文化发展的尖端问题。

从近十多年的民俗文化动势考察，呈现在民俗文化学者眼前的当代中国民俗文化，还没有形成一种有整体系统的文化合成物。因为，我们观察到的恰是一幅从过去到现在、再走向未来的前后很不连贯甚至矛盾和破绽百出的民俗文化图像。目前，不论是民俗研究者还是其他人文学者，对民俗文化的现状也多有指责，但是，应当提请注意的是，这种指责作为社会评论自然无可挑剔，而作为民俗文化的科学结论则为时尚早。

事实上，中国当代民俗文化的整合过程才刚刚开始。这种旧俗新风，土洋结合，良莠并存所造成的似乎杂乱无章的甚至逻辑上相互矛盾的现状，还将会持续较长时间。这种现状不仅在中国大陆，而且曾在中国台湾及东南亚、东亚等地区也随着经济的转型出现过。在民俗文化剧变中生活的人群，对上述这种十分杂乱而又矛盾重重的风俗习惯，常常熟视无睹或习以为常，显示出很大的承受或忍受能力。

作为人类学对象的当代人群，是由许多种互为对立统一关系的集群组合成的，而当代社会又经常处在不断演化的物质文明条件下重建，于是不仅在人与人之间文化心理取向的矛盾冲突愈来愈深刻，同时也增进了多元文化碰撞的紧张程度，使形形色色的文化元素在城乡生活中的波动加大，给民俗文化在新形势下的整合带来很大难度。因为，民俗文化的剧变有它自身的法则，这个法则在文化整合过程中显示出了极大的弹性，人们在文化变迁中从许多方面去寻求生存的发展，以期适应所有新的变局。当然，这不仅包括破坏并淘汰一部分过了时的传统民俗文化，还包括推崇和复兴另一部分传统民俗文化，并把它们重整再造以适应新变局的多样化需求在内。

近十多年来，在保持和保护中国各民族传统文化艺术生活方面也出现了明显的适应新需要的变化。民俗文化艺术创造领域，对于拥有 56

个民族的中国来说，毫无疑问是民俗文化精粹的宝库。随着多民族社会的全面开放，各民族纷纷向外界展现了各自的传统民间艺术瑰宝。数以百计的民俗节会，不断地吸引了现代旅游观光的其他民族和国外游客。固有的民族本土生活需要民俗文化艺术的价值观念，正在向其他民族或外国的观赏者提供使用价值扩展或转变。本民族世世代代保存下来的原民俗文化艺术资源，也正在经过某些加工或“包装”，转化为一种具有商品性质的旅游观光资源，演示在众多游客面前。在这种新情况下，民俗文化艺术的人为传播和获取经济收益结合在一起，使民俗文化急剧变迁中的民俗文艺也呈现出两重性格和两种形态。

一种形态就是民俗文化艺术的原生形态。它是植根于多少世纪本民族或本土的传统民俗土壤中的，久经锤炼的最为质朴的原生民俗文化。它始终保持着与本民族生活密不可分的一体化的文化性格，保持着浓郁的被称作“原汁原味”的本土特色。它从来都是本民族必不可少的一种生活需求。它是民俗生活原型，而不是专供什么外界人欣赏的节目。它伴随着本民族丰富的民俗生活从过去步入现代，是自身取之不尽用之不竭的文化资源。

另一种形态则是民俗文化艺术的再生形态。它来源于上述原生形态的民俗文化艺术，但却是出于现代经济、文化发展的多种需求而演示的民俗文化艺术。它本身已不仅是本民族本土的文化艺术生活的需要，而是以民俗文艺的演示为手段，以满足外部观众的文化艺术欣赏需求和从外部观众获取经济收益的需要为直接目的的。它也不再具有民俗生活本身的文化性格，而成为有偿有价的精神商品性格。它已经是可以进入市场的可转化为经济资源的文化资源。

有时为了经济收益的高效，它也常常被加工成适应观众需要的形态，甚至与原生形态有了不小的差异和距离。当前，全国各地举办的各类民俗旅游或民俗节会的民俗文化艺术形式，以及方兴未艾的多民族民俗文化村的修建，几乎无一例外地属于这种再生形态的民俗文化。其中也不乏歪曲民俗文化艺术本身和迎合低级趣味的伪造加工，使民俗文化健康的原生形态遭到破坏和玷污。

由于中国现代社会中民俗文化的剧变，社会人群对物质文化、精神文化的需求也正向前所未有的多样化和个别化方向扩展。东西方文化的多种元素及其形式，也正以现代化的各种大众传播手段加速交流。人们都自觉不自觉地充当了加剧民俗文化变迁的多种角色；其中民俗科学工作者或民俗文化人除了参与民俗文化本身外，还应当在世纪之交对民俗文化剧变的历程予以高度的重视，并适当地把过去对于传统民俗事象的那种偏于静态的、平面的调查研究视角，尽可能地调整到对当代民俗文化剧变的动态的结构性探索上来。

中国民俗文化的剧变，是当代民俗研究中无法避开的焦点、热点、疑点、难点和新的起点。对于中国民俗文化剧变的关注，并把它作为调查研究的重大课题，应当是当代民俗学者跨世纪的重要职责。

民族篇

第一章　满族发祥的摇篮

——新宾满族家族民俗背景探查

新宾，中国辽宁省东部山区的一个满族聚居的县。1985 年 1 月 17 日，撤销原新宾县，改建为新宾满族自治县。自 12 世纪初的金代始，此地便世居着女真人，并通用女真文字。经元帝国到明代，此地依旧是建州女真族居住的地方。建州女真族分八部，新宾女真人主要是现在县境内苏子河流域的苏克索护部。该部是东北女真各部中经济与文化最发达的部落。16 世纪末，女真人努尔哈赤起兵赫图阿拉，统一建州各部，招服东北各部女真人建立女真国，自称“淑勒贝勒”，即“聪明王”之意。又征服蒙古、锡伯等各部及海西女真与东海女真各部，于 1616 年农历正月初一称帝建金国政权（史称后金），建都于今新宾之老城，即赫图阿拉。1618 年 4 月 13 日，努尔哈赤对明朝廷宣战；1619 年迁都辽阳，建东京城。1626 年 8 月努尔哈赤于沈阳南病死。第八子皇太极即位后，于 1635 年宣布取消女真称号，改称“满洲”，同时尊称赫图阿拉为兴京。1644 年顺治帝福临入关迁都北京后，直至清亡，兴京被称为“龙兴重地”，留重兵守护，并列为“封禁”区，居民仍以满族为主。帝室祖先陵寝安置在兴京，清代帝王多次东巡祭陵，对当地格外关照。多少世纪以来，新宾地方就是满族的祖居地。自 16 世纪末以来，这里又是满族发祥兴起的地方，所以选择新宾地方的满族村落及其原住民作为满族家族民俗史的调查研究对象，具有极为典型的意义。

一、新宾满族家族居住地的探访

据《兴京厅乡土志》记载，1906 年（光绪三十二年）兴京人口数是 232881 人，其中满族人口 144794 人，占当时总人口的 62.2%。这些原住民的后裔是怎样分布的？他们的祖居村镇在何处？是调查的重要背景资料。

从地名及村落分布的地理位置入手，是十分必要的。

新宾境内横贯全县九个乡镇的最长河流是 119 千米的苏子河。满族活跃期的前清至清末，满族的大多数家户居住在苏子河两岸较肥沃的土地上，至今在河两岸及其支流各地都有古老的满族聚居的村落。这些村名、山名、河名还大多显示出原来满族的称呼和含义。

苏子河：又称南苏河，满语称“苏克索护毕拉”。“苏克索护”是满族“鱼鹰”的意思；“毕拉”是河的意思。满族先民渔猎时期，这条河上捕鱼的鱼鹰（即鹗或鸬鹚的俗名）很多，因而得名，沿着这条河自东向西地流向两岸，有许多满族村。如南、北拨卜沟、达子营、蓝旗、老城、烟筒山、永陵、夏园、阿伙洛、多木伙洛、台宝、马凤沟、和睦、大洛、小洛、木奇、水手、马尔墩、五龙、夹河、腰站、占贝、古楼等。

在调查中，对上述各村的名称作了满语称呼或与满族史事有密切关系的鉴别。

南、北拨卜沟：是中隔苏子河南北的两个村。“拨卜”没有汉语解释，原是满语，其义是指“牛车车辕前的一横木”，是比喻苏子河流经此二村的河道如同牛车辕前的横木，因而得名。

达子营：在拨卜沟西。俗称蒙古人为“达子”，努尔哈赤起兵时，将八旗军队中的蒙古八旗兵营设在此地，后成为村。

蓝旗：在拨卜沟东。努尔哈赤时代，驻扎八旗军之蓝旗兵营于此地而成村。

老城：是当地居民对故都赫图阿拉的俗称，现为通称村名。原名“赫图阿拉霍屯”，“赫图”满语意为“横”，“阿拉”意为“冈”，“霍屯”是“城”。汉译是“横冈城”，表明此城坐落在一片横冈地上。原是努尔哈赤的故里，其子皇太极诞生于此，位置在苏子河南，1616 年为国都。

烟筒山：在老城西，是努尔哈赤驻军的高地。原名满语称“呼兰哈达”。“呼兰”是“烟”，“哈达”是“峰”，汉译为烟筒山。此山主峰顶有高约数十米的石柱一根，远处可见，如烟筒而得名。

永陵：努尔哈赤为上辈四祖先修筑的陵寝，建于 1598 年。位于苏子河北，启运山南脚下。东邻永陵镇，以原守陵满族官兵后裔为主要居民。

夏园：位于河北，永陵西。是努尔哈赤立汗国后的夏园行宫所在地，原有宫殿 60 余间，1888 年（光绪十四年）水灾，苏子河涨水，所有宫殿被冲毁。原守宫满民户世居于此。

阿伙洛：位于河南，与夏园隔河相望。原村名满语全称“阿哈伙洛”，“阿哈”是满族奴仆的意思，“伙洛”是“沟”，直译为“奴仆沟”。因沿山沟世居努尔哈赤时代的满族奴仆而得名。

多木伙洛：位于河南，在阿伙洛村东南。满语“多木”是“老雕”鸟，“伙洛”是“沟”，村名表示该村的山沟中雕鸟很多，是古代满族打猎人猎鹰、驯鹰的所在。

台宝：在多木伙洛东南山地。满语“台宝”，意为“窝棚”，是古代满族猎手或采山参人临时住宿用树木叶搭窝棚的地方，后成为村。

马凤沟：又称马蜂沟。在河南阿伙洛西北山地。此地与马、蜂都无关，“马凤”，是满语，意为“山坡”，是因坡而得此名。

和睦：位于河北，原满语称“和哩”，意为“骆驼鞍”（双峰驼之背），因当地两山头相对峙而得名。

大、小洛：阿伙洛南为大洛，马凤沟西北是小洛村。“洛”是满语，意为“腰刀”，是八旗官兵佩刀。因苏子河流经处呈弯刀状，故八旗军民取名为大腰刀、小腰刀两村。

木奇：位于河北，原满语称“木喜”，谐音为木奇，原意为牛颈上的农具“牛鞅子”，硬弯木、拉车、犁用，苏子河经过此村形成直角弯形而得名。本村是清代驿站。

水手：苏子河北，小洛西北。因满族皇室东巡的“御路”，从此村涉水过苏子河，需用当地渡船或木排摆渡，才能渡过，从那时起，此村满民多以摆船放排做水手为生，因而村名也称水手村。

马尔墩：水手村西北。“马尔墩”系满语，全称为“马尔墩福洛丹”，意译为“陡险难行之山岭”。此村有古城寨，原是建州女真马尔墩部的城寨，是古老的满族村。

五龙：是苏子河下游支流上的小村。村名与“五条龙”的字意毫无关系。此地原称“五龙伙洛”或五龙沟，“五龙”是满语，意为“麻”，应译做“麻沟”，表示此地多生麻类植物。

夹河：位于苏子河下游支流北。原满语“夹河”与河无关，是“秋天落叶”，因古时森林多，秋后落叶多而得村名。

腰站：清代皇帝回兴京永陵的“御路”必经的驿站，因此站位于沈阳（盛京）与兴京之中间，故称“腰站”，即“中间站”，又因腰站村自努尔哈赤时代即有爱新觉罗氏大家族世居村内，所以皇帝东巡以此村为食宿驻地，更为安全可靠。现村中65%的家族为爱新觉罗氏。此村位于苏子河下游支流北。

占贝：位于苏子河下游南岸。“占贝”是满语，意为“响箭”。原村名为“占贝毕拉”，是“响箭河”的意思，“响箭”又称“哨箭”，满族以这种发出呼哨的箭作为军事信号。此名表示苏子河流经此地发出响声。

古楼：位于苏子河最下游北岸，村名本来和楼无关。“古楼”村原名“古勒”“古鲁”，是满语，意思是“围”。古称“古勒霍屯”，是“围城”的意思。此村是兴京重地，最早建州女真部落就在此建立了城寨为要塞。现村名谐满语音叫古楼。

以上只列举22个村名为例，经调查完全是和满族兴起的历史、社会、生活有着密切联系的满族村。这只是苏子河流域的满族聚落。

除此之外，县境内巨流河、富尔江、太子河两岸还有大约30%的村落分布，其中大多数也是古老的满族村。如巨流河本身的河名原意就与汉字“巨大的流水”无关，“巨流”满语意为“发怒”，河名应译为“怒河”。富尔江的“富尔”也是满语，意为“红色”，即“红江”，表示江水被红石、红山映成红色的意思，与汉字“富尔”字义不同。可见，在新宾对满族的调查，必须是对满族现居村落的历史、社会文化的整体鉴别和考察，以便证实满族原住民的可靠性。

事实证明，对地名、村名的满族归属的鉴别是寻访满族家族的一把钥匙。通过对腰站村的村名由来的调查，了解了该村和清代皇室东巡有密切往来关系，寻访到该村的爱新觉罗家族，即努尔哈赤的曾祖父兴祖直皇帝福满之第三子，其祖父景祖翼皇帝觉长安之三兄索长阿的后裔，第18代孙爱新觉罗毓砚、毓镛及20代孙启岩等。该村共307户，人口1243人，其中200户为爱新觉罗氏家族，计810人。自第5代祖先索长阿算起，历经了约500年，兴祖皇帝福满的第三支子孙后代连同迁徙到外地的家族成员在世的约计千余人。在腰站世居的810人中，除1人从事教师职业外，其余都是农户居民。这一支系的第8代祖先龙锡，1593年生，1642年在对明作战中阵亡，归葬腰站村后山脚下，成为本支系家族祖坟之始。1644年清廷迁都北京，本支系子孙定居腰站村务农至今，虽属皇族却已经发展了350年农耕世家的历史。

通过对阿伙洛（奴仆沟）村的建村调查，查访到本村满族家族的祖先多是奉命护守皇陵的差役。如本村喜塔拉氏（图姓家族），自1644年（顺治元年）起二世祖都力金的后裔子孙历任护陵（沈阳福陵）职司，直至第十世图黑时，本家族有一个“穆昆”① 奉命驻防永陵。现在传至21世孙图英金，保存了本家族完整的氏族谱书。又如本村觉尔察氏（赵氏家族），自1644年起本族七世祖班布里的长子达喀穆、次子他察奉命看守沈阳福陵。现在传至21世孙赵广发，也保存了氏族谱书。谱书序中详细叙述了七世祖班布里是努尔哈赤堂兄，景祖翼皇帝子塔察扁古之二子，素与努尔哈赤不和，因谴责努尔哈赤虐杀家奴事，诤谏努尔哈赤不要出征马尔墩役事，与努尔哈赤发生争吵，自己弃去“红带子”。后被努尔哈赤逐出爱新觉罗氏族，入觉尔察氏族改姓“赵”。可以从上述家族了解世居本村的族人的身份和地位，都属奴仆阶层。

从地名、村名的满族属性鉴别中进一步了解到以下满族家族的分布状况：

1. 居住在南北拨卜沟、达子营、蓝旗各村的满族家族有佟氏、董氏，均属佟佳哈拉；关氏、白氏，均属瓜尔佳哈拉；那氏、叶氏，均属叶赫那拉哈拉；郎氏属钮祜录哈拉；刘氏和宁氏均属宁古塔哈拉。

2. 居住在老城、永陵、阿伙洛、多木伙洛、台宝、大和睦等村的满族家族有富氏、傅氏，均属富察哈拉；还有那氏和叶氏，刘氏和宁氏。有徐氏、舒氏、郑氏，均属舒穆录哈拉；图氏、祝氏，均属喜塔拉哈拉；赵氏属觉尔察哈拉；何氏、罗氏，均属赫舒里哈拉。

3. 居住在夏园村的满族家族有富氏、傅氏、图氏、祝氏。

4. 居住在马凤沟、大洛等村的满族家族有王氏、汪氏，均属完颜哈拉；还有徐、舒、郑各氏。

5. 居住在小洛、木奇、水手等村的满族家族有吴氏、穆氏、

① 满族氏族以“哈拉”为大家族单位，以“穆昆”为分支系家族单位。

包氏、黄氏、邵氏，均属乌雅哈拉。

6. 居住在马尔墩、上夹河、五龙、腰站、古楼等村的满族家族有肇氏、金氏均属爱新觉罗哈拉；马氏属马佳哈拉；赵氏属伊尔根觉罗哈拉；关氏属扈锡哈里哈拉；杨氏属尼马察哈拉；还有富氏、傅氏。

7. 居住在占贝村的满族家族有刘氏、宁氏。

以上22个村住地的满族家族31个姓氏分属的17个哈拉，是新宾满族中的大姓望族，此外还有若干姓氏的家族分散居住在上述苏子河两岸上下游的满族村中。

二、新宾满族家族的“八旗”归属

新宾的老城，努尔哈赤称帝的首都赫图阿拉，是满洲八旗制度的诞生地。

早在1583年（万历十一年），努尔哈赤起兵时，其兵将主要由建州女真各部及本亲族的青壮人丁组成。当时的军事组织是原女真族各家族协作的狩猎组织“牛录”①。1601年，由佛阿拉城组成了以黄、蓝、红、白四旗为标志的军民一体的组织，扩大为每300丁为一个牛录，由牛录额真为官。随着统一女真、征服蒙古各部的战争扩大，兵员不断扩充，在1615年，于赫图阿拉城进行了一次大规模的军事整编，在原有四色旗之外，又增加了镶黄、镶蓝、镶白、镶红四色旗，共合八旗，成为有清一代的军民一体的制度。八旗制度使满族所有家族的男丁战时为兵，平时为民，八旗总管军事、政务、生产、经济、司法，把原有的亲族制

① 牛录（Niru）：汉译为“大披箭”，即围猎队。以家族或村屯为单位，每10人为一组，各取箭一支，由一名头目带领，头目称牛录额真。后为八旗制度组织。

度置于八旗统管之下。从此，满洲八旗的旗民家族，都有了八旗归属。每300男丁为一牛录，5牛录组成一个“甲喇”，5甲喇组成一个“固山”，固山就是“旗”。平时，男丁及其亲族从事生产，仍发挥其家族的职能。1621年，新宾境内八旗官兵达到10万余人。当年，努尔哈赤迁都辽阳，赫图阿拉城留守54牛录，162000兵。另派2万余兵驻防境内西北、西南、西等路。清廷入关后，对兴京地区加强管理，到清代末年，新宾境内满族人口14万多人，绝大多数为农耕民，只有少数在衙署当差，披甲兵丁已很少，但仍旧隶属八旗旗民。

新宾满族各家族隶属八旗的310年历史中，随着八旗官兵军事调动、差役调遣、补充兵员，以及清亡后的战乱、迁徙，民族矛盾、政治压迫，有了很大的变化，坚持居留在新宾的老户已经为数不多了。

1. 八旗官兵随军事调动而从新宾迁往沈阳、北京的家族。1621年，努尔哈赤在赫图阿拉建都只有5年，便西进辽阳，建新都东京城。为了扩大抗明的实力，把八旗兵将的主力从新宾调往辽沈地区约6万余人。其中包括皇族嫡系兵将及八旗国戚亲兵，经辽阳再入沈阳，再进关入北京定居。通常传言的“随龙进京”，正是指从新宾随努尔哈赤入辽阳、沈阳，再随顺治帝入关进北京的八旗各家族。其中还包括随军调到沈阳，然后北进征伐黑龙江东海女真各部的新宾八旗官兵。

（1）努尔哈赤在赫图阿拉建国初，海西女真首领、扈伦四部汗王吴尔古岱率部归顺努尔哈赤。吴尔古岱的姑母，原扈伦汗王哈达女是努尔哈赤堂兄吴善之妻，属姻族关系。努尔哈赤将其第三公主莽古姬格格许配给吴尔古岱为妻，再将努尔哈赤弟舒尔哈齐之孙女嫁给吴尔古岱之子额森德礼，加深了姻族关系。于是，努尔哈赤把吴尔古岱率领的扈伦部官兵，都分配编入八旗，将吴尔古岱家族编入镶黄旗。吴尔古岱原属金代完颜氏，后明代赐姓那拉氏，所以后人多自行冠以王姓、南姓、姚姓。本家族一直居住在赫图阿拉。顺治帝入关时，全家随镶黄旗佐领迁进北京。其子孙有二支于康熙十四年奉命护卫沈阳（盛京），再迁返沈阳，其余定居京城。

（2）又有海西女真乌拉部首领那拉氏满泰贝勒，1601 年，以女嫁给努尔哈赤为大妃。1613 年，努尔哈赤亲自率兵征服乌拉部，将其万户编入最初的四旗。满泰家族后裔原属那拉哈拉，入旗后被编入正白旗下。顺治帝入关时，大妃之子多尔衮摄政，那拉氏博克多及其子孙以国戚身份随八旗军队驻防北京，隶属正白旗。后于康熙年间奉命随八旗官兵驻防沈阳盛京大关防衙门当差，今传 15 世。

（3）钮祜录哈拉郎氏家族，于努尔哈赤建国初，有名叫额亦都的八旗名将，统领镶黄旗官兵，多次立下战功，妻妾 5 人，共有子 17 人，多为将领，其女嫁给皇太极为妃。本家族及支系人众随八旗军西进沈阳，后奉命驻防沈阳，离开了新宾，今传 16 世。

（4）海西女真叶赫那拉部首领杨吉努之女名“孟古姐姐”，嫁给努尔哈赤为妻，后立为皇后（皇太极母）。杨吉努被明杀死，1588 年，其子率部归顺努尔哈赤，被敕封为国舅，其子孙为国戚。努尔哈赤西进辽阳、沈阳时，国舅全家族随隶属正黄旗迁往沈阳。其子孙世代护守沈阳昭陵（皇太极墓），离开新宾，已传 14 世。

（5）马佳哈拉的赫东额，率领本部 50 户家族于建国初归顺努尔哈赤，被编入镶黄旗，随军作战，弟兄多立战功。后随八旗军西进沈阳，入京，子孙历任朝廷重臣。至今传 16 世。

（6）喜他拉哈拉的图力吉氏，是努尔哈赤的舅父，被敕封为国戚，家族编入正白旗。其子孙随八旗军西进沈阳，后代世袭福陵护卫“章京”①。

（7）哈达那拉哈拉的都呼禅氏与其弟雅克禅归顺努尔哈赤后，在赫图阿拉被编入镶蓝旗。以后随军入沈阳，弟留守沈阳，兄入关进北京，其子孙随军再入陕西，后人传 13 世至今。

① 官职名，将军或统领。

(8) 又有赫舍哩哈拉的砚色氏家族，隶属正黄旗，其子孙随军进沈阳，再入北京。

(9) 富察哈拉的瑚图氏家族，隶属正红旗，随军西进沈阳，今传14世。

(10) 果尔勒斯哈拉的高沛氏家族，隶属于正蓝旗，随军征战至沈阳，其子孙入京为官，或拨入义州正蓝旗当差。

以上10例，都证明新宾满族家族，有许多在努尔哈赤西征明朝时便随八旗军队的调遣西迁沈阳、北京等地。特别是皇亲国戚等贵族家族先后离去，留守的较少。

2. 八旗军队离开新宾境内急速西进造成的村落变迁。在新宾的古老满族村落中，有四个村以黄、蓝、红、白四个旗命名，这是最早在新宾建立八旗制度前先建四旗制度雏形的标志。这在有清一代在全国建立八旗满洲城、满洲营的历史上是绝无仅有的一例。1601年，努尔哈赤在佛阿拉城[①]。新编军事组织时，划分四旗，将3万兵丁组织起来，每旗统兵7500名。

在当时，建州女真各部落虽然由努尔哈赤统一兼并，但是女真各哈拉所居住的村落仍旧是按照原来的渔猎、农耕的生产特点发展的自然村落。这种村落的分布，不适合新编的四旗制度所规定的军民一体、亦兵亦民，既集中作战又集中生产、生活的特点。军队需要集中统一指挥、管理，所有的旧式村寨就不再适用。

同时，努尔哈赤整编四旗军队，和兵力不断扩充壮大有关。从1583年起兵到1601年整编四旗军队，兵力由小到大，采取了正确的策略。先击败了仇敌尼堪外兰，又统一了建州三卫。1587年建女真汗国时，已经招收了许多女真部落。1593年又大败了海西女真诸部及蒙古、

---

① 新宾永陵镇所属二道子村南山上，后金建国前，建州女真部的政治中心。“佛”满语，汉译“旧”，“阿拉”译“山冈”，古城寨。

锡伯等部的联军，使很多敌兵归降。1595 年又招降边远各部。到 1600 年又招服东海诸部并灭哈达部。先后 18 年，收编军队约三万。整编后的军队中外来归顺的官兵占大多数，需要有集中的军营，而不能将兵丁分散在民间自然村屯。

整编四旗军队的结果，就是以佛阿拉城为中心的新宾境内的中路、近东路、近南路，建立蓝、白、红、黄四旗的军营。

蓝旗营：建在距离佛阿拉城偏东北 17.5 公里处，苏子河南岸，隔河有东西大道，正西距赫图阿拉城 14 公里，东北距今新宾县城 4 公里，西 7 公里与蒙古兵营相邻。营中驻扎蓝旗营官员：固山额真（汉译都统）1 人，梅勒额真(汉译副都统）2 人，甲喇(或“扎兰”，旗下一级的组织）额真(汉称参领）5 人，牛录额真(汉称佐领）25 人，统领旗兵 7500 人。

白旗营：建在距离佛阿拉城东偏北约 45 公里，苏子河上游与白旗交汇处。东西大道经过营寨。西距今新宾县城 14 公里。旗营官兵同上。

黄旗营：建在距离佛阿城东北约 45 公里。二道河西岸距苏子河 4 公里处。一南北通道经过营寨，南距今新宾县城 3.5 公里。旗营官兵同上。

红旗营：建在距离佛阿拉城西南 14 公里，东北距赫图阿拉 17.5 公里的榆树二道河中游西岸。东北距今新宾县城 50 公里。旗营官兵同上。

以上四旗官兵是努尔哈赤的主力军队，从整编起，又抽掉四旗精兵由努尔哈赤及其弟舒尔哈齐和诸子亲自统领，以赫图阿拉为大本营，多次出击，败海西、东海女真多部。1615 年扩编成八旗后，官兵成倍增长。1616 年陆续调动远征，直到黑龙江各地。1616 年以八旗的六万官兵击败明朝十多万大军，取得萨尔浒战役全胜后，1621 年迁都辽阳，八旗主力西进。原四旗军营有的几乎空寨，只有重兵留驻赫图阿拉。

经过 370 年的变迁，汉族、朝鲜族移民的迁入和分布，也可以考察原有四旗村寨满族老户外迁的遗痕。

现在蓝旗村分做两大村，一村名是蓝旗汉族村，另一个叫蓝旗朝鲜族村。白旗村也分为两大村，一村名白旗汉族村，另一村名叫白旗朝鲜族村。蓝、白二旗的军营，如今再没有当年的满族家族老户，只有后世不断移入的汉人和朝鲜族人。这种后果的形成虽然有许多原因，但是其中最主要的原因则是与八旗军队向沈阳、北京等地的多次调遣有直接关系。

相对说来南部的红旗营、北部的黄旗营却由于原驻防本旗官兵留守较多，到现在为止，满族老户在这里的世居人口还很多，例如黄旗村的正黄旗瓜尔佳哈拉关氏家族的发展就是很好的证明。关氏家族从第一代始祖正黄旗兵伍力胡到现在的家族长关福臣，繁衍十代，共计 335 年，在第 8 代时已经发展了 14 个支系的子孙，是黄旗村原住民中有代表性的大家族。有关红旗营的发展还有一些特点值得注意。

红旗营驻地在现在新宾满族自治县的榆树乡境内，二道河、都督河、红石河流经全乡，红旗村在二道河中游。1601 年努尔哈赤建立四旗军队和 1615 年扩编为八旗军队时，把满洲名门望族大户的男丁都编入黄旗（包括后编的镶黄旗）和蓝旗。相对地把满洲普通民户的杂姓家族（包括从海西女真、东海女真归顺的平民家族）都编入白旗、红旗和以后的镶蓝旗。努尔哈赤和以后的皇太极贝勒亲自统领正黄旗、镶黄旗和正蓝旗，由其他贝勒、王子统领其他各旗。在八旗军队中分成两种等级，这是在清入关前八旗编制中家族等级的最主要的区分标志。因此，在清入关前，把正黄旗、镶黄旗、正蓝旗称为“上三旗”，所有官兵，都是皇帝亲兵。正白旗、镶白旗、正红旗、镶红旗、镶蓝旗称为“下五旗”（清入关后，又把正白旗列入上三旗，把正蓝旗降入下五旗）。各旗下的官兵家族也因此而形成高低贵贱之地位。红旗营所在地从那时起便聚集了众多的杂散姓氏的家族，长年留守，几乎没有西进沈阳和北京的升迁和得功的机会，多数就地屯田垦殖，成为当地满族老户。在红旗村周围现在集中了 20 个以满族姓氏命名的村，这些村中的老户，除去从黄旗、永陵迁来的关姓家族、佟姓家族和赵姓家族外，大多数都是原来红旗属下的零散姓氏家族。例如：

（1）红石河流域满姓家族村，自下游而上排列：

李家：原为李佳哈拉自佛阿拉迁居住地，隶属镶红汉军。

关家：瓜尔佳哈拉自黄旗迁入老户定居村，隶属正黄旗。

张家：原为彰锦哈拉自佛阿拉迁居住地，隶属镶红汉军。

刘家：原刘佳哈拉祖居地，原称“刘佳伙洛”。

赵家：阿哈觉罗氏家族，原居住佛阿拉，后迁此地。

孙家：孙佳哈拉祖居地，隶属正红旗汉军。

佟家：佟佳哈拉，自佟家沟迁入老户，隶属镶黄旗，是满族名门大族。

陈家：陈佳哈拉祖居地，原是新宾境外西北章党迁入老户，隶属镶红旗汉军。

叶家：叶赫那拉哈拉世居地。原住地是吉林叶赫。海西女真大族。叶赫首领杨吉努之女嫁努尔哈赤后，该家族一支系迁入佛阿拉，后又南迁至此地定居。隶属正红旗、镶红旗。

（2）榆树二道河流域满姓家族村，自下游而上排列：

赵家：伊尔根觉罗氏家族村，原居永陵，后迁入此地为世居村。隶属镶黄旗。

吴家：现村名“月亮村”，是古代满族村名，“月亮”是满语拼音，或“约量”，汉译为“荒草”，村名就是“荒草沟”。又名叫“吴家堡子”。兀札拉哈拉原住黑龙江，后迁入此地。隶属正红旗。

房家：方佳哈拉世居村。隶属镶红旗汉军。

董家：董鄂哈拉祖居村。董鄂部首领家族。努尔哈赤长女嫁董鄂部长何和礼，初建旗军时，被任为红旗总管，定居此地，距红旗营2.5公里。家族隶属正红旗。

蔡家：萨玛拉哈拉世居村。原居宁古塔，迁入此地。原隶属正红旗。

何家：辉和哈拉世居村。原住地吉林辉发，后迁入此地。原隶属正红旗。

纪家：锡玛拉哈拉世居村。原隶属正红旗。

白家：拜佳哈拉世居村，原住佛阿拉，迁居此地。原隶属镶红旗。

（3）都督河流域满姓家族村，自下游而上排列：

小赵家：同前赵家村。

彭家：与董姓同是董鄂哈拉，是董鄂部首领何和礼后代彭春子孙，原隶属镶红旗。

以上20个满姓家族村，至今聚居满族人口在新宾境内比例很高。榆树乡全乡总人口13153人，其中满族人口就有12304人，占总人口的93.5%，是全县满族人口比例最多的乡，由于当地原来隶属各旗的家族大都属于贫困平民，居住地又多在交通不便的山沟，所以至今这些满族村都处于贫困状态中，是新宾最贫穷的三个乡之一。从八旗军队的编制和军营设置的地区可以看到满族各姓家族的地位。

十分明显，隶属八旗军上三旗的家族，多是满族中的名门望族，编入下五旗的家族，多为满族中的平民散户。这是考察满族家族村落分布必不可少的重要内容。

三、新宾满族家族族谱的建立

新宾满族家族的探访固然对满族家族祖居村落的调查及对各家族的八旗隶属考察是必不可少的，但是，如果对各家族的世代族系不做认真细致的查访要想真正了解满族家族的习惯，几乎是不可能的。满族的家族世代族系在家族惯习的传统中，是以建立有文件记录的族谱为依据的。大体上经历了三个阶段

1. 1632年以前的“索绳”记族系阶段

早在满族创制满洲文字之前，特别是1632年创制新满文之前，满族的宗族世系主要靠记忆、口头流传。同时，按照古老的部落时代流行的惯习，采取结绳记族系的原始方法，把家族生男、生女、各代辈分用“索绳”标志出来。“索绳”的满语是“索利”（Siren），是绳、线之意，汉称又叫“索线”“索利条子”或“子孙绳”。原是氏族萨满祭祀祖先的神物。索绳由萨满结制，如树枝状，绳上有结，每生一男，在结处拴一小弓箭（或拴古代方孔铜币，或一蓝、黑布条），生女拴一个“嘎拉哈”①；女孩长大结婚时，将代表她的那个“嘎拉哈”摘除。按辈排列，形成长长的家族世系，由族内萨满识别，记忆所代表的人名、辈分、排行顺序、诞生年月等。由上代萨满用口传方法再传给下一代萨满。平时，索绳是被装在黄布、绸做成的索线口袋中，再装入长方形索绳匣中，放在西墙祖宗板上。祭祀祖先时，请下板来张挂在规定的柳枝和祖宗板问致祭祀，家族长者依靠这种古老方式代代传承族系。现在，新宾的许多满族老户、名门家族都保留有这种大约流传了数百年的索绳。其中，榆树乡蔡家孤山子村关姓保存有索匣，其中索线袋里约400年前的索绳，结记了瓜尔佳哈拉的18代子孙的世系。

2. 1632年（天聪六年）皇太极命达海修改成新满文后至1672年（康熙十一年）的半个世纪中，用满文或汉字音译记录族系的阶段

自从新满文广为流行，成为清入关前主要的官方文字后，有战功和有官位的名门大户都建立了用满文记录家族世系的谱单。这种谱单多用白色麻纸制成，也有用白布、白绫做成，长宽不等，依本家族或某一支系的辈分、人数而定，凡记录全家族的谱单较大，如新宾那家村那拉哈拉谱单，长约200厘米，宽180厘米。用墨笔或朱笔书写。按辈分自上而下排出世代，按同谱长幼顺序自左至右排列，姓名一律直行书写，只记男性，大多不记配偶，少数记配偶姓氏于男性左侧。有的谱单画有祖

① 是鹿、猪蹄上的一节小骨，名距骨，满语称“嘎拉哈”。

先身穿官服头顶冠戴的彩色画像，依次排成坐像，有的画成牌位状，填写姓名在牌位中。书写文字用新满文，清入关后满、汉文并用为官方文字，许多家族在满文谱单外，另立汉字记音谱单，书写格式和满文谱单一致。谱单上多有关于本家族所属哈拉原籍和隶属八旗的简要说明，同时还标明建立谱单的年月日及书写谱单的笔者姓名，大多是立谱人自书，少数请人代书。这类可以悬挂的谱单，平时也收藏在祖宗板上匣中，逢新年祭祖时，请下祖宗匣和索绳，在祭索绳同时，也张挂谱单烧香祭祀。谱单上不记活着的老人，有的为活着的老年长辈在谱单上留出空白位置，等到老人逝世后再填写。在已经发现的新宾满族族谱中，这类谱单的数量比较多。

3．1672 年至 1949 年的二百余年间用汉文或满汉文书写成卷谱书的阶段

康熙中叶，满、汉文通用，满族中普遍习汉文，同时也学会了用汉族族谱的成卷写书的方式来记录宗族世系。谱书分手抄写本和各种印刷本不等，有单本与多卷本不同。最早的满、汉文谱书在 1676 年（康熙十五年）前后。谱书的体例及内容大体上套用汉族自秦、汉以来的名门望族的程式，分谱序、谱表、族居分布、家祭仪礼、家训规则、先祖荣誉、著名人物传记等项。谱序中记述本族祖居地、姓氏、隶属八旗等来源；谱表排列辈分，有的标明配偶姓氏，下属支系子孙；族居分布记述各支系居住地；家祭仪礼详细记述本族特有的祭天仪礼行事，祭祖仪礼行事及所用神具、供品、祭日时辰、各项禁忌等；家训规则记述本族的婚姻缔结、丧葬、继子、养子等家规、分家制度、家法制裁等；先祖荣誉记述本族中人历任官职，所立功勋，朝廷赏赐，皇帝敕书、诰命等；人物传记专记祖上有功勋事迹者或受贬罚冤狱大事者的生平。这些内容并不是所有谱书中都具备，有的谱书只有谱序和谱表。康熙、雍正、乾隆时期的谱书多为手写本，嘉庆、道光、咸丰、同治时已有了木刻印本，光绪时代以后至 20 世纪 30 年代开始有了石印本，以后又有了铅字

印刷本。现在所看到的族谱大多是经过几个时代的续写修订而成的谱本。

在新宾所发现的族谱，有代表性的举例如下：

（1）《永陵喜塔腊氏谱书》

一函（套）一册石印本谱书，重修于清光绪二十一年（1895），由喜塔腊哈拉图姓家族第16世孙依惠（官职名：熊岳城蓝翎防守尉）纂修。光绪二十三年（1897年），由第17代孙恒孚（己丑年即1889年恩科举人）和第18代孙宝春（壬戌年即1862年恩科举人，官职：花翎候选知府）再撰修。内容包括：序言，家族世系、祖墓制文二篇、后记。序言中记述了始祖昂武都理巴彦德世居长白山喜塔腊地方。以地名为家族姓氏。顺治元年（1644）二世祖都里根的后代子孙奉命护守努尔哈赤陵墓（福陵），定居沈阳，其余弟兄6人的子孙都随军入关进京后驻防各地，三世祖都里吉都督的女儿是努尔哈赤曾祖父之妻，五世祖阿古都督是努尔哈赤的外祖父，六世祖达格都是努尔哈赤之舅，被封为国戚，隶属正白旗，任福陵护守将军。入京的二世祖萨璧图之子孙中有几朝的大臣大将。如第10代来保官居武英殿大学士，晋升太保，死后进入贤良祠，享受祭祀列入历史名臣传。13代庆林于道光初年（约1823）升任奉天府尹。14代庆裕自光绪十年（1844）连任盛京将军。15代裕宽任河南巡抚，裕德任礼部左侍郎，坤岫任四川布政使，裕录任直隶总督。在祖系中，详细排列了10世祖图黑这一支系的子孙，自图黑起受命世代驻防永陵护守陵墓，从此，图氏家族的一支系才重新返回新宾永陵。现在19、20代子孙居住阿伙洛村及北京等地。谱书的保存人是第21代孙图英金，阿伙洛村农民。

喜塔拉氏谱书的特点是，排列世系到第18代，人名一律用汉字标音记满语名。由于修谱人18代的宝春的倡导，为了把辈分可以从名字上区别清楚，在谱书上确定，图姓家族人从第18代起用排定5言20字为后世子孙姓名排辈的顺序根据，世代永远遵守。5言20字的辈次名字是：

宝、德、毓、英、魁，
永、成、盛、世、书，
隆、文、多、富、贵，
福、寿、庆、双、馀。

排在第一字的“宝”字是修谱人18代宝春的名字，传到“英”字辈，即谱书保存人图英金氏，为21世。这种姓氏的更改，完全与汉族家族姓氏的辈分排列惯习一致。表明满族家族谱系的发展从满文的简单记录、不分辈次，向父系血缘世系的严格结构延伸。这部谱书具有代表性。

（2）《福陵觉尔察氏谱书》

一函分上下两卷，石印本。最早始立于乾隆四年（1739），是由本族人名叫“七十”的正黄旗包衣佐领修纂的。13世孙富昌等于嘉庆十二年（1807）续修，17世孙多伦等于光绪三十年（1904）最后修订，谱书序言中说明了始祖索尔伙迁于长白山觉尔察地方，以地为姓，后世迁至新宾赫图阿拉。详细写明6世祖阿金那穆都第2子7世祖班布里和努尔哈赤的关系。因祖先与努尔哈赤同宗，隶属皇室享“红带子”地位。在赫图阿拉时，班布里与努尔哈赤相邻，因劝阻努尔哈赤虐杀家奴而与努尔哈赤反目，自动丢弃“红带子”，被逐出皇室。还记叙了班布里劝阻努尔哈赤不要亲自出兵马尔墩，免遭敌人暗杀的过程，还记述了顺治元年（1644）8世祖兄弟达喀穆、他察受命护守沈阳福陵，其余各支系都随军入关进京。后护陵子孙受命回新宾护守永陵。约于道光初年，即1821年前后，16代族人融春（福陵掌关防官职）为了后世子孙排定辈分，确定了名字排辈20字：

庆、文、连、德、广，
国、恩、荣、世、绵，
吉、祥、常、富、贵，
福、寿、永、双、全。

第17世修谱人多伦开始改用汉名首先排“庆”字辈，取姓名为赵庆玺，以下传18世文升、文魁，再传19世连桂、连璧等，再传20世德荣、德华、德富、德斌，现在传至21世孙赵广发。本族谱书保存人有赵德斌（现在天津）、赵广发（现在新宾阿伙洛村）。本族谱供奉于祖宗板上谱匣中，过年时（春节）祭祖6天，取出谱书供奉，上供品3份，每日烧香3次，同时供关圣武帝君、观音菩萨、弥勒佛及天、地、君、亲、师等神位。

（3）《腰站爱新觉罗氏谱书》

收录在铅印本爱新觉罗氏族谱全集中。谱书始祖为孟哥帖木尔（永陵肇祖元皇帝），4世祖福满（永陵兴祖直皇帝），5世祖索长阿（永陵景祖翼皇帝觉长安之三兄，努尔哈赤伯祖父，是腰站爱新觉罗氏支系之始祖）。8世祖龙锡是努尔哈赤族侄（即努尔哈赤曾祖父是龙锡高祖父），龙锡生于明万历二十三年（1594），崇德七年（1642）七月初三日战死，归葬腰站祖坟。9世祖阿塔生6子，为腰站本族老户6大支系之始。传至12世，家族人丁稀少，生子多幼年夭亡，或生子极少。至14世，生子皆幼亡，绝后。15世二人，其一海亮为继子，是11世第4支系长灵氏玄孙；其二富克崇阿为继子，是11世第5支系常兴氏玄孙。从此，再传至现在18世孙肇毓砚、20世孙肇启岩，均世居腰站村。村中现有爱新觉罗氏人口810人，占全村人口65%。祖先陵墓在村后山脚，距村一公里。本族谱书拟定32个字作为历代世系排列辈分的名字序列：

觉、塔、努、皇、福，
玄、胤（允）、弘（永）、旻（绵），
奕、载、溥、毓、恒，
启、焘、闿、增、祺，
敬、志、开、瑞、锡，
英、源、盛、正、兆，
懋、祥。

前13个字都是按清代皇帝及其上代直系祖先的名字首字排列的，在康熙朝以前的所有爱新觉罗氏宗族都没有按字排辈，因为满族名字没有排辈惯例。康熙朝时，为其诸皇子命名一律用汉字“胤”排辈，皇孙一律用“弘”字排辈，以下顺序如上列汉字中名字。其中只有雍正名胤祯、嘉庆帝名颙琰、道光帝名旻宁例外，不用谱书名字排序，其余皇族各辈都按谱取名。本族谱与皇室直系正统谱书的不同处，是皇室正统拟定百字作为世代辈次名字，前16字是虚设吉祥字，以表明祖先源远，第17字至第20字是追封清肇祖元皇帝孟哥帖木尔第1字“孟”，以下3代为“充、锡、满”，即2世祖充善，3世祖锡保齐扁古，4世祖福满（永陵兴祖直皇帝），以下20字相同；再以下60字，与本族谱后12字完全不同。可以看出皇族诸远支系的谱系分别有自己的排辈名次，并不受皇室统管。从腰站支系调查，村中族人实际上不按照谱书排辈取名的已有不少，如把“毓”字改为“玉”字，或把第21世的“焘”字不用，改用单字名叫肇东的，“载”字辈改为“成”字、“德”字，“溥”字改为“广”字的先例。特别是本族谱书和皇室宗谱比较，早在康熙中叶（约1695）皇子11世排名用了“允”字，皇孙已用了“弘”字。以下皇子孙都按谱排序；但是腰站本族谱书直到道光初年（约1822年前后）15世排名，各代人名仍是满名汉字译音，没有用皇室排辈名字。可见，远离皇室的新宾满族农户家族，保持满族家族惯习的古老传统时间长达百年后，取名延续后代，才学汉俗排了汉名字，这部谱书对研究新宾祖居的皇族各族系有重要价值。

除上列3部谱书外，新宾境内较完整的谱书或谱单还有多部。其中，如《黄旗瓜尔佳氏谱书》《那家叶赫那拉氏谱书》《永陵赫舒里氏谱书》等，都是新宾满族原住民家族研究的范本。

在关于满族家族谱书的调查中，最值得注意的是一些家族的族长对本族谱系十分熟悉。他们不仅保存了文字书写或印刷的谱书，而且还能够完全背诵谱表世系的人名和亲族关系，能叙述祖先中重要人物的历史和传说，能补充谱书的不足，说明历代祖先的配偶关系及姻族的分布地区，还能够提供谱书中没有的族中历代女性的婚前状况和婚后去向，还能用族内复杂隐蔽的关系说明大家族中的各种问题。所有这些都是对谱书的补充、注释或修订。

例如：《黄旗瓜尔佳氏谱书》传人，第10世孙关福臣氏，是1924年6月18日生人，虽是70岁高龄老人，却记忆力很强。在他口述的关氏家族11世系名次顺序中有男性66人，女性49人，其中本族嫁出女性11人，嫁入女性38人；男性中未写入族谱的夭亡者9人，未入族谱的在世的族人15人。在他的口述中，上述所有人的生死时间、结婚年月、结婚年龄、配偶姓名及其原居住地、民族属别或八旗隶属，已经逝世的族人中所有非正常死亡的原因或病故的病因，几乎都能做出解说。同时还清楚地解说关氏家族的传统祭祀仪礼，如祭祖、扫墓及亡人葬制规定等。关福臣氏可以算是“活谱书全集”，对研究新宾满族家族史有宝贵的价值和贡献。

又如，《永陵赫舒里氏谱书》传人，以1670年迁来永陵第1代为迁祖的第8世孙罗宏义氏，1931年生人，对本族隶属镶黄旗爱新牛录的家族世系十分熟悉。他口述的族谱，除上4代只记忆了祖先满语名字外，其余自本人曾祖父罗文生始（约1799），都做出了详尽的解说。5世罗文生是独生子，娶何氏为妻，生5子后发展了罗氏家庭。世居永陵后堡罗家堡。他的解说中有族人男性51人，女性55人，包括嫁入女31

人，嫁出女 22 人，外族姓配偶男性 22 人。从他的叙述中了解到本族先祖护守永陵的历史，也了解到第 6 代 5 兄弟中除 1 人在永陵都统衙门当差役外，其余 2 人务农，另 1 人在永陵镇经营商店，另 1 人大学毕业，曾任国会议员，改变了世袭当差护陵的职业，这在满族八旗子弟家是很少有的。第 7 代 15 男、7 女，其中在永陵农耕的兄弟有 5 人，有水稻田 300 多亩；从事手工业者 3 人，皮革匠 1 人，木工匠 1 人，裁缝 1 人；做铁路工、煤矿工各 1 人；税务官员、教师、警察各 1 人；其余 2 人未婚夭亡。出嫁女中丈夫农耕者 6 人，经营皮革作坊者 1 人。第 8 代 11 男、12 女，兄弟中农耕 1 人，木匠 1 人，工人 3 人，政府官员 3 人，贸易商 2 人，专科教师 1 人，其中有 7 人已迁出新宾，在沈阳、抚顺、盘锦、江西省南昌。12 名嫁出女中，有 7 人丈夫是当地农民，其余 1 人丈夫是木匠，4 人丈夫在锦州、阜新、抚顺等地任公职。可以看出本族中男女地位的差别。

在有关满族家族谱书中的调查中，亲族婚姻关系是探访的重点。从调查中可以了解新宾满族的婚姻惯习，至今仍然以满族男女之间的婚配为主，在多例寻访中，这一代年轻人中也大多主张在满族中嫁娶。如赫舒里哈拉罗氏家族罗宏义支系现有 6 子 2 女，6 子中有 5 子与满族女子结婚，2 女都嫁给了满族丈夫。在黄旗瓜佳哈拉关福臣氏家谱系中，嫁出嫁入 49 位女性中，出嫁女 11 人都与满族人结婚，嫁入女中只有 3 人是汉族人。古代的“满汉不通婚”习俗虽然早已不存在，但是，在满族大户、老户中满族内部通婚的惯习仍旧占据首要位置。

满族家族人口的发展，从家族谱系中也可以看出其趋势。罗氏家族自五世罗文生（独生子）结婚时（约 1820 年）算起，到 1994 年共有族人 69 人（其中不包括第 8 代罗宏义家以外 10 兄弟子孙），至今在世的有 53 人，其中，男 32 人，女 21 人。新宾境内满族人口，于 1906 年统计有 14 万余人，1985 年统计有 19 万余人，1994 年统计有 23 万余人。满族家族人口的增长走上了正常发展道路。

第二章　中国北方各民族的通婚习俗

在探究中国北方各民族的家族惯习时，首先必须关注这些民族的婚姻习俗，然而在婚姻习俗的传统中，各民族之间和各民族内部的通婚俗制正是所有婚姻问题的关键。也只有了解了这个关键问题，才可能解开北方各民族之间的关系和各民族家族和社会关系的一些难解之谜。这似乎是一个不言而喻的问题。

这里所说的北方诸民族，主要指的是满族、蒙古族，以及达斡尔族、锡伯族、鄂伦春族、鄂温克族、赫哲族，还包括满族的先民女真人和曾经建立了大辽国的契丹人。也可以说是以阿尔泰语系的满—通古斯语族与蒙古语族为主要研究对象的。这些民族主要分布在蒙古草原的高原、大小兴安岭、长白山、东北平原、黑龙江、松花江、乌苏里江、嫩江、辽河流域及黄河河套平原等地。很少部分人聚居在新疆伊犁一带及散居全国各地。人口约一千五百万多人。

北方各民族之间有史以来就有着密切的交往，同时又分别与汉族之间发展了密切的关系。早在春秋战国时代肃慎人便与中原人互通往来。两汉时代，中原汉人与北方匈奴、鲜卑、乌桓、高句丽等族人战和频繁，北方各族间的战乱也从不间断。以致隋唐以后，直至清末，北方先后出现过靺鞨人的渤海国，契丹人的辽帝国，女真人的金王朝，蒙古人的元帝国和满洲人的清帝国等政权。大约从公元 916 年辽帝国起，到金王朝中叶，北方各族进行了一次历史性的大融合；再到元帝国中叶，又经历了第二次具有历史性的民族大融合；从努尔哈赤建立后金政权到大清帝国康熙、乾隆朝，又进行了第三次民族大融合。致使北方民族之间和他们与汉族之间的政治、经济、文化的往来与相互影响逐步深化，最后，经过了现代文明社会急剧演变，这种相互影响再受到世界性现代化文化浪潮的冲击，更加向着全面大融合发展了。

在长达约千年的民族融合历史过程中，民族自身的发展与各民族共同进步繁荣的发展，都和民族内部的通婚俗制及各民族之间的通婚俗制的发展变化有着密切的关系。

北方各民族之间的通婚俗制和民族内部通婚俗制的共同点是氏族外婚制，即以氏族内部严格实行通婚禁忌为原则，实行与外氏族婚配的嫁娶制度。在北方各族之间的部落战争历史上再现的彼此抢掠外部落妇女为配偶的事实，也可以证明这种婚俗在各民族之间的存在可能性。但是，在北方各民族之间的正常往来中实行异民族通婚，却存在着比较复杂的情况。本文正是依据北方民族通婚的历史和近 40 年的民族调查材料，对这种比较复杂的通婚俗制做一些尽可能全面的探讨。

一、辽、金时代的民族通婚

公元 916 年，契丹族建帝国，史称辽。公元 1115 年，女真族建王朝，史称金。辽、金两朝共有 318 年历史。契丹族和女真族按照习惯实行婚娶不择族类的风俗。尽管在事实上这两大民族的婚配，主要在本民族范围内进行，但从史料上看，却已经冲破这种界限。尤其是在这些民族的皇室或贵族中所通行的一夫多妻制中，早已纳入了异族通婚的内容。

辽太祖以上高祖、曾祖、祖父、父四代婚娶都是萧氏家族女，辽皇室姓氏为耶律氏，按契丹文为“移剌” 氏。《辽史 · 国语解》载：

本纪首书太祖姓耶律氏，继书皇后萧氏，则有国之初，已分二姓矣。①

在《辽史・后妃传》中又记：

太祖慕汉高皇帝，故耶律俨称刘氏，以乙室拔里比萧相国，遂为萧氏。②

这里标明，契丹国分了两大姓氏族，一族为皇族，姓耶律氏，汉姓自解为刘氏；另一族为后族，姓乙室拔里氏，汉姓自解为萧氏。于是，契丹族皇族的婚嫁，一直在耶律氏与萧氏之间进行。他们严格实行着"同姓可结交，异姓可结婚"③ 的氏族外婚俗制。这就是辽皇族后妃绝大多数为萧氏女，从太祖的高祖算起，契丹国的后妃28人中有20人为萧姓。同时辽皇家公主又多以表亲婚习惯回嫁到外戚萧氏家族，计36位公主，下嫁萧氏族者26人，被金人虏获6人，下嫁其他民族者4人。

值得注意的是辽国皇族与契丹以外的民族通婚的事实：

其一，辽太祖淳钦皇后述律氏，在许多资料及研究论著中都标明为萧氏，太宗靖安皇后是淳钦皇后弟室鲁之女，世宗怀节皇后是淳钦皇后弟阿古只之女，史书均记为萧氏。④ 但是，在《淳钦皇后传》中，并无萧氏字样，却注明皇后"述律氏讳平，小字月里朵，其先回鹘人糯思，生魏宁舍利，魏宁生慎思梅里，慎思生婆姑梅里，婆姑娶匀德恝王女，生后于契丹右大部。婆姑名月，仁遥辇

① 见《辽史》卷116《国语释》第46。

② 见《辽史》卷71《列传第一・后妃》。

③ 见《辽史》卷71《列传第一・后妃》。

④ 见《辽史》卷71《列传第一・后妃》。

氏，为阿扎割只”①。这里清楚地记载着这位皇后从她的高祖到父亲都是回鹘人，在契丹可汗帐下为官，皇后并非契丹族是显而易见的。回鹘，同回纥，居西北，系突厥语族维吾尔族的先民。辽代时回鹘成为契丹帝国的属国，经年与辽朝贸易，辽朝上京专设“回鹘营”供回鹘人做居留地，契丹人直接用回鹘文创造了契丹小字。皇后述律平应是移居契丹的维吾尔族先民。可见，皇室并不是一定在契丹族内婚娶，这应当是先例。

其二，辽世宗妃甄氏，是后唐宫人，是世宗帝当年从太宗征南时虏获的外族女。

其三，辽景宗妃渤海国女一人，史无传。

其四，圣宗妃马氏、大氏、白氏、李氏、艾氏各一人。除大氏姓为渤海国姓外，余皆系汉姓，但族别不详，史无传。

其五，义宗二后高氏、夏氏；其中夏氏是后唐庄宗李存勖之后，义宗耶律倍投后唐，由后唐明宗赐之为妻，史无传。

上述五例，可见契丹族外婚俗制并不仅在契丹族两大姓氏族（耶律氏、萧氏）中实行，同时有与回鹘族后裔、渤海族人及汉族人通婚的事例。这些婚例中，大体表现有三种情况：一是正常婚配如仪礼，即太祖与皇后述律平的异族通婚；二是非正常婚配掠夺婚，即世宗南征得后唐宫人甄氏为妃的异族通婚；三是具有政治联姻色彩的异族通婚，即义宗耶律倍流亡后唐，受后唐明宗赐庄宗之后为妻一例。此外诸例不详。

在《辽史》与《契丹国志》以外的资料中，还可以找到契丹族和汉族通婚的证明。例如，1976 年辽宁省朝阳县边杖公社出土的辽代耿氏三墓的墓志上便有明文记载，其中《耿延毅墓志》《耿延毅妻耶律氏墓志》

① 见《辽史》卷 71《列传第一·后妃》。文中契丹语词按《辽史》卷 116《国语解》：舍利：官名，契丹豪民纳驼十头、马百匹后给官名舍利。梅里：贵戚官名。遥辇氏：契丹可汗氏族，辽建国前统治 170 年。阿扎割只：枢密使官名。

详细记载了山西汉族耿氏大姓人耿延毅之祖父崇美“家于上谷”，契丹族为邻，“晓北方语”,其孙与契丹贵族通婚的情况。①

1125年金太宗天会三年，辽国亡。女真贵族建国后，主要实行本民族内部的氏族外婚。但是，女真贵族在与汉族及其他民族的通婚方面似乎比契丹族更加开放些。从金太祖以降，至金哀宗，共10代，后妃及昭仪、昭容、修容等诸嬖近百人之多。在皇族一夫多妻制的实行过程中，多有汉族女进宫为后妃，另有契丹族女或渤海族女少数入宫。

其一，太祖崇妃萧氏，契丹族大姓氏族人。

其二，海陵庶母李氏（太祖庶长子辽王宗斡次室），汉族人。

其三，海陵生母大氏（辽王次室），渤海族人后裔。

其四，海陵完颜亮元妃大氏，渤海族人。

其五，海陵完颜亮宸妃萧氏，契丹族人。

其六，海陵完颜亮丽妃耶律氏，契丹族人。

其七，海陵完颜亮柔妃耶律氏，契丹族人。

其八，海陵完颜亮昭媛耶律氏，契丹族人。

其九，世宗完颜雍母贞懿皇后李氏，辽阳人，汉族。不随金俗，寡居不改嫁。宗族为续，为比丘尼，法号通慧圆明大师，归辽阳建清安寺，别居尼院，依汉俗。

其十，世宗元妃张氏，辽阳人，妃母高氏与皇后李氏有亲戚关系。汉族。

其十一，世宗元妃李氏，南阳郡王李石女，汉族。辽阳人，世宗昭圣皇后李氏女。

其十二，显宗昭圣皇后刘氏，辽阳人汉族，习读汉文孝经。

其十三，章宗元妃李氏，监户女入宫，为宫教才女，汉族。

① 朱子方．辽代耿氏三墓考释［J］．辽宁第一师范学院学报，1978（3）．

其十四，章宗承御贾氏，汉族。

其十五，章宗承御范氏，汉族。

其十六，宣宗皇后王氏，中都汉族人。

其十七，宣宗明惠皇后王氏，后姊同上。

其十八，庞氏真妃，汉族。

其十九，哀宗宝符李氏，汉族。[①]

上述19婚例，女真皇室与契丹族女5人，渤海族女2人，汉族女12人通婚，几乎都是正常的族外婚惯习，不附加任何政治联姻的色彩。还可以看到，金代女真与后世满族的“满汉不通婚”之俗有所不同，常常在与外族通婚关系上以与汉族通婚为主。

以上便是辽、金两朝各民族通婚的有史可考的资料分析，至少可以看出早在10－12世纪的300年间契丹族、女真族与汉族等诸民族之间的通婚风俗概貌。

二、后金、清王朝的民族通婚

金亡后，元帝国实行了民族等级制，尽管在经济生活与文化交流上各民族有了更加频繁的往来，但在婚姻方面，却基本上保持了本民族内部通婚的氏族外婚制。蒙古皇室除元顺帝纳高丽人奇氏皇后外，尚有太祖女、显宗女、世祖孙之女、顺宗魏王女、显宗子梁王女等五公主先后下嫁高丽王为妃的通婚事例。蒙古贵族把蒙古人列为第一等；色目人，即突厥语族及中亚来中国的人为第二等；第三等为汉人，包括原来金王朝境内的汉族、契丹族、女真族、渤海族、高丽族在内；第四等为南人，即南宋王朝境内各民族，民族间的通婚受到限制。元朝经明帝国的

---

① 详见《金史》卷63《列传第二·后妃下》。

统一，先后四百年的历史，北方各民族的往来，形成了全面的新的组合。建州女真部的崛起给北方民族的通婚又带来了新的契机。

1616年努尔哈赤在今新宾（赫图阿拉）即位称汗，这时期皇室婚娶是在女真族内部进行的。但是，随着满族贵族与蒙古各部贵族政治联盟的发展需要，很快便展开了满蒙之间约一百多年频繁的民族联姻，不仅巩固了满蒙的联盟关系，也巩固了清王朝的政权基础。

满蒙贵族联姻是以双向往来的方式进行的。最初，大多数是蒙古各部归附后金时献蒙古贝勒女或福晋由满洲皇族纳娶；以后，又发展成满族皇室为了安抚蒙古诸部落，以诸公主分别下嫁蒙古各贝勒王公。

后金、清皇室纳蒙古族后妃的事例有：

其一，太祖妃（封寿康太妃）博尔济吉特氏科尔沁郡王孔果尔女。

其二，太宗孝端文皇后博尔济吉特氏科尔沁贝勒莽古斯女。

其三，太宗孝庄文皇后博尔济吉特氏科尔沁贝勒塞桑女，孝端皇后侄女。

其四，太宗元妃博尔济吉特氏，孝庄皇后姊。

其五，太宗大贵妃博尔济吉特氏阿坝垓郡王额尔格诺颜女。

其六，太宗淑妃博尔济吉特氏阿坝垓塔布囊博第塞楚祜尔女。

其七，太宗侧妃札鲁特博尔济吉特氏女。

其八，太宗庶妃奇垒氏察哈尔部女。

其九，世祖废后博尔济吉特氏科尔沁卓里克图亲王吴克善女，孝庄皇后侄女。

其十，世祖孝惠章皇后，博尔济吉特氏科尔沁贝勒绰尔济女。

其十一，世祖淑惠妃博尔济吉特氏，孝惠皇后妹。

其十二，世祖恭靖妃浩齐特博尔济吉特氏。

其十三，世祖端顺妃阿坝垓博尔济吉特氏。

其十四，宣宗孝静成皇后，博尔济吉特氏花良阿女。

上述14婚例，除宣宗纳后较晚外，前13婚例，是在1614年至1654年的40年间完成的。其中，自努尔哈赤于1625年（天命十年）迁都盛京（沈阳）起至1654年（顺治十一年）的30年中就进行了11次通婚，足见满族皇室从蒙古聘娶后妃的频繁程度了。

后金、清皇族公主下嫁蒙古王公大臣婚例有：

其一，太祖第3女莽古济，继妃满族富察氏生，天聪三年（1629）下嫁博尔济吉特氏蒙古敖汉部琐木诺杜陵。

其二，太祖第8女和硕公主，侧妃叶赫那拉氏生，天命十年（1625）正月下嫁博尔济吉特氏固尔布什。

其三，太祖抚弟舒尔哈齐第4女和硕公主，天命二年（1617）二月下嫁博尔济吉特氏格德尔（母氏不详）。

其四，太宗第1女固伦公主，继妃满族乌喇那拉氏生，天聪七年（1633）正月下嫁博尔济吉特氏敖汉部郡王，太祖婿弟之子班第。

其五，太祖第2女马喀塔温庄长公主，孝端文皇后（蒙古族）生，天聪十年（1636）正月下嫁博尔济吉特氏察哈尔亲王额哲。

其六，太宗第3女靖端长公主，孝端文皇后（蒙古族）生，崇德四年（1639）正月下嫁博尔济吉特氏科尔沁郡王，孝庄文皇后兄之子奇塔特。

其七，太宗第4女雅图，雍穆长公主，孝庄文皇后（蒙古族）生，崇德六年（1641）正月下嫁博尔济吉特氏亲王，孝庄文皇后兄之子弼尔塔哈尔。

其八，太宗第5女阿图，淑慧长公主，孝庄文皇后（蒙古族）生，顺治五年（1648）二月下嫁博尔济吉特氏巴林郡王色布腾。

其九，太宗第7女固伦公主，孝庄文皇后（蒙古族）生，顺治二年（1645）正月下嫁博尔济吉特氏内大臣额尔桑之子铿吉尔格。

其十，太宗第8女永安长公主，孝端文皇后（蒙古族）生，顺治二年（1645）正月下嫁博尔济吉特氏土谢亲王巴达礼之子巴雅斯护朗。

其十一，太宗第9女，侧妃札鲁特博尔济吉特氏（蒙古族）生，顺治五年（1648）九月下嫁博尔济吉特氏哈尚。

其十二，太宗11女，大贵妃阿坝垓博尔济吉特氏（蒙古族）生，顺治四年（1647）十二月下嫁博尔济吉特氏噶尔玛索诺木。

其十三，太宗12女（母氏不详），顺治八年（1651）八月下嫁博尔济吉特氏理藩院尚书班第。

其十四，太宗抚养从兄克勒郡王女（母氏不详），和硕公主，天聪二年（1628）正月下嫁博尔济吉特氏科尔沁台吉，和硕达尔汉亲王曼珠习礼。

其十五，太宗抚养图伦贝勒从兄女，和硕公主，天命十一年（1626）下嫁博尔济吉特氏科尔沁王土谢图汗奥巴（母氏不详）。

其十六，世祖抚养从兄简亲王第2女，固伦端敏公主，康熙九年（1670）九月下嫁博尔济吉特氏曼珠习礼孙，达尔汉亲王班第（母氏不详）。

其十七，圣祖第3女，荣妃马佳氏（满族）生，固伦荣宪公主，康熙三十年（1691）九月下嫁博尔济吉特氏巴林郡王色布腾孙，袭郡王乌尔滚。

其十八，圣祖第5女，贵人兆佳氏（满族）生，和硕端静公主，康熙三十一年（1692）十月下嫁乌梁罕氏喀喇沁部杜陵郡王噶尔臧。

其十九，圣祖第6女，贵人郭络罗氏（满族）生，固伦恪靖公主，康熙三十六年（1697）十一月下嫁博尔济吉特氏喀郡王敦多布尔济。

其二十，圣祖第10女固伦纯悫公主，通嫔纳拉氏（满族）生，康熙四十五年（1706）五月下嫁博尔济吉特氏超勇亲王策棱。

其二十一，圣祖第13女和硕温恪公主，敬敏皇贵妃章佳氏（满族）生，康熙四十五年（1706）七月下嫁博尔济吉特氏翁牛特杜棱郡王仓津。

其二十二，圣祖第15女和硕敦恪公主，敬敏皇贵妃章佳氏（满族）生，康熙四十七年（1708）十二月下嫁博尔济吉特氏科尔沁台吉多尔济。

其二十三，圣祖抚养弟恭亲王第1女固伦纯禧公主（母氏不详），康熙二十九年（1690）三月下嫁博尔济吉特氏科尔沁台吉班第。

其二十四，世宗抚养兄理亲王第6女，和硕淑慎公主，雍正四年（1726）十二月下嫁博尔济吉特氏科尔沁部人，理藩院侍郎观音保。

其二十五，世宗抚养弟怡亲王第4女（母氏不详），和硕和惠公主，雍正七年（1729）十二月下嫁博尔济吉特氏喀尔喀亲王之子多尔济塞布腾。

其二十六，世宗抚养弟庄亲王第1女（母氏不详），和硕端柔公主，雍正八年（1730）十二月下嫁博尔济吉特氏科尔沁郡王之子齐默特多尔济。

其二十七，高宗第3女，孝贤纯皇后，富察氏（满族）生，固伦和静公主，乾隆十二年（1747）三月下嫁博尔济吉特氏科尔沁亲王腾巴尔珠尔。

其二十八，高宗第7女，孝仪纯皇后魏佳氏（满族）生，固伦和敬公主，乾隆三十五年（1770）七月下嫁博尔济吉特氏超勇亲王策棱孙，封世子内大臣都统拉旺多尔济。

其二十九，高宗抚养弟和亲王女（母氏不详），和硕和婉公主，乾隆十五年（1750）十二月下嫁博尔济吉特氏巴林贝子德勒克。

其三十，仁宗第3女，庄敬和硕公主，和裕皇贵妃刘佳氏（满族）生，嘉庆六年（1801）十一月下嫁博尔济吉特氏科尔沁郡王，齐默特多尔济孙，亲王索特纳木多布济。

其三十一，仁宗第4女，庄静固伦公主，孝淑皇后喜塔腊氏（满族）生，嘉庆七年（1802），十一月下嫁博尔济吉特氏土默特贝勒玛尼巴达喇。

其三十二，宣宗第4女，寿安固伦公主，孝全成皇后钮钴禄氏（满族）生，道光二十一年（1840）十月下嫁博尔济吉特氏奈曼部札萨克亲王德穆楚札克布。[①]

上述婚例中，公主所出母氏系满族者14人，系蒙古族者8人，其余母氏不详的10人，其中9人母氏为诸亲王福晋。

满族皇室与蒙古贵族的民族联姻，是以安抚蒙古、巩固皇权一统为目的的。他们采用了北方民族传统婚俗中“亲上做亲”的强化姻亲纽带关系的做法，密切了满蒙通婚。例如，清太宗纳蒙古族后妃，以先聘孝端皇后为后，又以纳皇后之二女侄为妃的方式，使博尔济吉特氏科尔沁贝勒家族与皇室的姻亲关系加强。以后，清世祖再聘母后孝庄皇太后女侄为皇后，再进一步实行“亲上做亲”的通婚方式，构成清王朝早期两代皇帝与蒙古族三代后妃的通婚关系。世祖顺治十年（1653）皇帝决定废皇后，但是为了巩固和蒙古的联盟与姻亲关系，又于顺治十一年（1654）再聘科尔沁贝勒女为孝惠章皇后，同时纳后妹为淑惠妃，

① 详见《清史稿·公主表》卷166。

结成新的蒙古族姊妹同嫁入宫为后妃的联姻。

这种密切满蒙通婚的婚俗形式在满族公主下嫁蒙古王公大臣的婚姻中表现得更为充分。

据笔者不完全统计，满族历朝公主见于史籍的共有 94 人。其中有 39 人未婚早殇，下嫁汉族王公大臣的 4 人，下嫁满族贵族的 22 人，而下嫁蒙古王公大臣的多达 32 人，占下嫁公主的 58%。这样高比率的满蒙联姻足以证明清皇族的民族通婚远远超过了北方民族王朝辽、金、元帝国时代的通婚率。下嫁联姻的婚俗形式也呈现如下的特点：

首先，充分利用了姑舅表亲婚的纽带加强了满蒙姻族关系。太宗孝端皇后所生的第 2 女下嫁到蒙古科尔沁郡王家，配皇后侄之子为妻，嫁女母氏为皇后，舅氏为郡王家，郡王家侄称皇后为姑母，女嫁入舅家为妇，构成满蒙贵族联姻第一姑舅表亲婚的密切关系，提高了蒙古姻族在皇室的地位及表舅优先权利。这是 1639 年发生的事。事隔两年的 1641 年，太宗孝庄皇后所生的第 1 女，又下嫁到科尔沁亲王家，配皇后之侄为妻，嫁女以亲王为舅氏，女夫以皇后为姑母，女嫁入舅家为妇，再一次以姑舅表亲婚的密切关系，加强了满蒙贵族联姻，更进一步提高了蒙古姻族的地位。姑舅表亲婚在满族、蒙古族风俗中都是至亲密不过的一种婚俗形式。

其次，满族公主下嫁蒙古王公，皇家采取了连续结亲的“亲上做亲”的方式，对安抚蒙古各部也起到了不可忽视的作用。例如，1629 年太祖第 3 女下嫁蒙古敖汉部郡王琐木诺杜陵；1633 年太宗第 1 女下嫁该部郡王班第，叔侄两郡王先后不过 5 年 2 次使敖汉部与清皇室结亲。1628 年太宗抚郡王女下嫁达尔汉亲王曼珠习礼，嫁后过 9 年，公主 23 岁亡。再经过 33 年，世祖抚亲王女又下嫁达尔汉新王班第（曼珠习礼孙），使祖孙两代亲王连续与清皇室联姻。1648 年太宗第 5 女下嫁蒙古巴林郡王色布腾，1678 年色布腾郡王逝世，公主 46 岁寡居，抚育子孙两代郡王；1691 年，圣祖第 3 女下嫁巴林郡王乌尔滚（色布腾孙），使巴林部两代郡王连续与清皇室结亲。1706年圣祖第10女下嫁超勇亲王策棱，过4年，公主以26岁亡。又过60年，1770年高宗第7女又下嫁策棱孙，亲王、内大臣都统拉旺多尔济，也以祖孙两代与皇室联姻巩固了满蒙关系。1730年，世宗抚庄亲王女下嫁科尔沁郡王齐默特多尔济，1754年公主41岁亡；1801年仁宗第3女又下嫁郡王索特纳木多布济（齐默特多尔济侄），使科尔沁部叔侄（又一说为祖孙）两代与清皇室结亲。

纵观满蒙贵族联姻的历史，从努尔哈赤建后金政权前二年（1614）算起，到宣宗道光二十一年（1840），持续了二百余年之久。其间联姻频繁密集的时期是从后金迁都沈阳的1625年，历经太祖（共2年）、太宗（共17年）、世祖（共18年）、圣祖（共61年）、世宗（共8年）等王朝，到1730年，共105年间，举行了36桩婚事。太祖朝3桩，太宗朝11桩，世祖朝11桩，圣祖朝3桩，世宗朝3桩。满蒙双方互通嫁娶的婚事集中在1628－1658年的30年间，即太宗朝和世祖朝，共婚事22桩，正是满族王朝从东北向关内发展壮大的战争年代。满蒙联姻对推动以亲族为纽带的军事政治联盟起到了重大作用。

满蒙联姻的发展在通婚方式上经历了两个阶段，以往研究满蒙关系史的学术资料中往往有所忽视。从太祖努尔哈赤起，经太宗、世祖共3朝，都实行了皇帝聘蒙古族后妃与满洲公主下嫁蒙古王公大臣的双向通婚的交换形式。太祖纳蒙古族1人，公主下嫁蒙古王公3人；太宗纳蒙古族后妃7人，公主下嫁蒙古王公12人；世祖纳蒙古族后妃5人，公主下嫁蒙古王公1人。圣祖、世宗、高宗3朝，开始实行了满洲公主下嫁蒙古王公的单向通婚形式，中止了皇帝纳蒙古族后妃的通婚。圣祖公主7人下嫁蒙古王公，世宗公主3人下嫁蒙古王公，高宗公主3人下嫁蒙古王公，比起前三朝的通婚，无论在等级、规格、地位等方面都有明显的降低。后三朝，特别是圣祖康熙帝与高宗乾隆帝两朝，以其强盛的政治军事，不仅安抚了蒙古各部，而且也严厉地遏制了蒙古各部，多年征讨蒙古准格尔部的皇帝亲征措施和推行信仰喇嘛教政策，对统治蒙古起到决定作用。满族皇室事实上用中止从蒙古纳后妃的办法削弱了蒙古外戚与后妃干预皇室事务的势力。前三朝的满蒙贵族间的母舅、翁婿等密切的姻族关系，随着政治的需要，逐步减弱。后三朝在通婚俗制的另一方面却逐渐发展了满汉通婚的关系。以圣祖康熙帝为先例，在诸妃中有汉族妃嫔不下 13 人。如密妃王氏、勤妃陈氏、襄嫔高氏、静嫔石氏、熙嫔陈氏、穆嫔陈氏、良妃卫氏、端嫔董氏、袁氏、承运陈氏、张氏、王氏、刘氏等。标志着清代盛世满汉关系的发展已经超过原满蒙关系。圣祖后妃中无蒙古族女子是最好的证明。同样，世宗雍正帝诸妃中有汉族妃嫔 3 人，即齐妃李氏、谦妃刘氏、懋嫔宋氏。事实上打破了“满汉不通婚”之俗。

在 17 世纪到 18 世纪的百年上下满蒙贵族通婚习俗发展时期，上行下效，在满族臣民中满蒙通婚结亲成为广泛实行的婚俗。首先在满洲官吏与蒙古各部官吏间建立了联姻关系。有关满蒙通婚的记载，在蒙古喀喇沁左旗罗布桑却丹于 1915 年始著的《蒙古风俗鉴》中做了叙述：

满洲人建清朝后，公主嫁给蒙古官员做夫人，蒙古各旗官员与皇族结亲，蒙古官员之间结亲事渐少，从北京娶夫人之事渐多。这是满洲皇帝占领并统治蒙古的计策。满族人把公主和格格嫁给蒙古官员有两个原因：一个是蒙古官员都是成吉思汗后代，血统好，与满洲皇族结婚门当户对；另一个是当时蒙古官员强盛，有势力，有军队，与蒙古结亲，把公主格格嫁给蒙古官员便可利用亲族关系把统治蒙古大权握到手中，这是一个更为深远的谋略。因此，蒙古官员娶满族格格时，需上报朝廷。由朝廷诰封格格、公主尊号，并定赐脂粉俸禄，以此公主扬名于世。如是皇族远亲，则不称公主，只封为格格。因而蒙古地方有公主与格格之分。蒙古官员迎娶满族皇家公主，需依满族习俗，不用蒙古习惯。满族风俗嫁女必先相看女婿，如相中，则托媒妁命男方备办以“如意”为代表的各种礼品及宴席一并送至女家。随后需以数千两白银筹办迎亲酒宴而娶之，别无其他。实际上，蒙古人并不大愿意从北京娶亲，因为从北京娶夫人花费多，蒙古旗民负担过重，官府向百姓摊派官银甚难，贫穷蒙旗不愿其官员自北京迎娶夫人。自清以来，蒙旗主为娶满族格格为夫人，在北京多有负债而出卖本旗土地者。

自清以来，蒙古各旗官员大都与满族王公结亲迎娶了格格夫人。但令人惊异的是满族格格生育极少，蒙古官员往往以妾生子称大夫人所生，继承父业。①

上述记载也可以窥见清以来满蒙通婚的有关情况。揭示了北方民族关系的一个重要方面。

三、“旗民不结亲”“满汉不通婚”风俗的演变

由于清政权推行了八旗制度，所以自建旗以来，旗人与非旗人的区别十分严格。满洲人都编入八旗，当然都是旗人；以后又将归附的蒙古骑兵编入八旗，称为蒙古八旗。同时将部分最早归附努尔哈赤的汉军也编入八旗。清初编入八旗的还有部分达斡尔族、鄂温克族、鄂伦春族和锡伯族。于是以北方各少数民族和部分汉族旗人为一方，以汉族绝大多数不编入旗的人为另一方，加以区别。所有在旗的旗人称不在旗的汉人为“民人”。于是在八旗中形成了一种叫作“旗民不结亲”的风俗。这种风俗在满族内部又叫作“满汉不通婚”这就是在八旗内部无论满族、蒙古族、达斡尔族、锡伯族都可以通婚，但是不可和旗外民人结亲。因

① 哈·丹碧札拉桑. 蒙古风俗鉴［M］. 呼和浩特：内蒙古人民出版社，1981.

为，八旗的政治、经济、军事的编制、待遇、行动、驻防，都无法和八旗以外的民人协调一致或共同生活。

最初，北方各少数民族都沿袭传统风俗，通婚范围只在本民族内部的不同氏族或血缘较远的部族中进行。自清代以来，全面沟通了北方少数民族之间及北方少数民族与汉族之间的政治、经济、文化的往来，各族之间风俗的相互影响，逐渐波及了民族通婚的发展。特别是上层贵族的民族通婚，形成一种导向，以上行下效的潮流推动了民间的民族通婚。

但是，值得注意的是在北方民族的传统中，等级制度很严格，蒙古族除以姓氏分氏族范围外，还在氏族之间区分贵族与平民，凡是成吉思汗大家族的亲族后裔，都被尊奉为“察干雅斯坦”，即“白骨人”的意思；依附于贵族为民的人被称为“哈喇雅斯坦”，是“黑骨人”的意思。前者多被封为各蒙古部“台吉”，后者都在各部听从使役，被称为“哈尔楚”。贵族台吉与平民哈尔楚再分成不同等级。每个蒙古部族分成若干旗，每旗有亲王和公的爵位，都出于台吉，台吉是世袭贵族。又分成四个等级：王的长子为一等台吉，次子为二等台吉，三子为三等台吉，四子以下的均为四等台吉。公的长子二等台吉，余子依次降等，直到四等。台吉等级以军功升降定。通常台吉不论官职大小，台吉等级不变。台吉犯罪，革除台吉降为平民。全蒙古各部王、公及一般台吉，均为成吉思汗家族后裔，所以贵族之间通婚，在民俗传统中有“同姓是同骨，同骨不通婚”的禁忌。蒙古贵族之间通婚只能在血缘很远的贵族间进行，即本旗台吉与封地在远方的外旗台吉，宗族关系 10 代以远的家族间可以联姻。另一方面，本旗内平民出身因军功受赏为较高官职的氏族，也可以与台吉世家联姻，因为这种较高职位的官员事实上也成为有权势的贵族阶层。在蒙古族中没有官职的世袭台吉虽是贵族身份，但也必须尊敬官员，服从平民出身的官吏管辖。由于上述原因，通常蒙古族贵族也与满族、锡伯族、达斡尔族出身地位较高的姓氏结亲。

据调查，自20世纪以来，呼伦贝尔盟一带蒙古人与达斡尔族人多有通婚。黑龙江省富裕县境内的蒙古人也与达斡尔族人通婚。[①] 又自崇德五年（1640）起达斡尔族开始编入八旗后，达斡尔人与满族人的通婚便在八旗内部实行。据调查，20世纪初两个村屯的99对夫妻中，共有35对夫妻是民族互相通婚例，其中满族与达斡尔族结亲13对。锡伯族传统中一贯与满族通婚，成为约定俗成，但在以往满、锡二族族别未分时期，满族与锡伯族同哈拉姓氏从不通婚，如锡伯族关姓瓜尔佳氏族，则与满族关姓瓜尔佳氏不结亲。直到现在相沿成俗，两族同姓避忌成婚。在锡伯族中流行“旗民不通婚”的禁忌，较长历史中不与汉人结亲。

在达斡尔族人的世袭佐领贵族阶层中，自清以来就有与鄂温克族世袭章京、佐领等贵族之间通婚的习俗。因为本民族的世袭贵族很少，又有较严格的等级制度限制，只能在贵族氏族之间结亲，于是发展了民族通婚。据调查，一个以图克东氏族为一大族的鄂温克村，通婚对象来自两个地区：一个是到外地区寻找鄂温克族其他氏族的人结亲，另一个是到莫力达瓦旗去寻找达斡尔族人结亲。[②] 纳莫尔河地区有3个鄂温克人的村屯，其中绝大多数都属于一个姓图木先杜拉尔的氏族，他们都和达斡尔族有通婚关系，而且通婚的历史很早。其中有一户鄂温克族家族，早在19世纪中期便与达斡尔族的德都鲁氏族世代通婚了，这家主人的祖母、母亲、婶母、妻、弟媳、妹夫都是达斡尔人。[③] 鄂温克族也同样，按传统贵族之间通婚，平民及奴隶均不得与贵族成婚，奴隶也不得与平民成婚，于是鄂温克族人与别的民族通婚，也循此例，在各相同阶级之间结亲。鄂温克族人、达斡尔族人都与鄂伦春族人有通婚关系，但

① 达斡尔族社会历史调查［M］. 呼和浩特：内蒙古人民出版社，1986：227.

② 同上，第31页。

③ 鄂温克族社会历史调查［M］. 呼和浩特：内蒙古人民出版社出版，1986：31.

在大多数情况下是鄂温克族男人、达斡尔族男人娶鄂伦春族女人为妻的情况相沿成习。鄂伦春族、鄂温克族与满族、汉族通婚的事例很少，这是因为历史上长期与满汉生活地区隔绝的缘故。这种情况与达斡尔族人和汉族通婚不同，清末，以爱辉地区为典型，达斡尔族与汉族普遍杂居，互婚逐渐增多，以后齐齐哈尔、布特哈等地汉族与达斡尔族杂居也增加了互婚。

上述民族通婚状况，到20世纪50年代有了很大变化。首先打破了各民族贵族与平民的阶级界限，各族通婚不受到阶级限制，只依据传统习俗“同骨同姓不通婚”，遵守氏族外婚制，严禁氏族内婚；其次，彻底打破了在本民族内通婚的狭隘观念和民族偏见与歧视，发展了民族通婚；再次，北方各民族与近半个多世纪来自黄河中下游、华北平原的大批汉族杂居，原各少数民族和平民普遍发展了与汉族的结亲，其中原八旗各有官职的老户，不论满洲八旗或蒙古、锡伯、达斡尔、鄂温克族的八旗人的后裔，还有不少户不愿与汉人对亲。如在岫岩、凤城、宽甸等满族自治县的婚姻调查中，这些老户定亲议婚宁可到外县寻找旗人结亲，也不与当地汉人结亲。在一些70岁以上的老人的观念中，还在坚持“旗民不结亲”“满汉不通婚”的传统风俗，列为通婚禁忌，常常有干预子孙与汉人结亲的事例。从民族关系史的角度看，满汉不通婚的禁忌在清代有满族比汉族优越的地位与待遇，在清以后有汉族歧视满族的状况，都成为满汉通婚在习惯上的障碍。

四、各民族之间通婚的古老禁忌

不同民族之间的互婚习俗，是最古老的氏族外婚制的扩大与延伸，也是氏族内部通婚禁忌必然发展的结果。如前所述，蒙古族氏族外婚在贵族范围内的极大困难是：蒙古贵族几乎都是一个氏族的脉系，不得不在10世以外的旁支系族内通婚。这正是蒙古贵族在同一氏族祖先的远支族人中寻求配偶的重要原因。为此，蒙古族与满族、达斡尔族、鄂温克族、鄂伦春族通婚，便成为一种十分合理的氏族外婚制。

但是，满族与锡伯族之间，达斡尔族与鄂温克族之间，鄂伦春族与鄂温克族之间，达斡尔族与鄂伦春族之间的双边通婚，却依然存在着一种不可逾越的氏族内婚禁忌特殊障碍。

上述各民族都有“同姓氏不通婚”的传统禁忌。蒙古族同一个“敖布克坦”（姓氏）避忌结亲。满族、锡伯族、达斡尔族、鄂温克族都有各自同一个“哈拉”（氏族）避忌结亲的习俗。鄂伦春族分化成新的氏族“穆昆”之后，同一个“穆昆”避忌通婚也是普遍的。

但是，除了蒙古族与其他民族之间不存在任何氏族之间通婚的禁忌之外，其他氏族间都或多或少存在着某些氏族之间通婚的古老禁忌。比如，满族与锡伯族曾经有过族别不分的较长历史，这两个民族本身的“哈拉”有过同姓氏的历史沿革。沈阳满族大姓有瓜尔佳氏（关）、伊尔根觉罗氏（赵）、富察氏（富）、纳喇氏（那）、赫舍里氏（康）、完颜氏（王）、乌札拉氏（吴、乌）、宁古塔氏（刘、宁），沈阳锡伯族大姓家族也有瓜尔佳氏（关）、依尔根觉罗氏（肇）、富察拉氏（富）、那拉氏（那）、赫舍里氏（康）、完颜氏（王）、吴札拉氏（吴）、宁武图氏（刘）。相同的姓氏被认为是同一“哈拉”，不可通婚。许多宗谱上甚至还标明“锡伯满洲”的族属，成为两民族族别难分的依据。

又如，在对北方民族的调查中，发现达斡尔族在布特哈地区和齐齐哈尔地区有达斡尔族较大的一个氏族沃热哈拉，同时，鄂温克族也同样有一个沃热哈拉，这两个民族的同一哈拉禁止通婚。双方都认为这是同属一个哈拉的原因。还有，达斡尔族的郭博勒哈拉的人与鄂温克族的杜拉尔哈拉的人禁止通婚；达斡尔族的敖拉哈拉人也禁止与鄂温克族的那克塔哈拉人通婚。同样情况，据调查，在格尼河地区有一个鄂伦春族的卡尔塔基鲁氏族与鄂温克族的杜拉尔氏族互不通婚，因为鄂温克族称卡塔基鲁氏为杜拉尔；反过来鄂伦春族称杜拉尔氏为卡尔塔基鲁，彼此都承认他们同属于一个氏族。所以禁忌通婚。在调查中还有达斡尔族郭博勒氏族与鄂温克族杜拉尔氏族不准通婚的记录，上世纪末，海拉尔地区达斡尔族郭博勒氏族一名叫福康的男子娶鄂温克族杜拉尔氏族名叫南肯的女子为妻，遭到了反对，被认为属于严禁通婚的范围。

这种不同民族却公认为存在通婚禁习的同属于一个氏族的观念，究竟是如何形成的？到现在仍旧是一个谜，至少在近半个多世纪的调查中没有找到答案，只有各有关民族的传统习惯及通婚历史的经验作证，找不到确定的原因。

关于上述民族通婚俗制中一直存在不同民族之间双方某些氏族禁忌互婚的传统，在调查研究中，我认为有足够的证据可以探求它的产生原因。在达斡尔族与鄂温克族的氏族家庭组成中，历来有无子女者招收养子的习俗，除从本氏族旁系中过继养子外，允许从其他氏族或别的邻近民族的某哈拉中过继养子，由本氏族会议承认归属于本氏族。但在该养子成长后发展了本氏族分支时，原民族的生家氏族依旧以同一氏族的血缘关系对待该养子家族，按照老人的记忆确定这两个氏族仍是同一氏族，世代不准结亲。另一种情况是达斡尔族、鄂温克族都有无子有女招赘纳婿（养老女婿）的习俗，招赘可以在不同民族间进行。如达斡尔族男子入赘鄂温克族女家，并成为女方氏族成员时，根据血缘关系，两民族的两个家庭发展起来的氏族，被认为是同一氏族，不可互婚。反之，鄂温克男子入赘达斡尔女家，以后发展起来的氏族，也被认做同一氏族。又一种情况是，鄂温克族婚俗中不反对寡妇改嫁，甚至流行男女双方鼓励支持寡妇改嫁的风习。如寡妇嫁入达斡尔族、鄂伦春族某氏族家，再生子女与原夫家子女的同母血缘关系，使以后发展起来的氏族彼此互认为出于同一氏族，不准通婚。以上三种情况，即不同民族互招养子、互招赘婿、互有寡妇改嫁，形成了民族虽异，氏族血缘相同的关系，因此出现了上述北方民族特有的民族相异的两个氏族却禁忌通婚的传统。

对于上述问题的调查和研究，对北方民族通婚习俗史及北方民族关系史的确立有重要的文化史价值。

中国北方诸民族通婚的风俗习惯，历经了自辽王朝以来一千多年的艰辛过程，到现在尽管还在偏远地带遗存某些禁忌外，各民族间以民族外婚制为基准已经全面通婚，不仅在民族间发展了亲缘关系，更重要的是各民族的文化风习也进入了多样化的交流与融合阶段，推动北方民族在现代化进程中出现了适应性更强的态势。

第三章　中国北方民族萨满信仰的萨满

一、萨满的队伍和分工

在我国东北各民族中有着深厚根基的原始神灵崇拜，其重要原因是由于被称作“萨满”的各类巫师们发挥了世代传播萨满教的作用。萨满不同于通常概念的“巫”，他们当中不少人不仅具备巫的许多魔术般的技巧与法术，如吐火、捞油锅、登刀刃梯、赤足跑炭火等，同时还能使神灵附体，扮演沟通人与神关系的使者角色。

“萨满”这种称呼，是古代女真族对巫妪的称谓。最早用汉文记载这种称呼的文献，据考是12世纪中叶、南宋徐梦莘的《三朝北盟会编》，[①] 当时写作“珊蛮”。事实上，萨满的名称主要流行于阿尔泰语系满—通古斯语族的满族、鄂温克族、鄂伦春族、赫哲族和锡伯族中。阿尔泰语系的蒙古语族和突厥语族并没有“萨满”这个名称。蒙古语族中的蒙古人称萨满为“勃额”（bo），称女萨满是“渥得根”（udgan）；达斡尔人则对男子萨满都称“雅达干”（yadgan）。突厥语族的塔塔尔人、哈萨克人、柯尔克孜人及畏兀儿人在信仰伊斯兰教之前，称他们的

---

① 《三朝北盟编会》卷3：“珊蛮者，女真语巫妪也”。

萨满为“卡姆”（kam 或 cham）。[①] 以后也有称“奥云”和“巴克西”的。这些名称，在萨满世界中实际上还有许许多多的别称。同时也都分别拥有各自的神职。

1. 满—通古斯语族各族人的萨满

（1）满族的萨满：孛龙子萨满和兀洼特萨满[②]

满族的萨满分两种：一种是氏族萨满，又俗称家萨满，满语称孛龙子萨满，又有的称勃额萨满。汉语称为“家神”。这种萨满是萨满教文化中神职人员的典型代表。他和满族先祖创立的完整的氏族社会密切关联。氏族部落聚居在一定的狩猎点时期，每个氏族只能有一名萨满，由他主持全氏族的各种祭祀活动，其中以祭天、祭祖为主，用来凝聚全氏族增强氏族血缘关系的纽带联系。另一种是超越氏族范围的职业萨满，又俗称野萨满。满语称兀洼特萨满，或毕干萨满。[③] 汉语称“大神”。这种跨氏族行跳神医病的萨满的出现，略晚于氏族萨满，大约是在氏族社会趋于松动，氏族生产随氏族的扩大趋于分散，人口散居后逐渐产生的。以至发展到一个村屯不止一人。这种萨满在自然灾害频繁、贫困疾病交加的东北山乡间，用跳大神的神秘莫测的巫觋歌舞，为崇信者驱邪除灾，世代相传。初期是不脱离生产的，以后逐渐职业化了。

据调查家萨满行祭时跳神，称跳太平神或跳家神。跳神时穿裙，击手中神鼓，腰系铃，诵祝词、舞蹈。有的氏族不戴神帽。祭祖先祭天时舞姿也较规矩，狂而不乱。野萨满跳神时，法衣、法器俱全。有的除腰系铃外，身缚多面铜镜，神帽上也多有缀物，手中除持神鼓敲击外，有

---

① 卡姆（kam 或 cham）在古维吾尔语文献中是“予言者”的意思。又被认为是“君王”的，“可汗”的同一语词，其实“汗”是 kham。

② 金启琮．满族的历史生活［M］．哈尔滨：黑龙江人民出版社，1981：40－41.

③ 宋和平、魏北旺．瑷珲富裕两地萨满文化调查报告［J］．民族文学研究，1987（6）.

时还举刀伸叉。舞蹈多模拟各种动物跑动飞翔的姿态，以示各种神灵、精灵附体。还有的萨满最早多是女性，以后逐渐男萨满多起来。渐渐地把以女巫为萨满的称呼转到男巫头上，另外又有的称女巫为“乌达有”了。家萨满与野萨满的社会地位也有差别，在氏族血缘纽带较强的时代，家萨满地位远远高于野萨满。野萨满这种俗称，就明显地表现出氏族对以召神、驱邪医病的职业萨满的鄙视。又据调查，家萨满多是佛满洲人，即建州女真人；野萨满多是伊彻满洲人，也就是后归入满族的女真人。“佛”，满语“陈”“旧”的意思；“伊彻”，满语“新”的意思。但是，两种萨满的地位，与满族兴起时女真人部落之间的偏见也有关系。实际上，随着满族氏族社会迅速向封建旗制的发展，氏族的纽带受到极大冲击，家萨满势力日衰，除了按例祭祖先、祭天（祭杆、祭堂子）的仪礼外，几乎没有活动的余地；包治百病、包驱百邪的万能的跳大神却兴旺起来，受到人们的崇拜。以至于近代的氏族萨满也多有突破规范开始干起跳神医病的事来。

家萨满作为氏族萨满，是以氏族祖神为其神灵的。野萨满却不同，他不能以任何一个氏族祖神做他的神灵，而只能是各路杂神，特别是和满族生活关系密切的动植物神做他的神灵。在自然灾害与疾病的压力面前，氏族内部越来越相信作祟于他们的主要不是祖先神灵了；相反，更多地迷信周围的精灵鬼怪作祟，祟是灾病之源。这样，满族中跳大神医病除灾的活动便产生了较广泛的影响。野萨满逐渐垄断了满族萨满文化生活的绝大部分，至今在东北大地上依然在行动。

满族中家萨满的传人，近 30 多年间，由于历史、社会及政治思想的原因，大多回避了曾做过氏族萨满的身份，但是，在保护满族萨满文化方面，他们当中有不少做出了贡献。如家萨满计海生，为黑龙江富裕县三家子屯的满族历史与生活的调查报告提供了十分珍贵的关于萨满教的资料。[1] 家萨满传人、满族民间文艺家傅英仁，近30年中将宁古塔各氏族(哈拉)以梅崇山、关寿川、郭鹤令为代表的10余名家萨满传播的萨满文化遗产保护下来，并先后出版和讲述了百余万言的珍贵资料，特别是那些稀世的萨满口传神话及有关祭神的资料，更使读者透过神秘的原始宗教迷雾，窥测萨满文化深层那种企图支配神灵的超自然的人的能力。当然,近年也有的为祭祖跳了神。

满族的野萨满在近30多年间仍有一些人在城郊山村为那些笃信萨满的人们跳神医病。据报载甚至有的满民从遥远的黑龙江省请野萨满到沈阳近郊为家人的精神失常跳神。

（2）鄂伦春族的莫昆萨满：敖教勒萨满、德勒库萨满、多尼萨满、屋托钦、阿嘎钦等

鄂伦春族的氏族萨满被称作莫昆萨满和敖教勒萨满，“莫昆”是氏族，“敖教勒”是母系氏族的根，都标志为氏族部落的信仰与祭祀而尽职的神职人员。每个莫昆只设一人，但在发展中的较大氏族里也有设到3个萨满的事例。在一个氏族中出现一个以上的萨满，反映了氏族逐步解体的趋势。那些从本氏族迁往外地的一部分人，需要寻求到另一名专司祭仪的萨满是不言而喻的。莫昆萨满或敖教勒萨满都是以祖先神为自己的神灵的，即敖教勒神的神灵。通常敖教勒神是以死去的曾祖父以上的先祖为对象。

德勒库萨满或多尼萨满是氏族萨满以外的不受血缘纽带制约的地区性萨满。“德勒库”的含意是漂泊流浪，“多尼”原意是指“禽鸟在它选定的地方落下”。[2] 这些含意都表明这种萨满是流浪不定的游动萨满，是跨越氏族界限的。这种地区性萨满为适应各氏族部落散居的需要，从事祭祀活动，他们的职能和使用的法器，穿着的法衣与氏族萨满没有什

① 金启踪．满族的历史与生活［M］．哈尔滨：黑龙江人民出版社，1981：92.

② 秋浦．萨满教研究［M］．上海人民出版社，1985：87.

么差别。

鄂伦春族的萨满，在部落社会中的地位有些差别，通常人们认为莫昆萨满的法力和神通要比德勒库萨满强大。因为在萨满教信仰中，祖先神从来都被认为是“正神”，德勒库萨满永远也不会有“正神”附体，只能是以各种杂神为灵附体。所以，莫昆萨满的权威远远胜过德勒库萨满。

由鄂伦春萨满直接派生出来的准萨满型的神职人员屋托钦和阿嘎钦都是专司治病和占卜的巫师。屋托钦是指替人们以巫术求神灵医治天花或麻疹的巫医，因为这些屋托钦都是患过天花或麻疹并且都好了的人，所以认为他们具有医治这两种病的非凡能力。他们以娘娘神为自己的神灵，施法医病时，不是请娘娘神附体显灵，而是向娘娘神祝祷告，有祷辞。阿嘎钦是占卜师。他们作法时用一支猎枪为占卜工具，“在枪筒上绑一把斧子，把枪放在枕头上，阿嘎钦站立着，用右手紧握枪把向上举。举枪时，一个神一个神地挨着问。据说问不到神灵时枪就举不起来，问对了是触犯哪个神灵时，枪就会很轻地举起来”①。这两种巫医把萨满职能中只占一部分的医病分离出来，使古老的万能萨满神职逐渐有了相对的分工。屋托钦和阿嘎钦虽然远比萨满的本领和活动差较多，虽然不穿法衣、不用法器，又不跳神或显灵；但是，他们终究以自身施行萨满的某些巫术而跻身于萨满的外围，成为萨满的支脉。

(3) 赫哲族的萨满：佛日朗、巴奇朗、德斯库、达克苏特亦、阿哈玛法、伊彻朗、杭阿朗

赫哲族的萨满在发展中已经有了较细的分工。随着氏族社会的松动，原属于氏族组织的专用萨满也逐渐扩散为职业性萨满了。原来负责主祭天神、祭星神、祖神祀典的祭司萨满与氏族组织脱钩，成为游动在地区间的祭司“佛日朗”，同时兼医一般病症，这种祭司，主持祭仪、

---

① 秋浦．鄂伦春社会的发展［M］．上海：上海人民出版社，1980：173.

诵祝祷辞，但往往不再请神显灵附体，与萨满的原型相距较远。

专门用请神跳神医病的萨满有三种：一种治各种病症的萨满叫“巴奇朗”；一种专治流行瘟疫的萨满叫“德斯库”，另一种专治天花、麻疹、水痘的萨满，以娘娘神为神灵的叫“阿哈玛法”。专司驱鬼招魂的萨满叫作“达克苏特亦”。

从事占卜巫术的有两种：一种是焚香看香火头征兆占吉凶的叫“伊彻朗”；另一种施用骨卜、卵卜、筷卜、槌卜、碗卜、刀卜、草卜等占卜术的萨满叫作“杭阿朗”。

赫哲族萨满的职业分工标明了萨满神职的早期形态，那种紧紧附着在氏族组织的状态已经解体，出现了名副其实的职业萨满，使萨满教及萨满术更加广为流传。萨满们靠萨满的五花八门的巫术为生，这种现象把原始宗教演化到较高级阶段。赫哲族萨满的特点和当今西伯利亚分布的绝大多数北亚民族的萨满状况几乎完全一致。

（4）锡伯族的伊勒图萨满：布图萨满、额尔奇、道奇、相佟

锡伯族的萨满和满族萨满基本相同，都有各自莫昆的氏族萨满和另外不属于氏族的一般萨满。只不过锡伯族的萨满都要通过古老的萨满术的鉴定，合格后受到公认，不合格的虽然也可以从事萨满的活动，但是不被人们公认。前者当然受到尊崇，很负声望；后者显然因法力不够，地位偏低。鉴定萨满的萨满术是锡伯族萨满最拿手的登刀梯。用铡刀绑成横梯，刀刃向上，萨满赤脚登梯，有时手提重物攀登，梯级由十三到四十九不等。登梯到顶赤脚无伤的萨满，被称作伊勒图萨满；登梯不成功的被称为布图萨满。

专司治病的萨满，已发展成三种职业性巫医。一种是以痘疹神“玛法、玛玛”为神灵的额尔奇，专替村中小孩治天花、水痘、麻疹。村中设有“玛法、玛玛”小庙，诊病时，由额尔奇带领患者到小庙拜神求治。一种是以狐神为神灵的“道奇”，专治癔症、精神分裂症。另一种叫“相佟”，由女性充当。相佟供奉“狐家”神和“仙家”神，“仙

家”多有“黄仙”（黄鼬）、“长仙”（蟒蛇）等。相佟治病先焚香敬神、祷告，然后使用多种占卜术除灾免疫。如占看面相，观神色表情找寻病因。用抛撒小石子43块，观其落地后的图像分布查找病因。又用筷子一根在一碗清水中搅动，看水貌定病因；或用四根筷子，浸透水后并在一起，边呼各种鬼名边立筷子，如念到某种鬼名筷子直立不倒，便认为是这种鬼作祟成病。

（5）鄂温克族的萨满：奥德根

鄂温克人母系氏族社会时对萨满的古称叫作“奥德根”，因为当时的萨满全是女性，所以当进入父系氏族社会后，“奥德根”成为女萨满的专称。

鄂温克族除原有的氏族萨满外，也出现了与鄂伦春族、蒙古族、达斡尔族相似的巫医型的萨满。

2．蒙古语族各族人的萨满

（1）蒙古族的萨满：幻顿、勃额、渥德根、莱钦[①]

蒙古族在喇嘛教传入蒙古地区之前，普遍信仰萨满教，甚至蒙古帝国时代早期把萨满教确认为国教。这在《蒙古秘史》中都有详细的描述。古代蒙古称呼的“别乞”，正是对蒙古萨满的尊称。“萨满”原出于女真语。系满—通古斯语族的专有语词，后为国际学术界通用。蒙古族对于自己的萨满从来都有自己的称呼。在民间，通常都称蒙古萨满为“勃额”（或写作“博”），但是事实上“勃额”只是其中最常见的一种。

在蒙古萨满中地位最高的，被认为法力强大的，就是“幻顿”。这是一种古老的氏族萨满，保持着氏族传代的氏族萨满世袭制，近代从家族继承关系上体现这种世袭。幻顿是主持祭“腾格里”（天）、祭雷神、祭火神、祭牲畜财产保护神“吉雅其”等重大仪礼的萨满。在萨满教

---

① 根据内蒙古哲里木盟文化处编《科尔沁博艺术初探》资料（白翠英、邢源、福安珠、王英编著）。

中，幻顿是以天的外甥身份出现的，只有他可以在天打雷时大骂天。他是专为氏族部落祈福祝寿，靠祭祀与祝祷消灾求吉的萨满。幻顿的地位很高，是有来历的。古代蒙古的氏族、部落的首领，就曾有许多是主持大祭的萨满，并世袭传代。这在成吉思汗时代是带有普遍性的。随着蒙古社会走向封建君主制，部落势力渐弱，大型祭祀活动都由军事封建王朝举行，作为氏族领袖的萨满，渐趋衰落，转入家族内部的小型祭仪，这样萨满的职能就缩小了。有的专家把幻顿看作《蒙古秘史》中记载的“结祆博”,① 或称“通天巫”，是有道理的。在我国内蒙古哲里木盟科尔沁草原，由于几个世纪以来萨满教对喇嘛教进行了艰苦顽强的抵抗，以家族为世袭，保留下来许多萨满传人。其中幻顿虽然极少，却很有影响。像大约 1981 年左右逝世的奈曼旗敖包塔拉哈村的包仙幻顿，就是这一带著名萨满，他家世代为幻顿，曾祖父更是一名大幻顿，据当地传说，他的法器中有四面旗，当祭天、祭雷时，他可以用旗叫天、降天，呼风唤雨。甚至还曾向库伦喇嘛王赌咒，说他能让马前出太阳，马后下雨。这些传说都反映了幻顿作为萨满的受崇拜的地位。

“勃额”是专门施萨满术为人们治病的蒙古萨满巫师。这种巫师中的女性，又称为“渥德根”。但在萨满活动中，由于勃额的巫医活动广为传布，所以通常把勃额的称呼上升为通称。甚至有的把幻顿也纳入到勃额中了。

勃额的职能主要是“勃额勒那”，被俗称作“跳勃额”。实际含意是“跳神治病”。这种萨满术应用很广，涉及各种疾病。因此，在发展中，勃额当中有一些逐渐专业化，从包治百病的勃额中相对分离出来，形成了一些专门行当的勃额。如专治接骨、正骨的萨满，被称作“牙思必拉其勃额”。他们不再用跳神降神方术医病，而采用具有神秘色彩的动作和祝祷辞加上正骨技术医病。如科左后旗著名的“神医”娜仁·

① 按布里亚特方言原音为“札阿林勃额”，意为“传达神言的萨满”。

阿柏“渥德根”，就是驰名的“牙思必拉其勃额”。旧时曾参加过十个旗三百多名勃额的法术和医术比赛，受过王爷的奖励，得到玉腰带、七星剑、象牙筷子等奖品。她的第4代传人至今还是著名的正骨医师。另一勃额称作“安代勃额”，专门医治据说是由“鬼主”作祟造成的妇女相思病“阿达安代”和妇女不孕症“乌茹嘎安代”。这种萨满术是以载歌载舞的形式，宽慰妇女病态精神为主要特征，施行驱鬼安神的。当今的安代舞，正是从这种萨满文化艺术中脱胎而来。此外，专门从事接生婆职业的，被称作“德木其勃额”，同时人们还把接生婆称为“德木其”。专司占卜的萨满，被叫作“土勒其勃额”或“莫力格其勃额”。蒙古萨满以五花八门的勃额最有代表性，标志了萨满教在蒙古封建社会及喇嘛教势力强大的控制下是怎样向前发展的。

“莱钦”是在蒙古萨满中较晚出现的职业者。莱钦以治病为主，使用法器，穿法衣，有舞蹈动作。以一种称作“达木京·却京”的“佛”为神灵，受喇嘛教影响较大，甚至被一些人称为“喇嘛勃额”。降神时也表现了某些喇嘛教“查玛舞”的手法。应当说，这种萨满已经是受藏传佛教影响较深的一种晚期类型了。

(2) 达斡尔族的萨满：雅达干、屋托钦、巴尔西、巴列钦、阿嘎钦、巴格其、奇彦其

达斡尔族称男女萨满都是“雅达干”，和“奥德根”“渥德根”，是同一词语，不同发音。应当说这是最古老称呼的遗留，保持了母系氏族社会萨满的女性本源，并把它扩大到男性萨满身上，成为通称。

达斡尔族氏族社会中，每个莫昆都有自己的祖神。为了祭祀本氏族的祖神，就需要有替祖神传话和显灵的代理人，这就是雅达干，早期都是女性，近代不论男女，只要在本莫昆中寻找继承人就可以了。所以通常称之为“莫昆雅达干”“敖教勒雅达干”，也就是氏族萨满。他们都以本氏族的保护神——祖神为神灵。雅达干主要的职责是主持氏族祭祀。其中以祭天、祭祖神、祭吉雅其神，祭各种萨满为主，不进行跳神

治病。即使在祭祀时跳神、降神、显灵，也是为氏族祝吉除祟的。雅达干不脱离生产，仍从事自己固有的职业，在族内也不享受特殊待遇，除祭司诸事外，也不干预莫昆管理的事务。所以，达斡尔族的“雅达干”在氏族萨满的发展演变过程中很有典型性，他代表了由氏族首领与萨满一体向分离出氏族祭司的原始宗教成熟的历史阶段过渡的趋向。

达斡尔族雅达干的正统发展，必然促使充当各路杂神代表的非氏族萨满向另外一些方向发展，去适应氏族社会扩大与松动的需要。这便是达斡尔族除雅达干之外的较多种准萨满类型的神职人员的出现。达斡尔族和鄂伦春族相同，出现了“屋托钦”和“阿嘎钦”。屋托钦是娘娘神的代表人和显灵者，以女性为多。她不代表任何氏族，也不受莫昆的约束。在一个莫昆内或者一个屋托钦也没有，或者有一个以上的多个。她主要为流行天花或小儿患病求神降神，着简单的法衣，也兼做占卜、祭祀，地位比雅达干低下，达斡尔族的阿嘎钦除了与鄂伦春族的相似以外，还善于施行十分古老的骨卜。用鹿、狍子的干燥了的肩胛骨，埋入刚烧过的草木灰中或架木炭火烧灼，然后观察裂纹的形态走向测定吉凶。

“巴尔西”也是以代表娘娘神或“敖雷”神的神灵诊病的。“敖雷”神是以狐狸神为主神的山神精灵。这种萨满不穿法衣，只拿一百〇八颗念珠，这显然受喇嘛教影响。他专司疥癣疮和红伤骨折的医治。这种萨满一方面领神灵附体为人们治病，一方面又掌握一定的医治皮肤病和正骨接骨的技术和经验。行医时还常常念诵咒语。

“巴列钦”由妇女担任，多是接生婆中有经验的老人。其中也有以“敖雷”神为其神灵的。这是一种利用原始萨满术从事接生的职业者，是氏族时期古代原始接生婆的世代传人。“巴格其”由男性充任。不领任何神灵，但却参与雅达干的祭祀活动，甚至替雅达干念诵祷词，雅达干跳神时他在旁充当助手，向人们转达或解说显灵的雅达干的语言或意图。有的地方还由他主持祭天，因为，达斡尔族祭天时天不显灵不附体，只念祝词就可以胜任，有的地方又把巴格称作汉语的“二神”，以说明他和“大神”雅达干的位置。他还主持祭敖包、祈雨。

“奇彦其”也由男子充任，但为数不多。通常认为各种动物精灵，如狐、雉、兔、貉、獾等精都要找人作它的领主，领了精灵的人就是奇彦其了。就因为与精灵有了来往，人们就由他医病、扎针、占卜。

这些非氏族萨满虽然分别都有专长，但是却没有完全形成专门职业。他们绝大多数仍不脱离生产，不享受社会上的特殊待遇。只有当被请去治病时，用好饭菜招待，赠送礼品（兽皮、肉），如治好了病，还给牛、马等酬谢。一方面表示人们对他们的尊崇，另一方面也因为他们大多领有神灵精灵，人们担心他们作祟，表示敬畏。

蒙古语族中的土族、裕固族都有祖先崇拜和原始多神信仰的遗留，但萨满的神职已不可考。

3. 突厥语族各族人的萨满

在国际上对于北亚突厥语族萨满教的调查中，显然也受到伊斯兰教的制约而缺乏资料，在突厥语族中难以寻找到充任萨满的典型角色。在我国也有类似情况。

(1) 维吾尔族、塔塔尔族、柯尔克孜族的萨满：卡姆、奥伊温、雅达奇

早在11世纪初的古代维吾尔语文献中就已经记述了“卡姆”这种有预言术的大萨满。[①] 至今，在部分维吾尔人和塔塔尔人中还保留有这种称呼。“卡姆”又有的汉译作“喀木”（这两个字是藏族聚居的一个地名，以防误解）。这是古代氏族萨满的称号。他不仅主持祭祀，同时还兼管氏族部落组织，甚至本人就是氏族首领。阿尔泰地区曾经是萨满教的一个中心，一直延伸到吐鲁番至阿克苏一带，以致柯尔克孜族、哈萨克族中也都有“卡姆”活动的历史。晚期多称萨满为“奥伊温”。塔塔尔族中有一种用神石呼风唤雨的巫师，称作“雅达奇”。“雅达”就是这

① 参阅鲁布鲁克《1253－1255年亚洲旅行记》P171（1919，斯德哥尔摩）。

种魔石。

(2) 哈萨克族的萨满：奥伊温、巴克西、巴力格尔、杜瓦纳、察依克[1]

在哈萨克族中，“奥伊温”和“巴克西”都是正统的萨满，他们主持民间祈雨、禳灾疫、祭火等仪式，唱诵祷词，甚至还用“考姆兹”弹唱。“巴克西”是包含有预言者、布道者和教师多重意义的称号。在民间对萨满的信奉和尊敬才流行这种称呼。

“巴力格尔”是一种治病行医的流浪巫医，属准萨满型的职业者，他们也诊脉、投药，但一定做祷告，诵念祷词或类似咒语的经文。

“杜瓦纳”是古代预言者和圣者类型的巫师。主持祈祷仪式，求神治病，预言祝福，很受人们尊崇。这种巫师的装束是：头戴白鹅皮帽，身披白鹅皮拼缝成的外衣，骑白马，手持一支约1米长的短矛。这种服饰与哈萨克人从古到今崇拜白天鹅神鸟的萨满信仰有关。

“察依克”是专司占卜的巫师。占卜时用41块小石子，抛撒在地，看石子的布局形象测算吉凶祸福，平时把石子藏在小口袋中。察依克主要为人们排忧解难，预卜未来事情，同时为人们诵经祝吉。据调查，他们大多不结婚。

从萨满伴随原始宗教及母系氏族社会诞生，直到现代母氏族社会的崩溃和萨满教的衰落，由氏族萨满的发展、演变，派生出来形形色色的新旧职业萨满和准萨满的多种巫师。萨满的大军在萨满教的全盛时期创造了令人瞠目结舌的丰富的萨满文化，至今还有着深远的影响。许多萨满传人还在通过多种途径传播着这种文化。

二、萨满的诞生和继承

在萨满世界里，萨满并不是只谙熟祭祀仪礼程序的祭司和传教士，

---

① 秋浦．萨满教研究［M］．上海：上海人民出版社，1985：88.

他具有原始信仰赋予他的特殊素质。这种素质显示出只有他才有资格充任这种令人尊崇的神职，同时，也只有具有了这种素质的人，才有条件承袭萨满这个神职。萨满并不是什么人都可以任意自发充当的，更不是任何权威可以任命的，一切都取决于萨满本身所需要的素质和特殊条件。

1. 神灵选中的萨满

萨满最本质的功能是为人间沟通和联络神灵、祖灵、精灵、鬼灵诸界，以期借助超人的形式说明并解脱人间的痛苦和灾难。深通诸灵界这个神圣使命，对一个普通的氏族部落成员来说，是难以承担的。按照萨满教的观念，能接受这个使命的人，必须具有通向诸灵界的一种“灵”。这种“灵”就是萨满的素质。

古代的氏族首领兼任祭司的人，历来被称为“先知者”“预言者”“智慧者”或“英明的汗”，就因为他们的经验、才能和本领往往都被认为是“祖灵”或“神灵”赋予他的。甚至某些梦境都会被解释为诸灵的什么启示。无论成功或者失败，都伴随着这种神秘的“灵”的支配。这是比较容易理解的。

至于近代萨满文化调查所发掘的资料中，对于萨满具备这种“灵”的素质的了解，就更加具体了。近代萨满大多早已与氏族部落的管理者分离，不仅成为专门的氏族萨满，还进一步发展成为职业的萨满。他们身上所具备的“灵”,从何谈起？大体表现为以下情况。

主要是从青少年患病的人中发现与神通“灵”的人，然后被公认为萨满或被老萨满选作接替人的。患者有的是自幼就精神异常，说异常超常的话语，吃常人不吃的东西，做异常的事；有的是突发性的神经错乱症，胡言乱语，哭笑唱闹，异常不安的；有的是患各种时疫或地方病的；有的是受红伤骨折的，种种不一。人们把各种异常的病患都看作是各界诸灵的作祟。其中大部分人的病都被看作是各种精灵、鬼灵作祟的结果。但是，其中也有极少数人患的病被萨满或有经验的老年人认作是祖灵附体或神灵附体，这样就可以确认这些病人有通神灵和祖灵的“灵”，或叫作“被神灵选中”“祖先相中的”“死去的大萨满指定”的萨满。最具备优越条件的首推那些患重病后得到康复的人，或许愿病好后当萨满的人。

此外，还有一种出生时胎胞未破、经割胞取出来的孩子，以其奇异诞生，被认作是神灵选中的萨满，但为数极少。

蒙古族的萨满“勃额”当中有一些被人们称作“陶木勒勃额”。“陶木勒”的含意是“被勃额的神灵相中了”，自然就具备了可以通神灵的“灵”的素质了。比如，患病后久治不愈，请萨满跳神医治，萨满便可能根据病状说患者已被神灵看中，如不许愿当萨满，病不能好，于是被确定为萨满。据调查，内蒙古库伦旗的满熙勃额 17 岁时患病被选中当了萨满，他的徒弟宝音通拉嘎也是 25 岁时患病当了萨满后才拜满熙为师的。科左中旗的扎拉根巴雅尔 17 岁当雇工，在赶大车时摔伤，请勃额治伤，也说是被神相中，于是当了萨满。还有内蒙古呼和浩特地方一名满族女萨满润香，就是在 20 世纪初 17 岁时患天花治愈后当上萨满的。患天花不死，被认为是神灵相中，有通神的素质。在对达斡尔族萨满的调查中，也发现患病的人、神经错乱的人常认为是氏族祖神显灵物色它自已的代表，选定这个人可以充当“雅达干”才让这个人患病或神经错乱。也是由于这些人有通神灵的那种“灵”。

新疆维吾尔自治区塔城县有一名哈萨克族萨满，自称 17 岁时随母亲到远方亲属家参加葬礼，在路上，骑的马受惊，他的腿部感到被猛刺了一下，到家后腿发生脓肿，疼痛难忍，久治不愈。过了一年，请阿勒泰地方来的萨满诊治，萨满却说这是神灵选中他当萨满的征兆。当他许愿当萨满后，腿部脓肿渐消。以后反悔，不愿当萨满，腿病复发，反而加重，掉下碎骨来。于是再请萨满，再许愿，腿病又渐好，前后 3 年，终于从 20 岁起当了萨满，直当到老。[①]

且不评说这段自述的真实程度，单只这种“神灵”选病人当萨满的普遍性，和被认定病患者与神灵相通的神秘性，就足以证明萨满世界独特的原始思维方式了。一种疾病发生在某人身上的必然性是常存的，但某人患病而被确认为是“神灵”选中的偶然性，却绝非常规。在这里，关键在于患者某些病症的起因、发展，发病当中的异常状态（如看到什么？听到什么？碰到什么？梦到什么？说些什么？……），甚至某些外在条件（如在什么地方？什么天气？被什么物伤害？……）都可以作为病人有与“神灵”相通而被相中的素质的佐证。许多方面的神秘细节综合构成了一种令人信服的（甚至令患病者本人也信服的）征兆，确证这种病人开始有了沟通诸灵的萨满的“灵”。在辽北的一名领蟒神的神灵跳大神的满族萨满经历中，少年时代初患癫痫病时的口吐白沫、身体抽搐变形，都被认作是有与蟒神相通之“灵”的征兆。“万物有灵”观发展了萨满教，同时也塑造了萨满有“灵”的神职角色。

大凡和氏族祖神通“灵”的病患者被公认为萨满的，都充任氏族萨满。凡是和其他诸神通“灵”的病患者被公认为萨满的，大多充当驱除治病的职业萨满了。至于那些被认为与死去的大萨满的“灵”相通的病患者，自然按这位大萨满的神职分工相续。

萨满，就在这种无秩序的秩序和无系统的系统中不断诞生了。正因为这样，有的氏族部落的氏族萨满死去以后，经过多年也没能在本氏族中公认出有与神通“灵”的可做萨满的人。这大约正是萨满与血缘关系的纽带逐渐脱节的趋向。

值得注意的是，病伤在产生萨满时的重要性。特别是那些属于精神病症的症状和异常外伤、疑难怪病的表现，都是选中萨满候选人的重要条件。奇异的病态、和形成这些病态的许许多多前兆，都只能被公认为

① 秋浦．萨满教研究［M］．上海：上海人民出版社，1985：60.

是神灵（包括萨满死后的灵）有意支配的征候。整个北亚的萨满世界也是如此，我国北部的萨满世界也毫不例外。是疾病伤痛制造了神灵和萨满，反过来萨满又证实是神灵制造了疾病伤痛，并驱使和驾驭神灵去消除疾病伤痛。这就是萨满世界不能解脱的神秘的循环逻辑，就在这种观念的支配下才突出了萨满诞生的重大意义。

从所谓神灵制造的病伤中由神灵选拔萨满的关键还在于，萨满原有的素质和条件与未来的萨满职能是一致的这个最为重要的特点。尤其是那些有过精神病症而被神灵选中的萨满，往往成为请神跳神显灵最好的萨满。他们那种突发的全身震颤、异乎常态的表情和变声的怪诞话语、休克状态下失去意识的惊人举动等，都和原来选定萨满当时的病态素质密切关联。具有这种素质的萨满往往在学习萨满术时取得成功；相反，有不少缺乏这种素质的人即使被选中当了萨满，也往往逐渐不适应，不得不以失败而退入普通人的行列。在调查中证实了这点。

2. 世袭相续的萨满

从近世萨满的产生也可以看出萨满代代相续的神秘程序。事实上，萨满的继承制在发展中早已不只是由神灵选继承人了。由于氏族社会的松动，家族制逐渐强化，有些原来属于氏族萨满的便只好在家族内部的祭祀活动中寻求继承人。有些原来属于非氏族萨满的一般萨满也由于职业逐渐固定化，开始了向家族内部的世袭传承。近几个世纪以来，使萨满的继承走了两条不同的途径：一个是古代传统的神灵选中与个人许愿结合的继承，另一个是家族内部世袭相续。

世袭萨满的继承制是有其根源的。早在氏族社会萨满与血缘关系纽带联结紧密时期，萨满只能在本氏族内寻找和选定继承人。这时虽然不是直系血亲的继承，但同一莫昆内部血缘是较近的。同时，氏族萨满的神灵是只能庇护和作祟于本氏族的。本氏族萨满死后，他的神灵只能向下一代本氏族萨满身上转移，这已经为许多调查资料所证实了。这便是后来家族直系血亲世袭萨满的社会根源。如果说许多文献认为萨满在大多数民族中都实行世袭制，应该说是在上述意义的广义范围说的。

直系血亲的萨满继承较晚，但在有的民族中也有大约两个多世纪的历史了。蒙古“勃额”的家族直系血亲继承有的从现在算，向上可以追溯到四代至十几代。

库伦旗世袭“勃额”色仁钦的萨满传承世系经历了7代，据他本人追述只记得他以上3代。色仁钦勃额1984年59岁，现迁居科左中旗。曾祖父是希地巴特尔勃额，传至祖父哈日那撒勃额，再传至父亲达赖勃额，最后传到他本人，他领的是他祖父的祖灵。在世袭萨满中，还有隔代传承的和近亲旁系继承的先例，这种状况多是直系上代有不当萨满的人所造成的。足以证明世袭制也不是绝对不准不当萨满。像宁古塔满族富察氏萨满传人傅英仁15岁继承萨满，求师领神，就是从母亲、祖母、外祖母及其他旁系亲属的大萨满中得到承袭的。

内蒙古科左中旗宝音贺西格勃额的萨满世系可以上溯15代，据说上7代祖先都是萨满中的“叫天人”，蒙语称“多达其”。这是一种手持叫天降天旗呼叫，把天叫下落在树上为部落驱灾降福的古代巫师，多属祭天大萨满“幻顿”所为。他1984年66岁，熟记他曾祖从上代承袭，叫罗卜桑勃额；到祖父这一代没有当过勃额；曾祖把勃额直接传给他父亲那顺德力格尔勃额，最后传给他本人。这是隔代传承的典型例证。

著名的祖籍内蒙古呼和浩特的门德巴雅尔勃额的萨满世系共13代，他只能追述他以上的4代。高祖奈玛甘勃额，传曾祖关钦扎布勃额，再传祖父赛音毕力格勃额，下传姑母端钦嘎日布渥德根，最后传他本人。父亲没有当过萨满。又据说他的最早的祖先是通天“幻顿”，即天的侄子或外甥，属于掌管祭天的大萨满。这是旁系近亲继承和隔代继承的结合。

萨满的继承，并不因为世袭制的产生便减弱了古老的学萨满拜师领神的萨满神术的继承关系。相反，拜师领神学术的继承关系更加重视了。前面介绍的世袭勃额色仁钦虽然是自己受了祖父祖灵附体的公认萨满资格，但是萨满术的继承还是拜师良月渥德根后完成的。宝音贺西格勃额是隔代传世，但却拜白伊拉勃额和宁布勃额为师习萨满术。门德巴雅尔勃额也不例外地拜两名勃额为师。

世袭相续和拜师习术相结合的继承特点，是某些民族近世萨满继承制的突出特点，但是并不是整个萨满世界普遍的特点。在蒙古族、满族中这种继承制有较普遍的意义；在鄂温克族、鄂伦春族、达斡尔族、赫哲族、西部锡伯族中，那种沿袭古代神灵选中的继承人然后拜师习术的制度，并没有被取代。也正因为如此，由神灵选萨满的方式本身日趋衰弱，许多氏族老萨满死后很久，也没有发现被神灵选中的接替人。这种自发性、偶然性极强的靠神灵启示维持萨满继承相续的办法，在近世以前萨满教全盛时代确实时兴过相当长的历史阶段。那时，这种神秘莫测的选继承萨满的萨满术很有吸引力。以后，萨满的专职分工及接受报酬等因素使萨满制度有了新的演变，萨满便几乎成了一种家庭职业和社会行业。子承父业、拜师习术学艺便成为萨满的新规范了。

附带说明，就在世袭风行的蒙古勃额中，也有例外。一种既不是世袭，又不是被神灵选中的勃额在近代出现。这种萨满的家族世系中，直系祖辈无人任过萨满，只是在少年儿童时期被萨满相中收徒，并非由已故萨满神灵选中，本人也没有患病历史。这种萨满已经是最为典型的职业师徒相续制的产物了。这是萨满教晚期的一种变革，但并没有发生多大影响便自消自灭了。内蒙古库伦旗的春梅渥德根，世代牧民，20 世纪 30 年代中期，被当时著名的萨满端钦嘎日布渥德根相中收为徒弟，经过练功习术，11 岁随师到处行萨满术，以后学成为正式的渥德根。

3. 萨满术的培训与考验

新萨满不可能凭神灵的启示和庇护便可以自然成为真正的萨满。不论是经神灵选中的或本人患病许愿当萨满的、还是世袭的、被萨满相中收为徒弟的，一律要经由正式仪式，从师学习训练萨满术。不经过至少

3 年的培训，不能被请去正式从事萨满活动。所以，萨满术的继承远比取得充当萨满的资格更为重要。

萨满习术一律要拜师，由成熟的年老萨满充任教习。萨满术主要包括三种内容：跳神、祭祀、唱诵神歌祷词。拜师开始多在春季举行领神仪式，进行以上三项训练。跳神，不仅要学习萨满舞的基本舞步和与多种动物精灵崇拜有关的舞蹈套路，还要掌握神鼓的敲打技法，以及神帽、法衣裙的穿着使用方法。祭祀，不仅要学会各种类型祭祀活动的程序，而且要谙熟所祭祀的各路神灵及供奉几十种以上神偶的知识。学会唱诵各种神歌和祷词更是不可缺少的，仅请神送神歌词就多达百种以上。从开始领神仪式的首次训练计算，每学练上述各种萨满术一次约用 10 多天，照此循环往复不断，至少要经过 3 年的苦修苦练，才有条件取得从事萨满教活动的起码资格。

在长达 3 年的习术过程中，获取萨满合格的主要训练是跳神。跳神训练的最高标准是跳到神志不清、精神恍惚，“神灵附体”为止。这是学习萨满术的核心，达不到“神灵附体”的跳神，是不会被公认为出师的萨满的。

在新萨满拜师习术的传统中，有的民族还保留了古老的领教新萨满的大型萨满教仪式，其中以鄂温克族、鄂伦春族、达斡尔族萨满举行的“奥米那楞”跳神大典最有代表性。“奥米那楞”是鄂温克语音译，俗称“四月会”，是因为内蒙古呼伦贝尔草原阿荣旗鄂温克族萨满教每年农历四月初三举行这个祭典，连续进行 4 至 9 天，故称“四月会”。在陈巴尔虎旗的鄂温克族中，是在 8 月举行。这种祭典仪式通常设在氏族萨满家，由本氏族萨满为主祭，和邀请的外氏族萨满一名作陪祭共同进行跳神活动。同时，请本氏族成员及由萨满跳神治过病的人们前来参加仪式。跳神主题是祈祷全氏族平安幸福。祭场上，院内立一棵桦树，室内立一棵杨柳树，两树之间扯麻绳一根相连，树枝上、绳上悬挂人们献上的五色布条，前几天，是萨满跳神，请自己的守护神灵降临附体，为氏族求吉。使新萨满演习熟练跳神的全过程。后几天多是全氏族的祝吉歌舞活动。达斡尔族萨满前两天跳神降神，新萨满第一次参加跳神，头上不得戴神帽，只扎红头巾。举行跳神的领教新萨满仪式结束后，新萨满才有资格戴上最低资格的三叉鹿角神帽。第3天举行全氏族祈祷仪式“库热”。氏族成员都聚集在两棵树之间，两萨满用狍颈皮绳把人们紧紧围住，反复3次，众人从绳子圈内钻出，表示免灾去病。然后量皮绳长度，如比原来长了，就证明人丁兴旺，大吉。当晚，举行吃血仪式，杀牛取血与牛奶和酒相拌，跳神请萨满众神前来吃血，跳神萨满模仿萨满神灵象征物神鹰的动作，冲向血盆享用。举行仪式过程中，新萨满一直处于主持萨满的助手位置，领受“奥米那楞”大典中的跳神、祭祀等术。新萨满连续3年参加3次“奥米那楞”后，头上神帽的鹿角增加到六个叉。额右旗、陈巴尔虎旗一带的鄂温克族萨满，参加一次领神仪式大典的神帽鹿角为6叉，以后逐年增加2个叉，以标志新萨满由低向高发展的资历。

蒙古“勃额”的领教新萨满，也是从充当助手开始，然后由老师教习萨满术，先学跳神，过“小关”（又叫“双关”），再逐年训练，直到过“九道关”学成名“勃额”。这种领教过程的“九道关”是“勃额”传术的秘密，不外泄。蒙古“勃额”、鄂温克萨满在取得公认萨满资格时，都要向本氏族或前辈师承萨满宣誓，为氏族造福、保护人畜平安，兴旺发达，不做坏事。蒙古“勃额”中不宣誓的，被认为是不做好事的“勃额”。新萨满继承萨满术的过程中，要经受许多异乎寻常的考验。不仅蒙古“勃额”的“九道关”具有萨满法力考核的作用，更有代表性的锡伯族的登刀梯更具有考核萨满的高难萨满术的意义。

据中国社会科学院民族研究所的详细调查，上刀梯对锡伯族萨满取得公认的正式萨满资格有决定性意义。① 前文已简单介绍过，凡上刀梯

① 秋浦．萨满教研究［M］．上海：上海人民出版社，1985：63—65．

取得成功的叫作“伊勒图萨满”，也就是明显被公认的萨满；上刀梯未获成功或没有经受上刀梯考核的一律叫作“土布萨满”，也就是不明显，不被公认的萨满。上不上刀梯，能否成功地登上刀梯，是锡伯族萨满是否被承认、是否有资格成为名萨满的关键性考验。这些施萨满巫术的萨满首先要经受萨满术的检验的做法，最能标明萨满文化的原始信仰特征。

上刀梯术不是在新萨满刚拜师之后举行，而是在他们经师承萨满训练3年基本法术有了功底之后举行。这些功底包括刀枪不入身、赤脚踏火堆等特异功能的训练。过了这些关，同时再学会了诵祷词，请神、敬神等仪式，就具备了上刀梯的条件。

锡伯族称上刀梯仪式为“察姑儿”。它的程序大致分为三阶段，其中准备工作分两阶段，举行上刀梯仪式为最后阶段。先后共约20天。

准备的第一阶段，约20天前开始：

A. 在准备上刀梯的萨满家房屋四周立4根木桩，柱头之间拉绳，悬挂五色布条纸条及弓箭等，供以驱邪、设禁区，忌门。

B. 每日由老萨满来上刀梯者家教习诵经、跳神及登刀梯动作。

C. 日夜焚香，设供品致架在供桌上的萨满神像。

准备的第二阶段，约上刀梯前七八天开始：

A. 在院中架设刀梯。由登刀梯人的亲人动手制作。

B. 刀梯由两根立木杆（高约10米、碗口粗细）为支架，用锋利铡刀若干把（十几把为少），刀刃向上横绑两杆中间，依次横绑成梯状。刀把的方向不得一致，采取一左一右依次排列。最上方绑横木。刀梯以南北方向埋定。

C. 以红绿布各2块缠2立杆。

D. 本家亲属开始日夜轮流守护刀梯，以防外人破坏。

E. 于刀梯北面挖长3米、宽5米、深1米的方坑，装满麦草，上铺毛毡，离地7－10厘米处设绳网1张。

上刀梯仪式进行阶段，当夜举行：

A. 仪式开始前，处处张灯。除产孕妇、带月经者和戴孝人犯忌禁观外，均允许观看。

B. 家人牵入场中公山羊1只、公牛1头。古代形式有公鸡没有羊。

C. 刀梯东北几米处有烧油锅1口。

D. 刀梯南面设高桌，摆供品烧香。

E. 仪式开始。老萨满祝祷请神，称赞上刀梯人，祝愿神灵让他当上“伊勒图萨满”。

F. 本家1名男亲属用萨满法器短矛（锡伯语“吉达”）猛刺一下公羊脖，羊血流出。上刀梯人饮羊血一口，走向刀梯。（刀梯上每把刀刃放有一二张黄表纸。）

G. 面南登梯。老萨满祷告求神保佑，并不时吆喝助威，向上泼酒。登到最高层时，登梯人面南立，扶横杆。老萨满大声发问。

问：向南看到了什么？

答：看到了“依桑珠妈妈依波耶（女始祖萨满形体）”。

问：向东看到了什么？

答：看到了“伊巴干（妖怪）”。

问：向西看到了什么？

答：看到了“呼希合（神）”。答后，老萨满令其向北仰面倒下，掉入坑上网中。（北方为阴间世界，故不问。）

H. 由两名男亲属用网裹住登梯人扶入挂神像屋，放在地上的褥子上休息。

I. 片刻，上刀梯人到院中从油锅中捞取滚油炸烧的油饼，分送围观者吃。

J. 家人将房周四柱挂的布、纸条取下，放到公牛背上驮至村外烧掉，将牛送给老萨满。

K. 老萨满将一面护心镜（娘闷托里）在盛山羊血的盘中浸一下，交给上刀梯成功者。此仪式称作“浸镜”（托里薛尔维）。至此，上刀梯者得到护心镜，便取得了“伊勒图萨满”的称号。从此可独立从事萨满活动了。

以上记述的珍贵调查资料，十分逼真地描绘了萨满术继承过程中对萨满的严格鉴定和考验。这些考验几乎都是旨在塑造萨满的神秘形象，使他们代代相续，都能够具备超常的、超凡的甚至“超人间”的神格力量。在萨满世界的传统文化圈中，这些具有神格的祭司与巫师，以其使人眼花缭乱的萨满术和神秘莫测的诸神显灵附体的迷人形象，稳居“真神”之位。他们不仅是人神之间的使者，更重要的是把多种神灵拟人化的形体再现者，是众神灵的肉身实体，是蒙昧群体中鲜活的“真神”。这正是作为原始宗教遗存的萨满教很难向崇拜至高无上的一神发展的重要原因之一。

第四章　萨满信仰的亡灵世界

恩格斯在论述灵魂观念时曾经说过："在远古时代，人们还完全不知道自己身体的构造，并且受梦中景象的影响，于是就产生一种观念……既然灵魂在人死时离开肉体而继续活着，那么就没有任何理由去设想它本身还会死亡；这样就产生灵魂不死的观念。"①

早在古代氏族社会的萨满世界中，就创造出一种叫作"灵魂"的神秘物。如果说这种物是一种存在，那么这种存在就和有气息的生命现象有着十分微妙的联系。首先，人们在自身的经验中和对同类及动物界的观察体验中，发现了有气息的生与断气息的死，同时在生与死之交的一瞬间似乎存在着一种从肉体中迅速飞离而去的东西。这东西就是由气息、体温及机体活动等标志的生命。生命，蒙古语族称之为"阿敏"，突厥语族称之为"太恩"。通常，在人或动物一息尚存、三寸气在时，就被认作是有生命的；相反，停止呼吸，一旦无常，就被认作生命结束了，于是那叫作灵魂的东西，便在生命结束之前悄然离去，使生命残余的活力迅速消逝。另一种体验是，睡梦中自己还能做许多事，说许多话，看到许多人和物，行很多路，听到很多声音，所有这些都和醒来以后的生活情景几乎完全不符。睡梦与清醒之间的差异，睡梦中所闻所见

① 马克思，恩格斯．马克思恩格斯选集：第4卷．[M]．北京：人民出版社，1995：219－220.

与睡眠中不知不觉的差异，引起了人们的关注。那个在睡梦中飞离睡眠的躯体而去独立活动的东西又是什么？特别是每当在梦中遇到已经死去的人时，那死去的人在活人梦中的活动又是什么？这些由来已久的思考，在萨满教信仰中都有具体生动的解答。

在中国北方民族的原始信仰中，人的生命的终结被认为不是偶然的，而是在死前就一定有许多迹象显示魂已先期离去，使生命耗到了尽头。在平时生活中，魂便以随时可以分离的条件和机会与肉体若即若离地密切联系着，直到最后离去再依附新的生命体。这是一个完整的靠原始意识、知觉、感触、意志寻找出来的叫作“灵”或“魂”的东西，就是由它奠定了萨满世界观和生死观的基础。一切都从有灵魂的存在出发，认识并解脱出一个“灵界”来。由此，推及到花草树木的生长与枯萎，有灵魂；能捕杀禽兽的猎具、武器也和动物一样，都有灵魂。灵魂在萨满传承中，成为主宰萨满世界的基本因素。因此，萨满的先辈们世代传袭了生魂、游魂、转生魂的“三魂”观念，构成了萨满世界中生死观的完整体系。其中，生魂舍弃死者躯体而去形成的亡魂或亡灵，就成为萨满灵魂信仰中最中心的内容了。在这里，将从“亡灵的去处”“亡灵的统治者”“亡灵与丧葬”“亡灵祭”等四个问题介绍萨满教的亡灵观及有关的萨满传说。

一、亡灵的去处

人的生魂一旦因人的死亡而离开肉体后，便浮浮摇摇、飘飘荡荡走向下界，奔冥土而去。这是中国北方民族萨满教最普遍的信仰内容。生魂与肉体分开独立存在，成为亡灵，即没有肉体相依相附的魂，晚期多称“鬼魂”。

亡灵（或亡魂）的去向，只要看一下萨满教信仰者的丧葬仪礼，就可以清楚地了解到亡魂在人死后的生活。以萨满本人的亡灵为例，除大萨满灵魂升天化为神灵外，普通萨满的亡魂通常被认为它向冥界去，仍然要从事自己的萨满职业，所以要给死者穿好一套萨满神衣裙。同样，认为木匠的亡魂还在做木工，裁缝的亡魂还在穿针走线。鄂温克人认为猎手的亡魂在冥界照例还住在“撮罗子”中，还在大森林中打猎。所以在葬礼过程中，通常总要把死者的衣服穿好，食物准备充足，死者应用的各种用具、武器，甚至包括死者使用的家畜，如马、猎犬等，都要为死者准备好，殉葬的家畜，也要杀死后使它的亡魂追已故主人而去，并为他效力，供他驱使。

从满—通古斯语族中流传的《尼桑萨满》或《一新萨满》中可以看到，亡魂要在离去以后经过十分漫长而艰苦的历程，才能到达冥土。这在许多关于亡魂的传说中也可以找到证明。在萨满为死者送亡魂赴冥土的仪式中，有许多唱词是关于亡魂去向的描述。赫哲族称地下国的冥界为“布尼”，亡魂到“布尼”的一路上要走过许多地方。最先，走上一条道，继续前去，就分出了许多岔道，这是按照死者的不同姓氏分别设的小道。亡魂走上自己氏族的道，要渡过一条河，那里有许多白骨，在萨满作法的情况下，据说可以安全渡河，不一会儿就可以看到有折断的树枝，劈开的树，碎木片和脚印，还看到了像有人居住的一些迹象，仿佛亡魂们居住的地方就在眼前。据说，亡魂开始听到狗叫，渐渐地看到了炊烟和小房舍和使用的驯鹿。还说，亡魂去下界又远又险，有浓密的山林，深不见底的沼泽。向冥界出发的亡魂有手牵着狗的，骑在驯鹿上的。冥土的风光和人间相似，甚至认为那里有好猎场，有好渔场，很好捕猎。

蒙古人认为死者的亡魂上路去冥土，先带上亲属们为他准备好的衣服和食物，或步行，或骑马，或乘车。有的还要举行结婚仪式。年轻的男女亡灵要在赴冥土时由人间的父母包办婚约，烧各种婚嫁用的模拟道具和婚契，供亡灵使用。使亡魂度过和生前具有连续性的冥界生活。

在黑龙江流域的许多民族中，还有的认为，亡魂去的那个地方是和人间相像的“另一个世界”。这个世界和地上世界一样有各种族、各民族，也是一家一户地居住着，那里也有太阳和星星、月亮，也有黑龙江水在流淌，也有山林，也有各种动物。但是，却有一种特点和人间完全相反，那就是这个世界偏偏和人世间的昼夜、季节相反。人间白天，那里黑夜；人间夏季，那里冬天。那个世界如果猎物特别多，地上人间的猎物就少，相反也如此。这种把亡魂去的地方看作和人世间相逆关系的观念也较普遍。比如骑马的游猎、游牧民族，在死者的葬礼上，供酒时供在左侧；供马作坐骑时，把马缰绳放到死者左手抓住；在墓中要放随葬品时，也循此例，佩刀往往放到右侧，作左手拔刀姿势。衣袍的大襟向左开，纽扣也缝在左侧。这一切葬法都表明，死者亡魂到的世界和人间相反，这样做是为了让亡魂到冥土之后，一切都反过来正确使用。在这里，亡魂所处的昼夜与人世夜昼一致，正好逆转，当人世夜间睡眠时，亡魂开始了昼间活动，为此人世只能在夜间供祭亡魂。同样的逆向思考，许多民族认为亡魂所处的世界，日月升落的方向正好与人间相反，日月均从西方出，东方落。甚至还认为那个亡魂们的所在，河水倒流，和人世上的河流方向恰巧相反。还有的坚信亡魂所去的世界里，靴鞋倒穿，鞋尖向后，鞋跟朝前，马鞍也和人间相反方向备在马背上。这种观念在哈萨克族、柯尔克孜族及蒙古族、满族中都有不同程度的表现。

这种把亡灵所到的地方看作与人世相逆的萨满观念，还表现为上下方位的相逆。在随葬品中，凡是食具器皿，都是上口朝下反扣在墓中。因为在有些萨满的传说中，亡魂的世界里，亡灵脚底向着人间的脚底，头部却倒垂在下方，那个世界的树和帐房顶，也正好向着和人间相反的另一方仿佛垂着。在那里所有的景象都如水中的倒影一样。这是人世观察倒影的经验在萨满的原始思维中的反映。这种幻象所形成的亡魂世界自然就如天地分层的说法一样，上天有多少层，地下也有多少层，这种对应的层数，正是这里用倒影的体验想象出的亡魂世界。

在现代还在口头流行的萨满传说中，亡魂所去的地方也要经过许多艰险。比如《尼桑萨满》中，先是走过三岔路口，要在这里选择道路，死在武器下的人亡魂走东岔道，寿命未到的人的亡魂走西岔道，中间一条是年老寿终和患病而死的亡魂走的。随后要渡过一条无际河，再过一条红河，欲渡无船；过后又到地府第一关，又到了阎王城，可以看到许多因做善事在阴间享受的亡魂，还有更多的因做恶事在阴间受惩罚的亡魂。在“伊玛堪”英雄史诗《阿格第莫日根》中，亡魂要经过阴阳界河“萨音毕拉”，就有阴间的各种庙宇，庙宇中有阎王大殿，阎王“波扭额真”坐在上面，还有什么牛头马面，无常恶鬼，下边跪着男魂、女魂，有老有少，有断了臂的，有折了腿的，令人十分害怕。鬼魂被吩咐上山干活，有不该死的就打发还阳，所有鬼魂都在这一片庙宇中。流传至今的萨满入阴间亡魂地府的说法，已经距离原始的古老萨满观念很远了，加上了许多晚期的阎王殿等佛、道教成分，出现了地狱景象，与原始宗教的亡魂所在、亡魂形象也距离稍远了。

布里亚特人中流传着一个关于英雄穆蒙特奉父命到地下界的有趣故事。传说这英雄要到地下界，先必须向此一直走，在道上碰到一块大黑石块，把石块搬起来，朝下喊一声“出来”，于是从地穴中出来一只狐狸，让英雄紧紧抓住它那只尾巴。于是，穆蒙特就跟着狐狸，渐渐降到深深的地下国。一路上看到许多奇异的事。赤裸的岩石上有肥马；丰美的草原上有干瘦马，在一个地方有嘴被缝上的妇女。滚沸的油锅中，官老爷和萨满在痛苦挣扎。再向前进，看到有手脚绑在一起的男人，有光着身子怀抱一捆荆棘的女人。在一个地方有贫穷的但很幸福的女子，还有华贵的女人却遭受饥饿的痛苦。于是穆蒙特上前询问那些女人为什么是这样的命运？据说，穷人家女子生前因为帮助别人现在就过上好日子，富家女子生前既吝啬又冷酷，如今只好让她们尝尝饥苦的滋味。怀中抱荆棘的女人生前是由于轻浮，对丈夫不忠实。旁边手脚被绑住的男人，原来是个小偷。在油锅里受煎熬的人们，都是因为做事蒙骗人。被缝上嘴的女人，生前是专门用谎话造谣生事的。丰美的草是喂那生前受主人虐待而瘦的马，至于那些生前喂得过好的马现在该放到不长草的岩石上。

这种景象的构思认为亡魂所在地是地下冥界，但各种各样的人的亡魂却以生前的所作所为作标准，得到了完全相反的结局，其中绝大多数都是在地下国中接受惩罚的亡魂。

对亡魂的生前与死后的因果报应的观念，也是晚期萨满教受佛、道教十殿阎君设地狱之说的影响发展起来的。似乎亡魂在阴间都要受到严厉的审查与制裁，亡魂所到之处再不是另外一个别样的奇异世界，如人间猎场、渔场那样的美好，给活着的人带来死的恐惧。

二、亡灵的统治者

萨满教认为亡魂并不是散漫的、自由自在的，它们都要受统治和管辖。上述传说中的阎王、牛头马面之类的统治者并不是萨满世界的统治者而是从佛、道教移植而来的。在萨满教的传承中，亡灵聚集的地下国界内，有统管的王和他的助手们。在北方民族的萨满传说中，几乎都有一个统管亡灵鬼魂的地下国王，即魔鬼之王。在满族中，称它为耶路里；在塔塔尔人中称它为耶鲁里克。有的民族还加上王的尊称“汗”。它是永远和天神作对，并侵害人间，作祟地上国的最大的恶灵。

在满族神话中，耶路里十分凶恶，和天神阿布卡恩都里作战，驱使众恶鬼到地上来散布瘟疫，害死人畜和野兽。它有很多魔法，有火龙群，随时烧人间山林和动物；它还盗取天上真火企图烧毁天上国；它还时常驱使魔鬼到人间烧烤活人供它吃；天神造日月星为人间照明，它想方设法让人间变成黑暗。塔塔尔人的地下国王耶鲁里克，是一个有炭黑眼睛，留着长过膝盖的胡须的无情的老人，在民间平时并不称它耶鲁里克这个名字，都称它为“喀拉麦奈”，是“黑家伙”的意思。它在地下界的河上乘一只没有船桨的黑船；在地下的路上头颅向后骑着一头黑牛，一手持一条蛇当鞭子使，一手拿一把月牙大斧。它住的黑暗宫殿，设在由九条河汇合成的一条河中间，这河叫作“陶伊包代姆”，这是一条聚集了人间流尽的泪水的河，上边架着马毛那么细的桥，亡魂无论是谁，要想从这马毛桥上偷渡逃走，只要稍稍踏上脚，立刻就会落下水去消逝了。河水的狂涛拍打着冥国土岸，河水中住着可怕的水怪，守卫着宫殿。通往宫殿有一条萨满去耶鲁里克处的道路，这条路上设了许多障碍，阻碍萨满到地下国来与亡魂接触，萨满从地上来到这里首先要走过七层地。地下国王有7个（或9个）儿子，据说和天神的儿子数相同。它手下还有各种各样的使者，这些儿子、使者在人世间都有住处，都由恶灵守卫着。在耶鲁里克的儿子中，人们最熟知的有5个：它们是“卡拉希”“凯莱依坎”“铁木耳坎”“巴代司庇”“巴依玛特尔”。其中最受到萨满教信奉和尊崇的是卡拉希。萨满制作的卡拉希神偶是用黑布剪成的像，拴有九根飘带，用两根木杆支住，设在帐幕门的左侧。萨满跳神招魂、追魂时要在这里举行仪式和施行巫术。耶鲁里克虽然没有神偶，但是和它的儿子同样都享受用黑牛为供牲的大祭，祭场设在部落的最北侧，代表冥界的方位上。

据传说，耶鲁里克还有7至9个女儿，数目与天神女儿相对应。这些女儿歌舞嬉戏，专门诱惑那些到地下国来找麻烦的萨满，抢夺萨满给地下国王带来的供品，在萨满的诅咒歌中，这些女儿被把成全身黑色，显露着肥胖丰满的性器，做着淫荡的姿态。歌中描写耶鲁里克的儿子巴依玛特尔的9个女儿比作9条黑蛇，亡魂就在这样的统治者之下的冥土上居住。

布里亚特人的地下国王称为“耶鲁楞坎”（或“耶尔楞汗”），也是骑黑牛的统治亡魂的最大的恶灵。似乎也受到喇嘛教阎罗王的影响。

满族虽然有关耶鲁里克的口传神话，其中还讲到了它与天神争夺宇宙统治权的恶行，它搬来的冰雪至今还给北方民族带来灾难和痛苦，但是，关于它统治下的亡魂，却几乎听不到有关说法。由于满族较早地接受了汉文化中传来的佛、道教文化，所以亡魂的统治者在近代，就由古老的耶鲁里魔王转为阎王爷及其小鬼们了。只在老满文档案中能找到17世纪萨满祭地时要以黑牛为供牲的原始记录了。

在19世纪中叶的萨满教资料中①，有关于冥国统治者是怎样统治亡魂的调查。在萨满教信仰中的冥国，耶鲁里汗的女儿在地上化作黑狐狸到处走，干尽了坏事。有位勇士考姆第莫尔根被狐狸引诱去追赶，迷了路，把腿也折断了。这时突然来了一个骑着长有40个牛角的九头怪，把英雄的头割下，就带到冥国去了。英雄的妹妹库拜考决心到地府去寻找哥哥的头，救他复生。她沿着九头怪的脚印走，走到了通向冥国的地穴。她在走入地下国的道上看到了许多亡魂干着奇特的活儿。首先注意到的是，有个女人从一个桶往另一个桶不停歇地倒牛奶，又看到在没有水草的沙漠上，木桩上拴着马，马却挺健壮，又见泉旁的绿草地上放着瘦马。又在一个地方见到许多亡魂半身在河里堵住了水流，另一处亡魂们全身堵河也没有堵住。又看到有40个男亡魂在打铁，制作40把锯。库拜考继续追怪物，到了一条河岸，河水从一座高山脚下淌过，山上有耶鲁里汗住的40个角的石殿。门前有一棵根生出的九株落叶松，上边拴着九个冥王的马，库拜考把自己的马也拴好。就看见树上写着字，她就读了起来，上边写道："库拜神开创天地时，创造了此树，时至今日所有的人和动物，就没有活着走到这里的。"读罢，她勇敢地闯入冥王住处。入门后，门关了，里面黯黑，什么也看不见，只觉得有一只看不见的手给她穿上了一件衣服。那手把她抓住了，于是她发出了不安的声音。忽然门开了，冥国王的头领阿塔曼直奔她面前而来。然后背转身朝一排房屋走去，她随后紧跟。走过了一片空屋，来到第1所房子，见里面有梦中纺线的老婆婆；第2所房中也有这样的老婆婆，却不做活，像

① 参照《阿尔泰语系诸民族的世界相》（芬兰U·哈尔瓦著）。

吞食了什么似的咽喉填得满满的；第3所房中是中年妇女，头和手上都压着大石块；第4所房中是一些男人，脖颈上压着车轮，绑在大木梁上；第5所房中被枪弹射穿的男人们，全身武装，边转圈跑步边呻吟哭号；第6所房中是身带佩刀负了重伤的男人；第7所房中是人和疯狗在一起狂吠乱咬；第8所房中一男一女一对对地盖着被，被是用9只羊的皮做成的，还不能盖住双人，所以两人不停地抢夺这些被；第9所房中对对夫妻都在安静地盖着被睡觉，被只用一张羊皮就都盖住了；第10所房中，有冥国八王侯围坐在一起，大王在中间。库拜考质问冥王为什么你们手下的怪物砍下我哥哥的头？王侯们说是奉他们的命令做的。如想还给人头，她必须从这里把7只角的羊能从地下拽上来。她同意后，王侯们领她先看了堆放人头的9间房，她流着泪看到了哥哥的头也在其中；又到了第10间房，只见一只7角羊埋在地下，她连拽3遍，把羊拉上来举到头顶。冥王看到她的神力，就把她哥哥的头还给她，然后来到拴马的树前。她请王侯们送她回地上，并询问了冥国亡魂的那些奇怪的事。王侯们解说：倒牛奶的女人因为生前总用掺水牛奶待客，所以罚她不停地把水和奶分开；用半身堵河水的男人都是好人，不止是为了堵水，而是想看望什么都能看望，那些用全身都堵不住水流的人们，生前有多强的体力也不懂得团结，不肯出力，惩罚他们用全身堵水；沙漠上肥马和草地上瘦马，是教给牧人无论什么样的牧地，全靠好好饲养。接着她剥下暗室中抓她时穿在她身上的那件衣服询问，王说：这衣服穿到恶人身上立即把他杀死，穿到善人身上没有危险。她再问房子里的情景，王说：第1所房中纺纱的女人是因为生前犯了日落后禁纺线的禁条，罚她梦中也在纺线；第2所房中的女人是生前缠线时偷线的亡魂，罚她们用线团塞住喉咙；第3所房中压着大石块的女人们生前卖奶油时为了增加重量中间夹杂石块，所以罚她们头、手上都压石块；第4所房中的男人生前厌世自缢，亡魂受罚，让他总尝到车轮碾颈之苦；第5所房中的男人们是生前与妻不合自杀身死者；第6所房中的男人们是醉酒身亡的亡魂；第 7 所房中的男人们生前是用狂犬咬了别人的人，死后亡魂也遭狂犬咬；第 8 所房中的夫妻们是生前不停地口角争吵，罚他们争抢足够盖的被；第 9 所房中的夫妇亡魂能同甘共苦，死后不受惩罚。库拜考听后辞别众王，回到地上，把哥哥的头赶紧安到躯体上，用从神那里取来的生命水洗了洗，立刻使死者复活了。

在这里详细引述这则关于亡魂管理者，地下国王统治的故事，是为了更清楚地了解萨满教对人死后的亡魂做了什么样的安排。亡魂的命运和生前的世俗生活存在着十分密切的联系，萨满教用亡魂的统治者权威和手段企图达到醒世、警世的目的，促使活着的萨满信徒们引起警惕，加强自律。

三、亡灵与丧葬

亡魂离去后，并不是与丢下的尸体毫无关系，相反，在萨满教信仰中，十分重视对遗体的处理，认为它关系到死者究竟能不能顺利地移居到冥国或另一个世界去。亡魂崇拜的重要内容正是对处理亡魂丧葬的关系的种种做法。

中国北方民族按照萨满教传统分别实行过风葬、火葬，近代定居后的民族才逐渐实行土葬或先火葬后土葬的复式葬法。其中风葬是比较古老的。风葬在鄂伦春族、鄂温克族中多采用支桩架棺的方法，即选择两棵相距 1 米左右的松树，从离地面 1 米处截断，上面各钉横木，再把柳条笆包装的尸体或箱式棺木停放在上面，任凭风吹雨淋，在林中停的时间越久越好。还有的用 4 根松木桩作支柱架设棺木。布里亚特人称这种风葬为“阿兰嘎”。萨满都要实行这种葬法，认为这样做萨满的魂才能幻化成鸟类飞走再回来，在近亲间飞动，保护他们，所以不准土葬。鄂温克族葬式则是，人死后将尸体停放在帐房西侧，穿上生前最好的衣服，从帐房的一面壁上掀开出口，将尸体抬出（不得从门口出丧），直送林间停尸台，在台架上的木棺中存放好尸体。如果是萨满，就要穿好神衣，将法器放在棺内两侧，把衣物上的金属都摘下来收藏起来。如是猎手，要将本人使用的火铳、弩箭、斧等猎具随身放好。还要在棺内侧放底朝上的锅一个，放上火炭、鹿脂、烟草。把支架棺木的树桩的皮剥尽，涂上鹿血。为了防止野兽侵袭，周围放上铁制荆棘。妇女的遗体仔细用驯鹿皮包好放在地面上，然后用原木盖好。如果死者生前常骑驯鹿，就要把这头鹿牵到墓地杀掉，当场把肉煮好吃掉，骨块都就地放好，把鹿皮挂在树上。这样做，是为了让驯鹿的亡灵在另一个世界仍然为死者亡魂充当坐骑，供她使用。

在三江流域的赫哲族中，一个世纪以前有的死者安葬方式是，穿上盛装，把大襟剪掉，把裤子的裤腿部分剪开，靴鞋把顶尖剁去，萨满认为这样穿着打扮是冥国通行的和人间不同的装束，便于亡魂在冥土习惯那里的生活。遗体用白桦树皮包好，木板做棺，铺好桦树皮。随葬品男性多用弩箭、火枪、刀和日常用品，死者脚下放好斧和锅，同时，再放些狐狸、水獭、貂等小兽皮毛，供亡魂使用。特别值得提到的是，大型随葬品有桦皮船和滑雪板，都立在棺木旁，供亡魂冬季追猎，夏季捕鱼使用。女性棺木中要放上妇女做活用的针线、炊具等日常用品，同时在头上、颈上、耳垂上、手腕、指上戴首饰、戒指、镯子等物。如死者是萨满，当然一定要把萨满的用具全装入棺。

同样在19世纪末关于赫哲人葬俗的调查资料中，① 还有更详细的记述，从中可以更清楚地看到亡灵崇拜在葬式程序中的神秘特点。亡灵出走，立刻把遗体停放在板床上，整梳头发。对生前德高望重的人物要进行净身，洗浴遗体，但通常赫哲族不洗尸。死者穿着盛装，如在冬季要穿上皮毛外衣，以使亡魂抵御风寒。脸部用鱼皮或兽皮、麻布盖好。死者在家停放期间要在脚上点燃鱼油长明灯。祭吊时供豆饭或黄米饭，供

① 《赫哲人萨满教研究资料》，斯莫凯维奇著，1896年俄文本。

各种糕点。由年长者主祭，手擎火酒致祭词，大意说：“喝吧！静静地安歇吧！不要来打扰你的孩子和我们的家族!”供祭仪礼由家族和近亲参加。遗体没有离家期间，如果死者是男性，他的妻到夜里还要和死者盖同一张被，在一齐同眠，表示对亡魂的眷恋、安抚，据说在葬礼没有举行时，亡魂在自家内，在遗体附近不停地徘徊逗留，妻子要给予体贴，以慰亡魂。一般说来死者在家停放一二昼夜，便将遗体从窗口抬到前庭，往箱形棺木里入殓。在乌苏里江上游，往棺木随葬的物品，男性有鱼叉、火铳、火镰、打火石、剪刀、桶和衣服等常用品；女性有针、线、剪刀、首饰匣等都装入棺中，供亡魂使用。装入棺中的这些物件，件件都要做出损坏的样子，金属品也要弄伤，据说这样做是因为人间用好物品，冥界正好相反，什么物品都要有残缺。黑龙江畔的赫哲人，随葬品用纸描画出的鸟、兽和家畜，再剪下来放入棺中，或在棺前焚烧，已经多少受到附近汉族、满族的近代葬俗影响了。

送葬过程中，3 次止步停下，举行路祭，把带来的祭酒洒在地面，同时唱道：“喝吧！向着死国平安无事地走吧！千万不要再返回来，更不要把孩子们一起带去。”到达墓地，用木杠绑绳将棺木送入墓穴，在墓前近处点燃火堆，向火中洒火酒，投放供祭食品，投烟草。这时再向死者致词：“为你造了新宅，在那里你的幸福日子到来。不要回来探访你的妻，不要再来领走你的小孩。”边说边向棺上盖土，堆成坟包。死者妻把死者的爱犬从家里领到墓前杀掉，让亡魂接受爱犬魂到冥国一起生活，供他使用。杀死的犬，用大鹿皮包好放在当地。最后，在坟上插小旗，全家人返回。这种古俗和近代习俗融合的葬式与前面所述的古老葬式比较，这里对亡魂的各种态度和做法，愈加细致复杂了。一连串的祭魂，祝祷，都反映了赫哲族萨满信仰对亡魂的某种安抚和某些恐惧，对亡魂作祟家族和儿女，保持警惕，用寻求和解的方式把亡魂安全送走。

对死者的葬式还有一些特殊做法，也很值得注意。因为赫哲族是游猎民族，行踪不定，行方不明，所以有的猎手如果意外地死在远方，尸体无从找寻，就要实行假葬。办法是，制作一个与死者等身的木像，手足俱全，穿上死者衣服，举行模拟葬礼。这是模仿巫术的一种方法，用这种方法使亡魂得以安定，仿佛有了归宿，不至于因不正常的死亡而作祟人间。另外，在19世纪末，黑龙江沿岸出现了一些赫哲族停棺小屋，那里多是存放江中溺死者尸体的所在。用一根绳，一端挂在小屋上，另一端固定在江岸上，绳两侧并列植树，这是企图让溺水死者通过绳子把亡灵引到最后安息的地方，得到归宿，放心离去。过一段时间，再把小屋中的棺木实行土葬。

鄂温克族及鄂伦春族中，对儿童死者的葬式仍有依古俗悬挂树上的，也有在林中选择树洞存放在内的。

用火葬处理死者，在萨满教信仰的北方各民族中也不在少数。中国西北部各突厥语族，在5至7世纪之间，就已经用火葬了。在戈壁滩以北，这种古火葬墓地的遗迹还可以看到。人死后，把死者尸体连同他生前的马和日用物品一律烧尽，让亡魂带着他的东西到另一个世界去。东北部的古代鲜卑、东胡族，大多是将死者入棺后，连同他的马、狗和日常用品一齐焚烧，再把骨灰入小棺中运往墓地埋葬。在蒙古草原上，布里亚特人较普遍实行火葬，给死者穿上盛装，抬到火葬的空场，再放上弓箭、小刀、粮食、枕头，以及死者的马和马鞍，一起烧掉。随后将骨灰装入白桦树皮盒，3天后送往墓地，放到专为存放骨灰的木桩上，木桩约2米，顶端劈裂，将桦皮盒夹住，实行火葬后再风葬的习俗。

布里亚特萨满死后，要举行盛大的火葬仪式。先是用清水为萨满遗体净身穿衣，在家中停放3天3夜。死者的萨满用具一并放在死者身旁。死者生前曾经用萨满术帮助过的人们，都聚集在死者家中。从萨满的弟子和助手中选出九人，作为“萨满之子”，为死者唱颂扬业绩的赞歌。同时，点燃当地产的枞树皮、香草。杀羊准备祭吊食品，把煮好的羊肉装入袋中带到火葬场地。送葬时，先准备好驮尸的马，马具齐全，项下挂铃，死者放在马背搭好的被上驮好，后面骑上一位长者，再由一名老人牵马，送上通往火葬场地的路。“萨满之子”们唱送魂歌，老人们摇着铃，送葬的萨满们击神鼓。从村中出来时，在送葬人周围，从东向西，先将驮死者的马牵引转3圈，表示死去的萨满留恋乡亲，亡魂告别。送葬行列的前头，由一些人举着小白桦树，上面挂满各种森林小动物的毛皮。出村后走一段路，由家人向村中射1支箭。途中如果遇到从前死去的萨满的标志，即3根木桩，送葬队列暂停，众人就地喝酒、吃羊肉，并在木桩上挂上一些小兽皮，洒酒、投肉致祭。再走一段路，选择一块地方，也要为这位刚刚死去的萨满立3根木桩，同时众人再饮酒，吃羊肉，向木桩上挂兽皮，洒酒，投肉致祭。布里亚特人称这种木桩为“巴里萨”，是为萨满的亡魂拴马用的。过路行人到此地都要供烟草，敬酒致祭。

到达火葬场地，铺好毛毡，把死者放在上面，因为遗体直接和地面接触不吉。萨满系半人半神，亡魂要归天界，所以需要圣洁。死者面向正南。在“萨满之子”们唱送魂歌时，把松树枝干堆积好，上边铺好被，摆好马鞍，将遗体抬到被上，头枕马鞍，严密包裹好；再把马缰绳子、笼头，装有8支箭的箭袋和弓放到身旁（袋中原有9支箭，出村后已射出1支）。同时，在附近的树上挂上死者萨满的心爱用具和更多的小兽皮，并放上几杯祭酒。家属在点火焚葬前，用短时间摆宴聚餐，为死者亡魂设餐具，象征合家送行最后共享天伦之乐。罢餐后，送葬人纷纷到死者的爱马身旁，在马头马背上留下一些记号，然后将马杀掉。最后，点火葬遗体和马等遗物。焚尸后，人们再不回头，都向归途走去。在途中找到出村射的那支箭，把它带回去放到萨满生前住的帐幕中存起来。“萨满之子”们聚在这座帐中，连续唱3天3夜的安魂歌，再把死者生前的全部好友、近亲、近邻都请到一起，其中至亲好友来时把祭供的羊、酒等物都带来，同时带来小白桦树，再挂上小兽皮，再杀羊、煮羊肉，然后出发先到死者的“巴里萨”木桩处致祭，再到火葬场地。

到达之后，先把供品食物摆好，再在两棵树之间拴结一根绳，称作“达里”挂上带来的兽皮。人们拿来食品祭死者亡魂，共同会宴，同时追念死者生前的往事。然后，由家人戴上皮手套，从焚尸堆上拣出未烧尽的骸骨，放到一个特制的皮口袋中，随后放到事先在高大松树干上挖出的洞中，严密塞好，把剥下来的树皮也填塞进去。这棵树被称作“萨满树”，蒙语叫作“勃额给·那尔汗”。这棵树特别要与周围的松树分开，不致相混。（近代，这种高大的树很难找到，便换成一棵神树作代替，放在各处，让人们很容易辨认。这种神树称作“艾哈”。）遗骨存放后，继续会餐、唱歌，最后把吃剩的东西都烧掉。绳上悬挂的皮毛，可就地放在绳上，也可以带回家中。如发现殉葬的马烧掉的肉已被野兽吃过，被认为是吉兆。

近代杀马殉葬的习俗有了很大改变，往往采取供活马的形式，在火葬时，把死者爱马放在当场，表示由亡魂使役，葬后再把马牵回，设法卖到其他民族手里，自己家绝不留死者爱马，以防亡魂作祟。

实行野葬火葬的蒙古人受到农业民族影响，近代也出现了土葬式。但是，除了遗体入棺埋葬外，其他陪葬品多保留了焚烧处理的古俗。

古代信奉萨满教的民族，以后又信仰了一神教的地方，大多受伊斯兰教、佛教、基督教影响通行了很长历史的土葬。如古代塔塔尔人曾用风葬，即悬于树间的风葬，18 世纪山地塔塔尔人还都是这种古老的萨满葬式。维吾尔族中一部分古代也有过火葬习俗，多在傍晚或深夜进行，火势旺时，要往火中洒酒投食致祭，最后将骨灰收入袋中再土葬入地，筑成坟冢。满族先民也曾有过火葬和树葬的古俗。在宁古塔一带的大树洞中曾发现过死者骸骨及女真人衣服上的铜铁饰物、小刀、木匙、祭祀神鼓，可能是女真萨满的遗骨遗物。辽宁省满族发祥地新宾满族自治县，至今还流传着努尔哈赤把父亲的尸骨放在启运山下(今永陵所在地)的一棵树杈上，尸骨和树长在一起的神树传说。这一传说反映了满族萨满教葬式的古老形态。满族的近代发展，已经全部实行了土葬。古代满族火葬多在上层贵族中实行。锡伯族的火葬习俗与土葬并行，但夫妻先后相继死去要采用同一葬法，如火葬，双双都火葬。甘肃省裕固族对老人尸体实行火葬。青海土族先用坐棺式灵轿将遗体运至火葬场地火化，再将骨灰收入小棺实行土葬进入墓地。

满族近代实行的土葬中，还保留了一些古代火葬遗风。遗体盛殓入棺时，下面垫草或树枝，这和《绝域纪略》中写的“火化而葬，棺盖尖而无底，内垫麻骨芦柴之类应用被褥，以便下火”十分相似，进行土葬时依旧垫草枝，正是火葬遗俗。

所有的丧葬礼仪和葬式，都有许多的差异，甚至很微小的差别。比如，鄂伦春族的火葬，已经仅限于死者是孕妇的范围内实行；达斡尔族的火葬也只限于患痨病（肺结核）者。对雷击死的、溺水死的、自杀被杀或其他非正常死亡者，都有不同的丧葬处置。这种现象充分证明，丧葬的差异中，仪礼的多样化中，都有死者亡魂的特殊状况在支配着，绝不仅是丧葬习俗本身的传承所带来的区别。关键在于，萨满教十分注重亡魂的代表性质，是久病死后的亡魂，还是自缢自杀后的亡魂？是落水而死的亡魂，还是被猛兽吞食而死的亡魂？有的萨满死去火葬，人们相信他的亡魂将随烟上升天界成为神灵。溺水者尸体停放江岸停尸屋，人们相信他的亡魂还要受到磨难，才能到达冥国。

萨满教信仰下的各原始自然民族的亡魂观念，和正常的对死亡的理解，常常相反。因患重病而死，在现代文明是正常而自然的死亡，但在萨满教信仰中，重病是恶灵作祟，由此致死是非常的、超自然的。而根据科学常识认为好端端的人被火烧死，是不正常的不自然的，但在萨满观念中，反而认为是火神选中他去做使者了，是正常的、自然的，甚至是桩好事。丧葬的处置正是带着这些观念对待亡魂的。

四、亡灵祭

人死后，在活着的人中便立刻随俗实行一系列的亡灵祭，这是萨满亡灵信仰中必不可缺的内容。通常多是从死日算起，有间歇地进行亡魂祭。在中国北方民族中，大体形成了东北与西北的两大类型。

中国西北以突厥语族为代表，有特定的日期追荐亡灵，主要的共同祭日是人死后第3天、第7天、第20天、第40天、半年、1周年。

中国东北（包括内蒙古）以满—通古斯语族、蒙古语族为代表，也有特定的日期悼亡灵；共祭日是人死后第3天、第7天或第9天、第49天、百天、1周年、3周年等忌辰。

尽管较长的历史时期内，西北各民族受到伊斯兰教文化的深刻影响；东北及北部各民族受到佛教（主要是喇嘛教）的影响极大，但在他们举行的亡灵祭日活动中，都从古老的萨满传承中保留下来许多萨满亡灵信仰的遗风。

通常在西北各少数民族的亡灵祭中，可以看到许多朴实的传统仪式。死者离去的第3天、第7天、第20天和第40天，都要举行祭仪，都要请亲戚来聚集在死者家中。有的地方的亡灵祭只在人死后第20天和忌辰日举行。在哈萨克人和柯尔克孜人中，也有亡灵祭，还保留了很珍贵的古老习俗。例如，在举丧期间，上座上一直放一个马鞍，鞍上的金属卡子上分别挂着死者的服装、巾带。祭年轻的男子，还必须立上一支矛，尖上拴一个红飘带。矛从帐房上边垂下来，尖朝下方，立在帐房中心。到了第20日，请好命人把矛取下折断，家中主妇和女儿手握矛哭泣，象征死者就像矛突然拧下折断一样。然后，生起旺火，把矛投入火中烧掉。还有的在第7天祭亡灵时，把死者爱马的尾毛剪掉。第40天祭日，要点燃灶火附近上座的一盏小灯。在所有的祭日，都要由近亲来食。万不得已急需在举丧期间搬迁的时候，只得在死者的马尾拴上红布，把马鞍的前面反过来向后放到马背上。同时，在马鞍的铜铁卡子吊上死者的外套、头巾、火药铳、小刀等。这马由死者的妻牵着走，如果妻死，由女儿牵着走。如果死者是妇女，就要把鞍子放到骆驼背上驮着，上面用衣服和布盖好，由女儿或儿媳牵骆驼走。一周年忌日祭时，有的要把死者留下的爱马杀死，把马骨都要保存完好。在古俗传统中，哈萨克、柯尔克孜人举行亡灵祭时，还要进行赛马。获奖者如果是和死者同村的人，就要把奖品带入到死者住的帐房来。

丧偶的男子或寡妇如再行婚嫁，就必须男过4个月、女过7个月，满期后举行。如在期限未满时再婚，当事人要到死者先夫或先妻的墓地致祭，做法是必须手持满满一壶水到死者墓前，从死者头部位置将水灌下。

蒙古族、满族的亡灵祭十分注重7日和7的加倍日直到7和7的积数日，死者离去后第7天，称“一七”。以后每过7日依次称“二七”直至“七七”，即第49天。这种7周日的供祭亡灵，与佛教或喇嘛教关系密切，但是供祭的形式中也保留了不少萨满古俗。通常认为这49日中是亡魂作祟不安的时期，也是亡魂刚刚离去，受灾遇险的多发阶段。所以，这期间特别谨慎从事，不吵架、不生病、不闹灾则大吉。在蒙古人忌日中尤其重“九”，有的如在9日死去，忌日就扩大到19日及29日，有的甚至还扩展到9的加倍数日，直到81日谓之“明九暗九”。满族死者忌日还有“犯七”之说，有“明七暗七”之忌，对亡魂不断祭供，与“超度”的宗教仪礼复合。通常认为，忌期内，亡灵不明去向，在地上徘徊不定，第49天就要站到冥王前听候裁判，接受惩罚了。因此，家人们在祭日为亡魂摆供品、点灯火，助它上路接受审判，同时，这期间要多向冥王祈祷，请萨满跳神解亡魂之灾。

近代萨满的亡灵祭，最有萨满古俗特点的应当以赫哲人的祭仪为代表，它极少有其他宗教的影响而保持着固有本色。在19世纪20年代到20世纪30年代关于赫哲人的国内外调查资料中，有大量第一手材料证实了赫哲人亡灵崇拜的萨满文化特征。

人死后，从下葬日算起第7天，要在死者生前睡眠的地方放一个特别的白靠垫，用它代表死者。如死者是男，在白靠垫上放上他的衣帽；如是女人，放上她的首饰匣（或梳妆匣）；如果是儿童，放上他的玩具。这种白垫称作“法尼阿”，和死者及其亡魂有极为密切的关系。它既是死者的替身，又是亡魂可以附着的载体。每逢家人进食，都要在“法尼阿”旁供碗水；夜间入睡时，死者配偶要抱“法尼阿”盖同一个被就寝。“法尼阿”的正面，相当人胸部的地方开个洞，把一个木制神偶放到里面；这尊神偶名叫“阿雅米·弗尼雅勒考”，是亡魂的守护神灵，放在“法尼阿”中如附在亡灵上一样，这是一种灵灵相护的萨满巫术。供奉时，点火装烟向这个洞献祭。这样，直到大供祭日一直如此连续不断，到大供祭日就把它焚烧了。

在赫哲族的亡灵祭中最值得注意的有两个部分：一部分是被称作“尼姆干”的小祭，它只用一小块场地，时间大体在葬后 7 天或更晚一些，甚至 2 个月后，等等不一；另一部分是被称作“卡萨塔乌里”的大供祭日。这后一种大祭是悼亡魂最重要的仪式，也就是往冥国送亡魂的礼仪。这个祭日也是不定的，和“尼姆干”一样，要由家属和近亲自己决定日期。有的举行较早，但是也有过了 1 年以后还没有举行的。还有的在大祭日之前，每月举行一次小的祈祷，并在黄昏时分在“法尼阿”前供食物和饮水。

下面记述一下“尼姆干”和“卡萨塔乌里”的主要程序：

1. “尼姆干”。事先要做准备工作，首先做出祭日必不可少的面食，其中要有一个是鸟形的，其余的就可以是各种各样的。然后召请萨满来，坐在“法尼阿”旁的座上。要向“法尼阿”供上酒和烟叶，在木制神偶的胸部用火做法施术。由妇女们在院中搭起一座临时的神棚，设东西两个门。然后由家人把载有神灵的“法尼阿”捧到这个棚中，放到干净的软皮垫上。在东西两门入口处分别燃起火堆。向东去通往大地，向西去通往“布尼”，即“死国”或“冥土”。妇女们再用干草做一个草人，穿上死者衣服，被称作“木哥呆”。这些做完了以后，萨满穿着神衣进入神棚。为了表示忌丧，萨满系白腰带，其他人发辫上都扎白布条或飘带，按习惯人们都手执柳枝而来。接着，萨满施术到处搜寻死者的亡魂做出往“法尼阿”中注入的样子。开始，萨满用微弱的力量敲着神鼓，过不久随声唱歌，逐渐用力敲起鼓点，开始请神灵（色翁）护法相助，并表现出与诸灵答问的神情，引起众人注意。萨满很快进入失神状态，狂跳旋转，继续搜寻亡魂，最后萨满狂喜高叫，手做出抓到什么的样子，令人觉得亡魂已经被捉到。这时，如果亡魂在游荡时受伤或有病，萨满要先为亡魂医治，然后，把亡魂收入“法尼阿”中。但也有时亡魂从“法尼阿”中再逃走，于是再搜寻；再找回来时，由妇女们向“法尼阿”送食物，萨满同时斟酒劝饮。然后，向“法尼阿”只供饮水。再把剩余的食物和草人“木哥呆”投入火中烧尽，把“法尼阿”放回原来的家中。完成了“尼姆干”小祭。

2. “卡萨塔乌里”。人们在去召请萨满的时候献酒，萨满先用右手食指蘸酒，往左手上点几滴，作为给自己的守护灵“色翁”的供物。接着穿上萨满的装束，拿上神鼓，求神灵为自己增添力量。到达死者家后，首先坐到“法尼阿”旁，接着再做好“尼姆干”祭中搭设的神帐，再次在东西两门前燃起火堆。再制作“木哥呆”草人，穿上死者衣服，脚像走下河水的样子面向流水放在“法尼阿”旁。这时，萨满先把自己的装束全整理好，打起神鼓，在神帐中追逐隐藏的恶灵，接着再寻找游荡远行的亡魂。跳神开始，萨满唱着他和护法诸灵一道去冥国的经过，敲打着神鼓跳舞，高声唱诵。还在帐房周围转圈快跑，助手们急速地追赶着。突然，萨满用手抓住亡魂进入帐房，向家属询问亡魂的特征和死者是否吻合一致，直到最后确认无误时为止，将亡魂移入“法尼阿”。移魂法是萨满跪在“法尼阿”前，两手握魂放在它的上面，从手缝中只一吹，魂便移入了。这时，萨满为亡魂医病治伤，据说，这些伤都是在亡魂游荡徘徊中受恶灵所欺造成的。接着占卜亡魂的病灾是否治好。然后，开始众人用各种供祭的食物和酒款待亡魂，使亡魂欢心。最后，萨满把吃剩下的食物和酒投入火中，再由妇女们把床抬到帐房中，把“法尼阿”和“木哥呆”都横放在床上，萨满在床旁跪下，劝慰“法尼阿”中的亡魂，让它安眠，给它盖被。同时，萨满和家族中有人留在帐房过夜。

第二天，萨满再穿好装，打鼓，唤醒亡魂，从被中取出白垫和草人，妇女们再进食，飨宴如昨，残食再投入火。入夜，和头一天一样，“法尼阿”再眠。这样，不停地反复行祭，直到最后把亡魂送往冥国的祭日为止。萨满每早向亡魂劝食，晚间劝睡，要唱诵许多诱人动听的词语。每天反复进行跳神时，萨满要把脸涂上黑道，以防恶灵认出自己的真面目。不停地请神相助，做着各种鸟兽的动作和叫出鸟兽的声音。因为据说萨满要想知道去冥国的路，要靠这些鸟兽。萨满施术时悬挂两个鸟形神偶，一个是“布秋”神，一个是“阔力”神。因为魂到冥国，全靠“阔力”领路，在最困难的时候，萨满要由它背起飞越而过。长时间施术之后，萨满乘在雪橇后部面向西坐。橇板上载着“法尼阿”“木哥呆”和装食物的筐篮。萨满要求由最快的狗牵引。萨满再求诸灵守护，同时请一个使佣人坐在后面，又吩咐狗出发快跑，还说一路上的见闻，还要叙述如何到达死国？怎样见到了早先的死者？遇到艰难“阔力”和“布秋”如何解救？小动物到死国如何帮助美言等等，所有冥国景象及亡魂如何顺利到达，一律是萨满坐在雪橇上向参加仪式者唱诵出来的动人的冥国之行故事。萨满唱到归来时，仪式终了。萨满把“法尼阿”“木哥呆”都投入火中，把装食物的筐篮也烧毁。然后，助手们编一根草绳，一头牵在萨满手中，另一端放在死者近亲手中，在火上烤，再由萨满斩断，将一端投入火中，剩余的剁碎，向西方投去，表示死者与家属之间的全部关系至此断绝，近亲们也从此割断了联系，预告亡魂今后对家人不要再提出任何要求，不要作祟。

上述两种冗长的、繁缛的祭仪，把满—通古斯语族最古老的亡灵祭展示无余。亡魂崇拜的全部细节告诉人们，萨满教的整个神秘世界往往都在处理生者与死者关系时显现出来。无论“尼姆干”还是“卡萨塔乌里”，还有别的亡灵祭形式，都是神秘的萨满世界的缩影。亡灵，这种与所有人的生命及命运息息相关的幻物，是萨满信仰的要害所在。

第五章　满族兴起时期的天灵观

在古老的民俗信仰中，对大自然的信仰几乎占据着全部信仰的支配地位。特别是在一些发展阶段处于人类社会较早期的民族当中，自然崇拜往往统治了整个生活。满族尽管在1644年5月入关后很快全面吸取了汉族先进文化，并对人为宗教也开始了不同程度的信仰，但是，在1583年努尔哈赤以13副甲起兵后的60年间，满族信仰仍处于原始信仰范畴。从大量满文档案中的民俗实录看来，满族兴起形成时期的民俗信仰具有十分典型的意义。不论这时汉族的佛教、道教和藏、蒙古族的喇嘛教怎样向辽东渗透和影响，然而满族却依旧沿袭了12世纪初女真人信仰原始宗教"萨满教"的信仰，对"上界"的"天"，"下界"的"地"，保留着浓厚的自然灵物崇拜的特点。其中对天的信仰仍居于首要位置。甚至到了满洲贵族在北京建立了帝制统治之后的很长历史时期内，这种天灵信仰仍以不同形式显示出它的原始面貌和民族特色。

天灵信仰在大自然崇拜中属于对天体现象信仰的范畴。任何民族的祖先，当他们处于生产极其落后、生活命运还远远不能掌握在自己手中时，往往都要仰赖天体威力成为"顺己""助己"的力量。于是，以天为大，形成了高于一切的无形有灵的主宰。对天的崇拜，也自然形成了居于一切崇拜的统帅地位的至高信仰。满族兴起时期，信仰更是如此。他们十分注重取法于天，大凡用事、用人、用兵，一概离不开用"天灵""天意""天理""天助""天佑""天命"做出种种解释。

满族上层贵族在这个时期充分利用了天灵信仰，全面动员了人民，调集了整个民族的实力，为建立起自己的军事政权起到了有效的舆论作用。因此，对满族兴起时期天灵观的探讨，对了解满族的发展，满族固有文化的特点，都有十分重要的价值。

满族兴起时期的天灵信仰是具有多样性的，以下只从最有代表性的三个方面予以分析论述，就可以窥视其本质。这三方面是：关于天“兆”的信仰；关于“祭”天的形式；关于立“誓”的仪礼。

一、天　兆

满族的天灵信仰往往表现为对日月星辰、风雨雷电等所显示的“预兆”的信仰。对这些“兆”的判断，构成了一系列天灵显现的奇异说法，这些说法便有力地反映并影响了人们的天灵观。

努尔哈赤起兵统一女真各部时，对于天“兆”的信仰在满族当中十分风行，往往占有支配地位。据满文老档记载：1607 年努尔哈赤征乌拉部时，曾一再于阵前强调，“淑勒昆都仑汗”（努尔哈赤）“有天佑雄威”，乌拉部首领布占泰虽然兵多，也敌不过他。如，是年 3 月 20 日的一次战斗中，努尔哈赤二子各率五百兵击败布占泰一万兵的记录说：“打败那兵的时候，天气晴朗。到夜里立营时，一瞬间就下雪变冷了。在战斗中受伤的人败走时，因出汗而脱下甲的兵，很多人被冻死了。这正是所谓天助神佑。在出征时有吉兆，明亮的光线射在我军的大纛上，随后击溃了拦截通道欲杀我军的布占泰率领的一万兵。”① 从此以后，所有关于“兆”的记录都显示了这一特点。如：

1607 年“秋 9 月，有星光出现，向着东方的辉发，七八夜后才消失，从那以后在西方又有一星光出现，持续一个多月……9 月 14 日，

① 《满文老档太祖朝》第 1 卷。

围攻并占领了辉发城，捕杀了城主拜音达里父子。”①

1611 年“10 月朔日，淑勒昆都仑汗出来祭纛后坐下了，在乌拉大城北边，出现了从东向西横贯天空的白蓝光线……同年 12 月，天的光线从乌拉方面，越过淑勒昆都仑住的南楼子南面，直到呼兰哈达……汗遂击溃乌拉的布占泰汗三万兵，杀万人……灭绝了在乌拉国几代相续称汗的统治，夺了大城……那两次天空出现光线，就是给乌拉国人带来的预兆。”②

这些“吉兆”的记录在当时并非杜撰编造，恰是满洲贵族兴起时天灵观的展示。他们把天体自然现象紧紧联系到自身的部落统一战争上，以验吉避凶，他们并不是以此笼络人心，而是虔诚地信仰这一切异常的“天兆”。所以，才自然地导致出努尔哈赤称汗即位上尊号为“天命”的结果。

丙辰年，即公元 1616 年，努尔哈赤 58 岁，这时他完成了连年征战统一了各女真部落之后，已初步巩固了军事、政治、生产三位一体的八旗制度，满族走上了新的胜利阶段。天灵观支配着上层贵族的政权观念，促使他们建立了自己的“大金国”，史称“后金”。正月朔，壬申日上层召开的诸贝勒、诸大臣会议公布说：“因我国没有汗，生活非常困苦，所以天为使国人安居乐业而生汗，应当给抚育全国贫苦黎民，恩养贤才士，应天命而生的汗上尊号。”③ 于是努尔哈赤即位为帝，上尊号为“覆育列国英明皇帝”，建元为“天命”。④

满族第一个帝王的尊号和年号与满族的天灵观有直接关系。“天命”已经十分清楚地道出了这种信仰的原意，尊号的满文原意也是

---

① 《满文老档太祖朝》第 1 卷。

② 《满文老档太祖朝》第 2 卷。

③ 《满文老档太祖朝》第 5 卷。

④ 《清史稿》二，《太祖本纪》第 9 页。

"天任命的覆育诸国的英明汗",[1] 这里"天任命的"含意非常重要。在称帝前的部落战争中。努尔哈赤便一直建立着一种信仰,即"天助"、"天佑",俱在于"我",相反,"天谴""违背天意",俱在被征伐诸部及"尼堪"。[2] 因此,"天子"的原始观念早已由天灵观发展到政治观念上了。这一点,各族统治层的信仰大同小异。据记载:汗在聚众议事时常自称"天任命汗,汗任命诸大臣","靠天保佑必定会富裕起来","覆育天委托给的国人,天也会嘉奖"[3];又记载说:"两大军会战时,敌人射的箭,砍杀的腰刀,刺击的枪,天神都会让避开挡住,很少受伤。淑勒昆都仑汗兵射的箭,刺的枪都使之穿透敌甲,用腰刀咔嚓一声便砍倒,这不是天佑神助吗?"并记载汗"即使天佑,心里从不怀一点骄傲"[4]。这些用满文记录在当时第一手官史资料的内容,都是满族兴起时天灵观转移部分的最真实的最朴素的反映,这在以后的所有正文中是看不到的珍贵资料,对我们了解满族形成过程中天灵观的信仰传承及其作用有重要价值。

"天命"汗的即位和建国进一步把天灵观扩大化,几乎渗透到满族政治生活、日常生活的各种细节中。这可以从汗即位后的一系列"吉兆"的记录中看到。天命元年(1616)"5月,下了蜜蜂雨。出赫彻穆路,去十八岭打猎,进入托喀路时,雨一滴一滴地下。那以后,可以看到在柞树叶上有玻璃般的光彩。舐舐是甜的,正是蜂蜜。汗一面舐一面说:'这可太好了,诸贝勒、诸大臣也舐舐',让大臣们都舐。"又天命二年(1617)"4月24日,中午,在七百里的地方下了蜂蜜雨"。还有,天命元年征讨叛变的萨哈连部和虎尔哈部时,出现了江河横贯结冰助师得胜的"吉兆"。原记录说:"从前萨哈连江在11月15至20日才结冰。

① 《满文老档太祖朝》第5卷。
② 反映明王朝或汉人。
③ 《满文老档太祖朝》第4卷。
④ 《满文老档太祖朝》第5卷。

松阿里江在初十至十五或5天后结冰，大英明汗出兵时，10月初就结冰了，所以汗的兵在初五渡过了萨哈连江。那时，东西边都没有结冰，在恰恰对着我兵进袭的村寨像架桥一样横贯着二里结冰处，进攻时……我兵全部夺取了凭借乌拉河尚未结冰仍居在萨哈连的十一村，然后全部返回了。当渡那河时，来时渡过的冰破了，在那西边的地方，却像去时渡过的一样又结了冰。在那里渡过后回来时，冰又化了，以后在冰冻时期又结了冰。随后迫使阴达珲塔库喇喇部、诺洛部、实喇忻部三部投降。”尽管在记载中也说“先前别人都说是虚伪不实的事”，但官方仍认定是“天谴责”叛军，“所以未到季节，就像架桥一样横着结了冰……在这里并排40匹马前进，不像虚夸横贯结冰的事”①。某些自然现象的异常状态变成了传说并载入史册，正是天灵观再现的生动反映。他们笃信这些“瑞兆”都紧紧关联着民族的兴起，特别是紧紧关联着他们“天命”的“英明汗”。同时汗也自信自己是“吉祥”的化身，“奉天承运”的天子，对各种“瑞兆”也采取了相应的措施，扩张其势。

据载：天命三年（1618）“戊午年，大英明汗60岁正月十六，天刚亮，出现了黄色明亮的光线，贯穿在西沉的月亮中间，那光线像布幅一样宽，从月亮向上有两竿，向下一竿多长”。于是，汗借此兆宣布说：“我已下定决心，今年一定要出征。”②

当年4月，努尔哈赤兵与明抚西、广宁、辽东兵战于野，汗命令满兵西向三处尼堪兵设营进攻时，“天上的风向东吹，兵刚一接近，大风立刻将尘埃吹向尼堪……追杀尼堪兵一万人……”过2日，“晚上日落后，从西向东出现粗细相等的两道黑蓝光线，横贯天上”。对此，当时编纂法典、记档的大臣额尔德尼评论说：“因为尼堪万历帝过错甚多，

① 《满文老档太祖朝》第6卷。

② 《满文老档太祖朝》第6卷。

所以天以为非。在3处设营，挖壕，层层排列枪、炮的一万兵，在战斗中也没有取胜，都被攻破杀死。在大风停止的瞬间，反倒吹向尼堪兵方向，放炮的人打死他们的7名炮手。诸申国的英明汗善行甚多，天地佑我，合于风雨之机。”这次战役十分激烈，满兵以较少伤亡尽杀明兵约万人，所以额尔德尼认为绝大多数八旗兵未受枪炮之伤是“天神使之躲避”，“天神的保佑”；八旗兵把明兵射杀殆尽是“天神帮助刺杀”，是“天佑”。①

天命三年（1618）五月努尔哈赤进袭抚顺北，前后连雨，独进袭当日晨雨停，也被评之为“天佑”。此前夺取西城也是“整夜下雨”，翌日披甲攻城时天晴，也同样被认为是“天助”。又，在抚顺北夺明兵粮食时，“早晨大雾，卯时过半，天的赤、绿、白光线出现在兵的两侧，以后形成6个圆门。那两端在兵的前后，随着兵至15里才消逝。”于是，粮食全部夺到了手。② 7月20日进攻清河，“未时下了雨，晚上晴了。22日，攻取了清河城。从清河撤兵回家后，清河大洪水，八旗兵尽得清河俘虏、粮食”。额尔德尼评说：“兵出发的那月是雨季，撤回家之后那里才发了洪水，如果当初连夜下雨到出兵的早晨不停，怎能得此清河城呢？这正是天助！”又，9月19日“早晨寅刻，在天的东南角，有白光线，从地上冲天而出。看见那个光线像大刀那样，尖端细而直，长比大树高，横宽能有一尺”。10月11日，“天亮时，在那白光线出现的东方，又有星的光线出现了。从那地出的白光线，在星的光线出现的第4天，即14日早晨消失不见了。11日，出光线的星，每夜都向七星的方向移动，通过七星尾部的星星北头。从十一月初九日消逝不见了”。努尔哈赤军事上的节节胜利更进一步扩张和巩固了这种天灵观，把一切虚的自然现象几乎都列入档案作为“瑞兆”，进一步为政治上的

① 《满文老档太祖朝》第7卷。

② 《满文老档太祖朝》第7卷。

天命观和军事统治做出舆论根据。[①] 类似的例子如天命四年（1619）3月抚西路大战时也有。两军接近时，“大风忽转，反吹向明尼堪方向，放枪炮的烟，兵踏起的尘土，风吹起的尘埃，全部压向尼堪兵，天昏地暗，在那烟尘的黑暗中进攻。射杀尼堪兵，烟尘消逝，那兵也杀光了”[②]。档案中总结时认为：仅3日全歼明兵二十七万，皆因明万历帝“违背天意”，“天以为大恶”。八旗兵两军合围夹击成功被认为“是天神指引相会合”。获胜有赖所谓“天神帮助”。又由于战争中朝鲜王派兵助明兵作战，于是努尔哈赤写信给朝鲜王也说：“天以非为非，以是为是，……天以我为是，以尼堪为非。……那大国的尼堪皇帝，也同样在天的法度下生存。但尼堪皇帝却改变天的法度，违背天理，诸国苦之。你朝鲜王为何不知此事呢?”[③]

军事上政治上的胜利，在这种信仰基础上很自然地都追溯源于“天灵”“天命”“天助”“天佑”。同时，这种“天灵观”、“天命观”的不加掩饰的宣扬，又有力地蛊惑了八旗兵，进一步巩固了他们的“天灵观”和“天命观”，为满族兴起发挥了思想上的鼓动作用，更加把意志和力量集中于努尔哈赤的统治。因此，绝不可低估民俗信仰在民族发展的特定历史时期内所具有的巨大精神力量和物质力量。

努尔哈赤于1619年萨尔浒战后，转守为攻，连下辽沈，控制了辽东全部地区，进入巩固满族政权后金对东北地区统治的新阶段。这时期，努尔哈赤在军事胜利的基础上展开了强大的舆论攻势。其中，再一次用对于“兆”的信仰展现了天灵观的作用。天命七年（1622）2月21日致书朝鲜王，有一则记载说：“你尽管以尼堪为父母，在辽东城内的二井也出了血，你朝鲜为何不对地说停止那个呢？在北京城内的河也两次流血。各衙门的老树，在大风中都连根拔起，石牌楼也折断了。那

① 《满文老档太祖朝》第8卷。

② 《满文老档太祖朝》第9卷。

③ 《满文老档太祖卷》第37卷。

样怪异，你朝鲜为何不对天说、对风说停止那个呢？我是看天相行动。你朝鲜逞强，不看天指示的现象，那样抗拒天，就是父母庇护了你又有何益处呢？”①

天命七年（1622）3月29日努尔哈赤下达文书给属下的尼堪官员说：“在你们心中不要幻想：尼堪朝永久，我朝是暂时的。在辽东城，井中出血，辽东城被占领了。听说北京城的河两次流血了。另有大风把各衙门的大树连根拔掉了，石牌楼折断了。谁能躲避天示的那大怪异呢？这是天意。”②

4月17日在下达给阿尔布尼、石游击的文书中对辽东的汉人说：“辽东的人，在你们心中不要幻想：尼堪朝是永久的，我是暂时的。辽东城的井出血，辽东城被占领了。听说在北京城的河，戊午年（天命三年）4月一次，翌年己未年4月一次，流血两次。另外，大风把各衙门的大树连根拔掉，石牌楼折断。谁能躲避天示的大怪异呢？这是天意。……尼堪万历皇帝暴虐无道，……天以为非。我们的汗公正，天以为是，而加眷佑。”③

天命十一年（1626年）5月20日给毛文龙的信中又一次说：“古来各国的兴亡，都是天道循环。到灭亡时，天示怪异和祥瑞，各处爆发战争，以致灭亡。到兴起时，天将默助，动则兴旺……在丙辰年大风将皇帝城内所有衙门里种的树都连根拔掉了，牌楼的石柱也折断了；戊午、己未两年皇帝城内的河流了血，这不是显示天要灭亡的吗？”④

满洲贵族代表连续5年在正式文书中反复讲述关于明王朝即将灭亡时自然灾害与传说中“凶兆”，清楚地反映了满族兴起时天灵观、天命观的另一侧面。他们用一系列关于“祥瑞”“吉兆”的传说相对照，鲜

① 《满文老档太祖朝》第40卷。
② 《满文老档太祖朝》第41卷。
③ 《满文老档太祖朝》第71卷。
④ 《满文老档太祖朝》第15卷。

明地展示了自己越来越完整的天灵观，并由此导致出明王朝必亡，后金王朝必兴的天命论。

对“天兆”迷信和宣扬是具有多样性的民俗信仰形式，是古老的大自然崇拜及万物有灵观念的遗留。这些民俗信仰又往往被人们（尤其是居于政治统治地位的人们）形成了惯例、惯制，由信仰发展成为祭礼，这样，有关祭礼便成了具备种种功利性的信仰仪式了。由俗转礼，是民俗发展的必然结果。天灵观在满族兴起过程中，也自然地从对“天兆”的信仰，发展到对天的祭典，从而增强了这种观念的政治功利性。满族兴起过程中关于“祭天”的大量记录都证明了这一点。

二、祭　天

1616 年努尔哈赤即位时，并没有本民族宫廷仪礼的先例可循，因此，保留了满族固有民俗的特色。据实录：是年，正月初一，当时八大臣捧文书跪在前面，八旗诸贝勒、大臣率众跪在后边。然后由左右两侧候立的二大臣接过文书，捧到汗前，放在桌上。额尔德尼巴克什立于汗左侧，上尊号称为：“天任命的覆育诸国的英明汗”。跪着的诸贝勒、诸大臣都站起，随后汗从御座上立起，走出衙门，“对天叩头三次。叩头后，回到御座坐下。”以下便是大臣、贝勒向汗叩头三次，祝贺新年。这里如实地记录了满族兴起初期原始祭天的朴素特点，即对天叩头三次，别无其他繁缛的仪礼。①

天命三年（1618）最重大的一次行动便是努尔哈赤宣告出征明王朝。对明宣战的仪式是在是年 4 月 13 日，寅日，巳刻举行的。当时调集了八旗十万兵众出征尼堪，并不用战书战表，而采取了发布“告天文书”的仪式，对天陈述伐明的“七大恨”理由。不论其对满族的民族

① 《满文老档太祖朝》第 6 卷。

情绪起到了多么大的煽动作用，只从告天仪式中便可以看出满族上层对天灵的信仰，乞求天佑天助的愿望具有整个满族信仰的代表性。文书中列举明王朝对满族的不平等待遇，同时一再宣扬说："天以叶赫为非"，"尼堪逆天而行"，"帮助天以为非的叶赫"；"天将哈达给我，天给我后，尼堪皇帝还助哈达威胁我。""天以为非的人必定失败而死，天以为是的人，必定胜利而存。"对天宣布文书后，"对天叩头，焚烧写好的文书，"然后起兵出城，直取抚西城。可以看到这里依据旧俗仍是"对天叩头"。①

除了以上"对天叩头"的最简单最原始的祭天形式外，自努尔哈赤起，满族举行了"堂子"祭，即于"堂子"立竿祭天的仪礼。这是"对天叩头"的礼俗的发展，是萨满教固有形式的沿用。从满族历史的原始记录看，最早涉及的"堂子"祭天的是努尔哈赤于1618年征抚顺北，攻下清河城后，九月初四，记事档案说："太阳从山那边升起前，到达汗的城，汗去堂子祭祀"的档案。按满俗建"堂子"立神竿祭天，并无固定祭日，因事因时而祭。天命七年（1622）正月朔日"汗率八旗诸贝勒、诸大臣出城，到堂子和庙里叩头"，是在叩贺新年时祭天。三月初三再一次规定，凡祭神祇、礼神竿，均需集合众人回去；汗每逢新年早晨要去堂子叩头。天命九年（1624）"甲子年，新年早晨卯刻，汗去堂子叩头，随后回家向神祇叩头"。辰刻出坐八角殿后才由贝勒、官员叩头。又在诸大臣立誓词效忠于汗的文书，也要拿到堂子去烧，以示对天立誓。如莽阿图的誓词中公开说到把被委任工作写在文书上"请诸贝勒、诸大臣看，在堂子烧那书，戌年11月立誓。"② 皇太极淑勒汗朝，沿先例新年正月朔日，寅时汗率诸贝勒、诸大臣去堂子，对天烧纸

① 上例引文分别见《满文老档太祖卷》第7卷，第32卷，第38卷，第60卷，第75卷。

② 见《盛京旧档》天聪九年正月。

钱，三跪九叩头。[1] 至天聪九年（1635）8 月 28 日乙巳皇太极为迎接出征蒙古诸贝勒及察哈尔汗后来献“制诰之宝”玉玺时，“放炮三次，出沈阳抚近门去堂子，吹海螺，蒙古海螺，打鼓吹箫，吹喇叭唢呐，对天叩头。”这些礼乐仪式的增加，显然比原始形式更加宫廷化，叩头也由“三次”增改为“三跪九叩”大礼。献玉玺仪式，又“在桌上烧香，吹海螺、蒙古海螺、喇叭、唢呐，汗率众人对天三跪九叩头”。呈玉玺之后，“汗在布凉棚前摆设黄桌，在桌上烧香烛，汗收玉玺，拿在手中，率众人对天三跪九叩头”[2]。从只“对天叩头”增加到了烧纸钱，烧香烛，以后又增加了“斋戒”“射箭”这种由简及繁、由俗转礼的发展，正是满族兴起过程中天灵信仰由朴素到典雅的新发展，它已愈来愈明显地与汉、蒙礼俗发生交流和影响。直到崇德元年（1636）四月皇太极登基后议定祭仪会典，又进一步把祭天仪式法典化，规定了若干等级差别。但是，在“堂子”祭天的原始形态一直沿袭久远，直至入关后，康乾年代仍盛行此俗。

皇太极建国号“大清”后，1636 年 5 月 3 日遣郡王贝勒多人率兵征明由沈阳出兵时，“上出抚近门，列大驾卤簿，诣堂子行礼。又于堂子，列护军纛，拜天，行三跪九叩头礼”[3]。已具备很大规模。入关后的祭天显然更加与汉族古明堂会祀群神之制合流。据与此相隔 180 年的后世文献记载，设竿祭天，堂子祭祀沿例颇久，并十分完备，把天灵信仰更加固定化、制度化。

据载：“国家起自辽、沈，有设竿祭天之礼。又总祀社稷诸神祇于静室，名曰堂子……既定鼎中原，建堂子于长安左门外，建祭神殿于正中，即汇祀诸神祇者。南向前为拜天圆殿，殿南正中设大内致祭立竿石座。次稍后两翼分设六行，行各六重，第一重为诸皇子致祭立竿石座，

① 见《盛京旧档》天聪八月。

② 《清太宗实录》卷 29。

③ 《啸亭杂录》卷 8《堂子》。

诸王、贝勒、公等各依次序列，均北向。……岁正朔，皇上率宗室、王、公、满一品文武官诣堂子，行拜天礼。凡立杆祭神于堂子之礼，岁以季春、季秋月朔日举行。祭日悬黄幡，系彩锦，缀五色缯百缕，褚帛二十有七，备陈香镫……”① 照例，重大军事行动的出征、凯旋等依然举行堂子祭礼。可见自努尔哈赤建堂子始，祭天之俗连绵近两个世纪。不论以后的礼俗官制多么复杂化，但是满族刚刚兴起时用设竿祭天，诣堂子行拜天礼的原始信仰仪式，始终保留其浓厚的民俗信仰特色。所不同的是后来诣堂子增加了为马祭神春秋两次及堂子月祭（孟春上旬3日，余用朔日），特别发展了于堂子行“浴佛之礼”，即孟夏上旬8日，自皇上以下举国禁祈祷，禁祭神，禁屠宰，禁理刑名。这些仪式都有司俎官赞礼，奠献糕酒。可见，已与原萨满教信仰习俗不同，掺入了佛教信仰仪式，所禁忌的内容正是原萨满教敬神祇的遗俗，如祭神则必杀牲祷告，与浴佛相抵消。

祭天仪式的发展在满族兴起时大规模军事行动中往往又表现在祭纛仪式中，努尔哈赤进行统一部落战争和对明作战时，出师、凯旋均行祭纛仪式，按其含意仍是祝天助兵利。满族祭的仪式最初都有杀牲致祭之礼，与入关后向纛旗只行三跪九叩礼不同，充分表现出原始祭天的“牺牲”观念。1619年抚西路萨尔浒一役八旗军大捷，努尔哈赤亲率诸贝勒于两军界藩祭纛，杀八牛谢天以祝胜利。1622年正月二十二，为大破明广宁兵“举行破敌之礼：杀八旗的牛八头祭纛”。1623年七月初六，“汗出城，在旧辽东的南岗上，杀牛八头祭纛”。1625年四月初六迎出征的大臣，“杀牛八头，祭纛”，庆祝征瓦尔喀胜利。同年八月初八，在耀州戍守的大臣大破明兵，送来了马匹、甲胄等战利品，“汗迎接到堂子叩头，在离十里外杀牛祭纛”。初九，大臣带来了归降的一千九百人户。“汗在10里外迎接，对天叩头三次，随后杀牛，祭纛。”从

① 《满文老档太祖朝》3卷。

记录看，随着军事上的胜利，更加巩固了满族所笃信的“天助”“天佑”“天命”的天灵信仰，原始的杀牲以享天的古俗，随之风行。一直延续到1636年皇太极即帝位，才制定了新会典，据《清太宗实录》载，对上述的旧俗有了严格约束。规定说：凡祭神、还愿、娶亲、上坟、宰杀或买卖牛、马、骡、驴，永远不许。改用羊、猪、鹅、鸡、鸭。特别不准杀牛马，甚至约束只许设大宴时杀，让“有群牛的贝勒、官员，也不可侈费”。足见满族兴起时，天灵信仰形式仍处于原始信仰状态，随着与汉族文化的频繁交流，自上而下有条件地改革了一些古俗形式，但仍保留其信仰习俗。直到满族上层入主中原后，逐渐改制为在纛前只行三跪九叩礼为止，满族的天灵信仰的原有祭祀形式基本上与汉族旧王朝礼仪制度相融合，只是保持了原有的天灵观；甚至在皇太极的会典中明文规定“沈阳称天佑盛京，老城称天佑兴京”。朝野惯制，岁时祭天。

三、对天立誓

满族兴起时期原始天灵信仰的标志，还有一个重要的方面就是“誓”。一般大臣，官员效忠汗的誓言文书，都如前引例，一律拿到“堂子”去对天焚烧。

不仅努尔哈赤时如此，直到天聪九年（1635）皇太极即位，改国号为清前，命诸贝勒立誓也是同样。如：是年12月28日，诸贝勒改各自的文书烧香跪下，读各自的文书后，烧了立誓。虽然文书是作为效忠皇上而立的，但其形式都是对天立誓，用天灵信仰来约束誓言的。其实，早在建“堂子”之前、之后便一直保留有对天立誓的古俗。如1613年，努尔哈赤命长子阿尔哈图门执政期间，长子有野心，曾强迫四个弟弟“不违抗长兄的话，什么话也不告诉汗”，并命令弟弟们“就在夜间对着星空立誓”。这种对天立誓正是最古老最朴素的天灵信仰形式之一。[①]

更为典型的形式表现在满族兴起时与满洲内部各部，与汉族明王朝，与蒙古各部之间订立誓约的祭天形式。早在努尔哈赤称汗即位前，就曾与明王朝辽东地方官员就双方边境立誓互不侵犯。当时，为禁止汉人越境挖银、采参、伐木、采松子、蘑菇、木耳，立了界碑，同时“杀白马立誓”。以后，宣布征明的所有文件书信，不断提到是尼堪人违背了“杀白马撒血”立的誓约。[②]

建元天命后的历次军事盟约几乎都采用了对天立誓的形式，使原始信仰充满了政治色彩，使政治活动展示了浓厚的民俗性格。天命四年（1619）11月朔，努尔哈赤致书蒙古喀尔喀五部贝勒共议双方共处之道时，立了誓词。约定“己未年12月，对天杀白马，对地杀黑牛，放上一碗烧酒，一碗肉，一碗土，一碗血，一碗白骨，以忠诚之言对天立誓”。这里明确指出杀白马是祭天，酒与肉是饷天供物，至于土、血、骨则是对违约的警告。即如某方破坏和约誓言，就要“像这血一样出血，像这土一样被土埋葬，像这骨一样暴骨而亡”。但是如果“两国信守对天地立的誓言共处，天在眷顾，喝了这烧酒，吃了肉，两国执政诸贝勒，将增寿长命。愿子孙百世万年，两国像一国一样，过着太平生活”。于12月23日在孤树，满族五大臣与五部喀尔喀诸贝勒手书誓词，“对天地杀白马、黑牛，烧了誓词，立誓”。喀尔喀贝勒立誓时钟嫩贝勒未到，2月29日遣使又“对天杀白马，对地杀黑牛”补行立誓。天命五年（1620）6月，努尔哈赤以喀尔喀部巴哈达汉贝勒破坏誓言与明王朝有来往为由，再一次用前一年“对天杀白马，对地杀黑牛，撒血立誓”问罪。后来，天命八年（1623）正月二十二，对蒙古巴约特部来人就议亲事再次提及喀尔喀诸贝勒“违背对天杀白马，对地杀黑牛，讨

① 《满文老档太祖朝》5卷。

② 《满文老档太祖朝》13卷。

伐尼堪的誓言”。天命五年（1620 年）8 月 22 日，又以钟嫩贝勒杀使夺畜致信蒙古扎鲁特地方贝勒说：“对天杀白马，对地杀黑牛，立誓说天高地厚，结果违背了说的话。”对此予以质问。天命六年（1621）四月朔日，夺取辽东后，努尔哈赤重申自己信守与明朝订立誓约，再一次提及“珍惜道义，谋求友好相处，对天杀白马，撒血立誓”。

天命十一年（1626）六月初六，与蒙古科尔沁鄂巴台吉缔结友好时又对天杀白马，对地杀黑牛，立誓词。立誓时，在南面河岸的坛上杀白马黑牛，烧香，供献所有的肉，汗同鄂巴台吉三跪九叩。叩头完毕，宣读二誓词，使众人听了，然后烧掉。

这种杀牲告天立誓的古俗，在当时除满族外，蒙古族中也有。据载：蒙古的宰赛贝勒因聘娶了女真叶赫部金台石贝勒的女儿，与早先给金台石贝勒女儿下过聘礼的努尔哈赤结仇。宰赛与明王朝就讨伐满洲对天立誓，宰赛曾“咔嚓地砍了活白牛的腰，在马上用他的手对天撒牛血”。到了天命六年（1621）八月初九酉刻，努尔哈赤释放被捕的宰赛时，相互结好，“宰赛杀一白马”，后金“杀一白马”立誓。这里杀马以供天享，杀牛以供地享，源于北方骑马民族游牧、狩猎民原始信仰的牺牲，至于“白马”与“黑牛”之分，是标志天为其阳，为光明，地为阴，为黑暗。砍白牛也取其色象征天，古俗杀纯色牲为“牺”。

满族兴起时所沿袭的天灵信仰的古俗，如前所述，到皇太极执政时便逐步改制，向汉族文化过渡，严格限制杀牛马祭天了。如天聪九年（1635）4 月 28 日满洲与蒙古察哈尔额尔克孔古尔结盟时，只有“对天叩头”“对天立誓”记载。皇太极 1636 年改后金为清时，也择吉祭告天地，当时定例一改“旧例用生太牢祀天，以祭肉分给众官，令各携至家，熟而享之”的传统礼仪，命令“祭天用太牢熟荐”，“祭毕，即于上帝神位前分享，乃为洁诚”。可见，越来越承袭汉族帝王的礼部旧制，与满族兴起初期原始状态的信仰习俗脱离。

满族崛起时期的天灵观，从“兆”“祭”“誓”等各种形式中充分展示出了它的原始性格。17 世纪上半叶的满族信仰显然保留了本族固有的骑马、狩猎民族文化特色。天灵信仰在这个时期的不断扩张，对满族的发展产生了以下三种影响：

一、天灵信仰观念的多样性发展了满族宗教观的多重性。天灵信仰来自万物有灵观念，泛灵论思想由于没有一个人为宗教主宰神的信仰和宗教教义的支配作用，很容易与多神教的偶像崇拜实行融合。这就自然促进了满族向佛教（包括喇嘛教）道教信仰的发展，满族的信如来、观音，甚至崇信“关圣帝君”和后来的“八仙”以及多种精灵（如灶神、张仙、财神、喜神及貂神等）都是。满族对“兆”的信仰虽然以“天兆”为主要内容，但是也由于泛灵观支配，对动物兆，植物兆，人体兆，事物兆等也存在广泛信仰，甚至对各种占卜、巫咒也加以笃信，构成了复杂的多重性信仰。满族统治者入关前后兴建佛寺佛塔，发展宗教事业的许多事实除政治需要外，确有信仰上的需要。

二、天灵信仰观念的功利性发展了满族天命观的政治性。满族兴起时期对天的信仰几乎都密切地联系着满族在军事、政治上的急速发展，充满了顺应“天时”“天意”，遵循“天理”“天道”，祈求“天助”“天佑”等满族生活共同体的功利目的。因此，在政权建设过程中必然由明确的天命观所支配。努尔哈赤建元“天命”，皇太极改元“天聪”，把最早定都的京城，尊称为“天佑兴京”，“天佑盛京”以及后来又称盛京沈阳为“奉天”等，都是典型的标志。满族兴起时期产生的关于努尔哈赤的传说（即老汗王传说）与早期产生的布库里雍顺传说的不同之处，正在于后者充满了母系社会时期的原始天灵观，而前者却可以明显地看出从天灵信仰已经发展成为强烈的政治上的天命观了。像传说中汗王脚心有七颗红痣的人体兆，预示帝王之相，正是这种天命观的集中表现。

三、天灵信仰的保守性发展了满族祖灵观的神秘性。满族兴起的时期天灵信仰用天命观把某些人格上升到具有一定神灵作用的神格，当这些人死后，便立即转化为具有神秘力量的祖灵。努尔哈赤死后转为祖灵由人供奉的事实是最典型的例证。由“天佑”转化为由“天命之先祖佑”，构成了从天灵到祖灵的统一体系。满族十分注重祭祖，把家祖、宗祖，甚至氏族祖先之灵看作家族、宗族、部落甚至全民族的善灵，对本家、本族、本部落、本民族起着保佑、守护作用。满族当中流传着大量的祖先传说（包括本家族祖先传说）都是这种祖灵观的反映。满族的跳神祀祖以及清宫室的祧庙之前，禘祭之仪都是祈求祖灵相佑的表示。天聪九年（1635）12 月 22 日皇太极祭祖时祈祷“上天父汗神灵扶助始终默佑”，“使国兴盛”的事例很可以说明天灵信仰的密切关系。

满族的天灵信仰在满族兴起时期的半个多世纪里（自努尔哈赤 1583 年起兵统一满洲各部到多尔衮 1644 年入关），为满洲贵族建立统治起到了不容忽视的思想动员作用。民俗信仰在一定的社会政治历史时代所显示出的强大约束力或沉重压力由此可见一斑。

第六章　朝鲜巫俗与满蒙巫俗的比较研究

1985 年 5 月，笔者应日本学术振兴会的邀请，在日本国学院大学进行“日中口承文艺比较研究”及民俗调查、讲学 6 个月，其间，有幸与同在该校进行“日韩歌谣比较研究”的韩国中央大学教授、韩国民俗学会会长任东权博士相识。从此，我开始了对韩国民俗学的了解，任博士也因此成为我的师兄与学长。当年 6 月 14 日，任先生赠我一册于 1969 年出版的日文版专著《朝鲜的民俗》。这部代表作有重点地论述了韩国民俗，其中有关韩国巫俗部分对于我当时研究中国满族、蒙古族的萨满教信仰有十分重要的比较研究价值。如今，16 年过去了，任博士以他 30 多部专著及 300 余篇论述文章的丰硕成果，对韩国民俗学、民俗史、志及方法论做了全面的研究，并展现了他在学术方面的权威性。他 55 年来的卓越贡献有力地证明了他是当代使韩国民俗学以辉煌成就走上世界学坛的开拓者。2001 年农历 2 月 22 日，是任博士的 75 华诞吉日。下面的比较研究文字，也可作为对《朝鲜的民俗》一书的学习心得。

一、朝鲜巫俗史与满蒙巫俗史的参照

在朝鲜半岛，较为普遍的说法认为：古代巫俗现象最早产生于“檀君时代”，甚至认为最初建国的檀君本人就是巫人，按照这种说法，如果檀君是巫，那么就可以把巫俗的历史上推到4300年前了。世居在中国东北部的满族，也传说他们的先民肃慎人早在远古中原的夏禹时代就已经有了氏族部落的首领，这些首领同时也是氏族的巫师，负责祭祀天地山川和鬼神，按这种传说，满族巫俗的历史至少也可以上推到4100年前了。

但是，正式见于古典文献的北方民族巫俗历史，却是2000年前的有关史料记载。2100年前，司马迁在《史记·匈奴列传》中首次将北方古民族匈奴祭天地、拜日月、祈鬼神的巫俗载入史册(见《史记》卷110《匈奴列传五十》)。根据韩国《三国史记》，2000年前的高句丽、新罗的初期，握有政权和祭祀神权的祭政合一的王权，已经有了记载，其中记有高句丽第2代王琉璃王19年，曾经发生了王室祭社稷用的祭牲猪逃走被耗利、斯卑二人杀死的事，二人因此被投入牢狱后杀死。其后，王患病传巫诊治，巫告诉王说是二人鬼魂作祟所致，王向鬼魂谢罪后病愈。这段记述表明：2000年前朝鲜已有了巫为王驱鬼医病的历史。

100年，约汉和帝永元十二年，《汉书》记载了匈奴、东胡、鲜卑诸北方古族在正月的祠祭、5月的会祭祖先及天地鬼神、8月的会祭山林等行事。韩国《三国史记》记载了高句丽次大王三年，即148年时(汉桓帝建和二年)，王出猎遇白狐，王欲张弓射狐，狐隐去，王召巫占卜吉凶事。巫当时谏王修德以避祸转福，王大怒以妖言问罪斩杀巫师，说明当时王依靠巫占卜吉凶的巫俗发展。

200年以后，据《三国史记》记述山中王十三年（209），巫给酒桶村某妇妊娠中的胎儿占卜命运，预言胎儿为女，他日成年能当王后，以后果真应验。东川王八年（234），也曾有关于巫在王室国事中的行事。又据韩国《三国遗事》记载：未雏王三年（264），公主患病，王命巫诊治无效，又遣使四方求医。可见，当时巫俗表明在古朝鲜巫的职能是高于一切的，它不仅流行于民间，而且流行于王室。据西晋陈寿撰《三国志》载：约260年前后，中国北方乌丸、鲜卑人患病，祭天地山川之神；人死后，杀犬马取服饰尽烧焚，令犬护亡人灵魂回归赤山（赤山远离辽东北几千里），由二巫口诵咒词驱鬼，祭天地、日月、星辰、山川、祖先时，都以牛羊为供牲。还记载了夫余国人正月祭天，举国上下大会祭，饮宴歌舞，仪式隆重。有战事也祭天，杀牛观蹄形以占卜吉凶，蹄瓣分则凶，蹄瓣合则吉。又记述高句丽人于居室的左右设大屋祭鬼神，祀灵星社稷，10 月大会祭，迎隧穴之神于木隧神座致祭。又记濊人 10 月祭天为节，昼夜饮酒，谓之舞天，同时祭虎以为神。马韩人 5 月播种祭鬼神也是歌舞饮酒，昼夜无休，歌舞数十人群起踏地，手足相应奏节，10 月收获再举行同样祭祀，举国邑镇各设一巫主祭天神，称为天君；各邑立大木，系悬铃鼓以祀鬼神，以禳善恶有异。

6 世纪中叶到 7 世纪中叶的百余年间，古籍中的记载更加多见巫俗。《魏书》中记载：勿吉人崇敬山林中猛兽，人入山中严禁便溺，以防冲污神物；同时上山携供品敬神。宕昌人事鬼神，每 3 年人众聚会行祭天礼，以牛羊为供牲。《周书》中也记有高句丽祀神庙。百济俗有卜筮占相之术。每年 4 月行祭天、祭五帝之神的仪礼，且每年四次祭祀祖先。《隋书》记载：新罗人正月祭拜日月神，8 月 15 日设乐祭。契丹人与靺鞨同俗，父母死后将尸体悬于山林间，3 年后焚骨，以酒致祭，祷词中恳请死者多助子孙狩猎丰收。所有这些记述，都属巫俗之列。韩国《三国史记》中也记述：朝鲜宝藏王四年（即 645 年唐太宗贞观十九年），唐将李攻高句丽，城内有巫在朱蒙祠祈祷，神启示说：如果以美女任侍从，城不可破。足证巫俗直接干预了国君政事的咨询。《三国遗事》还记载了义慈王二十年（即 660 年，唐高宗显庆五年），传说有鬼进入王宫，大呼“百济亡、百济亡”，随后钻入地下；王感到怪异，命掘地三尺查看，得龟一只，龟背上有字曰：“百济同月轮，新罗如新月。”王召巫解此兆，巫说：“这是百济灭，新罗兴之征兆”，王大怒，杀巫。足以证明巫俗在当时的影响。

10 世纪以后，中国官方史书关于北方诸民族的列传，多沿袭前朝旧史，巫俗资料几近于无。但是，在另外一些史录中，却提供了许多可贵的巫俗史料。和高丽时代以降有关巫俗的文献记录大增的情况相似，提供了更多样的巫俗，可以看出扩展了巫俗范围的历史动向。任东权博士在他的代表作《朝鲜的民俗》一书中，列举了《高丽史》《高丽图经》《东国李相国集》等典籍所记述的高丽时代的巫俗。如大规模的巫觋祈雨祭就举行过二百多次，其中甚至有的集合了二三百名巫觋行祈雨巫术。如高丽国仁宗十一年（1133 年，南宋高宗绍兴三年，金太宗天会十一年），5 月举行三百巫女祈雨祭，表明当时朝鲜农业社会中巫的重要职能及地位。《李朝实录》中有关巫俗的记录有 120 余处，其中最多的仍然是祈雨祭。每逢干旱，百姓渴望上天降雨以解救众生，朝廷便命官员率先，由巫主持祭祀仪式，十分隆重。此外，有关举国城乡各地城隍神祭祀，也多由巫觋用巫舞合乐的形式进行。还有，李朝时代中，即从 3 世王世宗（1419 年，明成祖永乐十九年）到 7 世王世祖（1468 年，明宪宗成化四年）的半个世纪中，大批巫觋被官方派往各地参与治疗“热病”，进入疗养机关，用祈祷职能担当传染病的治疗者。这些史料证明李朝时代朝鲜巫觋活动在朝野上下的重要地位。

13 世纪初的 1206 年（南宋宁宗开禧二年，金章宗泰和六年），蒙古领袖铁木真在斡难河一带召集蒙古各部头领聚会，由蒙古当时最大的巫师阔阔出宣布神旨：奉天之命，铁木真应当成为“最强者之王”（蒙古语为“成吉思汗”）。这是《多桑蒙古史》中记载的蒙古巫师直接主持拥立蒙古君王的一宗重大行事。蒙古诸部落首领都表示遵照神意，为铁木真上尊号为成吉思汗。当时，巫在建立蒙古帝国时期的崇高政治地位是十分明显的。在《蒙古秘史》中还记载：阔阔出这位最有势力的参政大巫，不仅是大汗王的亲信，同时还是成吉思汗母亲认收的养子。甚至还被国人尊称为“帖卜腾格里”，意思是“天使”。他利用自己弟兄殴打成吉思汗亲弟弟合撒儿，并传下天神旨意，让成吉思汗除掉合撒儿，以致成吉思汗母亲亲自出面讲情也未见效，最后终于使合撒儿被迫逃亡他乡。阔阔出从此以“国师”的势力扩大收聚百姓，使他统辖下的百姓人户和成吉思汗领属下的百姓人户大致相当，其中也包括成吉思汗幼弟斡惕赤斤领属下的百姓。这位国巫还公开凌辱斡惕赤斤，为此，成吉思汗夫人孛儿帖兀真向汗王哭诉，指控了“天使”不断残害成吉思汗家族的危害，从而说服了成吉思汗。于是，汗王暗示幼弟以比武名义除掉了“天使”国巫。这些记述证明了巫在蒙古王室权力争斗中的盛衰。

在《蒙古秘史》中，还记载了巫师兀孙老人如何被成吉思汗封为最高神职“别乞”受到敬奉的史事。汗命他骑白马、穿白衣，坐在朝中最上席位。另有一位巫师豁尔赤，早在成吉思汗年少时就伴随其左右，为他占卜，并预言他能成就帝业。成吉思汗登汗王位后，对豁尔赤厚加赏赐，曾把被征服的蒙古秃马惕部落的30名美女赏给他为妻妾。又有蒙古斡亦剌部大巫忽秃合别乞归顺成吉思汗后，为汗王刺探军情有功，汗王便把俘虏来的秃马惕部首领之妻赏赐给他。

元帝国建立后，忽必烈封西藏大喇嘛八思巴为“大宝法王”“国师”，以后又晋升为“帝师”，在蒙古境内推行喇嘛教。但是，蒙古巫和巫俗活动并没有因此而消逝。元亡后，1640年（明毅宗崇祯十三年，清皇太极崇德五年），蒙古各部诸王联合颁布了《察津·毕其格》，史称《卫拉特法典》。法典中明文规定巫与巫俗为非法，予以清除、严惩。虽然条文上以处罚没收马匹为主，但在执行中，从17世纪中叶到19世纪80年代，蒙古草原却发生过数次总计多达300名巫觋惨遭集体烧死的事件。从现存蒙古巫师的追忆中，巫俗在蒙古，特别是在东部科尔沁草原，从来就没有中断过在民间的活动。

其实，巫在王朝宫廷中的活动，最早并不出自蒙古帝国，早在12世纪女真人建立的金王朝时就有了记载。在南宋《三朝北盟会编》中记有：“珊蛮者，女真语巫妪也。以其变通如神，粘罕以下皆莫能及。”这里所说的“珊蛮”就是女真语“Saman”，即女巫的称号。但是，有关金王朝的萨满巫俗在当时并没有详细的记录，直到 17 世纪的后金王朝的满文历史档案中才有了较详细的记述。

1616 年至 1636 年间，即建州女真贵族努尔哈赤即位任后金汗王的 20 年中，正值崛起的女真人与明王朝战事紧张的重要时刻，女真巫觋活动几乎都参与到所有的军事战斗中了。仅《满文老档 · 太祖朝》的记录，至少有 14 次重大的巫祭行事都是为出征、祭旗、祝大捷、会盟、谢天地时举行的。每次祭祀都要砍杀多头青牛和多匹白马为供牲，实行大规模杀牲血祭。汗王以下各亲王、王子、大臣每逢年节、祭祖、医病、驱鬼等行巫时，都相互攀比，大肆杀牲。1636 年皇太极即位后，对原来的巫俗进行了严格的限制，制定了新的祭典规范，要求：凡用于祭神、还愿等行事，永远不准宰杀牛、马、驴、骡，一律改用猪、羊、鹅、鸡、鸭。皇室亲王及朝廷官员拥有牛群者，也不得侈费过度。甚至要求把巫祭礼仪改为三跪九叩礼，使巫俗在皇朝宫廷中与汉人王朝礼仪融合。在《清太宗实录》中有较详尽的记述。女真人改后金为大清国、改女真为满洲族后，还把原来祭“堂子”的萨满巫俗和立竿祭天带入北京皇城。北京皇室每年依古俗例行祭天地、祭祖宗、祭鬼神，春秋大祭及年节祭，一直延续到清亡为止，巫俗在满族社会上下始终不衰。清代朝廷的巫俗在《钦定满洲源流考》《满洲祭祀典礼》中，都做了周详的记载。可以看出，满族的萨满巫师在宫廷中担任祭祀的“司祭”“司祝”的角色，并不参与或干预皇朝政务，与元代蒙古帝国的国巫“天使”比较，有很大的区别。

《朝鲜的民俗》一书中论述的韩国巫俗史与中国的北方满、蒙巫俗史在许多方面有可比性，有可参照的研究价值，可以纵横通览东北较大范围巫俗发生发展的意义和特点。

二、朝鲜巫俗与满蒙巫俗的现状比较

尽管巫俗的发展要受到特定的历史时代、社会思潮的制约，也受到自然生态环境的影响。但是，从全人类社会巫俗的自身发展来看，不同民族文化中的巫俗都有其共同或相似的特点。朝鲜巫俗与满、蒙巫俗也不例外。

1. 关于巫俗活动的同异

在《朝鲜的民俗》一书中，著者有一节关于韩国现代巫俗遗存的概述，对现代中国东北的巫俗研究也有借鉴意义。概述的大意是：由于科学的发达，教育的普及，现代生活的追求，传统的民间信仰已经被称为迷信了。民众治疗疾病多以求医为有效，而少有召巫祛病灾者，多依靠科学知识技能去克服困难而少有求巫占卜除厄者。但是，在科学万能的今天，并不是巫俗自然而然地从我们的生活中完全消失了，而是既有相信科学，通过教育获得高深知识的阶层，或接受了基督教、佛教信仰的阶层，也还有许多普通民众的平民阶层依旧靠求巫祈福禳灾，靠巫术驱鬼辟邪，保留着古老的巫俗信仰，这种现实是无法否认的。

在中国，由于现代政治历史的原因，在科学进步的同时，自上而下也在推行着无神论的观念和思潮，使固有的民间巫俗信仰活动在农村、山寨和都市都呈现出分散的、比较隐蔽的状态。

在韩国，现时的巫俗依然保留有祈福类巫俗，如祈雨、祈恩、祈子、祭城隍、安宅等。禳灾类巫俗如驱病、除祟等，在妇女中还很盛行。只是，像高丽时代和李朝时代那种动用几百名巫觋举行大规模的祈雨祭祀仪式，已经不见了，只有召请几名巫觋举行小型的巫仪形式而已。究其原因，首先是民众对祈雨祭祀的信仰心理已经减退，和他们对求巫祈雨的愿望相比，他们现时更加关心水利事业。只是由于他们仍有些担心如不举行祈雨祭仪式，会触怒天神，降下旱魃，会令人们后悔莫及，所以人们才沿袭旧俗，召请巫女行祈雨祭。以讨天神的一点欢心。

《朝鲜的民俗》一书中如上的论述，在主要方面和中国的状况相似。在古代，祈雨祭的规模盛大，满族山村由巫觋跳神祭祀，全村男女老幼同祭。清代以来，满汉巫俗相融合，满族祈雨也改成祭龙王，祈求龙王爷降雨的仪式照例仍是以全乡全村甚至全县的农民参加祭祀的盛大规模行事。在现代生活中，国家的政令严格禁止了那种大规模的迷信活动，在全国范围内的乡村兴修水利，动员千万民工建筑水库水坝，蓄水灌溉，使民众认识到兴修水利才是战胜旱魃的唯一途径。但是，在缺水的高旱地区，村民们在没有水利可兴的自然条件下，仍然迷信天不下雨要靠祈雨祭神行事才可奏效。中国东北部蒙古高原一带的蒙古农牧区和某些满族山村，至今还残存着以小规模的各家各户形式行巫求雨仪式，几乎都是在隐蔽条件下自发举行的。

《朝鲜的民俗》中所论述的韩国巫俗城隍祭，至今还多见。可见，朝鲜民众重视对古老的地方保护神的信奉。城隍祭是为民众的共同吉凶祸福而举行的，每逢正月十五，或五月十五、八月秋夕致祭。最大规模的城隍祭约有几万民众聚集一齐，由几十名巫女行祭。

城隍祭在中国本土已经绝迹半个世纪了。但是，在许多偏僻的农村山寨，农民和山民依然有崇信守护神的传统观念，有对本村的村社神（土地守护神），本寨的寨神举行祭祀的遗俗。这种祭奉土地神或山寨神的仪式，已经成为各家户的家祭或少数村寨合祭，召请巫觋主祭的风俗却逐渐淡化了。

《朝鲜的民俗》中还论述了韩国的祈子祭。这是以家庭主妇为主要行事的巫俗，除了向山、川、石、树举行许愿仪式外，多有举行巫觋跳神唱颂咒文的求子仪式。在满、蒙巫俗中的祈子巫俗有两种：一种是受汉族习俗影响，不孕女子朝山拜庙，以许愿还愿的方式向娘娘求子。如向女娲娘娘、天后娘娘、送子观音等诸司生育的女神庙敬香的形式十分流行。另一种是偏僻的山村、牧区，依旧召请巫师婆举行跳神、占卜，请娘娘神显灵附体，或驱邪除祟医治妇女的不育症。

因此，满、蒙巫觋和韩国巫觋仍有许多相似之处。比如，以治病、驱邪为目的的巫俗还都比较普遍。在广阔的农牧山区，凡疑难病症、多种精神病症，都会请巫入宅举行跳神仪式，大体上按请神、除邪祛病、驱鬼安魂、送神的顺序进行，有的需几小时，有的则要连续跳神几昼夜。

满族萨满巫俗在现今的许多较大姓氏的族户中，还保留着跳神祭天、祭祖的传统。祭祀仪式依然隆重，跳神的巫师最多达到8人，时间由1天1夜到3天3夜不等，要请天上诸神、山林诸神和祖先诸神前来享祭，杀猪供牲，会宴全氏族，求神安宅，祈求全族安泰。

2. 成巫过程的同异

《朝鲜的民俗》一书中，著者论述到：对巫俗的特殊信仰和以巫为职业的动机是多种多样的。在调查中，如询问巫觋是否是巫时，得到的回答常常是否定的。巫这种职业在现代社会生活中并不是值得自夸和体面的职业。巫作为一种职业，任何时候都面对来访的顾客、不行巫祭的来客、身份不明的来客，开始时从不承认自己是巫。可见，这是一种不可炫耀和不得不隐蔽的职业。这些论述，对于中国满、蒙巫也完全适用。在中国东北，满族现存的萨满、蒙古族现存的“勃额”（boo，即蒙古巫），在对本村以外的生客，或对官方的公务人员，从来都不公开承认自己是巫。只有当多年求巫的本地村民或由亲友引荐的求巫者来时，才主动表现出巫的职业特点。甚至周围熟悉巫觋身份的人们，对外来生客也往往有意帮助巫觋隐瞒行巫的职业。当代中国东北的巫觋活动，几乎全部处于秘密状态之中，也只有少数主持祭祀祖先的巫自动公开祭祖这部分职能，对驱邪治病的巫术活动仍然予以否认。

《朝鲜的民俗》一书中关于三种巫的成巫过程做了评述，与满、蒙巫的成巫也有可比性。

（1）生业巫

这是以巫为生活手段的职业者，大多由农村社会中的贫贱者担当。由于不具备农耕能力或失明、残疾，一些人以行巫维持生活，他们都掌握一定的行巫知识和巫术技能，得到了求巫者的认可。在满、蒙巫中，这种生业巫在巫中仅居次要地位，产生也较晚，约在清代末年，氏族部落解体，家户迁徙，或与其他民族杂散居时，这种靠巫术谋生的巫才多了起来。他们只能治些小病，或做些占卜类活动，从来不能做神灵附体，不能替神灵代言，不能跳神。他们的人数不少，但在巫俗社会中从不被看作是巫的正宗。他们中的一部分是从前辈巫师那里学习巫术而成巫的。还有一部分曾经被著名巫师用做临时助手的，渐渐学会了一些巫术而后独立谋生的。另有一部分有识字能力，从占卜书上自学了某些占卜术而成的。总之，为了谋生，采用了行巫的职业。在蒙古草原牧区，有些人懂一些骑马跌伤或骨折的治疗偏方和技术，会念诵一些祈祷经文，于是用以为行巫手段，取得求助牧民的信任。但是，那些领有神灵的正宗巫师对他们则是极力排斥的。

（2）世袭巫

这是一种在氏族内部或大家族内部从事巫业的巫觋。按照家族传统，由谁来继承巫的传统职业是有一定规范的。世袭是这种巫业的制度。在满、蒙巫俗中，这是自古以来就有的巫俗制度。满族萨满中有一种由自家巫师主祭天地、祖先的跳家神活动，俗称“家萨满”，满语称“孛龙子萨满”。这种巫要由前辈老一代家萨满在子孙晚辈中选出有灵性、善于接受跳神巫术的青少年男子，经过传授各种巫术后继承前辈巫业，可担任家族中的祭天、祭祖行事。这种世袭巫与朝鲜世袭巫有所不同，一律在家族男性中选择继承人，女性出嫁为外家族人，不宜做世袭巫。如本家族无男性晚辈，只可以从本宗族家选出宗侄、侄孙担任。人数通常自 1 至 2 人和 5 至 6 人不等。行大祭时，同家族的世袭萨满可以共同会祭。朝鲜世袭巫俗中，婆母与女儿、儿媳同是女巫的传统，在满族萨满传统中不见有过。蒙古族的世袭巫，在调查中已经发现有世袭 4 代至 15 代的巫俗历史。蒙古世袭巫的继承，不只是由前辈巫挑选，而且还要在前辈巫死后被公认为其附体神灵转移到其子孙身上者，方可继承。与此同时，新选出的世袭巫还要拜当时当地著名老巫为师，正式习练巫术后才可以从事巫业。世袭巫在满、蒙的家族中也并不是代代相续的，在不少家族中也多有隔代继承的，如祖父传给孙子，曾祖传给曾孙的世袭。这种世袭制与拜师求术制的结合，在满族中也较普遍。世袭巫与生业巫还有一个重要的区别是：世袭巫为本家族行巫完全是尽义务，并不收受报酬；而生业巫的行巫则完全是以收受钱财谋生为目的的。

（3）神选巫

这是一种最具古巫俗传统的巫。按照巫的最基本的职能，从来就被认为是沟通神灵、祖灵、精灵、鬼灵的一种有超人能力的使者。他被看作是能通鬼神、请送鬼神的先知或鬼神的替者，有神灵附体特异能力的人。因此，这种巫都有异常状态而被老巫认定为神灵选中的巫。这在满、蒙巫俗中是最具代表性的一种，也是巫术最强的一种。据《朝鲜的民俗》记载：所谓凭借神意的启示而从事巫业的，大多是 7 至 8 岁和 20 岁年龄的青少年。他们多是长期身患重热病，不吃不喝，身体衰弱，然后突然从家中跑出，大声呼叫，口吐“神”言，书写“神”字，于是被公认是神选成巫了。特别是当有的人患了很重的精神失常病后，就被认作是一种巫病，将有神灵附体，将受神灵启示，于是认为是神意使之担当了巫者。此外，还有根据自己的梦兆，宣称梦中由神鬼命本人成巫的，于是即可行巫。成巫后即可获得神镜、神铃、神偶等巫物，并可从事占卜、驱鬼、医病等，一旦有了名声，就会拥有众多求巫者。

这些记载和满、蒙巫俗很相似。在东北满、蒙地区，除了患热病昏厥的人和患精神病的人可以成巫外，还有被意外伤害很重而未致死的人或患过特重病又度过危险病愈的人，常常被公认为是经过神灵考验、挑选后有超凡能力的巫。大多数是从有上述病史的青少年中发现这种人，他们中多有精神异常，口出狂言，吃喝非常人吃喝的东西，做常人难做的异常的事情。或有突发性精神骚动，哭笑唱闹不停等，也被看作鬼神附体，具备了神灵选中成巫的条件。另一种成巫者是有奇异诞生经历的小孩，如诞生时胎胞未破，经割胞取出的婴儿，长大后也被认定为神灵选派巫。在蒙古草原，有一种叫作“陶木勒勃额”的巫，意思是“被巫神相中的巫”。这种巫最初患病后久治不愈，于是请巫跳神医治，巫根据病状可以宣布患者已被神灵看中了，如果不许愿担任巫，病不可能好，于是家人许愿让患儿担当巫的传人。这种事例较多。有的少年患癫痫病，发病时口吐白沫，全身抽搐。常被认为是蟒蛇神灵附体，成为神意选中的巫。

朝鲜巫俗与满、蒙巫俗以其历史的、地域的和民族文化背景的近缘关系，有很多参照可比的内容。因此，全面调查和比较研究朝鲜、中国东北、蒙古的种种巫俗，有着十分重要的意义。这种研究对未来东北亚巫俗的存亡，对东北亚各民族民俗文化的发展走向将会有不可忽视的价值。

第七章　壮侗民俗研究鉴赏

一、古越民俗编织的一幅“壮锦”

——《壮族风情录》鉴赏

笔者初识壮族是在1949年夏季的北京。一次在相别十四年的七外祖父家饮茶时，我发现茶几上铺着一方色彩绚丽、构图别致、民族风格独特的台布。这台布的精湛工艺和它所展现的民族情调吸引着我，至今还留存着深刻的印象。那时，外祖母亲切地讲起这块用“壮锦”做成的台布的来历，说是抗战时期在川滇时，一位壮族好友赠送的。当时，外祖父还讲起宋代侬智高和明代韦银豹领导壮族人民起义的历史故事，使我对壮族有了一点点了解，并由此产生了对壮族人民的敬佩。

1953年秋，还是在北京，受业于钟敬文教授门下做研究生时，老师介绍过壮族歌仙刘三姐的传说和有关史料，于是进一步了解到壮歌也是用“欢”和“比”的经纬编织成的一幅有声有色的“壮锦”。

1984年春，应新华社之约为墨西哥《至上报》撰写比较民俗学文章《“灰姑娘”故事在中国》时，从当代著名的壮族民间文艺家蓝鸿恩先生那里得到珍贵的壮族的“灰姑娘”型故事《达架与达伦》和关于《叶限》的考证资料。那时，又觉得壮族的民间故事遗产同样是用动人的形象和情节编织成的一幅神奇变幻的“壮锦”。

1986 年 3 月，应邀参加了在南宁举行的中国芬兰国际学术交流会议及中芬联合在三江侗族自治县的民俗考察，来到了广西壮族自治区。利用开会前的一周时间，应广西师范学院之约，在中文系做了民族民俗学的讲学。这期间，过伟先生畅谈了他们编辑出版民间文艺、民俗学系列图书的计划，也说到了《壮族风情录》一书，但是，当时只谈了一些零散的和周围民族相比较的民俗，又因为身不由己，无法对壮俗做详细考察。1992 年春，过伟和黄全安、黄革、陈多三位壮族学者把厚厚的书稿邮寄过来，当时，又因连续参加国际学术交流活动，未能集中时间坐下来精读，直至五月中，沈城槐花正开、柳絮初飘时节，终于静下来读这部《壮族风情录》稿了。

从开始阅读待客、做客的礼俗篇章起，我便似乎被带到了壮乡，仿佛我已听到了“关门歌”和迎接我入室的“开门歌”；更像尝到了醇香的陈年“酒爱”，心旷神怡。我还好像用壮语唱起了问路山歌，受到壮族同胞的热情回答。在农村，我似乎很快就“认老庚”交上了知己。在田垌间，我仿佛已经在一阵笑声中“吃”了壮家青年妇女插秧时的一顿“李果”，身上被洒满了泥浆，求得了福兆，又仿佛在剪谷时节参加了田垌里的歌圩对歌。秋冬之交，我似乎也随猎人放鹰隼去捉肥鹌鹑，或到柳江“扯滩”钓鱼去了。当读到节日饮食的篇章时，品类多样的肉食和棕粑，早已令人开胃，那各种风味的糯饭和佐餐的酸肉就更诱人滴涎了。从书稿中，我仿佛亲身参加了别具风情的古老婚礼、诞生小儿礼和丧葬礼。参加了十分有趣的“蚂蜗节”葬“蚂蜗公”“蚂甥婆”的典礼，又参加祝贺添丁的“丁酒节”；农历二月初二过“晒布节”；三月三赶会期，纪念刘三姐欢度歌节，在歌棚中听歌海涛声；谷雨采茶节，又随青年男女背篓进山摘春茶；四月初八，再隆重祭祀“牛王诞”；过了五月节后，六月六过“开青节”，又称“辛酸苦辣节”，当日尝新过“小年”，又称“尝新节”。过“七月七”“乞巧节”，再过七月十五的“揺背节”，尝食新米，男女游艺社交，这时又过祭祖的“中元节”；中秋一过，九月九壮家夜晚送火神，欢度“黑火节”。十月稻谷将熟再尝新。进入腊月，迎接春节大年。在节日和仪礼中，实行着传统的民间禁忌，做着各种自由奔放的民间游艺。新正赛铜鼓，闹年锣，唱壮戏，把壮乡风俗几乎都展现无遗。读罢这本风情实录，才真正感受到壮族民俗风貌确实是一幅多彩多姿的最动人、最美丽的“壮锦”。

1600 多万人口的壮族，是中国 55 个少数民族中人口最多的民族，90% 以上的人口分布在广西壮族自治区，其他分布在云南、广东、贵州、湖南、四川等省。壮族先民早在春秋战国时期，即距今 2200 年前，属于百越系统的西瓯、骆越族群。秦汉时期，汉王朝势力在广西壮族先民栖息地虽然设郡统治，但是却不得不尊重当地民族传统民俗，采取了“以其故俗治，毋赋税”的宽松政策，使这里的壮族先民社会民俗获得很大发展。到了唐代初年，百越大姓兴旺起来，民族内部阶级矛盾加剧。随着唐王朝对岭南的剥削和统治，民族间的矛盾也尖锐起来。唐天宝十五年，爆发了桂西黄峒壮族先民各部落的起义，持续长达百余年。壮族先民们始终保持着本民族古老的传统民俗，汲取着汉族文化中的精华，发展自己。宋代，被称作“緂布”的古“壮锦”成为南北名产，生产生活习俗的民族特色更加鲜明了。宋、元、明、清各朝，壮族人民坚决反抗统治和压迫。先有侬智高及韦银豹父子，后有太平天国的名将萧朝贵、韦昌辉、林凤祥、李开芳、谭绍光，以及李文彩、黄鼎凤、李锦贵、吴凌云的大起义，直到帝制灭亡，辛亥革命爆发，壮族的先驱者为维护本民族及周围各兄弟民族人民的生存和利益，献出了数以几十万计的生命。1921 年起，韦拔群带领革命青年在东兰建立了农民武装，开展了斗争，为壮族人民的解放做出了不朽的贡献。这位革命先驱者一直坚持按照壮族传统民俗，用“勒脚歌”进行斗争宣传工作，至今留下了宝贵的壮歌遗产，在东兰、巴马、凤山人民中传诵。

壮族独具的民族特色早在古崖壁画和铜鼓上留下了鲜明的标记，成为古民族文化史上的珍品，举世闻名。壮族的民歌，以“欢”“加”

“西”“比”“伦”等多种体裁形式世代传承，在“歌圩”风俗中得到发展，应当被认定是古代百越风俗的杰出代表。歌会，在中国东南、西南地区各兄弟民族中是常见的盛会，它们当中最有代表性的要算壮族的“歌圩”了。有些地区，壮语称“歌圩”为“窝墩”“窝岩”，是“出岩洞到野外集会”的含义，由来很古。特别是在桂西的左、右江一带，盛况冠江南。宋以来的文献、笔记中多有记载，三月三的歌节尤享盛名。通过山歌唱和，青年男女自择婚配的古俗，得以健康发展，与内地中原封建礼教的父母之命、媒妁之言的陋俗，决然相异。

围绕着男女两性生活的古俗，展现了壮族人民追求自由幸福的许多幅生动的风情画卷。从很早以来伴随歌会要举行抛五色彩球、碰彩蛋等社交娱乐活动。男女社交自由的百越古俗，突出地表现在“不落夫家”的婚姻习俗中。这是古越人从母系氏族社会婚俗的延续和转变的残余。这种古俗在壮族中实行了很长时间，直至今日还有遗存。“不落夫家”是结婚后新娘不在丈夫家居住，返回娘家长住若干年的习俗。夫家每逢农忙、节日、喜庆日，暂时接妻至夫家小住几日，再送返娘家，有的长住娘家多达十几年。在娘家长住期间可以继续参加社交活动。这种风俗极少受到汉族封建礼俗的感染，保证了男女双方婚前婚后社交活动的平等自由。这种“不落夫家”形式固然在变异；但是社交自由的古风，却一直跨越过封建婚制，与新时代的婚姻自由衔接了起来，成为新时代精神文明的健康内容。

古越民俗在壮族民俗信仰方面也有明显的遗痕。崇拜雷神的大自然信仰，是先于崇拜天神的原始信仰，这在南方的壮侗两族的原始宗教中表现十分突出。在雷神话中，铜鼓原是雷王女神的神器，六边铸有六只青蛙形象，青蛙是雷神之子。在壮族古代神话《布洛陀和姆六甲》中，关于铜鼓来历的雷王神话和祭青蛙神的古信仰传承，都是古越民族在发展原始农业过程中形成的。“蚂蜴节”及人们传唱的“蚂蝎歌”，都还保留着浓郁的古代雷神崇拜的神秘色彩。壮族人民在为祭青蛙举行“蚂蜴公”“蚂蚜婆”的隆重葬礼中，祈祷风调雨顺，人寿年丰，表达了人类最崇高的心愿。“蚂蜴”是壮族对青蛙的俗称，青蛙属雷神神格，蛙鼓噪声被认为是向它的母神报信祈雨。雷王，在壮语中称“图把”，壮文为duzbyaj，“把”为“伯娘”的意思，系女性神，足证由来于古越族母系氏族时期。然而，一直流传至今，从神话到传说，再到民间生活习俗，无处不有以雷为代表的大自然信仰的遗痕。

一个有古老文化传统的民族在现代文明的发展中，仍然能不断发扬本民族的文化传统，保持自身健康有力的民族特色，以巨人的生命力和色彩斑斓的万花筒形式，立于祖国民族大家庭的显著地位，确实是十分可贵的，令人尊敬的。人口以千万计的壮族兄弟正是这样的民族。只要读了这部《壮族风情录》，一定会加深这种客观的认识。

二、踏上风雨桥亭石板路

——《侗乡风情录》鉴赏

《侗乡风情录》以它浓重的侗族民俗色彩问世了。它的出现毫无疑问地为民族民俗学的荒径开辟了一条新路。虽然，它只是一部“侗俗丛话”式的采风笔记，但是，通过朴素忠实的记述和生动感人的描绘，却比较全面而真切地展现了侗族民俗的丰富内容和多样形式。它为建立《侗族民俗志》《侗族民俗史》迈出了可喜的第一步，提供了可贵的第一手科学资料和调查线索。从重建中国民俗学的意义上讲，这本侗俗实录在民俗采风方面可以说是很大的一个贡献，它必将产生巨大的积极影响。

《侗乡风情录》所记述的侗俗，从民俗学角度看，有比较完整的体系。它不仅包括了侗族民间经济生活及民间社会生活的种种特有的民俗形态，同时，还有侗族民间信仰及民间艺术、民间竞技等活动的种种民俗形态。这些侗俗实录使读者可以清楚地看到侗族人民的文化传统及其发展。从而了解到侗族人民的智慧和创造力对伟大中华民族文化所做出的贡献。

侗乡是指侗族人民世居的贵州、广西、湖南毗邻地区，142 万多侗族人民在这里从事传统的农、林、渔、猎生产。侗族较早地抛弃了古老的刀耕火种，并在水源丰足的地方发展了稻谷生产。从“侗乡大糯”的特产到“黑糯饭”，从“吃扁米”季节的糯米到“豆茶”中的糯米花，都可以间接地看到农产民俗特色。木材生产在《十八杉》和《拉山放排》中做了真实的记叙，侗族较早地进行人工种杉及其可贵的造林风习，以及从砍木的程序到拉山的组织，再到扎排放排的习俗惯例；从抬木号子的劳动歌到流传二百余年的《放排歌》，都具体地展现了侗族人民林区生产的一幅幅风俗画。《侗家爱鱼》和《云雾鱼》记述了侗族人民特有的渔业生产及捕捞养殖作业的习俗惯例。芭芒草鱼围和架设鱼梁是侗族人民捕取鱼类的智慧结晶。传统的人工孵化鲤鱼的“云雾鱼”，更是侗俗中颇为动人的科学成果。至于“侗家闹鱼”的风俗也同样反映了侗乡渔业生产的独特侧面。《围山打猎》记述了侗乡的狩猎生产，侗寨木楼板壁上的串串兽头骨，正是这种古朴习俗的证据和标记。猎鹰捕鸟又给这种狩猎生活展示了一个细部。

侗乡农、林、渔、猎的经济生产民俗直接而紧密地联系着侗乡民间自给自足的消费生活民俗。侗乡的衣、食、住、行都显现着自己鲜明的民俗特性。

《侗妹爱花》介绍了侗族妇女服饰的某些习俗特征。绣花头巾、花脚绑、花勾鞋、大花围胸、花衣边、花袖口，形成了侗妹衣着结构的美的色调。用侗家熟悉的油茶花等几十种花色图案和吉祥如意等字样，绣出了侗乡女青年在装束方面特有的技艺水平和民俗生活。特别是四月初八“捞堂”坡会，更可以把侗家的衣着习俗惯例从节日盛装上一览无余。

《侗乡大糯喷喷香》《黑糯饭》《吃豆茶》《占荷帽》《打油茶》《侗

不离酸》等，细述了侗乡的饮食习俗，是一组饶有情趣的侗族食俗画卷。特别是节日礼仪食俗中的几项内容，各具一格。农历四月初八的“能马”“糯酒”和蒸“黑糯饭”是特地给牛王过生日准备的传统饮食。用米花、炒米、黄豆、苞谷和茶叶混煮的“豆茶”饭，也是为节日或婚丧仪礼中准备的饮食。至于一边唱《占苟帽》（即《扁米歌》），一边吃扁米的惯例，代表了丰熟季节品尝特殊风味的一种习俗。侗乡日常饮食中的糯米饭和酸鱼，米酒和油茶，从传统的制作到食用，醒目地展示了侗家饮食生活的民俗风貌。

侗家居住的杉木楼也以它特有的民间建筑结构装点出侗乡的民俗姿态。侗寨的住屋用亭、塔、楼、阁样式的不同形象绘成了村落布局的民俗。楼内外的构造格局又显示了实用功能和造型艺术多方面的侗族民俗。更为令人惊叹的是，从那一条竹片做的名叫“香杆”的蓝图上竟可以显露出神奇的民间建筑技艺。

驰名全国的侗乡风雨桥亭石板路则是侗族人民在民间行旅方面的一项巨大创造。

侗乡的农、林、渔、猎和衣、食、住、行的实录，勾画出侗族经济生活共同体的民俗画廊，读起来令人向往！

侗俗在民间社会生活中表现出更鲜明的特色。在这本民俗实录中关于这方面的描述主要集中在以下三个侧面：（1）人生礼仪；（2）社交节日；（3）村寨组织。

各民族对本族成员个人一生经过的礼仪都有独具特色的惯例，从诞生礼经过冠礼、婚礼、寿礼直至逝世后的丧礼在民间形成了一连串的仪式和惯例，不断地使每个人通过习俗获得本族社会的承认和评价，受到应有的待遇和追念，侗族也并不例外。

《“侬美”之喜》记述了动人的婴儿诞生礼俗。《抢亲之夜》《改髻》《“三回门”与“娘伴”》《接纺车》《闹新媳妇油茶》，以及关于剑河、三穗、锦屏、天柱、榕江、通道等地婚俗的介绍，形成了一组多彩多姿的珍贵的婚俗资料。这些资料十分突出地表现了侗族人民传统的“自愿婚”的诸种形态与活动。“抢亲”的热闹场面在侗族生活中早已是一种“自愿婚”袭用的转化了的古老仪式。“不落夫家”的惯例也饱含着妇女不愿脱离自身血缘亲族的远古母系民族社会遗风。“私奔”阶段的礼仪也是中国西南各族古婚俗中的一种惯例，它典型地标志出婚姻自愿的固有特点。

“哭嫁”“改髻”“关亲”“吃粑”“闹新媳妇油茶”“三回门”“坐家”“接纺车”……都从大约3年时间内的不同阶段展现出侗族婚礼的民俗性格，从而使读者清楚地看到侗族人民世世代代对族人延续及家庭发展的社会承认达到了怎样热烈、隆重的程度。读者从这一组绚丽多彩的记录中，大体上可以看到侗乡各地不同婚礼所形成的若干婚俗惯例，看到各地婚俗的交流与影响。侗乡祝寿，别具特点，人们用“假粮”这种添粮祝寿的习俗表示对老一辈的敬爱，朴实无华。侗族的丧礼也有自己的特色。侗乡从人的诞生日到丧礼所举行的种种民俗仪式，比较清晰地显示出侗族民间文化发展、变异和交流的某些轨迹，很有意义。

侗乡风情的动人之处还充分表现在民间社交节日活动中。《土王节》中记述的坡会，《大雾梁歌会》描述的赛歌，北侗的“玩山”“凉月”，侗寨鼓楼的“耶铺”“月也”，民族形式体育运动的“花炮节”、“走寨”“行歌坐夜”，《南瓜仗》里写下的程阳八赛中秋之夜的“煮南瓜茶”……都从不同的盛会场景中介绍了侗乡老幼青年活泼欢乐的社交往来。其中，尤其是对青年男女往来场景的描绘，鲜明地展示了侗乡人民热烈追求自由解放，渴望得到美满幸福的生活画面。读者从实录中几乎可以听到欢声笑语和琵琶歌，可以看到盛装的“踩堂”队伍和芦笙舞。从这些美妙的侗乡风情丛话中，使人们了解到侗族生活共同体与侗族感情融和体所蕴藏着的古老精神文明。很明显，这些用浓墨重彩绘制的侗族风俗画面很有科学价值和美学意义。

“款”作为侗乡的民间结社组织把侗寨民俗性格差不多都标志出来

了。大小款的编制，“款词”“理词”“款约”的编创，款会的活动，把侗族社会及历史的概貌也都反映出来了。如果把本书有关的记录和侗史上的革命英雄事迹、传说参照研究，将会对研究侗族社会制度的民俗特征有重要价值。

侗族民间信仰在这里只能从《先母坛》和《龙胜萨坛》两文看到一斑。这是珍贵的侗族信仰实录，它为我们了解并研究侗族人民精神世界的深层结构及古老传承提供了宝贵线索。

侗族供奉的“撒堂”（先祖母或圣母）在民间信仰中并不是孤立的特异的民俗现象。在全世界许多民族中奉祀本民族（或本部族、本部落、本村寨）祖先的习俗，不仅是普遍的而且也是由来已久的。这种在侗寨中央部位建立“言撒”（先祖母屋）、“金撒”（先祖母殿）的举动，是古代氏族祖灵崇拜的遗留。侗家信奉的“撒堂”在民间传说中被说成是为侗族人民利益而战斗的女仙，这当然已经渗入了历代附会的成分。其实，这正是对侗族远古时期母系祖先的崇拜，是由祖灵信仰上升到神灵信仰的一种古俗。在各族信仰中，祖灵历来是善灵，它从来就被认为是对本族、本寨起保护作用的灵。在侗寨，“撒堂”已经具备了村寨守护神的民俗性格。侗乡对先祖母所做的一切祭祀活动和一系列有关先祖母的传说，都表现出了祈求“撒堂”成为顺己、佑己、助己的奇异力量。它标志了侗家源远流长的族源、祖源观念，表现了侗家对吉祥、安乐与幸福的渴求。这种古老的信仰成分和后世人为宗教的信仰尽管有一定重叠性，但是也有一定程度的差别，它多少包含有保卫本民族利益的积极因素。它将逐渐和迷信活动脱离，以它维护侗族利益的某些特征转化为侗族人民的某种精神支柱，向民俗心理方面积极发展。

侗乡的其他民间风俗信仰也具有多样性，分别反映了人们的吉凶祸福观念。从侗乡婚丧习俗中可以看出，无论是防范性的“禁忌”，还是进攻性的“压邪”，都具体地标明了侗族古俗的传承性，对探索侗族古代文化的源流都有重要价值。

侗乡风情的鲜明特色还集中地表现在竞技游艺和民间歌舞方面。大自斗牛节的斗牛王，花炮节的捡花炮；小至斗红头鸟，“多毽”闹春，在侗乡都是极受广大群众热爱的民俗游艺项目。民间歌舞则更是侗俗的精华所在。盛大的芦笙赛、“踩堂”“鸡尾客”都具有民俗代表性。它们充分标志了侗族人民传统文艺的发展水平，也正是在这样的艺术之海中养育了一代又一代的侗家儿女。

侗族人民世代创造的歌，在民俗生活中形成了许多种类，每一类又包括多种体例和调式。像“月也”的“哼八月”是以双歌为主；“芦笙月也”则以赛芦笙、多耶对歌为主要内容，盛大的“哼年”除多耶对歌，对唱双歌，对赛芦笙外，还要唱琵琶歌和笛子歌。“走寨”活动中要唱“拦路歌”“开路歌”。侗歌中的“嘎”包括合乐的琵琶歌和清唱的双歌。而琵琶歌又分作长歌、短歌，长歌再分出抒情长歌和叙事长歌，叙事长歌再划分出“嘎常”体和“嘎锦”体两种不同形式，前者只唱不说，后者说唱结合。侗乡的牛腿琴歌、笛子歌、木叶歌等也都是侗族歌俗中常听到的受人喜爱的歌。至于“耶”，本身便从内容上分作“耶撒”等九种不同的歌类；像贵州黎平、从江、榕江侗乡便把侗歌又分成了“小歌”“大歌”。侗歌艺术把侗族民俗装点得五彩缤纷，有声有色，显示出侗族人民美的情操与健康的民族文化传统。这里值得着重提到的是被称作“桑嘎”的侗族歌师，他们不仅是侗俗的传播者、发展者，同时还是侗家的活百科全书。他们世世代代都成为丰富侗族民间文化的大师和巨匠，受到侗乡父老兄弟姊妹的尊敬和热爱，侗族民俗志上理应给他们以重要位置。

从民间说唱发展起来的侗戏，在近两个世纪的演唱中受到了人民的喜爱和承认，它对侗乡民俗的发展起到了积极的历史作用。

《侗乡风情录》的多侧面记录，已经构成了比较完整的侗族民俗体系。它大体上以广西北部、湖南西南部、贵州“黔东南”的南部三边毗邻地区的民俗为主要对象，即以侗语南部方言区为侗俗中心加以记述的，也兼及侗语北部方言区的民俗。因此，这本实录比较鲜明地标志了侗俗特征，使读者可以把握到侗乡人民口头上、行为上、心理上那些比较稳定的、具有本民族类型特点的事象。它对于进一步挖掘并研究侗族民间文化遗产，对推动侗乡新俗的发展都有重要意义。

《侗乡风情录》的编者迈出的这一步很值得赞颂和学习。在目前，重建中国民俗学的艰难历程中，这一步迈得踏实而有力，一定会使中国各族致力于民俗调查研究的同行得到启发和鼓舞。只要像《侗乡风情录》的编者、作者那样走下去，中国各族人民创造的灿烂的民间文化，将一定会从被鄙弃、被遗忘的境况中挖掘整理出来，不仅以其巨大的生命力载入中华民族的民俗史册，而且更重要的是一定会促使各民族美好的民俗在新的历史时期里得到充分发展和发扬，为建设中国新世纪的现代精神文明放出奇光异彩！

民艺篇

第一章　增强民间文艺的精品意识和保护意识

近20年来，中国数以万计的民间文艺工作者全面开展了民间文学的调查、采录、编辑以及研究活动，有组织有领导地进行了国家重点科研大型项目《中国民间文学集成》的编纂出版工作，其规模之大、成效之显著，是前所未有的。20年来，从全国村寨城乡传播着的浩如烟海的口头文学中采集了数以亿计的文字记录资料，积存了巨大无比的民间文学宝贵财富，使民间文艺事业进入了举世瞩目的空前繁荣的新局面。

但是，在取得上述成就的同时，我们不能不看到，在跨向新世纪的历史关头，任重而道远。在推出精品，以最美好的精神食粮贡献人民，以最佳的作品丰富人类文明方面，显然还远远不够。在广泛、认真推荐优秀作品方面，在帮助人们区分民间文艺作品的真、善、美和假、恶、丑方面发挥的积极作用也还不充分。甚至在维护优秀民间文学遗产，提高民族自尊心、自信心方面，所发挥的作用还很不够。许多事实表明，一些民间文艺工作者还缺乏较强的精品意识和对民间文学遗产的保护意识。

一、关于民间文艺的精品意识

这里所说的民间文学精品意识是从两个角度提出来的。一是在民间文学作品的采集工作中，有意识地留心采录那些流传久远、分布广泛、影响较大、深受民众喜闻乐见的有代表性的作品。这些作品对于研究该地区的民俗、民族文化和社会、历史有着重要的科学价值，几乎都具有文化史的意义。二是出于多种教养教育的目的，以最美好的民间文学作品献给广大读者为编辑出版的宗旨，有意识地选取那些既受民众喜闻乐见又在思想内容上积极健康、艺术形式上较完美的民间文学佳作。它们几乎都是民间文艺的典范，有较高的美学价值。显然，前者的精品意识主要倾向于对民间文学作品的社会科学研究需要，只要是在认识文化历史、认识人类思维观念等方面有着重要价值，即使艺术形式上较为粗简，结构上不十分完整，也应当列为精品。就像出土的远古文物残片，也是价值连城的精品一样，片断的古老神话、史诗或古歌、古谣谚，都有可能是不可多得的精品。相对说来，后者的精品意识主要倾向于对民间文学作品的艺术美的欣赏和发挥其感染与教育功能的需要，因而只能是久经传诵，脍炙人口，内容与形式完美统一的民间文学作品，才够得上精品。也只有这样的精品才可以入选为供广大读者、听众视听的佳作名篇，成为传世的民间文学瑰宝。

精品意识来源于民间文学的价值判断及价值标准，如果以缺乏科学价值与美学价值的民间文学鉴赏标准作尺度，就不可能筛选出精益求精、优中选优的佳品。

精品意识的一个重要表现还应当看民间文艺家们能否经过调查研究，沙里淘金，把筛选出的各门类的民间文学精品编纂成集，推荐给读者，使广大读者共享，形成弘扬民族文化、继承优秀遗产和振奋民族精神的文化潮流。这里所说的民间文学精品专集与我国现有的民间文学集成的专集和各种民间文学作品的选集不同，尽管各省（区）的集成专卷和许多精选神话集、传说集、故事集和歌谣集也大都是各民族、各地区的优秀民间文学作品的读物，但是，这里所说的精品，应当是为民众所公认，绝大多数民众所喜闻乐见的名作。它们无论是思想内容还是表现形式都是臻于完美的上乘之作、传世之作。它们应当成为家喻户晓、国人尽知的国宝。因此，中国民间文艺家们在民间文学集成工作的基础上，还应当做筛选精品、推出精品、出版范本的工作。

任何一个拥有优秀民间文艺传统的国家或民族，并不是靠拥有浩瀚的民间文学资源而跻身于人类文化圈的，最重要的是靠民间文学中有强大艺术魅力的精品名作屹立于世界民族文化之林。例如，希腊的神话史诗《伊利亚特》《奥德赛》，印度的《吠陀》古歌谣和史诗《摩诃婆罗多》《罗摩衍那》，埃及的神话《亡灵书》古歌谣，法国的史诗《罗兰之歌》，西班牙的史诗《熙德》,德国的史诗《尼伯龙根之歌》，俄罗斯的史诗《伊戈尔远征记》，芬兰史诗《卡列瓦拉》，还有瑞典、丹麦流传的史诗《裴欧沃夫》，冰岛的史诗《埃达》和《萨迦》等，都是从公元前到中世纪在该国传诵的民间文学精品。从中世纪以来到近代，传遍西亚、中亚各阿拉伯国家的《一千零一夜》中的故事，传遍欧洲各国的《列那狐故事》和《格林童话》中的故事名篇，也都是被认定为精品佳作推向全世界的民间文学瑰宝。这些精品在许多国家被列为国家文学的经典之作，并编撰出标准的范本引导国人必读，同时也传遍全球成为全人类的优秀文化遗产。其中许多精品甚至成为历代作家、艺术家创作的母胎或取之不尽的宝贵资源。

中国民间文学资源丰富，除了汉族民间文学的浩瀚藏量外，55 个少数民族的民间文学财富也十分可观。但是，在长达数千年的封建时代里，民间文学的精品佳作几乎都只在民众口头流传中千锤百炼，成为民众广为公认的久传不衰的瑰宝，并不受御用文人雅士们的重视。幸好从先秦到汉魏，有部分儒学文士们兴起了采风之举，将古代 15 国民歌采编删选，纳入《诗经》、集作《国风》；汉代官府将采录来的部分民歌也收入了《乐府》，使其中精品成为国家文学的经典之作，通过文献流传至今，成为中国诗歌精华之祖，奠定了国诗的传统。但是，终究因为文语的隔阂，这些精品无法从口碑上传诵至今，以致与民间无缘，只能列为古典。中国的古代神话有不少传诵至今，也不乏精品，如开天辟地神话、造人神话、洪水神话、治水神话、射日神话、奔月神话等，都以故事的形式口传至今。但是，由于这些远古神话在文字记录和口头讲述两条传承路线上始终都是零散的断片，因而缺乏内容与形式的完美统一，除了有不容忽视的科学价值外，至今也难以形成精美完整的艺术典范推向世界。中国的民间如史诗，主要是创世史诗和英雄史诗，几乎都流传在周边的少数民族广大群众中，如藏族的《格萨尔》、蒙古族的《江格尔》、柯尔克孜族的《玛纳斯》、苗族的创世《古歌》、彝族的《梅葛》、纳西族的《创世记》及赫哲族的“伊玛堪”、鄂伦春族“摩苏昆”英雄史诗等，都是中国著名的口头叙事诗篇。其中《格萨尔》《江格尔》《玛纳斯》三大史诗是数以几万行、几十万行乃至百万行的长篇巨作，不仅内容丰富、场面宏大、英雄群像鲜明，故事情节曲折，而且勇武壮烈的悲剧色彩浓郁，是可以和世界上任何史诗相媲美的惊世之作。由于民族语言的障碍，这些伟大史诗还不能尽快译成汉文本或英、法、日等多国文本供世人共享。中国各族人民的传说和故事正如前所述，不仅数量之大，类型之多举世无双，而且分布较广，为大多数民众喜爱的名篇也确实不在少数。其中，被民众普遍认可的“四大传说”正是精品中之极品。《牛郎织女》《孟姜女》《白蛇传》《梁山伯与祝英台》传遍全国各族村寨城乡，用它的感人肺腑的故事情节和主人公的命运主题、完美的艺术形式和强大的艺术魅力，感染并教育了世世代代的民众。以至于传统的舞台戏曲，现代的音乐、电影和电视也争相以它们为题材进行各种各样的再创作。还有许多较为有影响的跨省区、跨民族的传说故事，也都具备了精品特质，亟待人们予以评估、推荐和传扬。中国的民间文学资源，有如含金量很高的富矿，如何进一步合理开采，并把提炼出的纯金般的精品贡献给全人类，是当前最迫切的任务之一。

民间文学的精品意识还应当用切实的挖掘、遴选、鉴赏、传播精品的工作实践予以表现。从事民间文学集成工作的民间文艺家们在采录、编辑民间文学作品过程中，有责任挖掘出本地区、本民族（甚至跨地区、跨民族）民众公认的最优秀民间文学作品。甚至可以考虑编辑出版《中国民间文学精粹》，推广传播到全国，使其成为对广大青少年进行优秀民族传统教育的好教材。同时还可以组织强干的翻译队伍，精心把这些好作品译成外文传扬出去，使全世界人民都拥有欣赏中国民间文学精品的机会，进一步弘扬民族文化优秀遗产。

从树立精品意识到切实做好产出精品的工作，是一个比较复杂的过程，也是一项十分艰辛细致的科学研究工作，它不可能用一哄而起的办法去完成。它要求全面做历史的地理分布的调查统计，对多种口头演述的第一手资料进行比较分析，去伪存真、去粗取精，录制标准的声像作品及记录标准的文字范本，分类排队、统一编码、郑重出版，然后才可以推广于世，供人们欣赏。在这个过程中，需要建立科学资料库，需要计算机处理，才能最后完成。既需要艰苦的田野作业、细致的案头工作，也需要现代技术的精密操作；它既需要凝聚广大民间歌手、故事讲述家们的智慧，也需要集中民间文艺学家们的艺术科学才能；它既需要民间文艺工作者的个体劳动，也需要民间文艺的各类机构、团体的组织协作。只有这样，才有可能在走向新世纪的历史契机中使中国民间文学事业更加繁荣。

二、关于民间文艺的保护意识

在树立并增强民间文学精品意识的同时，不可忽视的便是如何树立并增强对民间文学优秀遗产的保护意识这样一个迫切的问题。

随着民间文学集成工作的进展，重视并保护民间濒临散失的口头创作资料的观念，显然较之以往强了许多。但是，不可讳言的是当前依然有许多文化部门和文化人对民间文学流散失传现状无动于衷，对已经保存下来的优秀民间文学财富也不加以重视，有的甚至对已经采录、编辑出来的大量民间文学资料（录音带、手稿、内部印刷资料等），不但不予以保存、收藏、利用、推广，反而当作无用的废纸、废物，随意毁弃。据了解，有些单位把基层县(区）千辛万苦采编并投资出版印刷出来的民间文学集成资料本清除到仓库，按废纸处理了。这种对民间文学财富遗产的轻视、毁弃行为，随着社会上拜金主义思潮的误导和影响，已经严重腐蚀到民间文学事业的机体，形成了不小的公害，如果不采取有效的措施，将会直接危及《中国民间文学集成》的最后完成。

对民间文学遗产缺乏应有的保护意识还表现在对民间文艺传承人的态度方面。在全国开展民间文学三套集成采编出版的“七五”国家重点科研项目的初期，曾经掀起了采访民间艺人、故事讲述家、歌手等民间文艺传承人的热潮。从许多著名的老人口中收集到成千上万的优秀传说故事和歌谣，丰富了民间文学集成资料，使代表国家水平的民间文学作品专卷因拥有这些老故事家、老歌手的口头创作而生辉。经过十多年的时间，这种深入挖掘、抢救民间文学遗产的工作，事实上已经松懈了下来，许多民间文艺传承人在记忆中贮存的民间文学宝藏，还未被完全挖掘出来，就因种种不应有的原因被老人带到了另一个世界。商海弄潮冲击了艰苦的田野调查采录工作，在挖掘民间文艺遗产方面缺少起码的经费投入，使不少原来从事采录民间文学传承人的工作者无能为力，甚至转而干起了与民间文艺无关的实业。民间老艺人、老传承人的离世，给民间文学遗产的抢救与保护造成了难以弥补的损失。

当前，民间文学保护意识的树立和增强还有另一种迫切的需要，那就是当民间文学优秀作品受到歪曲、甚至被任意胡编乱改失去原作内容与形式完美统一的魅力而被糟蹋到不堪入目入耳时，文艺评论理当替民众仗义执言予以批评，民间文艺家们理应对这种不负责任地损害优秀民间文学作品的行为予以谴责。其他各类文艺，如戏曲、电影、电视、绘画等在利用或改编民间文学作品时，也应严格尊重广大群众喜爱并认可的作品中的人物典型、故事情节和艺术风格，不要因为民间文学作品在口头流传过程中有可变异特点和老百姓无名氏创作没有著作权的约束，就可以背离民意，把民间文学作品拿来任意肢解，信口戏说、胡说、瞎说地编造起来。有些不负责任的编导，不是把《白蛇传》《孟姜女》《梁山伯与祝英台》等民间文学的精华、传世之作改编拍摄成更加完美的有更大艺术魅力的精品，成为民族文化的经典作品，贡献给全世界共享，相反却热衷于追逐商品利润，迎合低级趣味，在原本精美的题材中添加无聊的笑料，毫不相干的历史材料和武侠打斗，甚至胡编乱改作品中的民众广为喜爱和熟知的人物形象，伤害广大群众纯正的欣赏情绪，使许多经受民间文学优秀教养熏陶的群众表示愤慨和抗议。文学艺术界的人士只有带头保护民族、民间文学艺术的优秀遗产不被损害的责任，绝没有随意糟蹋优秀民间文艺传统的任何权利。改编民间文艺作品所进行的艺术加工，其动机与效果都应当统一在维护民间原作艺术完美的基础上才是正当的，否则就只能被认作是缺乏职业道德的或至少是不严肃的行为。

民间文艺的优秀遗产是全民族或全人类共享共有的文化财产，不容随意损害已经是国际上文化管理的通则或文艺创作的惯例。不少发达国家甚至为此还制定了相应的民间文化财产保护法，对已经定型的被民众广为熟知并喜爱的民间文艺创作，给予法律上的保护，不允许任意损害，这些都值得中国借鉴。

在中国当前经济转型的社会发展阶段，利用民间文艺做商品在文化市场上展示或表演已经成为一种时尚。除了经过专家鉴定、行家指导而推广演示的多种优秀民间文艺也已成为文化市场上的好节目外，还有不少文化掮客以营利赚钱为目的，把民间流传的一些不健康的作品拿来，在歌厅酒店里演示，以糟粕冒充精华，败坏了民间文艺的名声，加剧了社会不良风气的蔓延。对这种现象，应当有针对性地提出净化文化市场，保护优秀民间文艺纯洁性的严正要求，把打着“民间文艺”“民俗文化”旗号贩卖封建迷信、淫秽色情私货的行为和弘扬民族民间优秀文化的活动严格区分开来，对前者予以严厉的打击。也只有这样，才能更有利于发扬民间文艺的优良传统，在继承与发展上走出一条良性循环的健康之路。

对优秀的民间文艺，甚至对于优秀的民间文化财产给予保护，应当用立法加以保证。中国虽然有较为完备的文物保护法，对遗存在社会上或埋藏在地下的历史文化遗物给予严格的管理和保护。但是对于遗存在民间日常生活中的优秀的文学艺术乃至有价值的文化财产，却至今没有相应的管理和保护的法律。这显然和中国作为拥有丰富精美的民间文学艺术及民俗文化的文明大国地位很不相称。许多民间文艺的绝技、精品、秘传和丰富资源都几乎濒临失传失散的边缘，却得不到法律的保护而无力抢救。许多民间文艺家在保护优秀民间文艺财产方面做出了十分难得的贡献，却得不到法定的奖励；许多损害和糟蹋优秀民间文艺财产的恶劣行为，也得不到法律的惩处。长此以往，继续沿着民族民间文化虚无主义倾向发展下去，中国民间文艺事业的前途，很有可能滑入一个衰落的困难时期，使中国的民族文化面对世界民族文化异彩纷呈的繁荣前景，处于一个十分尴尬的地位。因此，我们应当积极呼吁，尽快制定一系列的有关民族民间文化财产的管理与保护法规，依法保护民间文化遗产。

民间文艺家对民间文艺的保护是履行自己义不容辞的职责，因此，对一切损害优秀民间文艺财产的行为应当加以批评、指责、制止，绝不可以听之任之、视而不见、充耳不闻。民间文艺家自身更应当增强自觉的保护意识，不要有意无意参与各种糟蹋民间文艺事业的不良活动。更不该在商海浪潮的拜金主义下自轻自贱，看不起民间文艺事业。相反，应当在走向新世纪的历史关头，更加振奋精神，信心百倍，团结一致，为促进民间文艺事业的更大繁荣做出贡献。

增强民间文艺的精品意识和保护意识，是推动中国民间文艺事业走向新的繁荣的两个相依相助的内在动力，是完成跨世纪任务的最好精神装备。民间文艺家队伍也会因推出精品而更加团结和凝聚，更加对自身所从事的事业充满信心，更会因共同奋起保护民间文艺的优秀遗产而坚定信心，使弘扬民族文化取得更加辉煌的成就。可以预见，在进入21世纪的最初几年里，中国的民间文艺事业一定会跨上一个新的台阶，飞跃到一个崭新的历史阶段。

第二章　民间文艺的分类系统

在中国采录民间口头文学资料的田野作业中，近30年来，逐渐形成了一套适合于中国情况的分类系统（或体系）。这个体系是以题材内容、体裁样式和表现方法三结合的分类标准构成的。简而言之，也可以称之为以内容、形式的明显差别区分类别的系统。各种叙事的与抒情的（或表意的）作品，各种幻想神奇的与生活写实的作品，各种讲述的与演唱的作品（即散文的与韵文的作品），讲述内容的时间、地点、人物是特定的（或真实的）、不特定的（或虚构的）作品，都因为它们的内容与形式不同而分成各类。这在中国的口头文学资料处理工作中，已经成为大多数人接受并运用的分类方法了。

以口头作品的题材、体裁和表现方法三结合的标准作为分类的出发点，在实践中可以比较准确地分辨作品的异同，也便于从中归纳资料形成类别。

比如赫哲族的《满斗莫日根》（Manduomelgen）是用2940行诗和3万多字讲述词语的说唱体表现英雄复仇内容的口头作品；达斡尔族的《阿波卡提莫尔根》（Apekatimelgen）是一篇讲述神奇英雄“小柞树”（Apekati的原意）故事的口头作品；彝族阿细人的《阿细卜》是讲述阿细人祖先“细”的英雄业绩和神奇轶事的口头作品。从题材上分析，它们都是关于传奇英雄业绩的；表现方法上，他们又都是叙事的；但在体裁上却有说唱体与讲述体的差别，甚至在讲述体中又有真实的时间、地点和人物的讲述方法和虚构的、不定的讲述方法之分，于是在处理上述三个作品时，它们便分别被纳入了不同的类别。

《满斗莫日根》——英雄叙事诗

《阿波卡提莫尔根》——英雄故事（幻想故事）

《阿细卜》——英雄祖先传说（人物传说）

按照中国近30年来的分类经验，大致上把口头文学作品区分并归纳为九类：（包括它们的各种小类）

1. 神话类

A. 天地创造神话；

B. 大自然变化神话；

C. 动植物神话；

D. 人类起源神话；

E. 洪水与人类繁衍神话；

F. 文化创造神话。

2. 传说类

A. 人物传说；

B. 史事传说；

C. 地方传说；

D. 动植物及物产传说；

E. 风俗传说；

F. 技艺传说。

3. 故事类

A. 幻想故事（神奇故事）；

B. 动物故事；

C. 寓言；

D. 生活故事；

E. 机智人物故事（幽默故事）；

F. 笑话。

4. 叙事诗类

A. 创世史诗；

B. 英雄史诗（叙事诗）；

C. 抒情叙事诗。

5. 歌谣类

A. 劳动歌；

B. 仪礼歌；

C. 时政歌；

D. 生活歌；

E. 情歌；

F. 儿歌；

G. 游艺歌；

H. 滑稽歌。

6. 谜语类

A. 物谜；

B. 事谜；

C. 字谜；

D. 谜语故事；

E. 谜歌。

7. 谚语类

A. 气象谚；

B. 生产谚；

C. 生活谚。

8. 民间曲艺类

9. 民间小戏类

在这9个种类中，除第8和第9两类已经有一个世纪以上的传统分类历史外，其余7个类别几乎都是在近代几十年中的采录编辑作业中逐渐形成的。它们大致可以包含中国丰富多彩的民间文学作品了。

但是，这并不意味着在田野作业中，已经完全解决了分类中的复杂问题。事实上，实践中还存在着若干分类标准把握不定或产生某些混乱的问题。为了阐明这些问题，提出以下三点意见，作为调查研究的参考。

一、神话、传说和故事的分类问题

我们注意到从格林（Grimm）兄弟到阿尔奈（Antti Aarne）和汤普逊（Stith Thompson）的分类标准，有一个突出的特点，那就是把传说和故事中的幻想故事、生活故事、笑话、幽默故事都混杂起来的现象。因为，在“AT”分类中，是以“Type”（即“型式”）为中心形成分类标准的。这样一来，民间故事这一大类，几乎成了包罗所有叙事散文体口头作品在内的大体系了。这种口头讲述的叙事作品都是民间故事的概念，在中国也很流行，被称作“广义的”民间故事。中国当前采录编辑的《中国民间故事集成》正在用这种“广义的”民间故事概念推动田野作业及资料处理的工作。近几年来，随着中国神话研究的进展，“广义的”神话这种说法不仅在理论上存在，同时也多少影响了采集口头神话的田野作业，甚至有的编者把某些具有神奇色彩的传说和故事也都归入神话类了。这两个“广义的”、笼统的分类系统，在中国的民间文学工作中呈现出某些混乱的状态。在许多通行的民间故事读物和资料本中，“神话故事”“神话传说”“传说故事”等分类含糊，模棱两可的概念或名称，随处可见。这种以散文叙事作品为一大类的做法，已经较普遍地影响了对于民间故事与传说、神话的资料分析，形成了习惯，这习惯显然与严格的科学分析格格不入。应当承认，多年来基本理论上的某些不妥的概念给实际工作带来的干扰是存在着的。

我们在侗语地区进行科学考察，不妨用《侗族民间故事选》做例来证明上述事实。在这部优秀的故事集中，有一篇采自侗语北部方言区贵州省天柱地区的《捉雷公引起的故事》，故事中记述了《洪水滔天》、《射太阳》《姜良姜妹兄妹婚配繁衍人类》的神话；还有采自广西三江等的《救太阳》《救月亮》神话。同时，这本选集中还选收了贵州从江、黎平地区流传的侗族祖先传侗歌的古老传说及广西龙胜平等地区、贵州肇兴地区流传的全必上天找侗歌的古老传说；还选收了《吴勉》《白惹》等有关明代侗族农民领袖勉王夫妇的起义传说；还有《金玉的传说》《穷快活》《姜梓林的传说》等有关清代侗族农民领袖吴金银、姜应芳、姜梓林的起义传说；此外，还有清代以来侗族著名歌师陆大用、吴文彩、吴朝堂、石戒福传说剧文人陆本松的系列传说。除去上述较多的人物传说外，还有关于地方自然物、人工物的传说。如呵罗湖、金鸡山、琵琶泉、长寿塘、望娘滩、牛尾寨、鼓楼及风雨桥等地方传说和关于“三月三”节日及“斗牛”风俗来历的传说。

这些具有神话特点的作品和具有传说特点的作品，在全书359页中占去了126页，超过了1/3的篇幅。至于另外2/3篇幅的故事，也有和传说相互交叉的痕迹。这种混杂的资料的分类在类似的出版物中较为普遍。当然，作为故事选本的读物，这种混杂应该允许存在。但是，在对采录的资料进行现代化科学处理或保存档案、查阅检索时，这种把所有讲述的民间叙事作品混杂在一起的无系统状态，显然是急待规范化和系统化的。因此，叙事散文作品不应当作为一个具体类别的系统去吞没神话、传说、故事三个系统的全部差异。同时，也毫无必要用“广义的”故事或“广义的”神话去囊括三个不同系统的全部资料。事实上，也只有比较严格地区分神话、传说、故事，才有可能把散文叙事作品的资料，分别纳入三个类别的系统，进行科学的处理。

在处理故事资料时，根据题材归纳出故事类型“群”，是进行故事分类较有意义的方法。中国多年来就积累了这方面的实践经验，对田野作业有极大帮助。如通常惯用的故事类型“群”有：“羽衣仙子型”“螺女型”“蛇郎型”“动物报恩型”“异类婚姻型”“灰姑娘型”（或扩大为“恶后母型”）、“两兄弟型”“巧女型”“呆女婿型”“长工地主型”等。这些类型群，有的具有特定的“型式”，有的是若干相似或相关联“型式”的总称，有的只是同一类题材范围的综合。把它们概括成类型群并不是来自什么人的设计，而是来源于大量资料的处理，在类比中自然而然地形成的。近几年来，随着幽默喜剧性故事的大规模被采录，一个叫作“机智人物”故事的类型群已经出现，尽管把一个类型群的故事直接作为一个故事类的系统来划分并不妥帖，但是，类型群的归纳显然是分类系统中故事类的基本要素。类型群的大小常常标志了同类故事传播的广狭及数量的多少，从而便于了解这类故事在民间的生命力及影响力的强弱，透视人民心理愿望的深广程度。因此，在分析民间故事作品的题材时，首先从类型群的角度加以辨别，是很必要的。

同样，传说中也有相应的传说类型群。如“担山型”“飞来山型”“赶山型”“开山取宝型”“神工巧匠型”“智断公案型”“神力退敌型”等地方传说、人物传说中的类型群，都是有助于形成传说类系统的重要因素。

对于散文叙事作品的分类，大致如此。但是，必须说明：不是每一个传说或故事都可以找到相适应的类型群，相反，相当多的作品往往各具特点、独自成篇。这种现象是正常的、合乎传统的。它们同样也可以从题材、体裁和表现方法方面归入各自的类别，而不至于一篇一篇作为独立的“型式”游离在外。这大约就是中国分类系统在田野作业中较为便利之所在。

二、叙事诗和歌谣的分类问题

在韵文叙事作品的分类方面，历来也存在着分类标准不统一的问题。因为，韵文类口头作品在口头表现方法上需要各种不同的演唱形式，它们有的要配乐器演唱，有的要在演唱过程中夹杂许多讲述成分，有的要一人演唱，有的则多人演唱，有的还要边舞边唱，于是演唱形式常常在民间习惯中被作为分类标准，以不同的演唱形式为中心，分成了若干类别系统。中国把民间曲艺类按说唱体的不同特点分成若干系统就是出于这种分类习惯。民间曲艺又称民间说唱。

民间说唱类在田野作业中事实上并不包括各少数民族叙事诗的说唱，却把它们归纳在叙事诗类和汉族民间曲艺中的弹词、鼓书相区别。表面看来，这似乎是可以并存的两类，然而在采录资料的处理中却发生了矛盾。

让我们还以侗族民间叙事诗为例来证实这种现象。侗族的叙事诗演唱有两种形式:侗语称作“嘎常”和“嘎君”。“嘎常”只唱不说，“嘎君”说唱相间。在“嘎君”体说唱中，有叙事诗《二度梅》600 行，《陈世美》340 行，还有《孟姜女》《梁山伯与祝英台》《刘知远》等长篇说唱。这些作品和汉族民间艺人演唱的曲艺《二度梅》《秦香莲》《孟姜女》《梁山伯和祝英台》《白兔记》等作品一样题材、一样说唱，但前者属于叙事诗类系统，后者却被归入曲艺系统。这种不协调现象显然是传统的分类标准不一形成的系统紊乱。目前，上海等吴语地区采录的汉族长篇叙事诗《五姑娘》等，以其民歌体的特点和其他各民族的叙事诗归于同类系统，也是从演唱形式角度参照划分的。

从这里可以看到民间文学的分类在田野作业中存在着许多具体的困难。这主要是指，口头文学作品在民间从来都有传统的名称及习惯分类法。怎样把这种习惯分类法纳入到科学分类的系统？这是很值得探讨的问题。中国歌谣研究的先辈学者朱自清先后在《中国歌谣》一书中列举了15种歌谣的分类系统，它们大多数是民间习惯分类法的产物，因而五花八门，难以划一。

下面再列举侗族民歌的一种民间习惯分类系统来说明这个问题。在侗族南部方言区的东部地区（广西北部、湖南西南部）侗歌的习惯分类很复杂琐细，有一定代表性。

当地民间通常把侗歌分为"嘎"和"耶"两大类。

嘎：有伴奏与无伴奏的独唱、对唱、二重唱的歌。

1．有伴奏的嘎：4种

A. 嘎琵琶（琵琶歌）：以四弦琵琶伴奏自弹自唱的抒情短歌、长歌和叙事长歌(情歌、叙事诗)；B. 嘎格以(或嘎吊、牛腿琴歌)：以弦琴伴奏、自弹自唱或男弹女唱的抒情歌(情歌)；C. 嘎滴(笛子歌)：用竹制竖笛伴奏多曲调的抒情短歌(情歌)；D. 嘎把美（木叶歌）：用吹鲜树叶伴奏的一种山歌，多是二、四、六句短情歌(情歌)。

2．无伴奏的嘎：14种

A. 嘎周(或嘎作、嘎拿，俗称双歌)：二人二声部男女对唱(情歌)；B. 嘎沙困(多罕)和嘎开困：即拦路歌和开路歌，是男女对唱的即兴歌(情歌)；C. 嘎靠(酒歌)：酒宴礼仪中宾主敬酒对唱的歌(仪礼歌)；D. 嘎设(打茶歌、敬茶歌)：新婚仪式中伴娘敬茶时唱的歌(仪礼歌)；E. 嘎靠泵(沸腾酒歌)：新婚祭礼上唱祖先神话歌祝福(仪礼歌)；F. 嘎贝巴(口头歌)：吟诵体韵语词(情歌、生活歌)；G. 嘎呢(细声歌)：男女情深用假嗓唱的情歌(情歌)；H. 嘎花(花歌)：内容广泛的即兴山歌(情歌、生活歌)；I. 嘎拉育(赖油歌)：讨油时唱，多赞歌，现在有的唱情歌(情歌、生活歌)；J. 走寨歌：男青年访女友在门外唱答的情歌(情歌)；K. 嘎色福(添粮歌)：为老人祝寿的赞词(仪礼歌)；L. 嘎勒温：儿童自唱和母唱给婴儿的歌(儿歌)；M. 嘎短(谜歌)：唱谜语的歌，有时问答(谜语歌、游艺歌)；N. 多款(款词)：集体集会时诵念的韵语

(生活歌)。

耶：男女歌队合唱、集体回答，或由歌师领唱、歌队复唱的歌。主要在“月也”走乡串寨时演唱。按内容分有多种，常见的有9种。

A. 耶萨：审日祭祀侗祖圣母的歌，即圣母耶歌(仪礼歌)；B. 耶父母：父母耶歌(仪礼歌)；C. 耶务本：侗书耶歌，唱信仰习俗内容(仪礼歌)；D. 耶索坐：星宿耶歌，唱星命内容(仪礼歌)；E. 耶花：爱情耶歌(情歌)；F. 耶短：猜谜耶歌或问答耶歌(游艺歌、谜语歌)；G. 耶铺：祝贺耶歌(仪礼歌)；H. 耶见崩：争取平等耶歌(时政歌)；I. 耶斜散：散场耶歌(仪礼歌)。

和这种习惯分类相近似的还有另一种分法。在侗语南部方言区西部地区（贵州黔东南南部地区），通常把侗歌分为“小歌”“大歌”两大类。

小歌：是指各种有伴奏及无伴奏的独唱、对唱、二重唱的短情歌。

大歌：是指男女各方五人以上的齐唱、多声部合唱和对唱的抒情大歌或叙事大歌。抒情大歌以地名为标题，如“嘎恩”，即《岩洞之歌》；叙事大歌以人名为标题，如“嘎大用”即《陆大用之歌》①。

从上述民间习惯分类的系统中可以看到，民歌的内容题材并不是作为主要依据的分类标准，而是用演唱的不同形式区分类别的。不管几句短小的情歌和几百行长篇叙事诗有多大差别，只要是独唱、男女对唱或二重唱，都属于“嘎”的系统，或属于“小歌”类系统。同样是“花歌”（山歌）和“短”歌（谜语歌），只因为独唱与合唱的形式不同，便有“嘎花”与“耶花”及“嘎短”的区别，分属于“嘎”和“耶”两类系统。同样是情歌或仪礼歌，只因为有伴奏与无伴奏的差异又各有所属。这种习惯分类法显然是以音乐区分的，与口头文学不是统一系统。如果按不同民

① 以上引述侗歌分类资料，参阅《侗族民歌选》第23－24页及《侗族琵琶歌》前言部分，贵州人民出版社1981年7月出版。

族、不同地区的分类习惯去处理资料，在中国这样大的国土上必将产生成百上千的分类系统而自成体系，各不相干。这对于处理民间文学资料，显然是不大妥当的。

但是，从民间习惯的分类系统中清理各具特点的资料，使它们进行接近科学分类的比较合理的排列组合，则是完全可行的。因为在它们所有的分类中，又往往显示出内容与形式统一的分类特点，这就有了很大的按现行的统一标准分类的便利。经过处理，上边列举的“嘎”“耶”中，除“嘎常”和“嘎锦”体的叙事长歌归入叙事诗类外，其余的有12种属情歌，10种属仪礼歌，个别的分属儿歌、生活歌和游艺歌(谜语歌)。只有当分类登记时，才需要标注“嘎”和“耶”的具体差别。

在田野作业中，采录者常常会发现民间对本乡流传的口头文学种类往往冠以本地方或本民族的俗称。这些俗称在当地便自成体系形成类别。像陕西北部的民歌“信天游”，内蒙古河套地区的民歌“爬山调”，山西西北部的民歌“撅席片”，都是以两句式的抒情歌为主体兼有极少量叙事歌的地方歌种。它们的曲调也有很多相近相通之处。采录这些民歌资料后已出版的选集，也称《信天游选》或《爬山歌选》。这同样是按民间习惯分类法形成的“名从主人”的经验。事实上，只要到这些地区全面考察，就不难发现这三种民歌是同出一源的、同一体例的歌，它们都可以按不同内容分别属于劳动歌、生活歌和情歌各类。

把各地方的、各民族的民间习惯分类系统如何纳入到以内容与形式的统一为标准的分类体系中来，是中国目前田野作业处理资料的关键。

中国民间文学的分类系统是从中国民间文学现阶段工作的实际出发，经过十几年的探索形成的。就目前状况看也是比较实用的，在中国，关于民间故事的资料处理中，采用AT分类系统，以“Type”为中心，并不是为时尚早，而主要原因是中国大量的故事资料还在采录中，已经采录的大量资料中又有很多与AT类型无法对应。AT型式的编码序列在中国采录工作者中不仅不熟悉，而且也很不习惯。中国工作者对于民间文学的观点、方法与思考的角度，和 AT 系统不相适应。中国正在通过全国性的《中国民间文学集成》采录编辑工作建立起具有中国特色的、完整的、科学的民间文学分类系统。这个目标将在今后三五年内一定达到。

第三章　民间文学与儿童文学的血缘关系

一、民间文学是哺育伟大作家童年成长的教材

伟大作家高尔基，当他还是个5岁孩子的时候，便失去了父亲，同时也失去了他的童年，开始了苦难的岁月。但是，就在那黑暗的日子里，他的外祖母却以无比的慈祥、善良和智慧哺育了他。

阿库林娜·伊凡诺夫娜用她精通的俄罗斯最丰富的民间语言给阿辽沙讲了成百个优美迷人的民间故事和传说，唱了上百支悦耳动听的民歌童谣。于是，在高尔基幼小的心灵中从此便埋下了两颗最好的种子：一颗革命种子；一颗文艺种子。正是这两颗最好的种子使高尔基在为摆脱人民苦难而进行的斗争中成长，在为人民争取自由解放的战斗中拿起笔做刀枪。当高尔基在全苏第一次作家代表大会上用最崇高的词句、最激动的语调赞颂了民间文学的时候，谁都会看到伟大的高尔基对外祖母留下的遗产那种珍重热爱、永志不忘的深情，这遗产正是民间文学。

世界上许多伟大的作家都有过相似的经历，都从不同的渠道得到过这份珍贵的遗产。就拿俄国著名作家普希金来说吧，1816年普希金写了一首题为《梦》的诗。诗中写道：

啊！我怎能不讲一讲我的保姆，

怎能不提起那些神秘而美丽的夜晚，
当她戴着睡帽，穿着旧式的衣裳，
用祈祷驱逐了一切的精灵，
当她在我身上一再地、热心地画着十字，
并且，还低声地对我讲起了
死人的故事和鲍瓦的功勋……
我常常害怕得不敢轻轻转动。

这便是农奴出身的阿琳娜·罗季昂诺夫娜用动人心弦的民间故事《勇敢的武士鲍瓦王子》等哺育幼小的普希金成长的真实写照。当我们读到《渔夫和金鱼的故事》《小金鸡》等童话诗时，立刻会找到民间文学遗产对伟大诗人的积极影响。

在一个半野蛮的村庄里，在饲犬人的头领们身旁度过童年的涅克拉索夫，在长诗中回忆起“当周围暴虐在狂欢，犬舍里猎犬在嚎叫，暴风雪吹打着窗户的时候”，妈妈总是给他讲那些充满了高贵品质与纯洁柔情的民间童话。附近山脚下流过的伏尔加河上船夫拉纤歌的呻吟声，深深铭刻在儿童时代的涅克拉索夫心灵上，他正是从这些民间文学中吸取了营养才写出了著名长诗《在俄罗斯谁生活得更好》，使人们从魔力的桌布和神奇的鸟的形象中，从动人的故事和歌谣中看到了民间文学遗产的重要价值。

还有，克雷洛夫写了205篇寓言，其中大部分是从他在儿童时代听来的民间故事所展现的动物世界中选取的题材。车尔尼雪夫斯基在童年时期，便在伏尔加河上贪婪地听那些逃亡的农奴讲述起义领袖斯切潘·拉辛和叶美里扬·布加乔夫的动人传说和长工捉弄地主的机智故事，成为哺育这位伟大作家和思想家成长的最早最好的营养。

以上列举的俄国作家的代表们，在童年时期都经历了最深刻、最难忘、最丰美的民间文学教养和陶冶的阶段，在世界文学史上这并非特异的、孤立的现象。

在中国，革命文豪鲁迅的童年同样也是在民间文学的乳汁下度过的。鲁迅在《狗·猫·鼠》一文中回忆道：

> 那是一个我的幼时的夏夜，我躺在一株大桂树下的小板桌上乘凉，祖母摇着芭蕉扇坐在桌旁，给我猜谜，讲故事。忽然，桂树上沙沙地有趾爪的爬搔声，一对闪闪的眼睛在暗中随声而下，使我吃惊，也将祖母讲着的话打断，另讲猫的故事了——“你知道么，猫是老虎的先生。”……

于是复述了祖母讲的遍及全国的虎向猫学本领的动物故事，同时庆幸终究从桂树上下来的不是虎，而是猫。鲁迅在《从百草园到三味书屋》一文中，详尽地描绘了他童年时长妈妈讲给他的“美女蛇的故事”；在《阿长与山海经》一文中，他饱含深情地追述了童年时长妈妈送给他的珍贵礼品：绘图本神话集《山海经》。幼小的鲁迅把这四本小小的书称作“是我最初得到的、最为心爱的宝书”。那故事集中画的人面兽，九头蛇，一脚牛，三足乌，生着翅膀的人，没有头而以两乳当作眼睛的怪物，牢牢地吸引了他，以至他在成为伟大革命作家的年代里还是那样念念不忘。

鲁迅的少年时期依然酷爱民间故事和传说，据周遐寿在《鲁迅的故事》的“童话”一节中回忆说：“在乙未年鲁迅是15岁了，对于童话分子（虽然那时还没有这名目）还很是爱好，后来利用那些题材，写成《故事新编》，正不是无因的事吧。……有一时期鲁迅早就寝而不即睡，招人共话。最普通的是说仙山。这时大抵看些《十洲》《洞冥》等书，有‘赤蚁如象’的话，便想象居住山中，有天然楼阁，巨蚁供使令，名阿赤阿黑，能神变，又炼玉可以补骨肉，起死回生，似以神仙家为本，而废除道教的封建气，完全童话化为以利用厚生为主的理想乡，每晚继续的讲，颇为细微……”鲁迅在《社戏》里颇富深情地追忆了自己十一二岁时在野外看过的、很好的民间小戏，他迷人地描绘了在他外婆家附近野外演出的那一台好戏。他写道：“我最愿意看的是一个人蒙了白布，两手在头上捧着一支棒似的蛇头的蛇精……”这出戏在绍兴戏里叫《落绣鞋》，它取材于民间故事，大意是一个少女被蛇精背进山洞，一位勇敢的少年在山间拾到她落下的绣鞋，跟踪前往，与蛇搏斗，救她脱险。

当我们从《鲁迅全集》中读到他盛赞刚健清新的“生产者的艺术”时，读到他为人民大众讴歌解放的条条警句时，不能不想到他童年和少年时期便从民间文学遗产中汲取的巨大力量。

这些伟大的作家幼年、少年时代的真实故事，不仅说明了民间文学遗产对文学创作事业的巨大影响，更重要的是它最充分地证明了民间文学遗产对少年儿童的健康成长具有优异的积极作用和特种功能。正是不朽的人民的口头文艺培育了世世代代自己的子孙，教育教养了亿万普通民众的后代，为实现美好的理想进行了斗争，赢得了进步和胜利。正是健康的优秀的民间文学传统造就了一辈辈勤劳、智慧的英雄儿女和民族脊梁。从这个意义上说，民间文学遗产正是人民生活与斗争的百科全书，其中很大一部分也正是人民培育自己后代的最好的儿童文学教材。民间文学遗产对儿童文学创作来说，仿佛倒真的像外祖母和我们之间的血缘关系了。

二、民间文学的优秀作品是儿童文学范本

谈到民间文学与儿童文学的血缘关系，不能不着重谈谈《格林童话》，这是民间文学和儿童文学的双重范本。在柏林马太公墓并肩长眠的雅各·格林和威廉·格林兄弟，因这部脍炙人口的童话集而受到了几乎整个欧洲从孩子到老人的尊敬和热爱，已经长达138年了。他们生前发表了许多关于古代诗歌、古代法律、古代语文的论著。然而，这些并

没有引起广大人民的注意，使他们在人们心目中占有世代难忘位置的恰是这两册叫作《儿童和家庭故事》的书。这部故事集共有二百篇童话，在当时的民间文学收集整理方面，可称得起世界第一。格林兄弟把民间故事和传说记录整理出来，直接作为孩子和家庭用的童话，这表明他们最懂得民间文学在儿童生活中的养育作用，最了解民间文学与儿童文学的直接血亲关系。他们在这部童话集第一册第 1 版的“献词”中只写了一句“致阿尔宁夫人伊丽莎白和小约翰·富莱孟德”，却足以证明这种民间故事的搜集整理和出版显然是作为家庭和儿童用的儿童文学出现的。阿尔宁是格林兄弟和歌德的好友，是他们文学事业的热心赞助者，是他十分热诚地支持格林童话的出版问世。因此，格林兄弟把童话集献给他的夫人和孩子，也可以理解为献给了全德国的儿童和家庭。正如威廉·格林的儿子赫尔曼回忆说：“每个德国人都晓得格林兄弟，小孩在爱他们之中长大。人们多次问我和他们是不是一家人，当我回答说我是他们的儿子和侄儿时，人们都像把我当作一个亲戚，除此之外，再没有更好的荣誉了。”

这部《格林童话》第一册第 1 版的 1812 年序言中，特别叙述了这些故事在民间产生流传的情况，真实地介绍了在德国和国外搜集工作的过程。他们尽力保持了这些优美故事的原型，甚至连故事中夹着的小诗和韵语都不加润色和改动，对故事不做任意扩大和删减，尽量保持了民间故事中为儿童喜爱的东西，保证了无损于童话艺术。1815 年第二册出版的序言中，他们进一步强调了这部童话集本身就是一本受人喜爱的教育书。这样，一部民间故事集经过了他们的忠实整理，终于变成了一部儿童文学的童话集。正是由于这部《儿童和家庭的故事》（Kinder und Haus maerchen）驰名世界，所以 18 世纪中叶日本小说家山东京传才把这个名称译作“童话”介绍到日本，以后才引入中国，从此才有了儿童文学的童话。究其根源，还是来自民间故事。

格林兄弟的童话来源几乎都出自他们生长生活过的地方的普通乡民

之口。其中有许多篇故事是威廉·格林夫人和她姐姐在结婚前讲的，她们又都是从农妇老马莉那里听来的，还有大部分直接采自老马莉和加塞尔农妇葳曼夫人，此外还有从德国别的地方和瑞士等国搜集到的故事。从这里完全可以证实民间故事中的一部分本来就是儿童文学的童话。

但是，当雅各·格林把童话的收集整理出版工作完全交给弟弟威廉去做以后，威廉便力图使这些故事适合于当代读者，开始从艺术形式，包括体裁和语言等做些精确而忠实的改订。于是，到了1837年第3版问世时，《格林童话》便以它更精致的艺术表现加入了世界儿童文学的最优秀的行列。这样就使得儿童文学中的童话不仅源于民间故事，更重要的是在艺术或教育作用上又高于民间故事的原型。整个一部《格林童话》证明了儿童文学不仅很好地继承了民间文学遗产，而且还有了艺术上的发展。

格林兄弟继承民间文学遗产发展儿童文学创作的成功道路，从1815年起，甚至在他们于19世纪50年代末60年代初相继逝世以后便成为一个优良传统延续下来。丹麦的伟大童话作家安徒生在1835年到1845年的10年当中写出了《讲给孩子们的故事》，以后的7年中他的创作在民间童话的基础上更加接近了现实生活，1952年以后写出的名为《故事》的作品更有了新发展。于是世界童话创作的道路便从民间故事的广阔田野里兴旺地发展起来，构成了儿童文学的主要内容。

经过了一个世纪童话的搜集整理和创作，出现了不少著名的编写民间故事的作家和作品。如爱尔兰的威·伯·叶芝所编写的《爱尔兰民间故事》，苏联的阿·托尔斯泰编写的《俄罗斯民间童话》，印度的穆·拉·安纳德的《印度童话集》等都成为现代儿童文学中继承民间故事传统的典范作品。

儿童文学继承民间文学遗产，并在此基础上得到发展，已经成为带有规律性的艺术途径了。正如安纳德所主张的那样：不要把故事讲述的链条割断，要接续下去，一代一代地发展作家的创作，其中包括儿童文学的创作。童话是如此，儿歌与童谣也同样如此。

三、儿童文学应继承民间文学优秀传统

民间文学究竟给儿童文学留下了什么遗产呢？从几千年的口头文学发展史上可以找到，凡是那些世世代代为民间少年儿童所喜闻乐见的形式都是。它们是奇异的神话，迷人的传说和故事，还有动听的儿歌童谣和闪耀着智慧之光的谜语。

民众的口头文学作品是通过各种形式的艺术想象表达民心的产物。民心就是人民心中所想、所盼、所爱、所恨，就是人民的心理愿望。民心中自然也包括童心在内，民间文学中那些表达了儿童心中所想、所盼、所爱、所恨的作品正是儿童文学最直接继承的部分。古老的充满幻想色彩的神话、传说和故事，最初大多产生于人类社会童年时期，这个时期的人类祖先具有孩子般的意识，把天地万物都想象得那么神奇，以至今天的少年儿童听到或读到那些故事时还是那样童心激荡，不能自已。

原始社会的神话是在人民的幻想中经过不自觉的艺术方式加工过的自然界和社会形态。这种幻想性和儿童的幻想特点是相通的。例如自然神话中带有明显的对自然现象进行解释、说明性质的故事，不仅表现了远古祖先探究宇宙奥秘的要求，同时也表现了远古人类不自觉地给自然现象以形象的巨大艺术才能。神话中说：最初天地宇宙一片混沌、盘古生在里面，天地于是开辟，天日高一丈地日厚一丈，盘古也日长一丈，盘古活了 18000 岁，天也极高了，地也很深了，于是形成了宇宙。又说：原来宇宙中只有一个盘古，他死以后，四肢五体化作天下四方的大山，左眼化为太阳，右眼化为月亮，血液变成江河，肌肉变为田地，呵气化成了风云，声音化成了雷霆、须发化为星辰，皮毛化为草木，骨齿变成珠石，汗滴变成雨水，于是形成了人类最早接触到的大自然。这两

种幻想的解释，前者称之为天地分离说，后者称之为尸体化生说。这些说法所反映出的人类祖先对宇宙现象不认识的状态和要求认识它的渴望和探究精神，与儿童经常对大自然提出的“天问”不是十分一致吗？当孩子们问起太阳、月亮是怎样来的，星星为什么眨眼睛的时候，这些神话的艺术构思往往像磁石一样比正确的科学道理更吸引他们。那个用神箭射落九个炎热太阳，斩杀了吞象的大蛇，捉住了大野猪，为民除了许多严重灾害的羿的神话，那个大禹治水获得成功的神话，以及精卫冤禽衔木石填北海，巨人夸父与日竞走，以乳为目，以脐为口的刑天舞干戚而战的神话，都深刻地反映出远古祖先的艰苦斗争生活。这里的幻想形象同样可以唤起儿童的想象，激起对超人力的英雄的无比崇敬。了解自然界的千姿百态与社会的艰难困苦、启发着幼小心灵中的某种战斗精神。又如那些反映人类文化生活起源的神话就更多了。伏羲氏观蜘蛛而造网罟捕鱼，燧人氏钻木取火减少了人类疾病，神农后稷创耕种，有巢氏构木为巢以防猛兽侵害，亥发明驯牛以利畜牧，赤冀发明杵臼，羿发明弓箭，番禺造船，伯余制衣服，舜筑屋室，伯益掘井，昆吾始制陶器，巫鼓始通医药，黄帝造指南车、仓颉上观天星下察龟文鸟羽而造字。所有这些丰富优美的神话内容和形象，不仅反映出远古时期社会生活的多方面影像，而且还着重歌颂了人类祖先劳动创造和智慧结晶。这些幻想形式的神的形态，充分标志了原始人类对于社会现象必然产生的幼稚认识。这些人类神话对于满足孩子们的探究心理，培养儿童劳动与智慧显然都有重要价值。

在漫长的民间文艺史上，传说也是一种古老的口头文学散文叙述形式。它虽然在幻想性上和神话相似，但它更有自己的特点。民间传说各民族都有，它们往往是和某个时代、某个地方、某个人物有着关联的传奇故事。因此，常常有人把传说看成具有历史性质。事实上，民间传说并不一定有多少具体的史实成分，最重要的恰是传说的巨大艺术感染力。它通过艺术想象表现了历史生活与时代面貌，表现了人民对历史的评价和对历史人物的爱憎。传说中也有某些虚构的人物和事件，但对于特定的历史现实，却始终保留着应有的真实性。像关于孟姜女哭长城的传说，既关联着秦始皇，又关联着万里长城，虽然孟姜女并不是历史人物，但是却真实而深刻地传达出人民反徭役反暴政的心愿。人民在传说中表达了对被压迫者的无限同情和支持。像张士诚起义传说，太平天国李秀成的传说等，都表现了人民明确的历史观，它们不仅可以帮助人们正确对待历史，还可以帮助人们认识生活，给人们以教养，鼓舞人们的斗争情绪。在民间还流传着对民族英雄，对清官赞颂的传说，在那充满崇敬感情的故事里，表现出人民的、鲜明的爱憎感情。在那些歌颂能工巧匠的神奇传说中，总是把人工创造的奇巧工程用奇异的幻想形象和情节加以解释，并归功于大工匠师鲁班。那赵州的大石桥，北京紫禁城的角楼，五台山和横山上的悬空寺等建筑上的奇巧惊人技艺，都传说是鲁班的成就。全国各地的许多庵、观、寺、院、城、塔、桥、殿的奇巧造型都和赞颂劳动和智慧的动人传说紧紧联系在一起了。还有，和祖国的山山水水紧密联系起来的地方风物传说更为动人。像浙江绍兴运河南岸钱清镇附近的牛头山的传说，辽宁南部熊岳附近的望儿山传说，云南境内赤水河的传说，黑龙江境内镜泊湖的传说等，在中国何止万千。它们这些密切联系着地方名胜古迹的传说往往一方面表现了对传说中正反两方面人物的爱和憎，另一方面又毫不隐讳地表现出人民对自己家乡风土的热爱。在传说的幻想形象中不是夸耀了与乡土有紧密联系的优秀历史人物，就是盛赞了家乡的土特产是稀世珍宝。这些用夸张、想象手法表现当地风物的神奇来历的故事，蕴含着为家乡喝彩争光的饱满情绪。至于那些解释“冤禽怨鸟”来历的传说又充满了鞭挞旧制度的愤懑和对被侮辱被损害者的同情。传说中的很大部分不仅在民间文学中是很好的教材，就是编写出来作为儿童文学宝库中的珍品也不逊色。像地主百般折磨孤苦无依的小牛郎，最后牛头山怎样救了小牛郎，把可恶的地主童员外关在牛头山里的传说，就会使小读者同情小牛郎，从而培养他们具有正义感和阶级爱；那日夜伫立在悬崖顶上盼望孩子回来的传说，也会领会到慈母的亲爱，从而培育他们尊敬和热爱老人的品质。从那用鲜血淹没地主田庄的赤水河传说里启发小读者对剥削压迫的憎恨；那镜泊湖里被珍珠姑娘用夜明珠砸成两半的珍珠门的故事，也会鼓舞小读者增长与恶势力斗争的勇气和力量。江苏扬州流传的“姑恶鸟”的来历，会教育女孩子去真诚地同情那被恶婆折磨死的童养媳变成的怨鸟；浙江杭州流传的“萤火虫”的来历，能帮助男孩子去由衷地怜惜被后母迫害落水而死的小荣虎变成的提灯照亮的小虫。吉林的儿童会讲起人参娃娃的传说；河北的孩子会谈起杨柳青年画的奇异故事；河南的娃娃会诉说大萝卜的传说；江西的孩子会讲述景德镇瓷器的惊人故事。孩子们都会在夸赞土特产中表现出热爱家乡的火热盛情，然而这正是培育孩子爱国主义的基点。民间传说给予儿童文学以丰富多彩的天然素材，既对儿童有品德教育方面的作用，又对儿童有传授丰富知识的意义。这部分遗产比起神话来，似乎对儿童文学更有价值。

当然，对儿童文学来说，最有直接继承意义的民间文学，莫过于民间故事了。民间故事就其形象特点和内容来说，又可分为两大类：一类是幻想性故事，它包括那些神奇魔法故事和动物故事，还有以动物为主人公的寓言；另一类是写实性故事，它包括那些生活故事和机智笑话故事，还有以人物为主人公的寓言。前一类幻想性故事又常常被称为“民间童话”，这正是儿童文学与之关系最密切的部分。

民间故事和神话不同，它虽然也有不少幻想形象和假想情节，但却不是对原始人类认识宇宙和社会的概括。它在幻想的形式里仍然表现着后世人类生活的态度和观念，展现着历史上反映过的现实生活色彩，因而并不像神话那样怪诞。民间故事和传说不同，它虽然也有和传说一样的幻想成分，但它却很少把自己的人物和情节附会到某段历史时代，某个历史人物，某个地方风物上。

在幻想性故事，即民间童话和动物故事中，有儿童文学取之不尽的创作素材，其中很多故事本来就是最上乘的儿童故事珍品。这部分作品在各民族民间文学遗产中数量最多、质量也最好，在艺术表现上更有许多优异之处。它们的奇异形象和离奇情节，迷住了一代代的儿童和成人。在民间童话中，常常表现出一个最基本的内容，那便是弱小者或善良人屡遭不幸或陷害，然而获得了幸福或成功，坏人屡屡欺凌别人却得到了令人满意的惩罚。对这样的主题，民间童话却是通过色彩斑斓的形象和多种多样的情节来表现的。据国际上故事学的研究成果看，民间童话在情节结构形式上大体有 2400 种之多。笼统看来，以下四大类是常见的或主要的情节。

第一类：奇异的动物用超人的力量帮助主人或恩人取得成功和幸福的故事。故事中的动物都具有超人的技能，它们总是在主人的疼爱或恩人的救护之下为好心人效力的。例如《老渔夫的故事》里，老渔夫放走了一条小鲤鱼，小鲤鱼就变成了姑娘认老渔夫为父亲，帮助和关怀老渔夫。后来，县官想霸占姑娘，出了许多难题迫使老人把姑娘嫁给他，结果，都被姑娘用魔法与智慧战胜了。在全国各地流传的《两兄弟》里小狗耕田的故事也是如此。在民间流传的大量救护小燕子、大雁、鹤、鹰、狗、鹿、兔、龟、狮、虎、猫等故事都大同小异地为人民所喜爱。故事中的主人公每逢遇到艰险各种动物便出来救助。这类民间童话通常又被叫作奇异助手故事或动物报恩故事。

第二类：借助宝物的神奇威力获得幸福、战胜邪恶势力的情节。这类故事在各民族魔法故事中占有重要位置。人民在故事中创造出许多神奇的宝物，它不仅可以制服自然力或各种神灵妖魔，还能使主人公要什么有什么。可以敲出酒席饭菜的小鼓，可以吹出任何财宝的喇叭，可以装进各种东西的宝葫芦，可以磨出金银的石磨，踏上手帕飞上天空，手提灯笼下到海底，一块小石子把大海烧干，一滴小水珠使死人复活，一根黄瓜可以打开金银宝山，一支神笔可以画出真宫殿。更奇异的是这些宝物在弱小善良人手里便大显神通，一旦落入坏人手里不是失去灵验，便是立即遭殃。这类故事中的宝物总是和人民的同情、热爱一起，永远属于弱小者和善良人。

第三类：怪孩子用异常的智慧和力量办了大事业取得美满结果的故事。这也是数量较多的常见的民间童话类别之一，也是世界范围内广为流传的一类故事。像德国故事中的“蛙王子”“拇指粗”；法国故事中的“豆儿子”；乌克兰故事中的“滚豆儿”；日本故事中“一寸法师”“桃太郎”“赫夜姬”（竹子里生出的三寸姑娘）都是很动人的形象。在中国各民族民间童话中有“葫芦娃”“枣核儿”“燕女儿”“蛤蟆孩儿”“青蛙骑手”“斑竹姑娘”等奇异的男女儿童形象。在这类故事中，这些孩子都异常聪明和勇敢，几乎都具备善良美好的品德，令人喜爱。更重要的是，这些奇异的孩子往往都成为无依无靠无儿无女的老人的亲人，人们在故事中把同情和赞美都加在了这些老人和奇异的幼小者身上。这类故事往往还让丑陋的小青蛙变成英俊的青年和美丽的公主结婚，并能尽心竭力地奉养老人。

第四类：和异类成婚并获得幸福的故事。故事里的异类常常是两种形象：一种是幻想中的神仙形象，如天界仙女或海底龙女；另一种是幻想中的灵怪形象，如蛇郎、狐狸精、画中人、田螺娘等。这两种形象都是异类变幻人形的奇异形象，它们都往往令人可亲可爱可敬，又总是和受苦人、善良人结婚，并给生活带来幸福，在中国各地流传的《田螺姑娘》《蛇郎》都是这类故事的典型。

民间童话中通过高度的艺术想象力所反映出来的思想愿望，都是民心所向的。它们给儿童文学不仅留下了多彩多姿引人入胜的、难忘的奇异形象，而且还给儿童文学提供了帮助受苦人摆脱灾难、战胜险恶、争取幸福生活的永恒主题。可以想到，小读者们是怎样把他们的童心牢牢放到对正面主人公（其中大部分是男孩或女孩）的同情和支持上。孩子们为主人公的遇难而焦急、忧虑，为主人公的获胜而欣慰欢乐。每当民间童话以正面小主人公的美满结局收场时，谁都会看到小听众或小读者们流露出的满意、放心和与主人公同享幸福的神情。这种反映人民期待、向往，要求过好日子的心愿，也正是孩子们的心愿。这样的民间童话对儿童文学来说，其价值是不言而喻的。

谈到动物故事，也应当看到这是民间文学留给儿童文学的主要遗产之一。过去又称它为“自然童话”。动物故事是把人类生活、社会关系反射到动物身上用幻想形象构成的故事。这些故事中的动物和人一样有思想，有性格，进行各项和人类相近的活动。但是，这些动物的性格特征总是和动物本身的习性特点相接近，这样便构成了动人的人格化了的动物形象。像猴子的聪明伶俐，羊的善良，牛的勤劳，小松鼠的机灵，狐狸的狡猾，猪的懒惰，老虎的凶暴，大象的温顺，老熊的蠢笨，狼的阴险，喜鹊的搬弄是非，鹦鹉的学舌，狗的忠实，老鼠的贪婪，马的厚道等，在长期流传过程中已经得到了人们的公认，尤其在孩子们中间。这些形象早已在童心中刻印得异常鲜明了。

动物故事大体上分为三种内容：

第一种，从动物之间的关系表现人与人之间的矛盾纠葛，从而反映世态人情的故事。这类故事往往通过形象的对照，性格的对比，揭示出人间生活中的各种现象，展现出各样的道德情操和是非观念。如《老雕借粮》中老雕惩治看财奴老鼠的情节；《老龟的智谋》中用计策战胜了狐狸、狼、穿山甲、黄鼠狼等的老乌龟回到大海的情节，都从各个角度描绘了社会生活的一些侧面。形象动人，有说服力。

第二种，解释说明动物习性、特征的故事。这类故事对动物的特征做了幻想性解释，但是，这些解释都不是没有意义的，而是通过解释曲折地反映出人类社会生活中的各种关系。像燕子为什么搭窝搭得好的《群鸟学艺》，五灵子鸟为什么全身光秃秃的《五灵子鸟》都是这类故事。另外，像兔子为什么三瓣嘴？猴子为什么红屁股？鹿为什么长角？公鸡为什么早晨啼鸣？牛为什么怕人？鹅为什么不怕人？狗和猫为什么结仇？猫和虎是什么关系？12 个动物属相是怎么来的？兔子尾巴为什么短等等都生动地揭示了生活中人与人之间的关系，展示了各种动物的特征。

第三种，从动物形象的某些行为显示出一定教育意义和道理的故事。这类故事在西欧、非洲、南亚印度等地有着广泛的流传。在中国50多个少数民族中也流传有许多动物寓言，在汉族中却不常见。先秦时期有过《井蛙与海鳖》《狐假虎威》《鹬蚌相争》等寓言，至今都有发人深省的作用。

动物故事作为民间文学遗产给儿童文学提供了十分丰富的素材和驰骋想象的天地。动物故事是最能与童心合拍的文艺形式，儿童们对各种动物的兴趣和熟悉是令人吃惊的。善于透视儿童心理的作家，都会运用动物人格化的艺术手法编写故事给孩子们讲。列宁有一次关于战争和平问题的报告中有一句深刻的话，他说："如果你给儿童讲童话时，其中鸡蛋儿猫儿若不会说人话，那么儿童们便不会对它发生兴趣。"这便是民间动物故事留给儿童文学艺术创造的具有规律性的财富。

民间故事中那些《长工斗地主》的故事和《巧女》的故事，那些颂扬机智人物的《纳斯尔汀·阿凡提》的故事，《巴拉根仓》的故事，还有那些匕首般的讽刺笑话，都为儿童文学的创作提供了最好的艺术依据。少年儿童在大量的机智故事和讽刺笑话的陶冶下，增长了智慧，锻炼了透视社会生活的能力，培养了美好的道德情操。

民间歌谣中大量的儿歌童谣唱出了孩子的心声。民间儿歌总是以简洁动人的口头韵语唱出心中所想、所盼、所爱、所恨的事物。同时还结合游戏活动唱出某些有趣的词语，有的尽管没有十分连贯的内容，却在语言上有些奇巧的声韵，使孩子们唱诵起来很有兴趣。至于那些拗口令，更是通过双声、叠韵词汇或同音近音的词语组成的有趣韵语训练孩子说话能力的短谣。这些通俗易懂、简短生动的民间儿歌伴随着孩子们的全部童年生活，成为最受儿童喜爱的生活诗篇。

民间谚语用短谣的形式总结了大量生产生活经验，成为指导人民生活和智慧的结晶。那些关于天气的谚语，关于二十四节气的短谚和大量农谚，不仅对成人，而且对少年儿童传授生产实践经验都极有意义。特别是反映生活斗争的谚语，用鲜明的对照，帮助孩子辨明是非，懂得做人的深刻道理。

民间谜语以它精巧和奇妙的构思赢得了千万儿童的喜爱。孩子们自幼便接受这种形象生动的智力测验，培养了判断事物、把握事物特征的能力，提高了积极思维和联想的活动力。民间谜语在人民生活中生命力最强，世代传承，经久不衰，至今对于培养教育儿童都是很有效的艺术手段。

外祖母留下来的遗产是一座装满精神财富的神奇宝库，过去在某些年月里，这座宝库遭到了妖魔鬼怪的摧残和破坏，以至在魔掌下很少有人敢于把这宗五光十色、绚丽多姿的遗产认真继承下来。现在，清除了妖魔，云开日现，恢复儿童文学优良传统的时刻早已来临。打开民间文学宝库的金钥匙掌握在我们这个时代的写作者手里，应当充满信心，消除余悸，重新唤起对民间文学遗产的热爱，勇于继承，善于创新，为当代和后代的孩子们创作出永不凋谢的文艺花朵来！

第四章　神话系统

一、人类最早的系统思想——神话

谈到神话，我们通常总要引用马克思在《〈政治经济学批判〉导言》中关于神话的一个论断。那就是众所周知的“任何神话都是用想象和借助想象以征服自然力、支配自然力，把自然力加以形象化”的经典定义。但是，在这个论断传入中国的半个世纪当中，对其中“想象”这一个反复强调的关键词的理解，基本上没有跳出文学艺术的狭窄范围。过分拘泥于“想象”的“幻想性”艺术特征，往往忽略了这里的“想象”，首先属于宇宙观的认识论的范畴，也就是哲学的范畴。如果把这种“想象”看作是反映客观事物的特定阶段认识活动的话，它又应该是人类心理上的一种认识结构，所以又属于心理学的范畴。

从这里出发，我们才有理由说：是神话的“想象”支配了原始神话时代的一切生活；是神话的“想象”垄断了当时人类的全部思维活动；是神话的“想象”最清晰地标明了原始思维和存在的关系。

事实正是如此。那时，我们的祖先不仅用“想象”去认识天地、日月、星辰、风雨、雷电、云雾、水火、山川、草木、鸟兽、虫鱼等自然物与自然现象，而且还用“想象”去认识人类起源、男女婚配、原始生产、衣食住行、部落战争等人类早期社会现象。我们从文化史上很难找到当时除了“想象”之外，还有什么样的思维活动可能在生产力极低的条件下占有一定位置。因此，神话已经构成一种独特的对客观世界的系统反映，它已经成为人类社会最早的系统思想了。

人类通过实践认识客观事物时，总是把这些事物联系起来看，于是便形成了系统思想。原始社会的人们也不例外，他们通过原始生活实践认识客观事物时，也总是用“想象”把这些事物联系起来看，于是便形成了神话系统。

实践与认识随着客观事物的发展变化，必然促使系统思想也有所发展和变化，这种发展和变化标志了人类的不断前进。神话系统同样有了发展变化，在人类的前进途中，神话系统终于被发展了的新的系统思想所代替。

如果把人类系统思想的路程大致分成段落的话，从古至今可分为四大阶段。

第一阶段：用想象认识自然和社会现象，并形成了系统的天神主宰的思想，这便是人类最早的系统思想——神话系统。这阶段的系统思想是非科学的，但却是很完整的。

第二阶段：人类有了不少正确认识自然或社会现象的成分，但是仍然存在着很多的想象成分，发展成为比神话系统前进了许多的系统思想。它是正确认识到的和想象的混合思想，中国有的学者把它称为“自然哲学式”① 的系统思想。这种思想仍是不够科学的，但却是十分完整的，把已经掌握了的和想象的事物联系起来的系统思想。

第三阶段：这是以 16 世纪近代自然科学的兴起为标志的阶段。这时人们强烈排除想象成分，追求科学的答案。于是，人类开始了对复杂、完整系统的事物进行分解再分解的科学研究，取得了部分的科学知识。

---

① 钱学森 1982 年在北京系统论、信息论、控制论中科学方法与哲学问题讨论会上作题为《系统思想、系统科学和系统论》的报告，提出“自然哲学式”系统的概念。

像天文学对天体的研究，雄辩地推翻了天体神话的想象。这时，形成了“还原论”的和机械唯物论的思想，比以前的阶段有了很大进步，发展了许多新的具体的科学思想。但是，这时的系统思想几乎完全被分解了。

第四阶段：这是以近百年来兴起的科学的唯物主义系统思想为标志的阶段。人们终于又把分解了的科学思想综合起来，对整个世界及其不断前进、发展、变化的规律，给予哲学上的解释，并在实践中运用这个科学的系统思想。

如果这四个阶段是可以成立的话，那么，我们就有理由把神话看作一种原始文学之前，先站在现代科学的系统思想高度，认真考察古代第一阶段非科学的神话系统思想了。首先，应当还神话以本来面目，即神话是一种系统的关于整个世界的认识，不仅仅是人类最早的口头文学。

神话不仅包括了十分广泛的感性认识，还包括了运用“想象”的“形象化”手段进行类似“判断”“推理”的认识。这种认识虽然还远不是理性认识本身，但始终包含着近似理性认识的因素。就是这些因素使神话的思考在展开原始的形象思维的同时，也不自觉地伴随着运用了一些貌似逻辑思维的但并不合逻辑的思维公式，构成了神话独具的思维特征。

如果用简单的例证来表示这种认识，大致如下：

1. 大洪水（感性认识）是天帝发怒惩罚世人（借助想象的“判断”和“推理”）。

2. 山林中很多野兽（感性认识）是山林神养的家畜或它的子孙（借助想象的“判断”和“推理”）。

3. 大人足迹（感性认识）被女踩后怀孕生子（借助想象的“判断”和“推理”）。

4. 地动山摇（感性认识）是大地下的鲇鱼在翻身（借助想象的“判断”和“推理”）。

5. 火（感性认识）是从天帝那里盗来的（借助想象的"判断"和"推理"）。

6. 林中最高大的树（感性认识）是通往天界的路（借助想象的"判断"和"推理"）。

以此类推，大致可以看出神话作为人类最早的系统思想的基本特点了。

二、神话系统的思维方式——联想

借助想象构成的神话系统之所以成为古代完整的系统思想，并不是杂乱无章的。它首先把宇宙万物都想象为有生命的事物予以神化，构成了神话思考的基点。同时在神化的过程中，运用了特定的思维方式。过去，我们常常习惯用"比喻""象征""拟人化"或"人格化"等"形象化"手法概括神话的艺术构思方法，似乎这样便同时概括了它的思维方式，这显然是不够的。

实际上，神话所运用的想象的思维方式，主要是来自原始生活实践的各种联想的方式。马克思说的"不自觉的艺术方式"，正是这种联想方式。这种联想当然和我们现代化生活实践中的联想相距太远，很不相同。它们是非科学的，在逻辑上几乎都是谬误的。但是却大都是自成系统的。这种神话系统的原始思维方式叫作"原始联想"。它是神话时代人类把客观世界种种事物、现象联系起来的主要思维方式。从原始心理学角度看，这种"原始联想"也可以说是上古人类认识世界的主要心理活动过程。

从大量中外各民族神话资料中可以看到，原始神话时期的联想已经具备了四种类型：

第一种联想是把不同事物的相似特点联系起来，构成神话。这种联想是原始的相似联想。像把日和月说成是某巨神或巨人、巨兽的左眼和右眼。是出于日月光与双目光的相似。“羲和浴日”也是日出东海与婴儿出浴近似所形成。雷神“鼓其腹”是从雷声鼓声的相似联想而来的；雷神“龙形”又是从雷后闪电与龙身的形似联想而来的。“钓岛”“流岛”“浮岛”及“大地飘浮”的神话，也正是从海上飘浮物、水族动物的飘游及海市蜃楼的幻象联想而来的。

第二种联想是把时间上相接近的事物或空间上相接近的事物相互联系起来，构成神话。这种联想是原始的接近联想。像阿尔泰语系许多信仰萨满教的民族，在神话中把巨大的树说成是通往天神所住天界的路，这是从大树与蓝天在空间上接近联想而来。希腊神话的群神都被认为住在奥林匹斯山上，中国神话的群神又被认为住在昆仑山巅，也同样是高山与天的接近构成的联想。各民族神话大多把日、月、星、风、云、雷、雨、虹、霞等天体天象神说成是“天帝”下属的近神，也是因为这些事物和天在空间上的接近，才产生了必然的联想。像前面引述的雷神龙身，除龙形与闪电相似的联想外，还有雷与电在空间上、时间上的极近的联想。正如以后又把雷公与电母构成了配偶一样，也是因为它们的接近才联想出来的。希腊神话中太阳神追逐黎明女神的故事，也是从黎明在前、日出在后的时间接近联想所得。

第三种联想是把对立的事物经过对比联系起来，构成神话。这种联想是原始的对比联想。人类在实践中很早便对比了天和地，白天和黑夜，男和女，生和死，水和火，甚至进而对比出了喜和怒，哀和乐，爱和恨，善和恶，阴和阳等。于是，在神话中便出现了天上神界与地下冥界，神与魔，太阳神为男性和月神为女性，出现了“参”“商”二星永世不见的兄弟不和的神话，发生了共工与祝融的大战，水与火之争。

第四种联想是把并无因果联系的事物，按因果关系相互联系起来，构成神话。这种联想是原始的因果联想。这是形成神话系统神秘性的重要联想。例如，华胥踏了雷泽大足迹，便生了庖羲；简狄吞了燕卵，便生了契；姜嫄履大人迹，生弃；佛库伦吞了朱果，生布库里雍顺。“履大人迹”“吞卵”“吞朱果”作为因，孕生了半神半人的英雄人物作为果。这便是原始因果联想的产物。又如，《淮南子·天文训》载：天倾西北，地不满东南，日月星辰西移，江河水潦东流，其原因被说成是“昔共工……怒触不周之山，天柱折，地维绝”造成的。在神话中，大洪水和大旱之灾，也几乎都是天帝降罪惩罚的结果。

在神话的思考中，这四种联想从来都不是孤立进行的。它们之间常常是相通的或相互补充的。在许多神话中，相似联想、接近联想和对比联想往往直接转化为因果联想。像前面所说的“感孕而生”的神话，正是原始人把空间上的接近（踩大人足印，吞卵、果）和时间上的接近（踩和吞的时间在前，孕生时间在后），作为因果关系联系起来。同样“地震鱼”神话也是把相似联想和因果联想结合而成的。值得注意的是，几乎所有典型的神话都运用了原始的因果联想，表现出人类最早探究宇宙奥秘的心理过程。这也许正是任何原始神话都带有起源性质的基本原因。

如果把神话系统的联想用简单的公式标志出来，将是以下的状态：

1. 因为A与B相似，所以A有B的特点（或A等于B）

例：（1）岛在海上，大鱼在海上，所以岛像鱼一样漂游。

（2）雷声和鼓声相似，腹与鼓相似，所以“雷神鼓其腹”。

2. 因为A与B接近，所以A与B相关（或A代替B）

例：（1）高长的树和天接近，所以树是通天路（萨满教神话巨树可代替天）。

（2）闪电闪过雷声紧接着响起，所以雷公电母是一对夫妻神。

3. 因为A与B对立，所以A与B相关

例：（1）阿布卡恩都里住天上，耶路里住地下，所以耶路里总和阿布卡恩都里作对，总想夺取天界。（满族神话）

（2）水和火不相容，所以水神共工和火神祝融发生大战。

4. 因为A与B相似、接近、对立，所以引出C结果例：（1）简狄吞燕卵（女与卵在空间上接近）孕而生契。简狄吞燕卵而孕。（吞卵在前，孕在后，时间上接近）生契。

（2）人触犯了天帝（人与天对立），天帝降大洪水之灾。

原始联想把神话的想象不断丰富发展起来，构成了十分精密完整的系统。

三、检验神话系统的主要手段——原始巫术、祭仪

实践是用来检验认识的标准，神话时代的古人就已经这样做了。只不过当时的神话系统作为普遍的认识，是用相应的方式在原始生活实践中验证的。这也是现代生活实践所无法体验到的。在神话时代，人们在生产力极为低下的社会实践中检验他们崇信的“真理”——神话系统，主要是通过原始宗教祭仪等手段进行的。

许多文化史上关于原始社会的资料，都一再显示出了所有的原始巫术和祭仪都充分运用了多种原始联想，以求证神话系统的“合理性”与“真实性”。

十分繁杂的前兆信仰的古代占卜，如对日月晕蚀，星辰显没，风云变幻，山崩地裂，水火灾异，梦境幻影的检验，莫不是运用了相似的、接近的、对立的联想去探求发生事变的因果关系的。最后，都会找出神灵广方或人间一方的起因，再采取相应的对策。

许多关于魔法方术信仰的古代禁咒，如祝祷词诀，神秘符咒，禁忌制约，也都以各种原始联想找出防范与攻击的办法，用以帮助人们排除“异己”的神灵鬼怪，祈求“助己”的神灵降福。

古代施用模仿：巫术的巫师们，充分运用相似联想，制作偶人，奉献神灵，并组织模拟形象的舞蹈举行祭祀，组织呐喊与打击响器以救被天狗吞食的日月。萨满们用相似与接近的联想，设大树或高杆为祭坛，树上刀刻天界的分层，模拟祭天。

这一切用原始实践的检验，几乎支配了神话时代生产生活的方方面面，更加增强了当时人们对神话系统的崇信。

在数千年或上万年的漫长历史之中，神话系统是作为统治的思想或认识起支配作用的，它和验证它的实践关系，概略如此。

在这里小议原始巫术和祭仪，是为说明神话系统这种认识，同时也支配着一系列的实践。这样便可以窥见神话系统支配下的神话时代的全貌了。

四、神话时代的终结

但是，社会生产力的发展，使神话时代的实践终于不断超越了固有的认识范围，人类终于不断地正确认识并掌握了一些事物，把一些原来想象的成分从原来的系统中排除出去，使非神话的现实因素更多地纳入到系统中来。逐渐增多了包括从经验中取得的科学知识在内的种种新认识，这大约就是神话系统向“自然哲学式”系统过渡的时期。在这个时期里，神话和传说以及现实记述处于难解难分纠缠不清的状态。

这里试以误认为太阳神话的一例作证。《淮南子·天文训》中有一段记述，原文是：

日出于旸谷，浴于咸池，拂于扶桑，是谓晨明；登于扶桑，爰始将行，是谓朏明；至于曲阿，是谓旦明；至于曾泉，是谓蚤食；至于桑野，是谓晏食；至于衡阳，是谓隅中；至于昆善，是谓正中；至于鸟次，是谓小还；至于悲俗，是谓哺食，至于女纪，是谓大还；至于渊虞，是谓高舂；至于连石，是谓下舂；至于悲泉，爰止羲和，爰息六螭，是谓悬车；至于虞渊，是谓黄昏；至于蒙谷，是谓定昏；日入于虞渊之汜，曙于蒙谷之浦，行九州七舍，有五亿万七千三百九里。

这里关于太阳运行的想象，是从驱车奔驰的相似联想产生的，这在神话系统中应当是交通较为发达时期的产物。这一点和希腊神话中太阳神阿波罗驾驶华贵的太阳车运行相一致。这种想象，和《山海经·海外东经》所记的"一日方至，一日方出，皆载于乌"的更古老的相似联想比较，上面所引神话只能是晚期神话的想象。除了太阳运行保留了仅有的一点想象之外，它的其余绝大部分的叙述，包括了日行所至的16处古地名，标明了大约16个作息时间。如果把这段记述用图形显示出来，正是一个环状的形如时钟字盘的一幅古代计时作息表，它甚至标定了"蚤食""晏食""哺食"的古食制；还标定了"高舂""下舂"的劳作制。这些都是通过实践在经验中完全掌握了的事物，所以，除了关于太阳的仅有联想外，实在无法再用神话去解释它了。

这则并非神话思考的记述，只是沿用了神话时代关于太阳的一些传统联想，作了关于日出而作，日入而息的时间记录，足以标明这是从神话系统跨向"自然哲学式"系统的一种新发展。

许多神话的历史传说化或现实生活化，正是这种系统思想发展的产物。

许多后世传说中保留了一部分类似神话的想象成分，也同样标志了这种系统思想的新发展。

许多神话和原始宗教的遗留，在以后的长期历史中，被宗教故事和人为宗教所取代，宗教信仰或多或少填补了原来部分神话想象的空白。

许多少数民族中如今活在口头上的民族神话，和他们现存的民间信仰仪礼相适应，证明了这些民族或多或少还要暂时受到神话系统的某些支配，但在当代生产力高速发展的社会条件下，神话系统的影响力也趋向衰微了。

人类终于在发展、前进中挣脱了神话的思考，用合理的科学的联想取代了谬误的原始联想，使现代对于宇宙的想象有了科学的依据。正如马克思所说："随着这些自然力之实际上被支配，神话也就消失了。"

第五章　洪水神话中的婚姻观

在探讨洪水神话中的血缘婚姻观的时候，令人立即想到了逝世整整1百周年的美国民族学家路易斯·亨利·摩尔根（LewisHonry Morgan）关于血缘家族的学说。自从1877年他那本著名的《古代社会》在伦敦出版到现在，也已经过去了1个世纪零3年了。在这期间里，可以看到这本书所代表的摩尔根家族制度发展学说不仅对研究古代社会的进程起到了划时代的作用，同时对解开人类创造的古代奇异神话之谜也起到了划时代的作用。

马克思对这本书所做的十分详细的摘录和评语，以及恩格斯就这本书的成果而写出的名著《家庭、私有制和国家的起源》都证实了他们对摩尔根科学成就所给予的热心推崇和高度评价。恩格斯着重指出了摩尔根的主要功绩在于他发现了氏族的本质，同时还指出这个发现是一把钥匙，用这把钥匙解开了古代希腊人、罗马人、日耳曼人历史上至今未解决的最重要的谜。事实上，这把钥匙同样也可以借用来解开古代神话中至今未解决或未彻底解决的最重要的谜。从而给历来被视为荒诞无稽的古老神话，开辟出一条科学解析的途径。

在遍及世界各族各地的古老神话传说中，洪水故事以它独具的人文特点占据着重要位置，引起了历史学、民族学及民俗学界的注视。其中，尤其是血缘婚姻型的神话和传说，更具有重要的社会史、民族史意义。应当说，摩尔根提供的钥匙对这类神话传说有着特异的解析功能，很值得注意。

随着近半个世纪以来，特别是近20年以来中国西南各少数民族中广泛流传的洪水神话的被挖掘，对于这类神话传说中所表现的兄妹(或姊弟)婚姻的分析研究也有了相应的进展。早在闻一多先生发表《伏羲考》之前，所谓的旧式学者还在进行着一场无谓的争辩，按照正统的道德标准或法律观念，中国古文献和出土文物上的伏羲与女娲，既是兄妹，就不能是夫妇；是夫妇，则不可能称兄妹。甚至连简短的书目介绍中都充斥着“女娲兄妹为夫妇事，皆齐东之语”[①] 的悖谬之论。就是全唐诗中卢同《与马异结交诗》句中“女娲本是伏羲妇”，在注解中还有“妇一做妹”的话，足以从一斑窥视这类争论的全豹了。近几十年中，民族的或民俗的科学调查从国际到国内发现了大量洪水神话传说和伏羲女娲兄妹婚姻型神话传说，给科学研究提供了重要材料和依据。在中国学术界，陈腐的非议之论虽然越来越少，但是对于“兄妹配偶”的正面论述也还没有达到令人信服的高度。近20年来，中国学术界继闻一多之后再一次把注意力集中到这类神话传说上来，才开始用摩尔根的、巴霍芬的调查和论断对兄妹婚姻型神话传说进一步加以审视和印证；才开始用某些先进理论进一步处理这类神话传说中的许多问题。应当承认，这是一个有意义的飞跃。它标志着中国民族学、神话学正朝着更加科学化的方向迈开了步伐。但是，怎样正确认识这类神话传说的内容、性质和意义？怎样确切地运用摩尔根的研究成果认识这类神话传说？怎样用科学理论比较准确地解析这类神话传说？还都是不小的难题。

血缘婚姻型神话传说有许多形态，其中最有典型性的是兄妹（姊弟）婚姻型故事。对于这类神话传说，近年来中国学者常常引用1882年春马克思在一封信中写的一句话予以概括：“在原始时代，姊妹经常是妻子，而这是合乎道德的。”恩格斯在1884年引用这句话时还着重强

---

① 引自《四库全书》总目卷一四四子，小说家类存目二。

调了“曾经”二字及“而这是合乎道德的”这个分句。由此，得出了这类神话传说反映了血缘婚姻制度的肯定结论。但是，对于这类神话传说的复杂构成因素却往往不加深究。有的即使稍加涉及却又一带而过。于是，马克思的这句话似乎便把一切问题都解决了。

然而，事实远不是这样简单。马克思的这句话并没有全面解析血缘婚姻型神话传说，更不可能是对兄妹婚姻故事的科学概括。因为，马克思的这句话在19世纪80年代初的发表，是有它的针对性和现实性的，它并没有也不可能针对兄妹婚姻型神话传说做出相应的结论。因此，有必要对兄妹婚姻型神话传说和马克思、恩格斯的有关理论及摩尔根的学说进行再认识。

一、洪水神话中的“兄妹婚”类型

反映远古近亲配偶的神话传说并不止一种类型，其中像父女婚配型传说在中太平洋波利尼西亚群岛上并不少见，母子婚配型传说在印度尼西亚诸岛上也不难找到。在希腊神话中也有，像风神伊奥拉斯之子萨尔门留斯把自己的女儿泰罗嫁给了她的叔父克勒修斯的故事；又如《丹内德（Danaidae）传说》里，宙斯的后裔——哥哥丹内奥斯的50女儿与弟弟伊吉普塔50儿子婚姻型故事。在众多的近亲配偶神话传说中，最典型的便是兄妹（姊弟）婚姻型故事，它们在世界的各大陆及海洋岛屿间有较普遍的流传。如希腊神话中的众神之父宙斯和天后赫拉、农神得墨忒耳既是兄弟姊妹又是夫妇，已经成为众所周知的常识了。

由于这些兄妹婚姻神话传说通过幻想形式对人类的繁衍做了解释，所以通常又被学术界把它们归入人类起源神话传说。又因为这类故事大都描写了远古人类所受的大洪水之灾，所以又往往把它们归入洪水故事。

在中国，古代文献中最早也只记载有兄妹神，如《风俗通》中说

"女娲、伏希之妹"（这里的"希"显然是"羲"的记音）。但是，从汉墓出土的许多石刻画像中却可以较清楚地测定女娲、伏羲又是夫妇型的对偶神。只有唐末李冗在《独异志》中记述的女娲兄妹自相婚配的人类起源神话，还较为完整。故事说：

> 昔宇宙初开之时，只有女娲兄妹二人在昆仑山，而天下未有人民，议以为夫妻，又自羞耻。兄即与其妹上昆仑山，咒曰：天若遣我兄妹二人为夫妻，而烟悉合。若不，使烟散。由于烟合，其妹即来就。兄乃结草为扇，以障其面。

这里的议婚自羞，以扇障面和以烟占婚的成分，素来都被看作是后世附加的，因而往往贬低它们的意义。但是，随着大量民间口头神话的被发现，人们才不得不承认这类神话传说中复杂成分的大同小异的存在，绝非偶然或孤立的现象。例如，广西瑶族有一则传说的梗概是：

> 大洪水以后，人类灭亡，只有伏羲、女娲兄妹二人劫后余生。兄向妹坚持求婚，妹执意不允。后来妹迫于兄的追求，便提出用"追逐"的办法决定。如兄追到她，便可成婚。于是围一株大树追逐。兄总也追不到妹。便生一计，从相反方向迎去，于是截拦了妹，成为夫妇；不久，妹生一子，是一块肉球。①

这则传说的记录发表在20世纪40年代初，它的基本情节和古代唐末的文字记载已有出入。不仅出现了大洪水的背景，还出现了与占婚相应的绕树追逐的情节，同时增加兄妹婚后生异常儿的成分。但是，它们

① 常任侠·沙坪坝出土之石棺画像研究［J］说文月刊．第1卷10、11期合刊．

共同的地方则是只有兄妹二人，议婚时妹不允或兄妹自以为耻，提出了各种条件（占婚或绕逐）。比较起来，民间口传神话传说似乎更接近古代传承的原型。另有一则神话传说的记录发表在1964年3月，它的故事构成较上两则稍完整。这是流传在四川省中江县的同型故事三种异文中的一则故事，梗概如下：

> 大洪水后，伏羲女娲兄妹乘竹篮逃生，先是抟土造人，后地母神劝诱兄妹成婚制人烟。女娲不允，议婚七日夜，才决定用绕山追逐的办法，如兄追到妹，可成婚。于是，绕山追逐，七圈未追上，一只龟出计，让兄从相反方向迎截妹。迎到后，妹责备兄听信龟计毁约，又不允婚。再改用占卜办法，把两扇石磨从山顶滚下，如能上下重合，可成婚。登山滚石磨后果然重合，遂成婚。后女娲生一肉块。伏羲把它剁成碎片，化生成人。①

从这里可以看出一些复合成分，女娲抟土造人神话和女娲兄妹成婚繁衍人类的传说糅合在一起了，绕物追逐的议婚条件与占婚的决定条件结合在一起形成了递进式的拒婚情节。这里用石磨重合做占卜决定兄妹成婚的故事，在广西的壮族、云南和四川的彝族、贵州湖南的苗族以及西南其他兄弟民族中都有流传。此外，像《阿细的先基》中，不仅有两扇石磨重合一起的部分，还连续增加了用筛子簸箕滚在一起，丢去的针线穿在一起的占卜表示拒婚议婚的情节。贵州布依族的《姊妹成亲》和云南白族的《氏族来源的传说》，云南傈僳族的《开天辟地的故事》，彝族的《梅葛》中都有兄妹成婚的情节。同时，在台湾、海南岛各民族中，以及印度支那等邻近民族中也有同类神话传说流传。

从近半个世纪以来发表的中国西南各民族的大量兄妹婚姻故事，可

① 陈钧．伏羲兄妹制人烟［J］．民间文学．1964（3）．

以看出它们的存在和不断传承并不是偶然的或孤立的，而是具有人类社会史和民族文化史的普遍意义的。因此，解剖这类神话传说的内部结构，对正确认识原始社会及民族起源有不容忽视的重要价值。

这类神话传说按其情节的主要特点可分为两种形式：一种是追逐型，另一种是占卜型，此外，还有二者的复合型。

追逐型故事的情节要点是：妹拒婚后，以兄绕物追逐妹，取得成功后方可成婚为先决条件；占卜型故事的情节要点是：妹拒婚后，以实物（如石磨、筛子簸箕、针线、烟火、鱼等）做占卜，预定各物相结合方可成婚为先决条件。这两种形式的洪水故事在中国西南境内各少数民族的口头传承中都有典型例证。同时，也应当看到与中国接壤的朝鲜北部、越南、印度以及与中国一衣带水，有着悠久文化交流传统的日本等国也都分别有这两种形式的兄妹婚姻神话传说。其中，如 8 世纪日本安万侣编《古事记》中所载日本古代神话伊邪那岐命与伊邪那美命兄妹二神婚姻的故事，就是以妹先绕“天柱”，兄追逐后成婚，生“水蛭子”，然后再向神占卜，改为兄绕“天柱”，妹随逐之，再生“国土”为基本情节的。冲绳海域日本列岛也流传着自成系统的兄妹婚洪水故事。像朝鲜釜山、庆北、咸兴等地流传的民谭中有《大洪水和人类》的故事，也正是以兄妹滚石磨和烧松叶烟做占卜决定成婚为主要情节的。从国内外各民族的古老神话传说的这些近似或相同的类型中，可以清楚地看到它们内部结构的一些共同部分。

从构成这两种类型的兄妹婚姻神话传说的主体看来，它们的共同成分（或近似成分）大体包括以下四个部分：

一、远古（宇宙初开或大洪水后），只有（或只剩）兄妹（或姊弟）二人；

二、兄向妹求婚，妹避忌不允，提出了成婚的先决条件（追逐或占卜的成功与否）；

三、约定条件都经过试验取得成功：(1)兄多番追逐不成，改从相反方向拦截，追到妹；(2)举行一种或几种占卜，终于取得成功；(3)兄从相反方向迎截，违犯了约束，妹再拒婚，又改行占卜一至几次，方成功，迫使妹就婚。

四、婚后，生一非人形儿（肉球、肉块、瓜、无手足、无五官、无颜面怪胎等）。

从以上四个部分中可以看出它们所表现的两方面内容：其一是属于社会生活方面的内容，其二是属于思想观念方面的内容。

首先，从反映古代社会生活角度审视。应当承认所有兄妹婚姻型神话传说都不同程度地反射了远古血缘家族时期兄弟姊妹婚姻制度的影子。但是，同时也应当注意到在大多数情况下，这种兄弟姊妹配偶制度的影子也不是十分典型的。在这些古老传承中，兄妹婚姻几乎都是用一夫一妻的形式表现的。然而，原始社会史的大量科学资料却告诉我们，古代的兄妹配偶的血缘婚姻，从来都只能是“一群”兄弟姊妹之间的婚姻关系，然而在这类神话传说中，却都是晚些时候的对偶婚姻的一男一女形式或更晚些时期的一夫一妻形式表现，可见它们对原始社会血缘家族的兄弟姊妹配偶制并不是直接反映的。

以往的学术界在分辨这类神话传说时，为什么常常在“兄妹型”与“夫妻型”上花费口舌笔墨，多做了一些文章呢？除了在兄妹是否可成夫妻的观点上争论以外，另外的一个关键问题正在于这里的兄妹婚姻情节偏偏是根本排斥直系及旁系兄弟姊妹的婚姻关系的。可见，这类神话传说对远古社会血缘婚姻制的反映是不典型的，它们只不过是曲折地反射了血缘婚姻制的某些影像而已。

按照人类社会家族制度发展最早阶段的形态看来，由完全杂交的男女关系发展到血缘家族，是要经过“一群兄弟和姊妹之间的婚配”① 才能产生的。这里的“一群”十分重要，它标志了兄弟们与姊妹们之间的婚姻，而不是某一兄弟与某一姊妹的婚姻关系。例如纳西族的《创世纪》中所述：

> 除了利恩六兄弟，天下再没有男的；除了利恩六姊妹，天下再没有女的。
>
> 兄弟找不到妻子，找上了自己的姊妹；姊妹找不到丈夫，找上了自己的兄弟。
>
> 兄弟姊妹成夫妇，兄弟姊妹相匹配。

和多数兄妹二人婚姻型故事不同。这里却有着典型的一群兄弟姊妹之间婚配的特点，从而比较直接地反映了人类家族制度发展第一阶段中的血缘家族制。由此，我认为大多数兄妹婚神话传说是在家族制度发展第一阶段之后的某个阶段对血缘婚姻的某种追述。因为，作为反映社会生活的古老神话传说形式，在血缘家族阶段也只能表现“一群兄弟姊妹之间的婚配”，绝不可能臆造出后阶段“一夫一妻”的兄妹二人婚姻形态。所以，说它们是晚于血缘家族阶段的后世对远古婚姻制度的回忆追述，似乎并不是无依据的揣测。事实上，这类神话传说的可贵之处正在于它们终于曲折地反射出人类最早的婚姻形态的某种影像，使我们处于现代文明社会的人也可以窥察远古祖先的家族制度。

如果把这类神话传说反映古代婚姻制度的问题和它们所表现的有关思想观念结合起来探讨，就更加清楚了。

这类兄妹婚姻型神话传说究竟表现了哪些思想观念呢？第一，它们比较普遍地表现了大洪水后世上只有兄妹二人残生的情景，这样就自然

① 详阅摩尔根《古代社会》第3编第6章。

确定了兄妹二人成婚的不可避免的被迫性质。这种对兄妹成婚确立的无可奈何的不得已而为之的前提，是古代人类对血缘婚姻存在否定心理的某种流露。它暗示着在没有洪水灭绝其他人的条件下，兄妹婚姻将是不可以成立的。如果参照纳西族的《人类迁徙记》所描绘的情景，更可以理解这类故事中所显示的态度。故事介绍说：由于兄弟姊妹之间的婚配触怒了天神，才造成了天地变异，山崩地裂。可见，神话传说中把兄妹二人婚配的客观因素强调到人类灭绝的程度，正是突出了主观因素上的被迫性质，这是值得注意的。第二，它们还比较普遍地表现了妹拒婚的情形，这样就更加明确地表露了排除血缘婚姻的观念。兄求婚，妹拒婚，这种女系抵制男系血缘婚姻的观念，比较鲜明地遏止兄弟姊妹间成婚的氏族组织建立前后的思想倾向。由此引出的绕物追逐或各种占婚的先决条件，也都从拒婚的手段上反映了较强烈的抵制血缘婚姻的态度。尽管提出的条件，制造的难题都采取了古老的神占巫卜的形式，但是，在每种方法执行过程中女系所表现出的抵制非难和谴责都是较为明显的，像有的追逐情节中男系违犯了约束从相反方向迎截的行动便遭到了女系的怨怒，进而为男系设置新的障碍。这里所显示出的非血缘婚姻观是较为鲜明强烈的。在探究这类神话传说奥秘的时候，不应当轻易放过这些重要因素。如果仅仅看到了兄妹二人成婚的内容便立即断定它们反映了血缘家族制的话，那么比这更重要的反复抵制血缘婚姻的各种观念和愿望，就成为应当着重注意的内容了。第三，它们还较普遍地描绘了兄妹二人婚后生下了不成人形的怪胎或异常儿的情节。这是这类神话传说中非血缘婚姻观念表现的很有意义的部分，也是最富于科学价值的部分。只要注意一下数十个这类神话传说中兄妹婚后生下了肉球、肉块、肉团、肉瓜、无四肢、无五官、无颜面的怪胎等情节，就会衡量出故事是显示了多大的抵制血缘婚姻的力量。近亲配偶产生非人形儿在神话传说中存在的意义是很明显的。它既包含有对血缘婚姻的朴素指责，又有自然选择原则在发展人类体质与智力方面的某种反面教训，它虽然没有以科学的概念出现，但是，这种可贵的迈向文明进步的观念却从表现荒诞的故事里展现了出来。不管这类神话传说在多大程度上描绘了兄妹配偶及繁衍人类，而占有主体位置的却是贯穿故事始终的非血缘婚姻观念。舍去了故事情节中的这些成分，这类神话传说也自然不存在了。

兄妹婚姻型洪水故事中表现出的非血缘婚姻观念是强烈的，因此，在国际学术研究界也已引起了某些重视。像日本民族学者伊藤清司在他研究大量兄妹婚姻神话传说的成果中，关于近亲配偶的避忌做了专章节的探讨和分析。这显然是极有意义的。我们研究古代神话的目的，不仅在于正确认识古代社会生活，更重要的是探究古代人类意识形态中那些很宝贵的成分，从中看出人类文明的发展轨迹。因此，对兄妹婚姻型洪水故事不应当看作是古代某个家族发展阶段的简易图解，而应当作为人类社会发展中思想观念发展的重要成果予以审查和解析，从而为人类的进步和发展找出积极的主观动力。这也正是我们今天为什么要认真剖析这类神话传说中所展示的非血缘婚姻观念的主要原因。

根据分析，我们推断一下大多数兄妹婚姻型神话传说产生的时限是必要的，也是有意义的。用摩尔根提供的钥匙来解开这个谜，还是可靠的。依照摩尔根的学说，肯定血缘婚姻家族制度的观念和遏止、排除兄弟姊妹婚姻关系的观念，大体存在于两个不同的家族制度发展阶段。前者存在于人类家族制度连续发展顺序的第一阶段的血缘家族制阶段，后者存在于第二阶段的氏族组织建立阶段。因为，第一阶段中的一群兄弟姊妹之间婚姻关系是普遍的，而第二阶段中排除兄弟姊妹间婚姻关系，严禁氏族内部通婚又成为普遍的，这样就构成了人类家族制度从原始的低级状态向较为高级状态的早期过渡。这类既曲折地反射了兄弟姊妹通婚制影像，又显示了强烈的非血缘婚姻观念的神话传说，大体上可以测定为由第一阶段血缘家族过渡到第二阶段氏族社会时的产物。不论它们还掺杂了哪些时代的成分，而它们的主干却历史地具体地描绘了人类由血缘家族向氏族组织过渡的艰苦历程。显示出冲破血缘婚姻观念的最早从野蛮走向文明的某些进步意识，这也正是它们在神话传说遗产中最珍贵的地方。

二、关于血缘婚姻观的论争

分析了兄妹婚姻型洪水故事中的非血缘婚姻观念之后，让我们再回到马克思在1882年那封信中所做出的论断上来。马克思说的“在原始时代，姊妹曾经是妻子，而这是合乎道德的”这句话，从来也不是对所有兄妹婚姻神话传说的解释或概括，自然更不是对这类神话传说中非血缘婚姻观念的指责，而是有它特定的现实性和针对性。

19世纪后半叶的欧美人文科学界，在原始婚姻问题上进行过一场激烈的辩论，在有充分证据和调查结果解释人类婚姻制度的演进过程方面，马克思和恩格斯坚决支持了摩尔根的学说，同时反对了麦克伦南在《原始婚姻》一书中所谓“外婚制”“内婚制”的臆造。他们支持了摩尔根关于史前期中存在血缘婚姻制的科学推断，反对了当时最时髦的曲解原始社会，用文明社会观点非难古代血缘婚姻制的论调。马克思的这句话正是在这种情况下说的。

当时，剧作家瓦格纳根据斯堪的那维亚各族神话传说创作了歌剧《尼贝龙根》，歌词中有“谁曾听过哥哥抱着妹妹做新娘”的句子。马克思正是针对这种责难原始时期兄妹婚姻制的谰言，才以“最严厉的语调”说了那句重要的话。马克思的尖锐批评在他逝世后的1884年遭到了瓦格纳的朋友和崇拜者的反对，他们强调瓦格纳的歌词是有依据的，这依据便是通称《老艾达》的古老神话传说歌曲集的13世纪手稿。这些人举出该集中《厄革斯德列克》歌词“在诸神面前，你拥抱自己的哥哥”反驳马克思、恩格斯关于肯定血缘婚姻中兄妹婚的论述，极力证明原始社会时兄妹结婚即早已受到禁止。恩格斯在马克思逝世后有力地驳斥了这种种非议。他指出：《厄革斯德列克》这些较晚时期的歌词

“乃是对古代神话的信仰已经完全丧失的那一时代的表现，这是纯粹琉善式[①]的对神的讽刺”[②]。恩格斯用氏族前神话中的神与氏族传说中的神做比较，指出尼奥德尔（这是个和自己妹妹生了一个儿子的瓦纳神）曾说“兄弟和姊妹结婚，在瓦那国是很普通的”，因为瓦纳神是更古的神。恩格斯的论战启发了我们，氏族社会产生的歌词，表现了非血缘婚姻观念，因而不应当把它看作是血缘家族制阶段的观念从而曲解了原始社会。正因为有这种历史背景，所以恩格斯在1891年再次强调在远古神话时代“至少诸神之间的兄弟和姊妹结婚尚未引起任何憎恶”[③]。

由此可见，马克思、恩格斯关于兄弟姊妹婚姻的肯定论述在这里是有其针对性和特定历史条件下的论战需要的。当然，他们的论述是有现实意义的。马克思、恩格斯和对手论争的问题焦点恰好启发了我们，使我们不是简单地用马、恩关于兄妹婚姻的词句去套所有兄妹婚姻型神话传说，而是去认真鉴别这类神话传说所反映出的观念到底标志了人类婚姻制度演进的哪个阶段？从大量兄妹婚姻型神话传说的调查资料看，它们所显示出的非血缘婚姻观念，足以证明它们主要并不是反映了血缘家族的兄妹婚制，恰是反映了从血缘家族的兄弟姊妹婚姻到排除兄弟姊妹婚姻的氏族组织的过渡。从这些神话传说中明显地遏止兄弟姊妹婚姻的观念或态度去评价它们的意义。去理解马克思、恩格斯的有关论述，才是比较实际的和贴切的。

三、关于非血缘婚姻观的论证

最后，再回到摩尔根的学说与调查结论上来解析兄妹婚姻型人类起

---

① 琉善（Loukianos，约125—192年，又译卢寺安）古希腊作家、哲学家、常以讽刺手法反对各种宗教迷信。

② 见《家庭、私有制和国家的起源》1891年恩格斯加的原注。

③ 见《家庭、私有制和国家的起源》1891年恩格斯加的原注。

源神话传说。恩格斯在对摩尔根的伟大功绩所做的评价中一再指出这个功绩的主要之点在于发现了氏族的本质。氏族的本质是什么呢？它在人类文明进步的路程上起了多大作用？只要从氏族组织建立时关于婚姻制度的严格禁令中考查便可以找到主要部分。摩尔根从北美印第安人血族团体中找到了一把钥匙，打开了古希腊人、罗马人、克尔特人、德意志人家族制度发展演进的层层大门，同时也打开了中国古老的九族制的神秘大门，找到了各氏族组织走向文明进步的进程。氏族组织的迅速发展与濒临灭亡的血缘家族在过渡时期形成了鲜明对照，在这里，排除兄弟姊妹通婚的观念和严禁氏族集团内部通婚的法令，对壮大氏族起到了不容忽视的作用。爱·伯·泰勒在进行原始文化史研究中对于全世界普遍可见的集团内部禁止通婚的习俗称之为“奇怪习俗”，也正说明了这种非血缘婚姻观念与制度在古代社会某个阶段的异常优势。

从摩尔根 1871 年在华盛顿发表的《人类家庭的血亲和姻亲制度》所介绍的材料看来，至少证明了早在氏族建立之前，婚姻已经有了三个进步。首先排除了父母与子女之间的通婚形式，像古希腊神话中爱与美之神阿芙罗狄蒂本来是宙斯与大河神女儿狄俄涅所生，然而宙斯却向她求婚，她拒绝了父亲宙斯之后嫁给了同父异母兄弟火神、匠神赫斐斯塔司。这里女儿拒绝父亲的行为正是这第一个进步的反映。其后，又排除了同胞兄弟姊妹间的通婚关系。最后再排除了旁系兄弟姊妹间的通婚关系，为氏族组织的建立和发展创造了极为优越的条件。如果说摩尔根发现了氏族的本质，这便是其中的主要成分之一。中国西南各民族中的兄妹婚姻型洪水故事，正是在排除同胞兄弟姊妹之间通婚关系的进步过程中产生和流传的故事。这些故事长期的脍炙人口的流传，不仅标志了它们在苗、彝、瑶、壮、白、布依、纳西、傈僳等族的氏族社会中占有的重要位置，同时也显示了它们在各族文明进步的历程中积极推动历史的作用。如果用摩尔根所提供的材料与之对照，立刻会发现下列问题：为什么这类神话传说的大量材料并不是从正面反映建立在一群兄弟姊妹通婚上的血缘家族生活呢？相反，为什么偏偏表现了一连串排除兄弟姊妹通婚的观念，并用非血缘家族的一夫一妻方式表现血缘婚的被迫性呢？为什么最后还要用生非人形儿对血缘婚的后果做出解答呢？显然，这正是人类向氏族社会迈进途中对古代血缘家族的公开的或潜在的否定。

另外，还应当看到，摩尔根给人类家族制度发展中有积极贡献的风俗制度所拟订的连续形态顺序，有“一部分是假定的”。哪一部分是假定的呢？从他的两部代表著作中可以看到，关于人类社会早期阶段的推断具有假定性，血缘家族这一阶段正是他依据发展史实材料所做的科学假定。多种婚姻制度和习俗，大量反映血缘婚姻的神话传说自然都成为这些假定的依据了。因此，也可以说，正是这些兄妹通婚的神话传说有力地印证了血缘家族制存在过的历史影像，才进一步帮助证实了摩尔根完成的科学假定顺序。绝不可以反过来用摩尔根的假定简单化地去套兄妹婚姻型洪水故事，解剖这些故事，认真对照摩尔根的假定顺序，完全可以看出绝大多数兄妹婚姻型洪水故事，并不是顺序的第一阶段血缘家族制的直接反映，恰是顺序的第二阶段中，遏止兄弟姊妹间通婚关系的观念占主导成分的氏族组织建立过程中的产物。它们是在排除血缘婚姻关系的诸成分当中间接地追述了血缘婚姻制。

总括起来，对洪水神话中的兄妹婚姻关系，不仅要从反映血缘家族制角度去认识，更重要的是要从这类故事内部结构的各种成分中去探寻人类文明进步的轨迹。

马克思、恩格斯关于兄弟姊妹婚姻制的论断固然是重要的理论根据，摩尔根的材料和推断固然都是有力的科学提示，但是这些依据和提示却从来没有对兄妹婚型洪水神话所包含的复杂成分做出具体剖析。摩尔根对家族制度发展的论述，马克思、恩格斯的有关评语和论著，都着重阐明了人类社会制度发展的过程，并没有专门从人类社会最早阶段的思想、观念方面做出相应的分析，自然也没有对人类从血缘婚姻观念到非血缘婚姻观念的思想发展做出具体阐述。因此，用马克思、恩格斯的学说和摩尔根的科学论断做钥匙去探索人类起源神话传说中兄妹成婚之谜，还需要对这些神话传说做出历史的具体的解析。

兄妹婚姻型故事是人类起源神话传说遗产中的珍贵财富，它们的内容正是远古祖先从血缘婚姻观念向非血缘婚姻观念过渡的思想反映。它们所显示出来的非血缘婚姻观念，不仅在古代为各氏族社会的建立奠定了思想基础，而且也为我们的时代展现了人类祖先最早走向文明进步的闪耀光辉的思想。

第六章　满族神话探索

一、满族原始神话之谜

满族的古老神话在很长的历史时期中，几乎完全被神话学界遗忘了。由于数百万满族人较早地接受了汉文化的影响，较普遍地使用了汉语，所以在学术界广泛地形成了一种印象，以为满族的原始神话早已消失了，甚至在一些研究者的私下谈论中，有人还断言“满族无神话”。

许多事实往往给上述印象提供了佐证。自 17 世纪以来，满汉文献资料档案中虽然有不少满族古老信仰仪礼的记载，但是有关满族原始神话的记载，却几乎找不到。仅有的一则天降神鹊送朱果给天女佛库伦，吞而生满族始祖布库里雍顺的神话，最早出自《满文旧档》天聪九年（1635）五月初六的口传记录中，讲述人是布库里山地方的百姓穆克什克。以后的《满洲实录》《清史稿・太祖本纪》《皇清开国方略》《满洲源流考》等文献，也都根据政治上的需要改写了这则原始神话记录。其他神话一概没有记载。我们还注意到，在国外的许多著名的关于阿尔泰语系通古斯—满语族的研究论著中，也极少涉及满族古老的神话。甚至像研究阿尔泰语系各族萨满的国际权威、芬兰学者 U・哈尔瓦（Uno Harva），在他的著作中也只略微提示说：可能在满语尚未失传的东北偏远地区稍有残留。

所有这些情况都说明了一个事实，那就是几个世纪以来，并没有人去认真地从民间调查满族神话。满族的“汉化”像一层浓雾遮住了满族古代文化的影子，也同时蒙住了满族神话的大门，使满族神话成为不解之谜。

20世纪70年代以后，东北三省对满族民间文学的广泛深入调查，终于结束了对满族神话无从谈起的历史。满族神话像新发现的神秘宝库一样被挖掘了出来，展现在我们面前。其中，以黑龙江省宁安县宁古塔富察氏满族神话传承人、著名故事家傅英仁老人讲述的创世神话和氏族祖先神话最有代表性。他讲述的神话主要是从萨满的传承线路流传至今的，保持了原始神话的许多特色。最主要的创世神话有：开天辟地、造山岭、人类的造物主阿布卡恩都里神话，地下国魔鬼耶路里神话，太阳和月亮神话；银河、三星、七星、众星神话，盗天火神话，风神话和水神话等。其他诸神神话有各氏族分别信奉的鹿神、鹰神、豹神、蟒蛇神、蛙神、鱼鹰神、山羊神的神话及一些萨满神话。

以下是以傅英仁口述的神话为蓝本，根据搜集者金天一保存的原始录音及文字材料，进行的初步探索。

二、多层的天和地

满族创世神话的核心是关于天体形成的神话。它和许多古代文明民族的开天辟地神话一样，具有鲜明的解释自然起源的性质。在《天神创世·天和地》这则神话里有这样的内容：

“相传，天，有十七层；地，有九层。人住的地方叫地上国，神住的地方叫天上国，魔鬼住的地方在地下，叫地下国。统管十七层天、九层地和人间的，是至高无上的天神阿布卡恩都里。”

这里所讲述的“天，有十七层；地，有九层”的说法，作为满族开辟神话的构思，十分典型。这可以从阿尔泰语系的突厥语族、蒙古语族、满—通古斯语族创世神话中找到相似的常见的内容。这种天地多层的原始宇宙观，具有十分古老的萨满天地信仰观念的特征。

满族的古代信仰把宇宙看作“三界”，天界是天神住的地方，就是上面所称的天上国；地有地界，是魔鬼栖息的地方，叫地下国；中间是人界，是人类生息的地方。在这三界里，天和地都被看作是多层的所在。

在满族星神话中有一段故事说：三星神依兰乌希哈在天上造灯普照人间时，曾经取来“第九层天上的油”。还有安巴乌希哈背水造天河时，最后曾“来到第三层天，这层天上住的都是死去的有名的萨满”。这些片段的口传记录，标志了天上国的多层是满族古代信仰的神话中构成的幻想形象。

从现有的资料可以做某些比较，以便更好地确证它们的特点。在20世纪俄国人类学博物馆集刊发表的《叶尼塞奥斯恰克萨满概要》中，有关于以下的记载：阿尔泰人的萨满神话有最高的天神，住在太阳和月亮以上的最高天层。人间的萨满要想到达最高天神的脚下，必须越过7道或9道障碍（阿尔泰称为byyak）。若想到达北斗星跟前，也要越过5道障碍。这里所说的障碍，在阿尔泰神话中是每一层天就有一道障碍，5、7、9的障碍数和天的5、7、9层数显然是一致的。

在《雅库特人的民间信仰和民间故事》一书中，我们同样可以看到有关天层的记载。东北亚的雅库特人的萨满教仪式里，在野外有为萨满升天设置的专用白桦神树，在树干上便刻出九条横沟，用以象征天有9层，并在树干上绑结祭祀用的动物。在雅库特人看来，只有这样萨满才能登上天的最高层去见至上天神阿尤妥云。同样，据《西伯利亚各民族的鹫崇拜》一文记载，西伯利亚的锡伯族萨满升天仪式中，也有同样的刻记九层天的神树。

在大多数文献记录中，天层以7、9为多，像满族天神话中所述的“天有17层”的说法，也并不是特殊的例外。在19世纪80年代的外国文献，如《来自西伯利亚》《米诺辛斯克塔塔尔人的故事和传说》等书中，也有相同的神话构思。这些出自阿尔泰地方各族神话及萨满教仪礼中的天界，分别有 12 层、16 层以至 17 层的说法，和满族神话不谋而合。关于天多层的神话，在阿尔泰地方有最多达 33 层的说法，被记录在 1900 年布达佩斯出版的卡塔诺夫的《中亚、东亚突厥语族葬礼习俗》一书中。

可见，满族的“天有 17 层”的神话思考是典型的萨满教观念。只是宁古塔满族天体神话的天层与邻近的鄂温克族、蒙古族、达斡尔族及赫哲族神话中的层数不同。这些兄弟民族所常说的天层，多采用 3、5、7、9 的数字。满族中是否还有别的多层数字讲法，还没有得到可证材料。

天有多层的观念在一些现存的原始部族中也较普遍地存在，像西伯利亚东北部的古亚细亚民族楚科奇人和北美西北部印第安人部落中都流行着原始的天层观念。

和天层相对应，满族神话对地下国的地层也有明确的解释。这和阿尔泰语系许多民族的原始神话关于下界的多层解释完全一致。在塔塔尔人神话中天有 3 层和地有 3 层是完全相对应的。在其他各种说法中地有 7 层、9 层的说法较为普遍。在前面提到的《叶尼塞的奥斯恰克萨满教概要》和另一篇名为《作为“地带”的卡夫卡斯和乌拉尔》论文中，都分别记载了叶尼塞人和维吾尔人关于大地 7 层的神话。神话中说 7 层地下的最高屋顶，正是人类居住的大地。同时，在东北亚各族的祭祀地母的萨满仪式中，设立的供物柱也通常采用 3、5、7 根的形式，用来表示对各个地层神魔的分祭。满族天地神话的地下有 9 层，可以确认为有代表性的萨满教神话。

这种天地分层说，是和萨满教的多神信仰有密切关系的。在萨满教中，主要有三种类型的信仰对象：第一种是以最高主宰神天神为中心，包括协助天神分司宇宙间万事的诸神灵。在满族则是以阿布卡恩都里及其他恩都里为代表；在达斡尔族是以腾格里及各种恩都热为代表；蒙古族的腾格里，塔塔尔人的尤勒干，雅库特人的阿尤妥云等等。第二种是以最大最凶的恶神魔鬼为中心，包括各种幽居地下的鬼灵及作祟人间的种种神灵。如满族神话中的恶魔耶路里，塔塔尔人的耶尔里克，蒙古族的莽古思，达斡尔族的霍列力神中的莽盖，鄂伦春族的犸猊以及各氏族祖神的鬼灵，各种动物神的精灵等都是。第三种是人间能和神灵相通并随时可代表神显灵的萨满。第一种信仰对象被认为都按不同的神职、神格及神权大小分别住在天上各层，并常常来往于天上人间，或造福人间，或惩罚人类。第二种信仰对象也被认为是按不同的权威及凶恶作祟的程度分别居于地下各层，并常常来往于地下地上侵扰人间，或与天神为敌。第三种信仰对象只有当他们死了以后，才能升入天界的最低几层。这正是满族、达斡尔族人死后实行土葬，唯有充当萨满的人在死后要实行“风葬”，用仪式祭祀他们升天的缘故。这种用天的层数标志神的高低贵贱的地位和大小不同的权威的观念，充分显示了原始部落晚期氏族社会的信仰特征。

1972年在湖南长沙东郊的马王堆西汉墓出土的彩色帛画上，就很清楚地分出了天上、地上与地下三界，并且天上和地下又都有层次。最高的天神是人首蛇身的女娲，左有日和三足乌，右有月和蟾蜍，最底层有两条交尾的大鱼。古代楚地这种神话形象，也可以为原始天地分层的神话作相应的参考和印证。

三、大地的支撑者——鱼

满族的天地形成神话中说：阿布卡恩都里用神土造了一块很大的地，浮在水面，让人住在大地上。天神又怕大地沉到水底，便命三条大鱼把大地驮起。还派了他的一名助手每隔几天给3条大鱼喂一次食。有时送鱼食的神偷懒，没有按时送吃的东西，驮大地的3条大鱼饿了，忍不住就晃动身子，这一晃，大地也随着摇动起来，于是发生了地震。

在这则神话里，有两点值得注意：一是大地在水上漂浮的神话构思；二是大地由某种神圣动物支撑的神话构思。大地漂浮在水面的原始观念在世界上许多创世神话中具有普遍性。以亚洲大陆的东、南、北边缘及其海域和太平洋岛屿流传的神话为例，至少有四种类型是关于大地飘浮内容的。一种是“流岛”型，据说神造了岛后在海上流动，飘浮不定；另一种是“钓岛”型，据说是远古时的大英雄或巨人从海中钓鱼，结果钓上来的却是岛；第三种是“鱼岛”型，据说是远古人类在海上找到一块陆地便在上面定居了，但是不久这块陆地便游动起来，人们才发现原来自己住在一条巨大的鱼背上（在流传中又说是一只大龟）；第四种便是大陆居民中流传的神用黏土或泥造成大地放在大海里，浮在水面，然后又命某种神圣动物背驮着它。这四种神话的共同点是：大地被水包围以及大地震引起的种种大地浮动观念与对鱼类的水栖特性的认识相结合的原始思维特点。关于大地飘浮的解释自然神话，又是从“天连水，水连天”的“宇宙海”观念逐渐发展形成的。

用神圣动物支撑大地的说法在亚洲大陆分布的各种古老的大地起源神话中也十分普遍。以阿尔泰语系各民族神话为例，支撑大地的神圣动物大体上有六类：一是龟，二是牛，三是鱼，四是蛇，五是象，六是龙。其中以前三类流传较广，后三类几乎都是从前三类分别演变而来的。像巨蛇驮大地的说法大致可说是龟驮大地的同型，西伯利亚各民族中有长毛象驮大地，印度有大象驮大地的说法大致可说是牛驮大地的同型，龙驮大地似乎是从鱼驮大地发展而来的。

1890 年，俄国地理学会在它出版的《东西伯利亚部纪要》中记载了布里亚特人的创世神话，其中就有以上的情节：世界开初，只有水和水中的一只大龟，天神便命龟仰在水面，在它的肚子上造了大地。还有一说是命大龟背负大地，每当大龟感到累了便晃动身子，大地便发生了地震。这种解释在蒙古族和鄂温克族中也有流传。在西藏的佛教大地神话中也有龟驮大地的故事，只不过这只大龟被解释成是维休奴神变的龟形，用来支撑大地的。这大约是印度神话影响的结果。

在突厥语各民族神话中，大地的支撑者多是大公牛（只在东南亚使用水牛的地方才说是水牛）。据波塔宁在《西北蒙古志》第2卷《风俗篇》中记载的吉尔吉斯族神话说：在宇宙开初的一片汪洋大海中，到处弥漫着浓雾，在海的正中间只有一块石板，石板上有一头黑灰色的公牛，在公牛头上的角上，载着大地。同样的说法在塔塔尔人中也有流传，不同的只是这头公牛不是站在石板上，而是立在一条大鱼背上。还有的说：大地被载在一头公牛的一只角上，牛的下面是一条鱼，鱼的下面是水，水的下面是风，风的下面是一片黑暗。每当公牛疲劳的时候，就把大地从一只角移到另一只角上，于是便发生了大地震。公牛的呼吸一旦停止，世界的末日就到了。在牛驮大地的神话中最值得注意的是“牛的下面是一条鱼”的构思，它标明鱼其实是大地的第一支撑者。可以推断，这些同样也广泛流传在中亚、东南亚、北非等伊斯兰教信仰地区的牛驮大地的神话，是由鱼驮大地发展演变而来的。

满族神话中的大地支撑者是鱼，这在北亚及东北亚很有典型性。在上述《东西伯利亚部纪要》中刊载的《布里亚特的故事和信仰》一文里，就记有巴拉干斯克的布里亚特神话关于鱼驮大地的说法。据说大地是由世界海中漫游的一条大鱼驮着的，大鱼游动变换位置时，便发生了地震。另外，在俄罗斯地理学会纪要中关于《西伯利亚的萨满教》一文，也记述了布里亚特神话的另一个说法：驮着大地的鱼是侧身睡着的，当他感到大地重压的时候，就要翻一翻身，这时候就发生地震了。我们在北京、河北、内蒙古、辽宁等地的满族中进行调查时发现，至今民间还广泛流传着鱼驮大地的派生神话，即“地震鱼”神话。人们说：大地底下有“鲇鱼姥姥”，它只要一翻身或一眨眼，就出现了地震。满族现在流传的“鲇鱼驮大地”的说法，在日本列岛也比较普遍。其中，以北海道的阿伊努族人的“背驮大地的世界鱼”神话最有代表性。日本神话学界把这种神话因素称之为“地震鲇”，正源于此。据1900年俄国的《活古代》杂志记载，在莫尔达维亚人神话中也同样有一条大鱼驮着大地的说法。“地震鱼”神话的分布很广，甚至在东南亚的菲律宾南部曼达亚族神话中也有。据说大地是由一条大鳗鱼驮着的，鳗动则地震。从现有资料可以看到，从东亚、北亚、到东南亚、中亚以至东欧、北非、北美，各民族关于大地的神话构成了十分广阔的“地震鱼”分布圈。其中具有典型的原始思维特征的大致以北亚、特别是东北亚萨满教神话最有代表性。

为了进一步证明满族“地震鱼”神话的典型意义，不妨用《阿尔泰地方的土著民》一书中记载的一则塔塔尔人的“鱼驮大地”神话作对照。

据传，至高无上的天神尤勒干造好了大地之后，便把它浮在水面，同时，在大地底部的正中间放了一条大鱼，在它的两边又分别放了一条大鱼，共用三条大鱼驮起了大地。中间这条鱼，头向北方，它的头只要稍稍沉在水里，北方就闹洪水之灾，头再向下沉入水中，大地就会全被淹没。在这条鱼的鳃上拴着一根绳，另一端高高地达到天上，绑在三根天柱上，由一位名叫曼珠希里的天神助手看管。他从第一根柱上解下绳子，大地北方便闹洪水，从第二根柱上解下绳子，整个大地就遭到洪水的淹没了。

这种表现世界大洪水的神话构思，是和塔塔尔人的地理历史环境有密切关系的。北亚的鄂毕河、叶尼塞河及额尔齐斯河泛滥成灾的古老历史，成了这则神话的构思基础。在这里，除去鱼闹洪水和鱼闹地震的情节相异以外，这则神话和满族神话有两个共同点：一是最高天神是尤勒干，还是阿布卡恩都里，都是萨满教的最大天神；二是天神命3条大鱼驮起大地。这“3”条鱼的“3”的观念又是萨满教神秘数字的最重要的基数。从这一点着眼，似乎它们最早出于一个神话的祖型。

在许多创世神话中，作为天和地的支撑物的数字，往往形成两种稳定的说法：一种说法用“4”，另一种说法用“3”。如中国古代文献《淮南子·览冥训》《列子·汤问》所载的女娲“断鳌足，以立四极”，就是用大龟的4只爪作为擎天的天柱的。在中国布朗族神话《顾米亚》中，是用犀牛的四蹄作为擎天四柱的，还有从印度传入西藏的“在大龟背上有四头大象支撑大地”的说法，中亚流传的“四头公牛在大地的四方支撑边缘”的说法，都是用“4”个动物或“4”只兽类蹄爪作为支撑者表现的。这种“4”的数字概念或“4”的方位观念是原始思维中比较发展进步的符号。相对地说，原始宗教中常用的“3”和“3”的倍数“9”，“9”的倍数“81”，以及相应的奇数“5”或“7”、“7”的倍数“49”等都正是十分重要的数字。至少在满族及中国东北各少数民族的萨满教信仰中，3、5、7、9，七七四十九，九九八十一等数字是具有魔力的。对这些数字的俗信，至今仍较普遍。

作为原始思维的形象反映，在中国彝族阿细人的大地起源神话中，也有几乎完全相同的说法。在阿细人的民族神话中也生动地描绘了3条鱼驮着圆圆的大地，鱼动则地震的情景。显示出各民族原始思维的共通性和远古神话时代相互传播移动的特点。虽然，我们没有任何证据判明它们之间的源流关系，但是作为古老民族原始思维和信仰的基础，确实有同步发展的相似性。只不过满族的“地震鱼”神话更具有东北亚萨满教神话体系的特点罢了。

探索满族“地震鱼”神话，是探索东北亚萨满教神话中创世神话最令人感兴趣的方面。在阿拉伯游牧民中普遍流传的“公牛驮大地”的神话，常常附加说公牛下面有岩石，岩石下面还有鱼。这种说法反映了大地起源神话的历史层次。可以说，当阿拉伯人还处在更远古的年代时，他们完全可能也在讲：水上有鱼，鱼上有岩石。这岩石已经构成大地的原形了。当古波斯文明从伊朗高原传播以后，阿拉伯人广泛使用了牛，于是牛的作用便被神化了，这才有可能在神话中出现站在鱼背上的石板上的牛，成了大地的支撑者，大致可以推断，“地震鱼”的神话应是渔猎时期的产物，而“地震牛”的神话只能是晚一些的游牧时期的产物了。

四、巨大的世界树

满族创世神话中有以下的内容：天神阿布卡恩都里造了大地以后，地上的人经过多少年代的繁衍，越来越多，地上住不下了。天神便命令把天上最大最粗的一棵树砍倒了，把它接到地边上，让人们沿着树枝树杈发展，这才有了世界上各色各样的人种。

这个简略的情节，应当确认是满族萨满教创世神话中关于“世界树”的神话断片。

在许多民族中，常有关于宇宙开初从地下到天上长着巨大的神圣的世界树的神话。以阿尔泰语系各民族为例，就很有代表性。在《来自西伯利亚》一书中记载的阿尔泰神话说：在万物的中心，大地的肚脐上，耸立着一棵最高最大的枞树，树梢顶上住着至高无上的天神巴依尤勒干。这则关于世界树的形象，甚至还被当地的萨满画在了祭神的法器神鼓皮面上。在《西北蒙古志》中记载的蒙古族神话中说：天地开初，一座四棱山顶的中心长着一棵很高很大的树。从这棵树梢向下看，世界海上漂浮着的大地像一匹卧倒的小马。假如把牛一样大的石块从大树梢抛下去，要过50年后才能着地。这正是神话中对世界树的形象描绘。

在一些民族的神话中，对于世界树的描写并不一定是一棵，有时是多棵，如7棵或9棵。树的棵数往往和天的层数或某些神的数目相对应。例如有关西伯利亚塔塔尔族神话中说：最初，克达依神创造天地时，还造了9棵高大的落叶松，这些松树长期被和天神作对的地下国之王9个耶路莱汗所霸占，做了拴马的木桩。后来，天神赶走了9个耶路莱汗，各种各样的人和动物才得以在大地上自由生存。但是任何人都不能走近这9棵树的跟前。在《西伯利亚各民族的鹫崇拜》一文中介绍了赫哲族神话中的世界树共3棵，是按天上、人间、地下三界分的。天上的一棵住着天神和人类生前的灵魂，这无数灵魂是以小雏鸟的形态聚居在树上的；地上的一棵供人和动物生活；地下的一棵为死者鬼灵及地下魔鬼使用。

满族神话中关于世降树的描绘在《通天桥》神话中也有断片残留。故事说："当地上的人们都登上了天，来到阿布卡恩都里住的地方时，看到了他的身后有很多大树枝，那就是专供天神智慧的智慧树，又叫作灵丹树。旁边还有一根很大的木桩，那木桩正是天神用来给人间居住的那棵大树的下桩。"故事还说："天神阿布卡恩都里为了制服地下魔鬼耶路里，用霹雳击毁了通天桥，于是，来到天上的人们都回不到地上了。阿布卡恩都里又选了一棵最高最大的树，让人们顺着树干下到地上，回到地上的人只是一小部分，没有来得及回到地上的人们，都留到了天上。就成了星星……后来，人有什么向天神的要求，便通过大树告知天神，因为树很高，所以天神只要稍微弯弯腰便知道了。这就是满族祭树和祭神杆的由来。"

从这些断片中，大体可以看到满族神话中的世界树，或演变为相应的天柱等形象，本来是很鲜明和完整的。从神话断片中可以推测，这里的世界树可能有两种情况：一种可能只有一棵，它既是人类栖息之所，又是通天之路，还可供智慧或生命；另一种可能是三棵或更多棵，有人类栖息之树，有通天之树，有通神之树，或还有供给智慧之树，供生命之树。也可能是一根或多根天柱。这些多数的树也可能是与天地多层相关的世界树观念。关于这些问题还有待进一步考察，做出原始神话的复原记录，才能弄得更加清楚。

满族世界树神话中，至今还没有发现关于"生命树"的资料。在古埃及神话、古印度神话中都有"生命树"的典型故事。在中国蒙古族佛教神话中也有"生命树"的说法。据说世界上有一棵"赡部"（jambu）树！它的根生长在须弥山（Sumcru）下，树梢直达天上，树上的果实是天神腾格里们的粮食，同时也作哺养众生灵之用。久居深山峡谷的魔鬼阿修罗（Asura）为此十分忌恨天神，并扬言说这棵大树根生在它统治的地下冥国，果实应当属于它。于是神魔之间发生了战争，最后阿修罗失败了。这则神话显然是从印度传来的。因为在印度佛教神话中就有关于“赡部”树这种“生命树”的故事。

满族世界树神话断片中，也有居住在深山峡谷的地下魔鬼耶路里与天神战争失败的情节，只不过争斗不是以夺树为线索，而是公然反抗天神，反抗天神赐恩于人类。

在《东西伯利亚部纪要》的1890年文献资料中，有关于雅库特人的世界树神话的原始记录，展示了萨满教信仰的某些特点，可供参照。

“天地开初，在大地的黄色肚脐上，耸立着一棵大树，树上有八个繁茂的树枝，树干一直穿过三层天。树皮和树疖都是银的，树液闪着黄金色的光芒，果实像巨大的酒杯，树叶像张张马皮。从树梢经过树叶流淌着神圣的黄色泡状液体，人们饮过它就得到了大福。”

这种世界树观念也是把神树视为养育人类，赐福人类的生命树。可以设想，满族在神赐给的大树枝杈上繁衍生息，这种神话的原始构思，一定也会幻想出大树供给人类珍贵的食物，养育和赐福人类的动人情节和形象。

第七章　传说学论析

20 世纪 80 年代以来，中国民间文学的搜集、整理工作，在很大范围内，都把目标放到了民间传说方面，其中特别是对风物传说和人物传说的采录，几乎具有更大的广泛性。这种民间文学活动的趋向，绝非偶然的不约而同的巧合，最主要的是因为中国民间传说有极其丰富的资源，在采集活跃期间必然使它首先得到挖掘。

中国民间传说的蕴藏量，和中国悠久历史的文化积层成正比。毫不夸张地说，无论在量和质上，都可以居于世界前列。但是，我们对于民间传说的研究，却显然比对于神话、故事、歌谣的研究更缺乏些。20 世纪 30 年代初，钟敬文曾有专论探讨了中国民间传说，并归纳了多种具有特色的中国传说类型，同时还提出了关于传说研究的一些设想，这大约是中国现代民间文艺学史上最值得重视的关于传说学的早期贡献之一了。时隔半个多世纪，这种研究已经到了必须接续的时刻，前辈学者的设想，在新的起点似乎应当化为现实了。为了适应当前开展民间传说调查研究的需要，下面就传说学发表点浅识，作为研究传说的参考。

一、传说学的概念

传说学这个名词，过去很少提到。如果作为一门民间文艺学中的分支学科来理解，以前不是受神话学的统率，就是和故事学或童话学混在一起。随着中国建立中国民间文艺学体系的呼声越来越高的新形势发展，理论工作者开始了探索中国传说学的课题，这样一来，传说学作为一门民间文艺学分支学科，自然应运而生。传说学不是任何人的杜撰，而是中国民间文艺学史发展的必然产物。

传说，这个专有名词也是近代通用的。在中国古代，只有两个和它相近的词在文献上使用，一个叫“传闻”，一个叫“传讹”。早在《史记》《汉书》的编写时期这两个词便使用了。司马迁写《史记》时，有很多材料是有历史依据的，但也有很多材料是没有史实根据的，主要根据是“传闻”。从《史记》以后，二十四史的编写，除了根据可信史料外，几乎没有一部是不依据前代或当代“传闻”的。这便是中国历史典籍与民间传说“剪不断，理还乱”的真实状况。这种状况，从有史以来已经历时3000年了。

“传闻”通俗的含义是非亲眼目睹、非亲耳听到的口头传播的事象。所谓“传讹”，就是民间口头传讲的各种荒诞的轶事、奇谈。

传说，则是近代国际通用的专有名词的译名。中国和日本的学术界，都称传说，德语的“sage”，英语的“Legend”，词义和我们的“传说”相当。如果硬要解释这个名词的概念的话，大致可理解为“难忘的事情”或“忘不了的事物”。也就是中国民间世世代代传讲的大量的“传闻”与“传讹”。

在研究传说时，弄清传说的概念是很必要的。从中国传说的广泛流传形态考察，它具有两种概念：一种是广义的概念，另一种是狭义的概念。

传说的广义概念，学术上又俗称为“口碑”。这显然是一种比拟，是指所有口头传承的事象，比如，东北地区称呼“狼”为“张三”，称呼“熊”为“黑瞎子”，四川地方称呼“蜻蜓”为“丁丁猫”……这些都是广义的口头传说，它们都属于传说中的方言词汇。又比如鲁智深这个传说中的人物，被称作“花和尚”；史进这个传说中的人物，被称作“九纹龙”。这是因为他们都有文身标记而得来的“绰号”，这便是一种口头传说。又如，过去行船，船家忌讳说“帆”字，为了避“翻”字之讳，只得称“帆”为“蓬”。有的地方吃饭时帮助别人盛饭，不准说“要饭吗?”为了避“要饭”与“乞食”同义之讳，要说“添饭吗”诸如此类的忌词，也是口头传说。

除了这些断片的零星的口头传说属于广义的传说概念外，民间口头偏方的流传，民间口诀的使用，以至成型、完整的口头谣谚（不是演唱的)、各类口头散文叙述故事都是口头传说。

传说的广义概念实际上正是民俗学范围内的绝大部分口头传承的事象，除了传唱的部分外，大致都应属于口头传说。

有了广义的传说概念，才有可能从多种多样的口头传承中分离出比较完整的具有口头叙述艺术特色的口碑文学，这便构成了现在常讲的民间传说的狭义概念。

凡是具备了完整的口碑艺术特点的传说，都是民间文学范围内的口头作品，它们的量虽然很大，但是在整个口头传承的汪洋大海中也只占有限的一部分而已。

比如“貂蝉”，在古代传说中有两种口头解释：一是东汉末年的一个女子名，即《三国演义》中的貂蝉；另一个是更古的口头传承，是战国时北方骑马民族的武士头盔，全称“貂蝉冠”，是用古代北方民族猎貂所取的貂尾和黄金蝉铛装饰的武人冠帽。从赵武灵王自北方引进后，直到明末所有汉族王朝的近侍武官都戴这种冠。到晋代，赵王伦篡位，分封侍从为近臣，都赐给了“貂蝉冠”。但是，貂尾太少不够分赐，便用狗尾代替。百姓讽刺这种恶风为“貂不足，狗尾续”，这才引出了“狗尾续貂”一段口头传说。这便由“貂蝉”一个名称的口头传承，逐渐发展出一则结构完整的寓意深刻的传说来。

又如，辽宁省南部有一个历史上有名的重镇叫作“通选堡”，当地老年人都称它为“铜羊堡”，这显然是口头传承的地名。就是这样一个地名的背后，有一则铜狗咬铜羊，娘娘庙出仙泉水的完整口头传说。这传说，正是狭义的口头传说。这样的传说，正是传说学研究对象中的主体。

传说的狭义概念，从大量的口头传说调查中可以简单概括为以下说法：凡是口头流传的，以历史人物或事件为内容，情节线索与史实或多或少有联系的，或对自然物（某山、某石、某河）、动植物、人工物（塔、庙、碑等）及社会习俗事象给以历史的解释说明的故事，就是民间文学中的传说。

对于这种传说的研究，传说学似乎应当涉及以下四点：一、传说内容的特定成分；二、传说讲述形式的特征；三、传说的讲述目的；四、传说积层的构成。

二、传说内容的特定成分

这里所说的传说内容的特定成分，大致可以说是民间传说独具的内容，是与民间传说以外的任何口头传承相区别的内容。是哪些特定的成分呢？归纳起来有以下四个：

1. 民间传说内容有特定的历史时代；
2. 民间传说内容有特定的地理环境；
3. 民间传说内容有特定的历史人物；
4. 民间传说内容有特定的历史事件。

这四种成分，在传说中的特定位置，保持着它和神话、民间故事的区别。当然，每一个传说并不一定都包罗这四个部分，只要它具有其中一种成分而又有充分表现的，那便是传说了。

比如，《白娘子》传说中最重要的特定成分，既不在历史时代，也不在历史人物，更不在历史事件。而主要成分是以特定的地理环境为标志的。西湖、雷峰塔、金山寺，使这个传说的个性显现了出来。同样道理，《孟姜女》的传说中具有四个重要的特定成分，是历史时代、地理环境、历史人物和历史事件。秦朝、秦始皇、长城与修长城，这四个成分规定了整个传说的个性。前一个传说受到了地理环境的制约，无论流传到什么地方，这个传说内容始终围绕着传说中固定的地点在讲述，即使黑龙江省人讲起白蛇的传说、也只能限于讲西湖、雷峰塔、金山寺，不可能再附会到当地的什么自然物或人工物上了。同样规律，由于孟姜女传说内容的地理环境是万里长城，万里寻夫，不受特定地点的局限，于是中国出现了各地的孟姜女，甚至各民族的孟姜女，使它成为中国传说中大扩布的代表作品。

这四个特定成分的相互关系是很重要的。比如在屈原的传说中，由于历史时代和人物的特定，必然带来屈原活动的地理环境的特定范围，这个传说内容如果被传讹为屈原在新疆或东北，显然便成了“奇谈”而失去了民间传说艺术的真实性。同样，努尔哈赤传说在东北满族故乡，成吉思汗传说在漠南漠北草原，才能构成传说内容的民俗特征。又如，人参传说作为植物传说中药物传说的一组口头作品，重要的特定成分就在于东北以长白山为代表的山区环境，其他的任何历史事件、人物、年代，几乎都无足轻重，特定的土特产地区便足以标志这类传说的民俗个性了。同样，景德镇的瓷器传说，杨柳青的年画传说，也都以特定地区的人工物特产标志出这些传说的民俗个性，至于什么朝代，什么人物来到这里或根本没有来过这里，反而是无足轻重的成分了。

在这里，不能不谈谈民间故事的内容。和上述情况相反，民间故事中几乎没有任何特定历史时代、地理环境、历史人物、历史事件的成分。在民间口头讲述故事的民俗活动中，“从前”“早些年”“古时候”这类没有任何时代标记的时间，“有这么一家子……”或山前，或山后，或河边这类不着边际的地点，那些随便什么通俗的人名或“老大”

“老二”的称谓所代表的人物和与任何历史事件毫无瓜葛的情节，都是民间故事最常有的标志。从听故事这个民俗活动的经验中，立即可以判断出这类故事与民间传说的明显差别，从而把握了传说的特点。

大致可以说，这四个传说内容的特定成分的有无，正是传说与民间故事的分类标志。

从现有民间传说作品（包括古代文人记录、改写的传说和现代口头传说）中考察，这种世世代代和特定历史（时代、人物、事件）、特定地方关联的口头传说艺术的构思，正是民间口头历史的编纂方式，人民大众祖祖辈辈依靠这种方式去认识历史、评价历史，表现人民最真实最朴素的历史观。传说在人民生活中，不仅提供历史知识（许多传说中这种知识不完整、不确切），而且还表现出鲜明的评史态度。民间传说中，人民对暴君与明主、忠良与奸佞、清官与赃官、善良与邪恶、机智与愚蠢的对比，绝不含混。从这一点出发，应当看到，民间传说所独具的这四个特定成分，是有其重要的功能的。

在留心考察传说的这些特定成分时，还必须注意：中国有不少民间故事，常常在流传中被加上了特定历史年代或附会到某一地点，而构成了传说的形态。比如开山找宝故事（或石门开故事、金马驹故事），在东北三省的许多关于山的风物传说中都被讲成了当地的有名之山。这种由故事向传说变异的现象，是一种民间口头文学的移植现象，是使故事由浮泛到落地生根，增强亲切感与可信性的民俗手段。中国传说中这种移植现象，早在古代文人的笔记小说的辑录传说中便看到了痕迹。像中国唐代记录的“灰姑娘型”故事，在段成式的《酉阳杂俎》中便标明了时间、地点和人名，和世界同型故事比较，显然增添了地方传说的特定成分，使它成了古代西南地区“吴洞”的传说。中国人民历代传说的口传习惯，往往是把某些民间故事情节加以史地化处理，使它向传说转变，这不能不作为一个重要问题引起传说学的注意。

三、传说讲述形式的特征

传说与历史、地理的粘附性，也可以被理解为是传说内容的基本特征。就传说的讲述形式来说，它还有三个特征：一个是提供印证的可信性，另一个是记忆线索的具体性，第三个是叙述形式的独特性。

提供印证的可信性特征是传说远比其他样式的故事在民俗生活中居于优势的首要特征。这种印证自然不是指历史档案与信史资料，指的是民俗的或艺术的可信依据。讲传说的人，通常在讲述传说的同时，提供可靠的主证人或旁证人，他们不是讲自己亲眼看到过、便是告诉听众是他的亲族成员在什么时候看过、听过、经历过的事。讲述风物传说时，往往辅之以实物的展示或解说，找出可信的证据，以及传说的神秘色彩促使人相信。像辽宁凤凰山顶石块上的大马蹄印，京郊八达岭下穆桂英点将台的石阶，镜泊湖上珍珠门的两块石柱，都为景物传说的艺术可信性提供了依据。讲述者在讲述过程中，往往增补各种细节的真实性，促使听者倍感亲切，缩短与传说之间的距离。

记忆线索的具体性特征也是传说的个性特征。传说受内容特定成分的制约，因此只能是按照特定内容的独有线索做具体讲述，这便要求具体的记忆，而排斥民间故事母题类型式的记忆。故事讲述的记忆线索往往有同类型情节的分类观念，大同小异地贮存；传说讲述的记忆线索往往具体到个别化程度，甚至无类比可能。所以讲述传说的记忆线索特别要求具体、清晰。像唐伯虎做扇面画的传说，因其具体情节而有别于其他画家或文人才子传说，不能笼统雷同。典型的传说，情节各异，同型传说也往往差异较大。像名医传说扁鹊、华佗、张仲景、叶天士，都各具特点，极少近似。可见，传说线索的记忆难度，显然大于故事线索的记忆。

叙述形式的独特性特征也是受内容特定成分制约而形成的讲述特征

之一。它和故事讲述形式的某些程式化不同，往往一个传说一种讲法，并不像故事讲述那样出现大约三次的反复，或夹杂韵语、短谣等成分。所以，用通常所见的故事三段式去要求传说的讲述，则是不可能的。传说中所用的叙述、描绘、对诗、对话，都因所传的人、事、时、地而各异，构成了传说的个性化特征。

四、传说的讲述目的

目的有两个，很值得传说学进行探讨。一个是训诫的目的，另一个是认识的目的。换句话说，前一目的显示传说应有的教育作用，后一目的表现出传说具有的说明事端和解释事物特征的作用。

传说的训诫目的并不都是直接的，往往是间接的，通过讲述者对传说中人、物、事的评价传达出来的。像历代农民起义领袖的传说，便是通过对起义事件与人物的讲述，传达人民对起义胜败历史教训的褒贬，潜移默化地进行教育的。关于岳飞与秦桧的传说所表现出的对忠良的歌颂、对奸佞的鞭挞，也是通过传说的讲述手段达到这种教育目的的。因此，传说的大量作品所显示出的鲜明的史评态度，正是传说教育作用的重要标志。

但是，更多的传说类型，并不具有十分明确的训诫目的，往往只有认识目的。在这里，那些解释说明事端或事物特征的传说便具有十分重要的意义了。像古老的氏族祖先传说，多是追忆本氏族祖先来历的故事。古代夜郎国竹姓国王从竹中诞生的传说；古代东北东明王朱蒙与古高丽来历的传说；17 世纪满族氏族领袖努尔哈赤崛起的传说；古代九苗来历的传说等，对认识氏族部落的发生、发展，有重要价值，对于大量的风物传说、动植物传说，风俗传说等，更具有明显的说明作用。

解释说明，在传说中与神话中都有，但是，对传说事象的解释与对神话事象的解释有根本的不同。神话的解释对象，只限于大自然，即宇宙万物起源和人类起源的广泛的事象。如：天和地是怎样分开的？世界是怎么造成的？太阳与月亮的来历，风、雨、雷、电的产生，山、川、草、木、鱼、鸟、走兽、昆虫的由来，最早的人的出现等等神话思考与说明的问题，都是解释说明神话。至于各个地方特有的某种物名、地名、事名的来历，各种具体特定的物特征、地特征、事特征的来历，只有靠民间口头传说这种样式加以说明了。传说要解释公鸡为什么啼鸣；斑竹为什么有斑；人类为什么像人形；还有歪头山、凤凰山、鸡冠山的来历，讲述它们歪头、凤凰洞穴和鸡冠峰形的奇异特征；解释为什么叫太子河，为什么叫黑龙江，为什么叫镜泊湖，还要解释“年”的来历，“腊八粥”的来历，“端午”的来历，“七夕”的来历以及生活习俗中许多行为习惯的来历，等等。

传说的解释说明，都关联着特定的时间、空间或历史人物、事件，那些既没有特定时间标志，又没有特定空间的限制，也不给予历史的说明故事，即使是解释什么特征的故事，也不是传说。比如，猴子屁股为什么红？兔子为什么三瓣嘴？公鸡为什么啼鸣声是“还有角来”？这类故事中充满了动物与动物之间的有趣的生活和它们的习性特点，所以它们只能是动物故事，而不是传说。至于说由于秦桧畏罪逃入公鸡口中，化为鸡脑使得公鸡啼鸣，则是传说了。

传说的解释说明是民间文学用艺术的构思和表现方法进行的，它们并不代表任何科学的解释。关于山特征的解释，不是地质学与地形学的；关于动物特征、习性的解释，也不是生物学的或解剖学的，而主要是民俗学的。这些解释说明中，往往充满了古老的神秘的巫术观念，那些飞来的山峰，刀劈的陡崖，都充满了奇异的近乎神话思考的因素。传说学对这种解释说明的研究，对揭示并阐明民众意识及心理、愿望，有重要的意义。

五、传说积层的构成

传说，就像森林中的落叶一样，年年积累，层层叠叠，越积越厚，甚至将要随着历史的发展，永远积累下去，所以，把它叫作传说积层。

传说积层构成的经纬是比较清晰的。它的经线是用历史时代所标志的时间构成的，它的纬线是用地理环境所标志的空间构成的。这两组纵横交织的线路，构成了多种类型传说的系统。比如历史人物王昭君的传说，在经线上可以找到产生的朝代，在纬线上，从湖北秭归发展到内蒙古呼和浩特和包头，构成了昭君传说的系统。秃尾巴老李的传说，虽然在经线上显露出比较模糊的时代，但是，这组传说从山东，经河北、辽宁、吉林，直达黑龙江，构成了一连串的传说系列。此外，就是那些解释物名、地名、事名的传说也以它们在民间习俗中的广泛存在，不断进行着自然的积累，代代传袭，构成了不同类型的系统。因此，时间与空间的移动，是传说积累的重要构成原因。

传说的积累，是与传说独特地伴随着历史，附着于地方有密切关系的。传说，最早的产生有一段孕育、过渡、脱胎的时期。大约是古代神话的晚期，由神话的思考向历史、社会、生活的现实思考发展时，那些具有传说成分的故事便从神话中脱胎出来，构成了神话与传说重叠的状态。比如，古代神话中的帝神话，和古代传说中的帝王传说，在这个过渡时期中是重叠存在的，黄帝的神话与黄、炎传说并行流传了很长时期，才逐渐发展了更加典型的传说。这是最早的积累状况。

还有，传说在流传过程中往往出现的移植现象，也是传说的一种积累方式。宋代传说流传到明代，又附着到明代历史人物、事件上的故事是不少的；同样，某一军阀的传说又附着于另一些军阀、官僚身上的传说也有许多。这种积累显然带有重复出现的特点。

通过各种途径积累起来的传说积层，是由大约三部分构成的，那就是：

1. 对历史事件和历史人物的追忆部分；
2. 对特定事物的解释说明部分；
3. 对某些奇异事象的渲染部分。

对历史事件和历史人物的追忆，是传说的重要部分，从对古代传说人物黄帝的追忆，直到当代传说对老一辈名家名人的追忆，构成了一部十分浩瀚的历史人物谱。在民间，又有每个家族、亲族系统的祖先人物传说的积层，构成了口头的家谱与家史。在辽宁省岫岩县洪家堡子公社的满族传说调查中，便发现了洪家祖先洪雅公、洪雅夫人、三世祖山林保的系列传说。无论是伴随民族历史还是伴随家史的传说，都是传说学必须研究的主要部分。

对特定事物的解释、说明部分同样是传说的主体部分。这在前面谈及传说的认识的作用时已经比较多地涉及了，这里只好省略了。

至于传说中那些对某些奇异事象的渲染部分，虽然并未占主体，却也有一定分量。这里所说的奇异现象，主要指的是民俗信仰中的某些现象。具体地说，主要指的是关于鬼灵、精灵的传说，或关于民间的巫术传说，以及某些宗教传说的渲染。那些关于坟的传说、废墟的传说、古堡的传说、转生的传说、羽化登仙的传说，都和俗信中的善鬼、恶鬼、狐狸精或其他妖怪传说、阴阳风水传说，归属于这一部分。传说学对于这一部分的研究具有重大的科学价值。它可以找到人民意识中那些原始思维与原始信仰的传承因素，解剖传说的内容，透视其性质，并了解这些奇异现象背后的民众心理愿望。

在传说积层中，当然有民主性精华部分，也有封建性糟粕部分，它们或表现为两种不同的口头作品，或者这两部分同时纠缠在一个故事中，甚至很难分离出来。像努尔哈赤起兵，在满族勃兴时期及当代满族生活中都是广泛流传的传说，故事中有老汗王努尔哈赤脚心生七个红痦子、主贵为天子的情节，所以如此，是与满族萨满教信仰的天灵观念、天命观念、人体兆信仰与占候有密切关系的。这个情节在整个传说中是一条主线，这似乎是糟粕，但是，这种天命观在 16 世纪满族生活中，历史地起到了民族勃兴的推动作用。它调集了各部落，走向联合一致，趋向进步、发展。传说学对传说的科学分析应负有严肃的使命。传说的积累将为传说学提供极为丰富的资源，传说学研究必将在中国民间口头传说的活跃时期得到建立和发展。

第八章　古传说研究

一、氏族祖先传说

氏族祖先传说是民间传说中一种古老的传说类别，通常又被叫作始祖起源传说。这种传说绝大多数是以讲述本氏族、部落或本集团的始祖来源故事为内容的，它们的形式主要是幻想性的散文描述形式。始祖传说也有用韵文体表现的，大多见于民族史诗的古老说唱中。像《诗经·商颂》中的“天命玄鸟，降而生商”的叙事诗片段，正是汉族古诗中仅有的祖先起源传说。

氏族祖先传说的大量资料告诉我们，故事中的祖先和动物有许多关联，只有很少一部分和植物或自然力（如太阳、风、雨、雷、火等）有联系。这种联系是和远古时期人类对自然界及人类社会的认识处于低级阶段分不开的。古老的氏族祖先传说在文明国家的古代文献中都有一些记载，但是，大量的传说都是在口头流传着。特别是现今仍然处于社会发展的原始氏族部落阶段地区，这种传说在口头文学中占很大比重。

在北美洲印第安人的某些部落传说中，有不少关于部族起源的奇异故事。有的部族相传他们的祖先是一对鹤在湖上化身为男女而来的；有的部族说他们的祖先是水牛走出水后化身而成的；有的传说是蝼蛄从地下来到地面后学了印第安语，化身成部族祖先；也有的相传是狼或熊变形而来；甚至有的部族说是蜗牛进化变形成为自己祖先的。

在非洲大陆上，众多部族的祖先传说也多以动物为来源。北非各部族相传羚羊、乌鸦、狐、龟、鹤、羊、蛇等动物是他们祖先的来源；中非、南非有些部族相传牛或野牛是祖先的来源，甚至在部落内尊称野牛为“父亲”，还严禁捕杀，忌食牛肉。把蛇作为祖先的部族，有的还有用食物喂蛇的习俗，以表示敬奉。中非的刚果各部落，以豹为祖源，并把豹作为氏族王室的母系象征。东南非马达加斯加岛一带的部族，普遍流传着鳄鱼或蛇化身为祖先的故事。在西非，甚至还有供养鳄鱼的民俗，把几亩沼泽地用栅栏围起来，里面供养一头鳄鱼，族人把这块地方列为“圣地”和“禁区”，按照习俗规定定时送食物给鳄鱼吃。

在澳大利亚的许多部族和中、南太平洋的波利尼西亚等群岛的部族传说中，有鱼类化身为祖先的故事，还有的说是鸟卵孵化成祖先的。中国台湾各少数民族的氏族公社也都有自己的氏族来源传说，大多数相传他们的祖先是鸟或蛇的化身。

在中国的古代文献中也记载了类似的氏族起源传说。《竹书纪年》载：“高辛氏之世，妃曰简狄……与其妹浴于玄丘之上，有玄鸟衔卵而坠之，五色甚好。二人竞取，覆之以二筐，简狄先得而吞之，遂孕，胸剖而生契。”这便是殷商氏族的玄鸟卵化生为始祖的传说故事。在《史记·殷本纪》中，史学家也引这则传说作为信史，说：“殷契母简狄，有戎氏之女，为帝喾次妃，三人行浴，见玄鸟堕其卵，简狄取吞之，生契。”这个“天命玄鸟、降而生商”的传说，因为是后人的文字记录，不知道在史前的口传原型和文字有无出入。但是，它和鸟卵孵化生出人来的化身说不同，它已经有吞卵孕生的情节，和与异类成婚的传说有了接近。

这种遍布世界各地的古老传说都把自己的族源解释为动物化身而来，这是氏族祖先传说中最古老的类型。

另外，还有大量传说和上述说法不同。这类传说虽然也把自己的族源通过幻想的形式和动物联系起来，但是，不是从某种动物直接化身而来，却是用人类和异类（主要是动物）通婚的内容表现出来的。

在北美洲印第安人各部落中流传着许多人兽配偶产生部落祖先的故事。较多的传说是人蛇婚姻和人熊婚姻。还有的相传本族祖先是与鳄鱼成婚后发展起来的。其中特别令人感到奇异的是人和海贝成婚，才有了本族祖先的传说。

在非洲，相传有人和鱼成婚后发展了族人的故事。西非有自称栗鼠部族的人，他们的传说就是以人与栗鼠成婚为主要内容的。在北非，不能不提到古代埃及的传说。古埃及由许多部落逐渐合并发展成为南北两大氏族集团后，北埃及崇拜大蛇，同时有关于人蛇婚姻的祖先传说；南埃及战胜了北埃及后，南埃及的祖先鹰便成了唯一的神圣物了。所以，在古埃及传说有人鹰婚姻发展氏族王室的说法。

在中国古籍文献中，这类始祖起源传说也不在少数，它们往往也被古代史学家载入史册，视为信史，尤其是在史书中有关汉族以外的各少数民族或各外族的记载，这类传说就比较多。在《后汉书》的《西南夷传》中记有这样一则故事，是讲述云南境内与东汉往来频繁的一个名叫“哀牢”的古代少数民族建起的氏族王室起源的传说。这是一个人和异类成婚发展了氏族的故事。相传当地有个名叫沙壹的女子，捕鱼时在水中触沉木而孕，生子后。沉木化龙来认子，诸长子都惊走，幼子九隆认龙为亲，后众人拥戴九隆为王，发展建立了哀牢国。在《南蛮传》中也记了一则南方少数民族古代祖先的传说。相传古代高辛氏有一只五色犬，名叫“槃瓠”，因为高辛氏族与南方古氏族犬戎作战不胜，悬赏取犬戎吴将军头者，高辛氏愿“妻以少女”，还赏金封地，“槃瓠”献吴将军头有功，娶高辛氏女，走南山，生子女后，为“蛮夷”祖先。这则传说在《搜神记》中也有详细记载。并说槃瓠子孙受帝喾高辛氏封赐了名山广泽，号称“蛮夷”，所以古代当地各部族“用糁杂鱼肉，叩槽而号，以祭槃瓠”。西南少数民族中尊奉槃瓠为祖先的传说一直流传至今。其实，这正是一个典型的人与异类成婚的古老族源传说。在《魏志》《隋书》中关于北方少数民族古部落起源的传说中有人与狼成婚的故事，也都属于这一类型。现在云南境内的傈僳族中有以虎为祖先的部族传说。故事说远古时有一个女子上山砍柴，一只化身为美貌男子的虎要求娶女为妻，婚后发展了该氏族的族人。在云南各少数民族中这类传说都有流传。

除了上述的动物化身为祖先的传说和人与异类成婚发展氏族的传说以外，还有另外一种类型的氏族祖先传说。这类传说是讲述氏族部落祖先逢难遇救的故事。这类传说大多数内容仍旧是和各种动物有密切关联的，救助先祖的恩人多是动物。这类故事从古代文献到现代口头流传，都不乏其例。

像古罗马传说中说：古罗马创建始祖原来是被抛弃在台伯河畔的一对孪生兄弟，大的叫罗慕洛，小的叫勒莫斯，是由一只母狼喂养长大起来的，以后才开始了罗马最早的王政时代。狼对于古罗马王的兴起是有救助之恩的。古罗马军旗上有狼头图案标志，大约与这类传说也有联系。在非洲的方蒂人部族中流传有鹦鹉救祖先的传说，因此，形成了方蒂人崇敬鹦鹉的习俗。在斐约特人各部落当中遗留有不触及山羊、比目鱼、贝类、鸽子、蛇、鳄、蜥蜴等动物，因为他们传说自己祖先以前欠过这些动物一笔报恩的债。

朝鲜始祖传说有大龟救助高句丽始祖脱险的故事。这个传说在《隋书》中也有记载，说古代夫馀王得河伯女，生一卵，破壳后出一男，名叫朱蒙，夫馀臣几次请杀，朱蒙听母告诫向东南逃走，遇到大水，深不可越，于是向河伯及太阳呼救，水中浮出龟鳖，搭成渡桥，朱蒙脱险，追兵不得过水，朱蒙以后建国自号高句丽。类似的始祖受难遇救的传说在《搜神记》《后汉书·东夷传》《独异志》《魏志》《论衡·吉验》中都有记录。像《搜神记》中记载古代辽北夫馀族创建王“东明”的传说，就很典型。相传，藁离国王侍婢生一子，“捐之猪圈中，猪以喙嘘之；徙至马枥中，马复以气嘘之；故得不死”。后来王怀疑他可能成为天子，害怕夺了王位，就想把他杀掉。东明逃走，“南至掩施水，以弓击水，鱼鳖浮为桥，东明得渡。鱼鳖解散。追兵不得渡。因都王夫馀”。又如《博物志》《齐民要术》《搜神记》所载的古代传说中蒙双氏始祖故事，相传远古高阳氏部族“有同产而为夫妇，帝放之于崆峒之野，相抱而死。神鸟以不死草覆之”，后为蒙双氏族祖先。这则故事显然也是鸟类救祖先的传说。《后汉书·西羌传》中记载西羌族的爰剑被秦人拘为奴隶，后逃亡：去，秦人追于洞穴，准备把他烧死，“有景相如虎，来为蔽，故得不死”，羌族把他推举为君，以后部落才炽盛起来。这正是虎救祖先的氏族起源传说的好例证。

又据苗族起源传说的调查：苗民九族的祖先，最早分居在两山上，中间有个大洞穴，后来全族陷入洞穴之中，得到一只鹰飞来救出九族，才发展了后世的苗族。至今苗家尊崇鹰为神鸟。北方的蒙古族也有关于铁木真发展氏族部落时遭难的种种传说，其中有一则故事说：一次铁木真口渴，将要取含有蛇毒的山泉时，被鹰三次打翻水杯，不让他饮用，结果铁木真误杀神鹰，事后发现泉水上的大死蛇，才知道鹰在救助他。从此在蒙古地区尊鹰为神鸟。东北地区的满族聚居地区广泛流传着氏族首领老汗王的传说，其中有的内容说老汗王当初受难逃走时，在乌鸦和狗援救下获得成功，才使满族发展起来。所以至今满族人民尚有禁止捕杀乌鸦和禁食狗肉的禁忌习俗。过去，在满族住宅院中竖起的“索罗”竿上，也要系上器皿，装有谷物，喂养过往的乌鸦，以示崇敬和感恩。

从以上三种类型的氏族起源传说看来，大体上可能找到人类社会原始氏族部落的生活影子。这种影子主要表现为“图腾崇拜”和“祖先崇拜”。“图腾”一语的语源，本来就含有“亲族”的意思。从人类意识的发展阶段看，氏族社会里把人类和兽类联系起来是普遍的“万物有灵”观念的重要组成部分。在这个古老的原始观念支配下，母系族制的只知有母，不知有父的社会观念自然而然地产生了对人类繁衍、生育的不理解，于是便把自己先祖的降生附会到动物化身或人兽婚姻的传说上来。在氏族部落社会，除部分采集生产外，绝大多数过着狩猎生产的劳动生活，世世代代和动物杂处在山林、河泽间，于是产生了与动物有种种亲族关系的幻想，产生了尊崇某种动物的观念和习俗，这都是很自然的事。

从三种类型的氏族祖先传说的内容看来，大体上还可以认定，动物化身为祖先的传说最为古老。它形象地反映了氏族部落的早期蒙昧状态的意识形态。当时，人们根本不理解本部族最早的先人是怎样出现的。但是他们知道大自然中各种奇异的动物却早于他们自己存在，这才有可能把祖先幻想成为某种常见动物或神奇动物变形化身而来。至于人与异类通婚发展部族的传说，虽然也同样产生在只知有母，不知有父的母系社会，但是，这类传说显然已经对人的出生和发展有所理解，并能够用婚姻、配偶的制度予以解释了。它们的出现，似乎晚于前一类动物化身为祖先的传说。第三种类型的传说，即祖先遇难发祥的传说，比前两种显然更晚些，从传说中氏族祖先大多是男性英雄人物看来，大体上是进入父系社会早期的部落祖先故事。它们和前两类传说不同，它们的主要内容不在于描述氏族祖先之所由生，而是讲叙祖先创业或出生后的艰难及英雄事迹。它们更多地赞颂了本集团祖先发展本部落过程中的艰苦和受到超人力量的神奇援助，借以奠定拥戴和崇拜氏族首领的基础，这类传说和有关的信仰、习俗、显然和古老的“图腾”崇拜拉开了距离，成为历史人物传说的某些“祖先崇拜”的传奇故事。

不论这三类氏族祖先传说有怎样的差别，显然，它们共同的一点是把氏族祖先“神圣化”。正因为如此，和这三类传说相应产生的对各种动物的“禁忌”习俗，非常之多。严禁捕杀或食用某动物，对某些动物采取特殊供养的办法等等都是禁例。从这里还可以看到，后世大量的“禁忌”习俗，有不少恰是从氏族祖先传说派生、演变而来的。

研究氏族祖先传说，对认识古代社会和考察当代晚进民族有着积极意义。它可以帮助人们了解人类社会童年期的制度、观念，以及氏族之间的关系和当时的生产状况。还可以看到氏族社会逐步向前发展的影像。又可以了解古代人民的艺术想象力与奇异朴素的创作构思。从研究氏族祖先传说，还可以进一步联系民间传说、故事中大量的动物被人救助、动物报恩以及各种动物变形的幻想情节，了解古老的传统故事的幻想基础和特点。因此，对氏族祖先传说的奇异内容，绝不可以简单地用“荒诞无稽”“封建迷信”等字样去否定，任何粗暴地对待这些古老的民间传说，都是对人民艺术成果的损害，对人民口头文学宝贵遗产的损伤。从民间文艺学的角度看待古老的氏族祖先传说，它们的科学价值和艺术价值都不容忽视。

二、楚文化摇篮中的古传说群

在中国民族文化史的发展进程中。古代地区性文化的繁荣鼎盛与争奇斗妍，几乎成为最醒目的历史动向。其中，楚文化独具的特色在中国文化史上永远放射着灿烂的光辉，为世人瞩目。在楚文化面前，不仅那种正统的单一文化史观的偏见显得可笑，就是那些在黄河流域寻求古代高文化中心的努力，也都显得乏味和徒劳。楚文化以它“蛮夷”的豪迈与浪漫，以它“僻陋”的自然与率真，向早已形成的中原文化进行了挑战。像楚文化结晶《楚辞》的丰富奇异的内容，闪现出许多《诗经》中难以见到的梦幻般的南国风采。甚至有的学者把楚文化的概念索性与“楚辞文化”等同起来看待。

其实，如果从更大范围的广义的文化观出发来探索楚文化，人们就会立即注意到楚地从春秋到战国后期以至秦末的历史、文学、艺术、哲学思想和民俗传承，都形成了自己独特的体系。其中，尤其是民俗传承，包括古老的神话、传说、乐舞、歌谣等民间传承，都展现了南方古代农耕文化的自然朴素情调。《天问》中的那种穷究古代神话传说之谜的奇异思考，正是区别于中原文化偏重写实论史的突出特点。正因为楚文化构成了自己的独特体系，所以在文化史上产生了许许多多以“楚”为标志的文化事象，展示了楚文化的许多侧面。例如，历代诗文传诵和习用的文化概念，就有以下许多个：楚俗、楚些（Suo）、楚奏、楚声、楚调、楚歌、楚引、楚吟、楚谣、楚舞、楚腰、楚服、楚材、楚狂、楚客、楚妃、楚囚、楚魂、楚风、楚黄、楚酪、楚沥、楚组、楚玉、楚宫、楚庙、楚门、楚云、楚雨、楚水、楚泽、楚江、楚苗等，都从各个方面形成了具有楚风的文化样式。山川景物、民俗风情、衣食住行、礼仪信仰、人事史迹、乐舞歌谣、无不打上楚文化特有的印记。楚文化编制了精美的摇篮，养育了楚地丰富多彩的传统文学艺术。其中，除了诡异的神话和瑰丽的歌舞外，动人的传说也占有十分显著的位置。

多年来，学术界把主要注意力集中到探求《楚辞》神话奥秘方面，这当然是必要的。但是，对于楚地传说的探索，却常常忽略。事实上，只要细查《楚辞》和先秦诸子的典籍，以及秦汉两代的史册，就不难发现楚地传说群的优异光彩。《天问》中保存了许多神话时代晚期形成的早期传说。其他文献史册中又记录了更多的与历史有近缘关系的后期传说。这些保留下来的古传说群，都是楚文化的珍贵遗产。

在《天问》中，共提出 170 个问题，除去涉及远古神话的问题以外，有关古代传说的大体有以下 4 种：

1. 奇异动植物传说；
2. 奇异变形成仙传说；
3. 奇异诞生传说；
4. 帝位继承、帝室权变或战争传说。

在上述传说中，值得注意的是后两种传说往往纠缠在一起，在《天问》中占据着主要位置。它们约占总问的 409/8 计 67 问。这许多问涉及的传说主要有如下 31 则。

1. 夏禹传位于臣益，禹子启谋夺帝位，被益拘禁，后逃脱，杀益得位（启母涂山氏女化石，石裂生子启）。

2. 传天帝派夷羿起兵灭夏启之子太康。羿曾射瞎河伯左眼、娶洛神为妻。

3. 传羿相寒浞与羿妻纯狐氏女通，并合谋杀羿，浞立为君。羿死后被家人烹食。

4. 传浞子浇与嫂女歧通，曾杀死夏相（太康之侄，仲康之子），夏相子少康派汝艾杀浇，误杀女歧；后出猎，汝艾袅浇首。

5. 传夏相失国，投斟灌、斟寻二国。浇攻灭二斟，杀夏相，夏相妻逃归娘家，生少康，少康长大后，浇到处追逼，少康逃至有虞国，后聚二斟众，灭浇复夏。

6. 传夏末主桀伐蒙山国，得其二女琬、琰，弃宠后有施氏女妹喜于洛。妹喜勾结商汤谋臣伊尹灭夏，商汤在鸣条将桀与妹喜均放逐南巢。

7. 传周文王祖父古公亶父欲立三子季历为君，长子太伯、次子仲雍逃往江南，自立国号勾吴。

8. 传商汤察访民情，得奴隶伊尹，伊尹善烹调，受汤重用，成为灭夏谋主，受命打入夏朝为内奸，灭夏。

9. 传殷之祖先王亥之父季为夏朝司空，勤于治水土事，死于水。亥承父德游牧于有易国，与有易氏女通，被有易国君绵臣派人砍床杀死。

10. 传亥弟王恒到有易国，要求归还亥驾车的服牛，不得而还。

11. 传亥子上甲微继任殷侯后，借助河伯国兵力灭有易国，杀其君绵臣。

12. 传商汤东巡至有莘国，汤深知伊尹才能，三次派人往聘，有莘君不与。汤请求娶有莘君之女为妻，君甚喜，将伊尹为陪嫁奴隶赠予汤。

13. 伊尹母居伊水之滨，怀孕时梦中神示：如石臼出水，速往东逃走，不得回顾。翌日见石臼出水，急往东逃，过十里回头，见已成汪洋。因违禁，化身为一株空心桑树。有莘国有女子采桑。于树中得儿，取名伊尹献于君，君命厨夫抚养长大。

14. 传夏桀将商汤囚于夏台监狱之重泉（一说水牢），汤行贿，获释。后始伐夏桀以复仇。

15. 传周武王伐商纣，甲子日与八百诸侯会师殷都之牧野，当日攻下殷都。武王至纣王自焚所在亲射三箭，用剑击刺纣尸体，用斧砍下纣头，挂在大白旗上。对此，武王弟周公旦不赞成。

16. 传西周第四代君主昭王南巡楚地。楚人得珍禽白雉，说欲献与昭王，王南巡到楚，于汉水上被凿船溺死。

17. 传西周第五代君主穆王得八骏马，由善于鞭策之术的造父驾驭，周游天下。

18. 传夏衰时，有二龙现于宫廷。自称为褒国二君，夏王祭祷，离去，留下龙涎，收入木盒。夏亡，盒传于殷，殷亡传于周，无人敢开。至幽王祖父厉王，开盒。龙涎流出，化为大鳖，触及一未成年宫女，入宫而去，宫女于幽王父宣王朝成年，未婚生一女，弃之郊外。时有童谣：桑木弓箕木箭袋亡周。市上适有夫妇出售桑弓箕箭袋，宣王命捕缉，二人逃往褒国，路上闻弃女婴之哭，遂收养长大，取名褒姒。幽王伐褒，褒献褒姒。后姒使西周亡。

19. 传齐桓公九会诸侯，后齐相管仲死，公信用恶人，内乱。公病中被围一室，饥不得食，渴不得饮，死久无人收尸。

20. 传商纣任用善于谄媚之恶臣，厌恶辅佐之贤相，纣叔比干因直谏被挖心，叔箕子进谏不纳，被逼披发装疯为奴，诸侯梅伯进谏，被处以酷刑，剁成肉酱，并以此分赐诸侯。

21. 传周文王姬昌为殷雍州伯，诸侯并纣附周，于歧撞国祀社神，后又立社于丰，天下人携带财产归附西周。周文王收到纣赐的肉酱后，将纣罪行上告天帝。

22. 传纣王受宠妃妲己迷惑。

23. 传姜太公望入周前在殷都设店宰牛，鼓刀扬声，使文王知其才能。

24. 传周武王姬发于文王死后不久伐纣，将文王灵牌载于兵车上会战，亲手砍下纣头。

25. 传晋献公宠妃想立己子奚齐为太子，陷害太子申生，生被迫自缢。

26. 传商汤命伊尹至夏桀处为官，先后五次伊尹佐汤，又五次佐桀，故伊尹死后，灵牌进入商祖庙，陪商汤受祭，被尊如商祖先。

27. 传吴国君阖庐与楚战多胜楚，曾攻破郢都。但吴王寿梦死后，传子诸樊，诸樊传弟余祭，再传弟余昧，再传昧子王僚，阖庐为诸樊长子却未传，后派勇士专诸刺杀僚始居王位。

28. 传周厉王暴虐，国人抗暴，厉王逃往彘，诸侯共和治政。厉王死后大旱，占卜得厉王作祟，诸侯始立厉王子宣王。

29. 传伯夷叔齐不赞成武王灭殷，守义不吃周朝粮食，隐于河曲之中首阳山，采薇为食，后一女谓之薇菜亦系周之草木，二人弃而绝食。天帝遣神鹿为二人哺奶，后终饿死。

30. 传秦景公有猛龙犬，弟鍼欲以百辆车换取，未遂，后失去官爵，逃亡在外。

31. 传楚贤相子文辅成王有功，子文系郧国女与楚宗室门伯比之私子，成王杀楚君兄堵敖夺得王位，对国人施加恩惠，进贡周朝，受到称道。

从以上31则古代帝位继承、帝室权变的传说内容，大体可以看到正当《楚辞》时代，楚地广为流传战国以前的史事传说与人物传说的概貌。还可以看到，这时，夏、商、周三代兴亡的史事传说，已经十分完整化了。不仅史事传说形成系列，就是那些重要的历史人物传说，也几乎都形成了具有奇异经历的传记规模。古代楚传说已经形成了丰厚的历史积层。它在中国古传说的发展进程中，应当说已经进入了早熟阶段，楚文化摇篮理应被认为是中国古传说的宝库。

在这里必须说明，中国先秦史料，或多历史化了的神话，或多历史化了的传说。以往，神话学者对历史化了的神话予以复原的兴趣颇浓，但是对历史化了的传说则淡然处之，甚至将它们归于史学，无暇顾及了。传说学的任务恰是把观点集中到传说与历史纠缠不清的古代，探寻中国早期史事传说的流传轨迹。中国的先秦史，几乎是一部古史谜，猜中了的谜底可称为史，那些始终猜不清的谜面，绝大多数都是传说，即具有可信性的古传说。像上述《天问》中关于古史的67问，字句简约，却处处点到了古传说的内容，揭示了古传说原型。

楚传说的传统在《天问》以外或以后的典籍中得到了保存。先秦诸子典籍中都分别散辑有战国以来的楚传说，已是众所周知的事。此外，最值得注目的楚传说精选的辑录，应当首推西汉刘向编的《战国策》《说苑》《列女传》《列仙传》《新序》等典籍了。《战国策》的编者当年从皇室宫廷收藏的资料中发现了大量关于战国权变传说和游说传说的各种记录册共六种，名称叫作《国策》《国事》《短长》《事语》《长书》《修书》。经过编者的整理，形成了系列化的历史传说专集。司马迁撰修《史记》时，大量使用了它的材料作为史料。这些材料，浓郁的传说色彩覆盖了史事，已成公认。《列女传》多为人物传说。《说苑》《新序》则多传闻轶事与史事传说。其他，如《左传》《国语》《吕氏春秋》《列子》《韩非子》《晏子春秋》《庄子》《论语》《越绝书》等也均有楚传说的记录。

在《天问》以后或以外的楚传说群，据现有资料分类，大致可分为三类：

1. 史事传说：以战事或权变为内容。

2. 人物传说：以帝后、将相轶闻为内容。

3. 寓言传说：多教训意义的哲理性内容。原为人事传说，后转化为寓言或成语。

这三类传说都保持着与《天问》传说相一致的特点：既与历史相黏附，突出了可信性，又渲染了故事情节，增强了传奇性。

下面试举一则完整的史事传说为证，这则传说载《战国策·楚策》卷十五，是楚襄王用慎子胜齐的故事，梗概如下：

楚襄王做太子时，在齐国当人质。楚怀王死时，太子辞齐归楚，齐王以索要楚国东地五百里为条件放回太子。不割地，不放回。太子只得请教老师慎子，慎子说：不得土地，不能奔父丧不义，献地为便。于是同意献东地五百里。太子归楚，即王位，齐国来接收东地。王又问慎子该如何对付，慎子建议由群臣献策。

第一个入见的是上柱国子良，他说："王不可不给。王说话金口玉言要算数，向万乘大国齐许诺，不给是无信，以后无法与诸侯来往，还是割地对。"子良说完出去。

第二个入见的是昭常，王问该如何是好，昭常说："不可以给，一个万乘大国以地大为标准，割去东地五百里，去国土之半，万乘大国无千乘之用了。万万不能割地。"说完昭常也出去了。

第三个入见的是景鲤，王问奈何？景鲤说："不可以给。虽然王亲口许诺于万乘之强齐，不给就负义于天下，不给地，楚国又不能自己守住这块土地。最好还是求救于秦，守住这块土地。"说罢出去。

最后，慎子入见，王将三大夫献计告之慎子，问用谁的计为好？慎子说："三人计都用。"王很不高兴，认为这不像话。慎子解释说："第一天王派子良去齐，献地五百。第二天派昭常为大司马去镇守东地。第三天派景鲤西去求救于秦。"王如法办理。

于是，子良献地，齐王问："昭常守东地怎么办?"子良说："那是昭常不听王命，齐王可攻之。"齐王兴兵伐昭常。没等兵临疆界，秦国的五十万救兵到达齐国右边领土，扬言说：齐国阻拦楚太子奔丧是不仁，夺东地五百里是不义，齐不退兵，秦愿交战。齐王害怕，请子良帮助出使秦国解齐围。楚国不用一兵一卒，保全了领地。

这则传说采用了"三段式"情节结构法，把三人三计分别交代，造成矛盾，最后再由一人合三计为一计，解决矛盾。将一个复杂的历史纠葛，迎刃而解。慎子这位楚襄王的老师。从在齐国献地到回楚国守地，处处表现了出人意料的敏捷才思，应当说这是一则近乎机智人物型的史事传说，把战国时代的国与国之间的连横合纵、斗智游说等面貌展示得很清晰。从这里也可以窥及战国以后发展的楚传说，比《楚辞》时代的《天问》古传说更加完整化了。与此相类似的史事传说，还有《战国策·楚策》卷十六的张仪使楚勾结南后、郑袖的故事及苏秦使楚三日游说楚王的故事，都可见一斑。

楚传说中的王室权变传说在西汉时有了发展，远比《天问》中那些比较单纯的王室内部之乱的传说更有血肉和更富传奇色彩。例如《战国策·楚策》卷十七所载：楚考烈王无子，相国春申君将自己已孕的情妇赵人李园之妹进献给王为后，王死后，李园先下手秉权杀春申君灭口，立李女之子为楚幽王。春申君不听朱英计，酿成无妄之祸。这则传说，情节曲折离奇，是一篇描写宫廷政变阴谋的佳作。如果将《越绝书》中对于李园之妹李环的情节描绘和这则传说参照起来读，就更可以看到《天问》传说中的权变故事传承，发展到西汉时楚传说的规模了。

楚传说群中的人物传说，在揭示楚国君王与后妃的面貌方面，独具优异之处，甚至为后世人物传说所不及。不妨举《说苑·复恩》中一则《楚庄绝缨》的关于楚庄王的人物传说为例，加以说明。梗概如下：

楚庄王赐群臣酒，天黑以后，酒正酣时，灯烛灭了。黑暗中座上有人偷偷拽庄王所幸美女的衣服，美女当时在暗中就把这个人的帽缨扯了下来，并禀告庄王说："烛灭，有人拽妾衣，妾扯下他的帽缨，赶快举火点灯就可以看到这个帽上无缨的人。"庄王说："赐人家酒，使人家吃醉了失了礼，怎么能为了显示一个女人的贞节，就羞辱大臣呢？"说完就命令大家："今天和寡人饮酒，不把帽缨弄掉，不算尽兴。"于是百余大臣都把帽缨弄掉，然后举火点灯，尽欢而散。过了三年，晋国与楚国交战，有一名大将总是奋勇当先，五战五胜，打退敌军。最后此人对王说："臣就是那夜被扯掉帽缨的人。"

这则传说是通过一件事，一个场面，突出地刻画了楚庄王的胸怀大度，善于感召人心，顾全大局，不因小失大。把楚庄王兴霸业的精神表现得十分细微。这样的传说也是古传说中难得的佳作。又如《战国策·楚策》卷十七所记关于楚怀王宠姬郑袖暗害美人的传说，又别具特色。梗概如下：

怀王二十一年，魏王送给楚王一美女，楚王很喜爱。夫人郑袖知道王喜新人，于是也表示喜爱新人。衣服玩物，都拣新人喜欢的给她。宫室卧具，都挑新人最喜欢的给她。爱此女甚于王。怀王说：郑袖不嫉妒反而爱新人超过寡人，这真是孝子事亲，忠臣事君，郑袖知道了王以为她不嫉妒，于是对新人说："王很爱你的美，但是很厌恶你的鼻子。你每见王时，切记掩上鼻子。"以后新人见王便掩鼻。怀王对郑袖说："新人见我就掩鼻，为什么？"郑说：

“我知道。”王说：“不论多么不好说，你都应当告诉我。”郑说：“她好像讨厌王身上的那种臭味罢！”王于是下令割去那美人的鼻子。

这则人物传说通过细节特写。把郑袖的阴险凶狠及恶毒的情形揭露无遗。如果把这则传说和其他怀王朝楚宫后妃的传说联系起来，楚帝后传说的基调就十分醒目了。当然，楚帝后传说也不尽是怀王、南后、郑袖之流的故事，也有像《列女传·贞顺传》所记楚昭王夫人贞姜守义待符不贪生而溺死于水的传说，只不过稀有而已。

在楚传说遗产中，有一些脍炙人口的珍品传诵2000余年，流传至今，仍然富有强大的生命力，成为传说发展史上最值得探究的课题。这些传说在现代民间文艺学的分类中往往被划归于古代民间寓言类。究其实，它们仍属于古传说类。

例如，关于春秋时楚人封于叶的叶公沈诸梁好龙的传说，就成为“叶公好龙”的寓言或成语。原传说记载于《新序·杂事》。

关于战国时楚襄王不听大夫庄辛谏劝，遭强秦侵略而悔悟的传说，后流传为“亡羊补牢”的寓言或成语。原传说记载于《战国策·楚策》。

关于战国时楚相春申君黄歇实行合纵政策，拟派临武君任主将时，赵人魏加为春申君讲述了一则惊弓之雁故事，予以劝阻的传说，后传为“伤弓之鸟”（或“惊弓之鸟”）的寓言或成语。原传说载于《战国策·楚策》。

关于楚国某珠宝商于郑国卖珠的传说。据传他特精制一木兰宝石盒盛珠，被一人用高价买去小盒却退还珍珠。这个动人传说被传为“买椟还珠”的寓言或成语。

关于春秋时楚人卞和三次向楚厉王、武王、文王献玉璞被诬砍足的传说，因和氏璧后为楚国宝，又落入赵国手，秦王想用15座城池换取这块和氏璧，于是引申出了“价值连城”的成语。原传说载于《韩非子·和氏》。

关于楚使昭阳移兵伐齐，陈轸往昭阳军中劝其罢兵的传说，陈轸讲了一个画蛇添足的故事作比喻，于是传为“画蛇添足”的寓言或成语。原传说载于《战国策·齐策》《史记·楚世家》。

关于楚宣王询问众臣北方各国怕楚将昭奚恤威名，大臣江乙巧答以狐假虎威的传说，被传诵为“狐假虎威”的寓言或成语。原传说载于《战国策·楚策》《新序·杂事》。

此外，如：“百发百中”的成语，原出于《左传》、《史记》载楚共王时神射手养由基的传说；“城下之盟”的成语，原出于《左传》楚计侵近邻小邦绞国的传说；“倒行逆施”的成语，原出于《史记·伍子胥传》关于楚人伍子胥吴伐楚，鞭尸楚平王300下的传说，是伍子胥答复好友申包胥的话，“秦庭之哭”正是记述申包胥伐吴的传说；“刻舟求剑”的寓言或成语，原出于《吕氏春秋·察今篇》涉江楚人坠剑于水而契舟的传说。“甚嚣尘上”又出于《左传》记载楚共王与晋相战于鄢陵的一段传说。以后又流传了“三户亡秦”“破釜沉舟”“先发制人”“四面楚歌”等有关项梁、项羽的史事、人物传说。

这一批精短的传说，以其寓意的深浅程度分别化为寓言或成语的凝练形式，流传百世，至今还是传说宝库中的珍奇。

楚文化摇篮中的古传说，在先秦两汉的典籍里蕴藏丰富，一旦从大量的材料中把它们剥离出来，挖掘出来，集中起来，立刻就会看到楚传说群的真面貌。立刻就会看到与楚神话相映生辉的楚传说，尤其是早期史事传说与人物传说的文化史价值。

楚文化摇篮中的古传说群，正是当代楚地民间传说之源。楚传说所标志的楚文化传统，在2000多年的传说发展中，从不间断地发挥着它独具的民间传承的多功能作用，这一课题，很值得当代民间文艺学者认真研究。

第九章　中国风物传说圈

中国风物传说作为一种特殊的口传文学门类，究竟有什么样的传播特点？这是民间传说学①（Volksagenkunde）的重要课题之一。只有比较充分地了解了它的传播特点，才有可能充分地认识它在中国人民历史中的社会功能及民间文学中的美学价值；同时才有可能从它的艺术规律中充分认识口传文化在发展整个民族文化中的意义。

中国各民族各地方的风物传说所提供或所描绘的风物点，小自奇异的足迹蹄印，大至雄伟壮丽的名山大川，遍布祖国大地，不下十数万。它们都分别以独特的实物、遗迹或名称展现着令人可信的艺术真实的说服力，哺育着亿万民众世世代代不断增长地对乡土、对祖国河山、对历代文明和民族传统的热爱，并培养着美好的情操。

在这里，风物传说和它的实物标志之间的血肉联系便成为十分重要

---

① 这是从德国民俗学的专有名词中直接译过来的学科名。在德文中“yolk”是“民间”，“sagen”是“传说”，“kunde”是“学科”。原词的组成正是“民间传说学”的本意。20世纪以来，这个名词在国际上逐渐通用，但因各国都未能建立起学科体系，所以该名词使用仍不广泛，甚至有些人还不完全理解传说学作为一门分支学科的意义，因而对“传说学”持怀疑态度。中国民间传说的藏量异常丰富，在民族文化史的发展中影响也较大。民间传说在中国民间文学中占有重要地位，理应作为专门的研究对象。在当前建设民间文艺学的新历史任务中，传说学的确立理应提到最近的日程上。为此，本书明确提出“民间传说学”的名称与概念，通用时可简称“传说学”。

的因素。风物传说艺术构思的最具体的依据，正是那些作为“可信物”的实物标志，这是风物传说和其他任何种类的传说的根本区别点。这种区别决定了风物传说的讲述与传播总是围绕着“可信物”这个特定的中心进行的。这样，就产生了“风物传说圈”的问题。

风物传说圈的研究是传说圈理论研究的核心部分，剖析风物传说圈是解决传说理论与实践诸问题的关键。为了阐明这个观点，有必要对日本柳田国男早期传说学关于“传说圈”理论的概念作出认真的评述。

1938 年，日本口承文艺学的先驱者柳田国男在《传说》一书中简略地阐述过日本“传说圈”的概念。他说：“为了便于研究，我们常把每个传说流传着的地区叫作‘传说圈’。”他还顺便指出：同类、同内容的传说圈在相互重叠的区域，往往趋于统一，但是任何一个小的传说，哪怕是不出名的流传范围小的传说，也都有“核心”，而这个“核心”便使同类传说彼此共存或彼此相互吞并都产生困难。从柳田国男所引的例证：八幡神社遗址传说和弘法大师用神杖使上千口井泉喷出水来的传说，也可以看出，这里的传说圈概念，也是以风物传说的“可信物”，或遗址（遗迹）、井泉（实物）等为标志的。可见柳田氏所述的传说圈仅仅作了地方风物点分布范围的解释。从这一点出发，自然要把风物传说称为“地方传说”（localegend）了。但是，这只是对传说的一种平面的从若干圆心划分许多不规则圆面积的标明地理特征的方法，它无论如何还不可能概括传说活动的纵横交织的活动状态及人文特征。就中国风物传说而论，它们在若干大大小小的地缘分布圈之中，还十分明显地交叉存在着历史活动圈、民族生活圈、宗教传播圈以及方言圈（或民族语言圈）等。只有这些不同的文化结构经过严格的纵横交织才综合而成了完整的风物传说圈。风物传说圈仿佛是由多圆形成的球体，尽管它是在特定的地区，即地缘共同体中活动着，尽管它也必然地受到乡土生活和地缘观念所支配。但是，重要的是它也要在特定的人群中以特定的口传形式传诵着。因此，只从地理分布的局限来研究传说圈就不可能透视风物传说的完整内容了。

为了对中国风物传说圈的活动状态做出比较科学的说明，有必要从下列若干种传说群入手进行解剖。

一、从民族传说群看风物传说圈

在中国风物传说圈的形成中，民族特征具有十分显著的位置。中国的多民族风物传说所展现出的民族特征，大体上包括四个方面：

1. 民族历史的影子；
2. 民族人物的遗迹；
3. 民族信仰的标记；
4. 民族地理的名汇。

在这四个方面中，民族历史的、人物的方面常常以复合的、甚至是不可分割的形态出现，并以突出人物轶事或遗迹为重点，构成传说。像汉末三国的东吴地方传说群，就可以拿来说明汉族历史影子与人物遗迹及风物名汇所构成的传说圈特征。

在这些传说群中，有一则关于湖北省阳新县网湖中的“救命墩”传说，可以为证。传说网湖中的大土墩，无论湖水涨多高也从来淹不没它。据传那是汉末十八路诸侯讨董卓时，东吴孙坚先入洛阳，夺得了传国玉玺，不辞而别返回东吴，过网湖时风浪大起，孙坚为镇风浪，只得将玉玺丢入湖中，不想竟溅起了三尺高墩。玉玺虽丢，却救了孙坚的命，从此取名为“救命墩”。孙坚又在墩上筑起一座石塔，名叫“镇宝塔”，至今还在。又传土墩上的大古树上还留有孙坚系船缆的绳印。这个传说的地理分布在以网湖为中心的咸宁地区，这一带流传着很多关于三国时东吴的传说。这则传说在流传中所显示的汉民族特征是以追述东汉末年诸侯纷争的史事及追忆孙坚的人物轶事、遗迹为标志的。“救命墩”这个风物名汇也以汉族习惯语的形式紧紧扣住了特定的史事与人物而传播开去，扩大了这则传说的地理分布圈。尤其是当《三国》传说和《三国演义》故事以各种变异形式同时广泛传播以后，这类传说的地理分布上的延伸扩展是完全可以想见的。

用中国少数民族传说的例子来证实这个命题就更加醒目了。在西藏工布地方有一座古老的桥，藏语称它为“甲纳桑桥”，汉译名应当叫作“内地桥”。为什么要叫“甲纳桑桥”呢？据传是因为文成公主从内地入藏过河时亲手搭的，所以才有了这个遗物和它的藏语名称。又传文成公主过河后又越过了一座大山，这座山以后便被藏民称为“甲惹”了。“甲惹”的汉译名是“公主山”，完全是由于文成公主越过此山的史事而形成的。西藏还有一座乃巴山，至今山下还留有脚印和狗爪印，传说那是因为文成公主入藏时乃巴山挡住了大队人马的去路，于是公主动手把乃巴山背到旁边去了。背山的时候一只狗向公主咬来。这脚印是公主留下的，这狗爪印是这只狗留下的。

这些动人的关于文成公主进藏传说的片段，早在 14 世纪以前便有所流传了。这里所引的有关风物传说情节：是 1960 年六七月间王文成、祁连休等在西藏林芝县德木乡、邦纳乡、尼池乡采录的八个同类传说中的内容。如果从上述传说流传的地区论，大致可说是以德木乡为中心形成了传说圈。同时它又有十分鲜明的民族特征及藏语地名传播特征。公主背山的神奇情节又用至今清晰可辨的脚印作为“圣迹”标志出来，形成了藏族对文成公主特有的尊奉信仰的传播特征。足见这则风物传说不仅是以德木乡为中心的林芝县风物传说，更主要的是以它所具备的鲜明的民族文化生活特征，已经扩散成了更为广泛的西藏传说，进入文成公主入藏传说群的系列。

同样道理，关于“纳喇萨喇”的传说也是如此。“纳喇萨喇”是藏语“日月山”的地名。这个“日月山”的来历，据传是唐中宗养女金城公主入藏和亲时留下的“圣迹”。传说金城公主有一面神奇宝镜，可以照见未来和远方的事物。当她走到汉藏交界处看到镜中失去了青年王子姜擦拉温的英俊形象时，知道王子发生了不幸，于是痛苦万分，不觉失手滑落了宝镜，摔成两半，化成两座大山，这就是日月山的由来。传说中的日月山，位于青海湖东，是当时丝绸之路上互市的要地，这个传说显然是在这一带流传的。但是，这个传说圈却以它的民族特征扩展于广大藏民之中，从几个世纪之前便被记入藏文史籍《贤者喜宴》《西藏王统记》《西藏王臣记》，及更早的《巴协》等文献。

藏族风物传说圈的构成显然离不开藏族史事、人物、信仰和藏语汇等活动范围，只从地理分布中心去概括也显然是不全面的。

像满族的《百花公主点将台》的传说，虽然是以吉林省永吉县乌拉街为中心形成了这个传说的地理分布区，但是，它却追述了明代海西女真乌拉部的著名史事，追述了著名的百花公主这个人物的轶事。以其民族传奇的传播优势及点将台遗迹的“可信性”，成为明清两代在女真、满族中大扩布的传说，出现了许多异文，甚至明代还编成了传奇《百花记》，清代编成子弟书《百花亭》加以流传，于是形成了这个满族风物传说圈。

在风物传说圈中以本民族英雄人物为中心所构成的民族文化传播圈，这则满族的百花公主的风物传说并不是绝无仅有的例证，在各民族传说群中这种特点几乎是常见的。只因为在过去的传说分类中，把这类传说多分归为人物传说或史事传说，完全忽视了它们作为风物传说的特征，所以才不大引人注目。

海南岛天涯海角附近的黎族风物“落笔洞”，海滩上的“南天一柱”① 的传说，都和本民族传说群中的抗击封建王朝的英雄人物董公殿有密切联系。传说董公殿母亲董梅在海滩上被英俊的天神搭救后，怀孕三年出生了神儿董公殿。公殿得到了神物——宝弓箭、宝剑、三支神笔

① 另有一说是，“南天柱”是王母娘娘的两仙女为帮助百姓捕鱼下凡，遭雷公击断的一只手臂。

和一方宝砚，和皇帝的官兵作战，多次打败官兵。后来董母为救儿子被官兵射死，葬身海滩，生出一个石柱，就是“南天一柱”。公殿退守石洞抗击官兵，日久年长化成了一群石像，至今还在。三支笔自洞顶垂下，往石砚中滴注清泉，黎族人称作“落笔洞”。这以天涯海角为中心的地方传说，又以英雄人物董公殿为中心在黎族中形成了民族传说圈。

东北鄂伦春族居住的地区流传最广、影响最大的风物传说《卡仙洞和奇奇岭》，也是以追述他们传说中神一般的英雄人物恩都力柯阿汗战胜巨魔蟒猊夺回卡仙洞的事迹为内容的。卡仙洞与奇奇岭都在阿里河畔，相距不过五十里，显然这则传说以此地为中心所形成的地理分布圈是有很大局限的。但是，由于传说圈的民族特征以民族英雄人物恩都力柯阿汗为中心，所以使传说传遍了阿里浅和甘浅，甚至传入了和鄂伦春族杂居的达斡尔族、鄂温克族及从阿里河南迁的锡伯族中。卡仙洞又称嘎仙洞，在今内蒙古呼伦贝尔盟境内鄂伦春聚居区，经民族考古学的鉴定，它保存了古代鲜卑人、室韦人活动的重要历史遗迹，它的民族特征是构成这个风物传说圈的要素。

在彝族阿细人中广为流传的《阿细卜》传说，很典型地说明了阿细人追踪族源，追念民族英雄人物史迹的特点，作为彝族在云南弥勒西山的一个分支，他们都自称是“阿细卜”（即阿细人），他们把自己说成是古代本族英雄人物阿细的子孙。关于阿细的英雄传说，除了与土司、官兵作战的许多历史故事外，还有不少传说故事是由风物传说表现的。例如《仙刀坡的传说》《望哨坡的传说》都是有代表性的。仙刀坡是民间俗地名，它现在叫作“红万坡”，在弥勒西红万村上四五里处。传说英雄阿细和官兵作战前见对方武器精良，自家都是粗笨武器，于是在坡上从马蹄蹦踩的地方得到一把仙刀，指到哪里，官兵的头落到哪里，从此，人们把这个坡叫作仙刀坡。望哨坡现在称“起飞坡”，在弥勒山小起飞村附近。传说此坡是当年阿细瞭望敌阵的所在，因而得名。这些使阿细人十分怀念的地方遗迹，都成为重要的证物，用来表现阿细人的英雄历史和民族精神。这些传说早已以阿细这个民族英雄人物为中心广为流传，超越了以红万村、小起飞村为中心的地理分布圈，而成为传布整个云南弥勒西山（即阿细人称的阿欲布山）。彝族支系阿细人的民族传说了。

由民族特征所形成的风物传说圈，绝不仅仅是地缘性质的，在这里族缘性质占据十分显著的位置，特别是那些以民族英雄人物为中心的风物传说，就更具有典型性。

在探究中国各民族风物传说圈的时候，不能忽视民族的共同信仰对传说圈的重要影响。值得注意的是风物传说不都是以民族英雄人物（其中也应包括受崇拜和敬仰的名人）为中心的，在那些没有特定史事与特定人物的风物传说中，民族特有的共同信仰往往成了构成传说圈的重要因素。

在云南路南流传着彝族风物“石林”“狮子山”“双肩山”等传说，这个传说群在当地也是以鲜明的民族特点广泛传播的。相传，古代彝族的哥自天神来到了路南，看到撒尼人、阿细人穷苦饥饿，便决定帮助人们造田种谷。他用鞭子赶着一大群高大岩石，走在最前面的是他使用的一头骡子；他还担了一挑沃土，准备把长湖填起来造平坝种谷。不料想这成群的大石块滚动声，震惊了做豆腐的一位撒尼老妈妈。她想召回前往“公房”对歌的阿囡来保护家里的草房，便惊动了大公鸡让它拍打翅膀，谁知着了魔的高大石块和骡子听到了公鸡叫声，便停下来不走了，都立直了身体，竖起了耳朵，不管哥自天神怎样用鞭子打它们都无济于事，他一气之下把扁担折断，把一担土也倒了下来。于是，石块都变成了直立的石林，骡子变成了狮子山，一担土变成了双肩山，至今，撒尼人、阿细人还都感念哥自天神对他们的好意，世代相传。这则传说以它独具的撒尼人、阿细人对哥自天神的信仰，构成了远远超过以路南石林为中心的地区传说圈，在撒尼人及阿细人中广为流传。

这种由民族信仰所构成的风物传说圈在许多少数民族中都有。像黎族的《黎母山传说》，正是以信奉本民族祖先神黎母为主要内容的。传说雷公经过海南岛带来了一颗蛇卵，轰破以后，从壳中跳出一个女孩，靠吃野果长大，与大陆来岛上采沉香的一个青年成婚，繁衍了子孙后代，进行捕捞、种植山兰旱稻。这女子被尊称为黎母，子孙后代成为黎人。这则风物传说的地理分布应当在海南岛思河的峒[①]一带，但是，由于黎族对民族祖先神黎母的信奉有普遍性，所以这则风物传说的传说圈已经远远超越了该峒范围。

黎族关于五指山的传说有几种异文，但也都紧紧地围绕着对雷神或大力神的信仰而传播的。其中有两种说法最为广泛。一种说法是雷公兄弟杨叉为了镇压天翻地覆，堆起了五座岭；另一种说法是射日月的大力神（巨人神）的巨手五指化成。前者以黎族普遍信奉雷神为特征；后者以黎族普遍信奉英雄祖先大力神为特征，因此五指山传说圈带有黎族全民族性。值得注意的是因民族信仰而构成的风物传说圈往往与民族的民俗活动及其范围相互联系：使风物传说呈现出十分具有生命力的活泼状态，迅速向更广远的范围传播，形成了人文特征很强的民族传说圈。

以云南楚雄地区流传的彝族《三女找太阳》的传说为例，可以充分说明这个传说学中的课题。传说讲的是哀牢山中三尖山的来历。传说古代彝家有三女，为了战胜制造黑暗的夜猫精，不辞千辛万苦去寻找太阳。终于在立秋节，用死换来了太阳。三女化为三座山峰，每日托出一轮太阳照耀人间。当地彝族人民为了追念这件神圣的事，每年立秋节在三尖山下举行盛大的赶街、跳歌活动。因此广为传播这则传说，远远越过了三尖山地区，在哀牢山区及楚雄彝族自治州此传说不胫而走。云南鹤庆县流传的白族风物传说中有关于石山上赞陀倔哆神庙的故事。这是一则纪念这尊神开辟“蒙统罗”的传说，“蒙统罗”是白族对鹤庆的称呼。传说表现了白族对这位治水救民的神灵的崇拜。为了纪念这尊神，

① “峒”：黎族行政组织名称，本族称“贡”有固定的峒界。

这里每年农历三月十五日举行“朝山”盛会。这个传说便以它所表现的白族对赞陀倔哆神的信仰为特征，通过传统的民俗盛会，从这个传说发源地由人群扩散到很远的白族生活区，几乎成为扩布全民族的传说。同样，关于《开辟大理的故事》也属于类似的传说。据传观音菩萨用神力和智慧战胜了吃人眼球的怪物罗刹，夺回了平坝，还给了白族百姓。大理苍山阳溪口的罗刹阁、罗刹洞正是这个传说的证物和遗迹。相传，现在大理“三月街”的街场正是菩萨和罗刹当年为夺回平坝而立字据的地方。这则传说以白族信仰为特征，被赶街的千万人广传到白族的千家万户。

云南洱源的《凤羽坝的来历》《猫狗结仇》《清源洞传说》，也都是从“凤凰落羽”的吉兆和每年 6 月 13 日“杀猫祭狗”的民间信仰方面，在白族中传播的。还有《五华楼下匪白菜》的传说，对大理地震的震源作了巫术信仰的解释。这个传说远远超越了五华楼遗址所在地的大理城，在洱源、剑川等地广为流传，出现了许多内容大同小异的传说群。还有许多洞、石、溪、庙等风物又和白族信奉的猎神杜朝选的传说密切关联，同样也超越了一个特定地区的局限，成为白族的共有传说。如果把白族风物传说所展示的民族信仰和有关民俗活动作一个简略的统计，这种传说圈的构成特征便显示得异常清晰了。

白族风物传说与民族信仰习俗表

传说	风物	信仰习俗	流传地点
赶 龙	神通潭	信奉龙王，立春夏至祭谢	大 理
龙 壳	升之过山、安定小河山	信奉龙王	元 江
雁池海	雁池海干海遗迹	信奉龙王	马耳山
志本山龙王	马会坪（马梅阿会龙王处）	信奉龙王	云 龙

续表

传说	风物	信仰习俗	流传地点
龙王父女	玉屏山天池遗迹、乡亲龙潭	信奉龙王	鹤　庆
红汝石大王	石宝山石窟雕像	信奉龙王、南妹村本主庙供奉	剑　川
河头龙王家系	河头龙王庙	正月、七月二十三、祭九龙王“三皇姑老太”	洱　海
龙　母	龙母祠	五月五日海上红灯、龙信仰	大理、洱源
雕龙记	白龙庙	六月二十四祀龙神	剑　川
段赤诚	蛇骨塔、龙泉祠、龙母祠、龙凤村	八月八要海会、龙舟、祀洱河龙王	大理、下关
中央本主	段宗榜庙	信奉中央本主神段宗榜	大　理
药神孟优	孟优庙	信奉药神本主	大理、海东
董法官	国师府金龙宝殿	信奉董家本主	大理、下关
柏洁夫人	德源城名、夫人本主庙	信奉本主、八月八捞尸会	大理、洱源、邓川
绕三灵	（绕山林）	金龟寺、崇圣寺、圣源寺三都、大理坝子、天生桥石洞、点苍山四月二十三起祀本主三日绕三都歌舞、四月二十三起拜山林神三日	大　理
姑四女	姑四女庙	上村本主会，接赵善政妹姑四女神	剑　川
猎神杜朝选	猎神庙、霞移溪	供奉猎神本主	周　城

续表

传说	风物	信仰习俗	流传地点
开辟蒙统罗	赞陀倔哆神庙	三月十五朝山	鹤 庆
盐神传说	盐矿、盐神母庙	四月初八卤主盐神母迎神会	洱源、弥沙
开辟大理	罗刹洞、阁，三月街场	奉观音，三月街四月二十五祭	大 理
下关风	下关风	信奉观音	下 关
苍山雪	苍山雪	信奉观音	大 理
洱海月	洱海月	信奉观音	大 理
负石阴兵	十里桥巨石、大石庵、观音堂	信奉观音	大 理
火焰山由来	火焰山、宝塔	信奉观音	洱 源
望夫云	苍山王局峰冬云、海中石骡	信奉山神	大 理
大理石与玉带石	玉女石、玉带云	信奉王母	大 理
美女石和草帽街	美女石、草帽街	信奉石灵	大 理
凤羽坝	凤羽坝、清源洞	六月十三杀猫祭狗	洱 源
鸟吊山	罗坪山顶鸟吊山	七八月百鸟祭吊金凤凰	大 理

从以上表中所举的30个风物传说例中，大体上看出了云南大理白族自治州内南起下关，北至剑川、鹤庆，西至云龙，东止洱海东的地理分布圈。它们所涉及的风物有人工物（庙、祠、庵、殿、阁、塔、窟等）22处，自然物（峰、洞、石、坝、坪、坡、场、江、海、溪、潭等）23处。传说以这些具有“可信性”的证物和遗迹为中心点，扩展

了传播范围。在这里值得注意的是，这些传说几乎无一例外地都与白族民间信仰习俗密切结合，通过民族信仰活动的扩散，使传说的流传超越了地理分布范围，形成了更广泛的民族传说圈。在这一系列传说中，与白族祀奉龙神相关的有 10 个，与祀奉其他本主等神有密切关联的有 9 个，与祀奉观音有关的有 6 个，与信奉王母、山神、石灵、动物灵有关的有 4 个。这些信仰大多伴有节日活动或祭日仪式，像朝山、赶街、迎神赛会等等。民族民俗的传承线路为传说圈的形成组成了密集的有效的传播网络系统。

在调查研究中国各民族风物传说过程，简单地立足于它们的地理分布圈而不去认真着眼于它们的民族特征，不仔细了解民族历史、民族英雄人物、民族（或民俗的）信仰及民族语汇，就难于了解风物传说产生与流传意义，就不可能真正、全面地了解风物传说更深广的人文特点和重要价值。因此审视民族传说群，从民族生活与文化共同体角度研究中国风物传说圈，将是打开中国多民族传说传播系统工程大门的钥匙之一。它对建立中国传说学，有不容忽视的意义。

二、从历史人物传说群看风物传说圈

在上述内容里所强调的民族传说，是从民族共同体的民族诸特征角度提出的。当然，在民族传说群中，本民族的历史人物传说，正如前面所论述的那样，占据着重要的位置。但是，如果进一步科学地探索风物传说圈理论的意义，只从民族特征角度分析历史人物传说是很不够了。历史人物传说以其鲜明的历史特征和巨大的历史价值，与特定的风物相结合，构成了独具特色的风物传说圈，应当给予历史唯物主义的科学解释与说明。

众所周知，按照中国民间传说概论的通常分类法，大体上把民间传说划分成史事传说、人物传说、风物传说、风俗传说四类。这种抽象的归纳分类，只是一种大约的简单的分类。如果从传说学的科学实践中对中国民间传说实际形态作认真的考察，谁都会感到活在口头上的传说现象，在上述四类之间并不是泾渭分明的。在中国民间传说的总量中，单纯的史事传说是很少的，那些被视为史事传说的口头作品，绝大多数都是以重大历史事件中的著名历史人物活动为传说中心内容的。从中国现有的农民起义史事传说资料看，有 97% 左右其实是起义领袖人物或其他英雄人物传说。从这一点实际出发，似乎把史事传说与人物传说复合起来，形成历史人物传说一类反而更接近科学。但是，如果在中国广阔的土地上纵观一下各民族历史上著名人物的传说，就会发现它们当中的多数与各地方风物遗迹相联系，构成十分完整的风物传说。再从这一点实际出发，似乎更有理由说典型的地方风物传说其实正是史事、人物与风物“三位一体”的传说。这种以历史为线索，以人物为中心，以风物为标志的地方传说，往往因历史事件的大小、历史人物在历史地位的高低和名声的大小以及他们活动范围的大小而形成了大小不同的传说圈。历史人物传说所形成的风物传说圈，显然超越了地理分布的范畴，有了更广义的概念。

历史人物传说群形成的风物传说，大致有三种构成形式：1. 特定地方的某一个历史名人的传说群所构成的风物传说，多以一系列风物标志一个人物传说为其形式；2. 特定地方的某一组历史名人的传说群所构成的风物传说，多以一个特定的重大历史事件为线索，以若干风物标志一群历史人物的传说为其形式；3. 特定地方的许多历代名人的若干传说群所构成的风物传说层，多以若干风物标志若干代人物传说的历史积层为其形式。第一种构成形式是比较单纯的传说圈形式。它既然是用一系列风物标志一个人物的传说，就必然形成风物标志与人物行踪（或活动范围）相适应的形态。例如，从 15 世纪初以来，以明代永乐年间三宝太监郑和前后七次下西洋、大规模航海与亚洲 39 国交往的历史大事为线索，以这位伟大的回族远洋外交家为中心，构成了自中国东南沿海直到东南亚各国广为传播的三宝太监传说群。这个传说群中的大部分传说都有自己的风物遗迹作为“可信物”。分布在台湾凤山县的有“三宝姜”；分布在泰国的有“三宝庙”；分布在爪哇岛上的有“三宝陇”“三宝洞”“三宝井”“三宝墩”“三宝公庙”；分布在满剌加的有“三宝山”“三宝井”；分布在吉隆坡和 怡保的有“三宝宫”等。这些标有“三宝”名称的风物都有十分动人的故事流传。这样，就由一组跨国的大风物传说群，构成了三宝太监郑和下西洋的历史人物传说圈。当然，像这样规模的大扩布风物传说圈是不多见的。为了说明风物传说圈的这一种构成形式的特点，还可以用国内局部地方（即湖北的秭归、兴山）的屈原传说群和王昭君传说群作证。

屈原传说群（部分）

地区分布：湖北秭归三间乡、兴山屈原村等地

风物名	传说摘要
读书洞	屈原在三间故里时，常在小溪边岩洞读书，因而得名
照面井	屈原故里香炉坪对面三星岩上的泉水井是屈原照面镜所化
濯缨泉	屈原故里东十里一泉名，传说屈原切云冠掉落混泉使泉变清
归州纱帽城垛	传为屈原双翅纱帽所化
屈原岗	屈原拦楚王车的山冈
擂鼓台	响鼓岩
响鼓溪	相传为屈原击鼓抗秦救楚之处
米仓口	兵书宝剑峡对岸江边巨石出米的传说，屈原使之出米济灾民
灵　牛	落脚坪的牛，从不用牛鼻绳牵，相传屈原通牛声，不用鼻绳也能耕田

续表

风物名	传说摘要
伏虎降钟	三间八景之一，双虎山、降钟山来历，据传屈原呼来神钟降伏两只恶虎
玉米丘	三间乡的三块半月丘名，因屈原忧国落泪滴入丘中而得玉米
衣冠冢	神鱼从汨罗江怀棺尸回乡、藏衣冠处、屈原尸体由白云托向天边
屈原庙	秭归乐平里屈原庙来历及屈原庙中显灵的故事
女须砧	石香炉坪下响鼓溪水中石牛为女须捣衣石

王昭君传说群（部分） 地区分布：湖北兴山县

风物名	传说摘要
宝 坪	兴山西北七里昭君村的烟墩坪，因出了昭君而改宝坪之名
昭君渡	宝坪村下白沙河渡口因昭君用琵琶除蟒，用琵琶作过渡船而得名
望月楼	遗址相传是昭君救月救乡亲时望月的吊脚楼
鲤鱼困沙洲	香溪河畔汝州相传是昭君放生的鲤鱼为了救乡民治水，化成沙洲
稀荒垭	昭君用桐油灯照垭帮助种田，受到地主破坏，惩罚了地主
“王”字崖	昭君救助的西花姑娘化作大山，胸前绣一“王”字纪念昭君。又传化作“王字塔”
娘娘井	昭君为浇灌庄稼凿石井，在七个仙女帮助下打成，昭君出塞后，人称井为娘娘井
楠木井	宝坪村大核桃树下楠木盖井是昭君亲手开掘，借神力降伏黄龙，为百姓造福

续表

风物名	传说摘要
木箱溪（香溪）	神农帮助昭君，从溪头漂来木箱，装满树种、树苗、造林工具得名。又因昭君出塞前，和父老乡亲洒泪告别，将泪帕放到溪中洗过，水尽香得名
站穿石	简姑站在青石板上天天年年望昭君离乡的路，石上留下了脚印
妃　台	又称昭君台，传说昭君在此台绣了兴山七大景
绣鞋洞	传说昭君奉旨进京时从水路走浪打湿了鞋，放在一洞中，换干鞋走旱路了，洞因得名
珍珠潭	昭君投珍珠入潭降伏了作恶妖龙，潭因得名
骆驼峰梳子洞	传说昭君回家看望父母，把骆驼留下来化作山，把梳子留在洞里给家乡姑娘

在秭归、兴山这两个小小的毗邻地区里，因屈原与昭君两历史名人的故里而产生这样多的可供凭吊和纪念的遗迹和奇异动人的传说群，足以证明风物传说的构成是和历史人物传说有着血缘关系的。这种关系只有当传说人物和他的出生地或主要活动区、行踪线路发生密切联系，并有了真实的或附会的遗物遗迹时，才能构成。其中，许多传说群正像屈原传说和王昭君传说那样，几乎把所有的风物都用来集中表现某一个名人的故事，使他成为地区性箭垛式人物。同时，也使这个人物的传说群，在特定的范围内，几乎都以风物传说的传播形态形成传说圈。

在历史人物传说中以人物主要活动区为线索联系起来的风物传说，除了上面引述的郑和下西洋传说外，大多数以历代农民起义传说、著名的文人传说较为有代表性。例如，北宋方腊起义，主要活动在浙江省的淳安、睦州、杭州，因此才产生了分布在这些地方的《将台山》《无底洞》《方腊洞》等风物传说，都以歌颂方腊起义、追悼方腊英灵为主要内容。又如，太平天国金田起义后，在湖南、湖北、安徽、江苏扩大了根据地，因此才有了巢县峏山下“白兀赵”村名来历的传说；庐州“埋狼岗”传说；圩堤“蛮姑渡”传说及六合“太平井”传说等。唐代大诗人李白生前飘游各地，所到之处大多留下了可纪念的遗迹和因此而附会的传说。像四川万县的“太白崖”传说；安徽黄山“醉石”“洗杯泉”的传说；青弋江上游“桃花潭”传说；江西庐山“青莲寺”“九叠屏”李白隐居的传说；浙江天台山“李白书堂”的传说，山东崂山太清宫李白脚印的传说；安徽翠螺山下“太白楼”、山腰“衣冠冢”及“宫锦村”名的传说；安徽铜陵市“五松山”得名传说等，都是以李白的游踪（包括讹传中虚构的游踪）线索为依据的。

关于某一个历史人物的风物传说，在地理分布上大体呈现出四种状态：一是一个风物遗迹只联系了一个历史人物的传说，这是最单纯的状态；二是一定地方多种密集的风物只集中标志一个历史人物的传说；三是许多不同地方分散的风物只集中标志一个历史名人的传说；四是两三个地方密集的风物遥相配合、互为补充地表现一个历史名人的传说。第一和第二种状态的差别，不仅表现在有关风物数量的多寡上，也表现在因风物数量多少的差别而反映出传说人物形象在民间的地位高低差别。从这个意义出发，也可以说越是风物密集的名人传说在人民生活及口头文艺中地位越高，人物形象因纪念物多而丰富多彩，令人难忘；反之，只由一个风物表现一个人物，由于可纪念物的孤单，往往使人物形象受到局限而显得单薄，在人民生活中，虽有影响但往往不深。第三、四种状态的共同点是：传说中历史人物的活动地点都不是固定在某一个地区的，许多历史名人之所以著名，是和他们生前在许多地区活动的影响有关；但是这两种状态是有重要区别的。第三种状态用分散在各地的风物表现某个名人的传说，往往分布很广，传说虽形成了系列，但缺乏生活史的连续性，多数是人物特点的描述。像前面引述过的李白传说，大多是表现李白醉酒、读书隐居等生活特色的，从中不大容易看清楚李白个人历史的发展脉络。然而，第四种状态的用两三个地方的风物群表现某个名人的传说，往往按照人物的主要活动内容分布为两三个集中地点，使传说具备了生活史的连续性特点。比如，关于屈原的风物传说，主要集中在湖北省秭归县的屈原故里和湖南省汨罗县的屈原投江处。屈原故里的风物传说群以表现屈原前半生的故乡生活故事为主，如前所述；屈原投江处的风物传说群以表现屈原后半生生活，特别是投江前后的故事为主。如“骚坛”“独醒亭”“望爷墩”“烈女岭”“寿星台”“剪刀台”“绣花墩”“屈原墓”等风物都是。这样，由秭归的传说与汨罗的传说相呼应，相衔接，形成了屈原的连续性传说。同样道理，关于昭君的风物传说，也主要集中在湖北省兴山县昭君故里和内蒙古呼和浩特的昭君墓两地。前者以表现昭君出塞前的生活传说为主，后者以表现出塞和亲的故事为主，前后衔接，互为补充，构成了昭君的连续性传说。

这四种状态的风物传说不论哪一种，其传说圈都必然地受到传说中历史人物在民间传承中影响的大小所支配，使传说圈不仅具有地理分布特点，更重要的具备人文历史特点。

第二种构成形式是比较复杂的传说圈形式。它的复杂性主要表现为不是用某些风物构成某一个人物的传说群，而是由某些风物构成了某一组相关的同代历史人物的传说群，这组人物传说群中的各个人物传说之间形成了相互依存的状态，并共同以表现同一重大的历史事件为题材。这里，构成这组同代历史人物传说群的重大历史事件是十分重要的条件。

像中原及长江流域汉末、三国古战场流传的大量传说，正是以三国名主、名将、名相等多人的传说组成的密集传说群。仅以湖北咸宁地区有限的传说为例，便可由一斑窥见全豹。咸宁地区在三国时属东吴荆州郡东北边境一角，它在三国纷争的广大疆场上只是弹丸之地。1700 余年来，在这块有限土地上世代传讲着许多三国人物传说，这些传说中的多数密切联系着当地风物遗迹。为便于说明，列表如下：

风物名	传说摘要
吴城、吴主庙	孙权屯兵引水灌田处，在团头山下
姜祥山望吴亭	传为王腊感念孙权处，望船帆落湖
大王殿	孙权赈济灾民，百姓感念立殿供孙权
锁龙卡子口吴主大帝庙	孙权为东吴百姓杀龙除害，百姓供奉，箭化作卡子口
肥田坂	孙权挖山圳造肥田，凿狮子硇岩石
漳源口吴帝庙	孙权不加害刘备，刘在吴招亲处（至今庙内戏台从不唱刘备招亲戏）
“赤壁回龙”刻石	孙权见马鞍山，疑是赤壁飞来，为此周瑜命刻石
磨剑石	周瑜在柳山湖东岸磨剑斩二蔡祭旗，传此处为原中军帐
半壁山雨泉	四气周瑜半壁山时周瑜泪化泉，吴兵为曹兵所败
铁炉墩	鲁肃请张铁匠造兵器处
太平土城	鲁肃斩侄，大义灭亲，孙权称赞为城命名，东吴屯粮处
鄢家港鲁肃府	鲁肃故里青砖房宅
金城赤头蛙	陆逊收荆州前用朱笔点金城蛙头为戏，计赚关羽
陆水、黄龙潭	陆逊斩八蟒蛇，命黄龙疏河道，隽水改名陆水
陆溪口界石山	陆逊堆石分吴蜀界，原是陆逊智胜关羽之一计
黄盖湖黄盖咀	传黄盖用三支神箭射瞎乌贼精三只眼救了湖边百姓
马蹄湖	黄盖的踏雪追风宝马，用蹄开出的运粮水路
铺棋嘴	黄盖在此与周瑜下棋定苦肉计，八个小山头如棋子

续表

风物名	传说摘要
斧头湖	黄盖诈降破曹有功，孙权赐金斧，黄盖子练兵时将斧失落湖中
千羊坑甘宁庙	甘宁为太守时以千羊分五批绑火药桐油冲击山寇于峡谷，百姓供奉
拔箭港	甘宁被番王毒箭射死后带箭漂入河中三日回到富池小港，石匠拔箭
丁家咀王爷庙	丁奉手使神弹子，曾打坏孔明船篷滑轮，故里乡亲建庙敬奉
七里墩	孔明借东风时留的七星灯，现以七块大青石为记
孔明桥	孔明借东风前买泥鳅走过的桥，用泥鳅翻肚皮兆，测东风
石牛垴	孔明借东风时见两神牛下界塞住风口，孔明用香炉砸去，化为石牛
关爷湖（捞刀湖）	关羽乘船过湖，湖中一龙害怕，掀起风浪，周仓失手落刀，水顿时平静后捞刀
跳马墩	关羽骑赤兔马与周瑜作战败走时马蹄踩四蹄印
关刀桥	关羽被曹兵追，连夜逃走，过桥时周仓掉刀桥边石板上，现有刀痕
双　港	关羽取长沙时，路遇洪水，刀劈港堤，水分两路，跃马而过，因得名，堤上有关公庙
金狮观	关羽死后显圣时，无赤兔马，只得乘金狮为坐骑，观内供关公
子龙滩、系马石	赵子龙母逃难至此，子龙寻母枕滩而睡，将马系一石上
唱歌亭	曹操远征吴蜀，不利，忙退兵，士卒聚此地齐唱歌，修亭纪念
华祖祠	华佗为解当地瘟疫，登崖采药，摔在白牛石上，为纪念修祠

从上表列举的33个关于三国人物的风物传说可以看出，它们都是以描绘魏、蜀、吴三国交战的史事和著名国君（孙权、刘备、曹操）、文臣武将（孔明、周瑜、鲁肃、陆逊、关羽、赵云、黄盖、丁奉、甘宁）及其他名人（华佗）的传闻逸事为内容的。它们虽然都分别独立成篇，但认真推敲起来，又都像是一个大故事中的章回片段，每个单独的传说都与更完整的三国故事有千丝万缕的联系。更值得注意的是，咸宁地区的这33则风物传说所涉及的人物中，很明显地是以表现故国东吴的帝王将相为主的。东吴人物7个，传说22则；西蜀人物4个，传说8则，魏人只1则。在表现东吴人物的22则传说中，孙权传说7则，周瑜传说2则，鲁肃传说3则，陆逊传说3则，黄盖传说4则，甘宁传说2则，丁奉传说1则。这些传说的情节不都是表现各个人物的单纯故事，常常在传说中和其他同代人物产生密切联系。如漳源口吴帝庙传说，虽然是以表现孙权深明大义不加害刘备为主要内容，但是却紧紧和刘备在漳源口招亲的故事扣在一起相互依存。周瑜磨剑石的传说又紧紧和蔡中、蔡和诈降的故事扣在一起。半壁山周瑜泪化泉的传说又和曹操战胜周瑜的故事扣在一起。赤头蛙与界石山的传说都是描写陆逊的故事，但是都和计胜关羽的故事扣在一起。铺棋嘴和斧头湖的传说都是讲黄盖的故事，但又分别与周瑜打黄盖、孙权赐金斧的故事融为一体。甚至就连丁奉的传说都与孔明借东风后离开吴地联系起来。从这信手拈来的传说例证中随处便可以清楚地看到，这种以同代人物故事错综复杂交织而成的传说显然是以重大历史事件的若干侧面为其中心内容的。因此这类风物传说圈必然地因历史事件的传播而得到相应的扩展，在这里历史传承的因素起着重要作用。（当然，三国人物传说的传播又与宋、元、明、清以来关于三国故事的讲唱文学的传播有密切关系，这是另当别论的课题。）

在研究这类历史人物传说所形成的风物传说圈时，还必须认真注意民间对历史人物的评价态度，这是测定这类风物传说流传信息的重要内容。风物传说圈中对特定历史人物的评价往往是有其倾向性的，除了广义的历史倾向性外，还有比较褊狭的地方历史的倾向性。像上边所引的33则咸宁地区东吴地的风物传说，在长期流传过程中，表现出了十分鲜明的对东吴人物的崇奉与赞颂。相对地对蜀、魏人物都略有贬责，甚至关羽的传说也总以败走、中计为情节，曹操传说也以退兵、失利为情节，就连诸葛孔明的传说也不无贬义，像孔明桥的传说便一反孔明神通广大的观念，讲述他借东风只不过是买来泥鳅，利用“十月泥鳅翻肚皮，不等鸡叫东风起”的民间谚语测来的。借以说明孔明的智慧和百姓一样并非神仙的道法。甚至在丁奉的传说中，还讲了孔明借东风后如何乘船逃走，丁奉如何用神弹子打坏船篷滑轮，迫使孔明弃船上岸而走，赵云在旁也无可奈何的情节。这种偏爱东吴人物的倾向，在地方风物传说中显示出一种带有规律性的民间的朴素史观和地缘观念，这种状况在四川、成都、河南南阳、湖北襄阳等地关于蜀汉人物的风物传说中自然也十分明显，只是它们的倾向性，又表现为偏向刘、关、张和诸葛亮等蜀主、蜀将等人物罢了。这也正是东吴故地不可能有武侯祠的必然原因。这种对历史人物评价的地方偏向性是地方风物传说主题思想和艺术表现的重要特征。它的产生和以赞颂本乡本土历史人物事迹为自豪的乡土观念与民俗心理有直接关系，正像咸宁地区本是三国著名战场，这里有东吴人后裔值得骄傲的赤壁、陆口等胜战遗迹，尽管孙权、周瑜、鲁肃、黄盖、陆逊等并非当地人，但在这里发生的重大历史战事中，他们都是很值得当地人崇敬的人物。关于三国人物的风物传说所以是这类传说圈构成形式的比较典型的例证，也正由于古代三国臣民各拥其主的政治倾向与感情色彩必然因地方风物遗迹的可信性在千百年的口头传说中留下不可磨灭的痕迹。这便是史事、人物与风物相结合的绝大部分传说圈构成的基本传承线路。

第三种构成形式是更为错综复杂的传说圈形式。它的复杂性在于并不是用一些风物构成一组同代历史人物的传说群，而是由若干密集的风物构成了一群不同时代历史名人的风物传说群。也可以说这些传说群在特定地方显示出了许多不同时代人物的历史层次，历代名人的遗物遗迹在一定地区星罗棋布，构成了一代连续一代的人物传说群的积层。我们把这种现象称之为传说层。为了醒目起见，以人间天堂苏州、杭州风物传说群为例，足以说明这种传说圈的人文特点。

请看苏州和杭州风物传说所展示的历史层次：

苏州风物传说层（部分）

风物	人物	传说摘要	时代（约）
缥缈峰林屋洞	禹	禹入洞取《水经》治苏州百脚河道	前2100年　夏
阖闾城、干将坊、试剑石	阖闾、伍子胥	苏州古城来历，铸剑，虎丘山上斩石	前510年　春秋
教场山、二姬坟、孙武亭	孙　武	斩吴二妃，操练女兵遗迹	同上
阖闾墓、剑池、千人池、血河池	夫　差	虎丘修墓，埋剑三千，杀筑坟工匠处	前490年
馆娃宫、箭香泾、吴王井、锦帆路、剪金桥、越王城	西施、范蠡	西施住过、游过、照面用过、走过、扮装所在地方	前470年
痴汉石	秦始皇	征力士，苏州力士痴汉自咸阳逃回化石	前230年　秦
司徒庙	刘秀、邓禹	纪念大司徒邓禹	公元30年东汉
报恩寺塔，绞车巷	孙　权	为母修塔，用铜葫芦镇塔，绞塔刹	200年　三国

续表

风物	人物	传说摘要	时代（约）
生公讲台，千人坐觉石	竺道生（僧）	僧讲经处，千人听讲，使顽石点头	430 年　南朝宋
枫桥、寒山寺	张　继	游姑苏成诗轶事	750 年　唐
范坟山（天平山）	范仲淹	扑地山石一场雨过变成“万笏朝天”	1050 年　北宋
紫金庵彩塑罗汉	雷　潮	雕塑家的鬼工	1200 年　南宋
况公祠	况　钟	苏州知府任上公正廉明	1400 年　明
洗砚湾、画师湖、大闸蟹	沈　周	画家绘画、洗砚处，蟹吃墨汁染黑壳	1450 年　明
梅林“香雪海”（邓蔚山）唐寅墓	唐　寅	画《红梅图》成景	1500 年　明
五义士墓	颜佩韦、杨念如、马杰、沈扬、周文之	反魏忠贤被杀	1650 年　明
真趣亭匾，松鹤楼菜馆	乾隆帝（弘历）	下江南题匾、菜馆私访	1750 年　清
见山楼	李秀成	忠王府设于拙政园中	1860 年　清

杭州人物传说层（部分）[1]

风物	人物	传说摘要	时代（约）
吴山、胥山	伍子胥	吴南界，子胥以忠谏死，浮尸江中，立祠山上	前510年　春秋
严陵山，子陵钓台、子陵鱼	严子陵	子陵不受刘秀名，隐居此地	40年东　汉
葛　岭	葛　洪	葛洪炼丹	350年　晋
韬光、观海亭、金莲池	韬　光	唐高僧韬光说法，观海，植金莲	800年　唐
白公堤	白居易	白居易为民筑堤	850年　唐
钱塘、钱王祠	钱镠吴越王	射潮，修堤	900年　五代
保俶塔	钱弘椒	俶进京，母舅祈平安归来建塔	975年　北宋
放鹤亭	林和靖	林放鹤处，“梅妻鹤子鹿家人”	1000年　北宋
六一泉	欧阳修	纪念六一居士（苏轼命名）	1100年　北宋
苏堤、东坡鱼、惠民巷	苏　轼	苏东坡在杭州为官时为百姓造福	1100年　北宋
岳坟、精忠柏亭、岳王庙	岳　飞	岳飞被害，柏成黑石段	1180年　南宋
牛皋墓	牛　皋	秦桧命田师中设宴毒死	1150年　南宋

① 根据《杭州的传说》（上海文艺出版社，1980年9月）摘编。

续表

风物	人物	传说摘要	时代（约）
翠微亭	韩世忠	韩登飞来峰怀念屈死的故友题亭	1150 年　南宋
杨公堤	杨孟瑛	杨取湖泥筑城事	1510 年　明
张苍水墓	张苍水	抗清志士轶事	1665 年　清
灵隐寺“云林禅寺”匾	康熙（玄烨）	康熙题匾事	1700 年　清
秋瑾墓	秋　瑾	革命就义事	1911 年　清末
徐锡麟墓	徐锡麟	起义就义事	1910 年　清末

从苏州风物传说的历史层次排列表可以看出：这座古城的风物传说群是自大禹始迄清近代止大约 4000 年传说的积层构成的。像这样的传说积层同样在杭州风物传说群中可以找到相应的印证。

从杭州风物传说的历史层次排列表可以看出：这座历史名城的风物传说群是由自春秋时代起至辛亥革命止大约 2500 余年来传说的积层构成的。

这种瑰丽多姿，内容丰富的风物传说层在中国展现了一幅幅迷人的历史长画卷，它们不仅充分显示了口传文学的艺术生命力，同时还为建设中国的历代文明创造出不朽的精神文化财富。这种传说层现象大致是由各自独立的传说以它们的历史人物行踪为线索在特定地方陆续交叉汇合而成，在这特定的汇合点上，便出现了密集的名胜古迹，从而产生名山名城地方风物传说的浩瀚口碑集，广传于世。

从以上三种不同的构成形式中，可以看出：无论某一个人物的传说群，或某一组同代人物的传说群，或历代众多人物的传说群交织出的传说层，都是构成风物传说圈的重要基础和根据。在这里，历史的要素和地理的要素是紧密结合的，如果用一个简单的公式作标记的话，也可以说是：

名人名事（历史的）
名胜古迹（地理的）
+口头创作、流传（艺术的）

风物传说圈（历史人物部分）

必须注意："历史的"这个因素是形成风物传说圈的重要因素。往往十分平常的遗物或遗迹或地方，因著名的人物或史事而不平常起来，这正是风物传说引人入胜的关键所在。因此，只从地理分布角度观察传说的流传范围，而不去考察它们的历史特征，就无法了解传说圈的真正意义。顺便说一句，在这方面与历代儒家文人的传播也是分不开的。

三、从宗教信仰传说群看风物传说圈

在中国名胜古迹密集地区，和历史名人的风物传说群交织存在着很多道教传说群、佛教传说群或其他信仰传说群。这些传说群大致可分作三类：

1. 人为宗教色彩浓厚的神异传说；
2. 原始宗教或巫术色彩浓厚的怪异传说；
3. 关于历代著名宗教人物的传说（以其宗教色彩的浓度，不宜把它列入历史人物传说中）。

这三类传说群，都以信仰为主要特征成为传说圈构成的重要因素。这在前面论述民族传说群时，曾分析了民族信仰对构成传说圈的作用和意义。在这里有必要进一步从中国宗教信仰的角度透视一下传说圈现象。

在中国，把风物传说与道教、佛教的传播完全分离开，几乎是不可能的事。就连举世闻名的与金山、西湖（断桥、雷峰塔）等风物有联系的《白蛇传》传说，也因白娘子与小青的修炼成精而充满道教色彩，因法海和尚的法力而充满佛教色彩。可见道教信仰与佛教信仰与中国风物传说产生、流传的密切关系是不容忽视的。它理应成为中国传说学的重要课题。当然，这个课题涉及许多值得研究的方面，应另作别论。在这里只就风物传说圈的形成和道教、佛教信仰的关系做出相应的分析。

例如，苏州风物传说中有关于竺道生的系列传说：《生公讲台》《千人坐》《点石头》等。这三个传说的遗迹都在虎丘古迹群中。传说讲的是约公元430年左右南朝宋高僧竺道生来苏州讲经说法的故事，讲经处被称作“生公讲台”。“千人坐”是一块特大磐石，据说约千人坐在上边听讲经。有一块后世题名“觉石”的石块，相传是由于他讲经时百鸟静听，千朵莲花出水，顽石听了也点头，这“觉石”正是当年点头的一块顽石。在传说中宣扬了“生公说法，顽石点头”“生来池满水，生去池水空”的佛法奇迹。这组风物传说在苏州显然是由僧人通过展示风物再传讲到民间的。现在记录整理的这则《点头石》传说，也正是出自当代的了尘和尚之口传播出来的。在苏州，人们还传述《寒山寺的传说》，讲的是唐代高僧寒山、拾得二人主持法事、铸造大钟的故事，宣传高僧的佛法，并用“圣迹”作为“可信物”，使善男信女在佛教信仰支配下，相信并传播这种与其他历史名人很不同的传说，构成了与佛教信仰圈相应的传说圈。

在杭州风物传说中，既有西湖灵隐寺和飞来峰传说，也有葛岭炼丹台、炼丹井、抱朴庐及葛仙庵遗址的传说。前者据传是东晋咸和初（约326），印度僧人慧理到杭州西湖武林山峰前说：“此天竺灵鹫山之小岭，不知何年飞来？佛在世日，多为仙灵所隐。”于是引申附会，形成了灵隐寺、飞来峰的有关印度灵鹫峰飞来西湖的佛法传说。后者是把东晋道士抱朴子葛洪（约330）在钱塘葛岭炼丹修道的遗迹加以发挥，形成了一系列道家传说。其他如西湖栖霞岭的黄龙洞传说也是在讲述南宋淳佑年间（约1250）江西黄龙山高僧慧开到此地结庵说法的奇异故事。

表现道教、佛教题材的风物传说除了与奇险的峰、顶、岭、崖、岩、洞、台、池、潭、泉等自然物密切关联，并为仙佛显灵作证外，大多数都与庵、观、寺、院、庙、宫、殿、堂、阁、塔、楼、亭、门、桥、窟等宗教建筑人工物紧密相关。由于中国历代统治者在提倡佛、道两教方面时有侧重，所以历史上出现了佛、道两家竞相开辟名山，兴修宗教设施，大力发展宗教的几个朝代，使中国主要地方风物的分布，大致形成了若干宗教遗物遗迹群，甚至在很大范围内构成了一些比较单一的道教风物传说圈或佛教风物传说圈。

道教风物传说密集的地方可以用北方的泰山、崂山和南方的武当山、青城山为例，在这些“仙山”上到处都蕴藏着仙道遗迹及其传说。

东岳泰山在历史上被尊为“五岳之长”，称“五岳独尊”。在上古夏、商、周三代传说中它便是后来方士所宣扬的神仙之府，到秦代以后更加受到崇拜。在这里，道家风物群有玉皇顶、王母池、王母泉、斗母宫、升仙阁、仙人桥、仙人掌、云步桥、升仙坊、万仙楼、八仙洞、玉女山、黄花洞、南天门等。每一个风物几乎都伴随着一组完整的成仙得道的故事。这些故事都源于汉以前方士之说及东汉以后的道家的口传。在泰山426平方千米的风物分布圈内，唯有紧靠泰安城北的六朝古刹普照寺，独具佛教圣地特色。在这里虽然也有古松“一品夫人”及“筛月亭”传说，但在泰山地方早被大量道教传说所淹没。于是，在这里单一性质的道教传说便垄断了泰山风物传说圈。

自古以来被称为“神仙之宅、灵异之府”的崂山风物，更有代表性。崂山早自秦皇汉武时代便是求仙寻取长生不死药的所在。宋元以来这里成了道教名山，于是，当地传说和道教结上了不解之缘。有一则小传说很能说明这里道教势力的雄厚。据传明代有个憨山和尚来崂山，在道教太清宫旧址建了一座海印寺，兴佛教，不想很快寺庙便毁了，以后再建太清宫才安然无恙。这里是著名道士刘若拙、丘处机、刘志坚、李志明、孙紫阳、张三丰等修道、讲道的地方，各处风物多有关于他们修炼的传说。像“丘祖坟”“混元石”“白龙洞”“仙人桥”“玉女盆”

“金液泉”“聚仙台”“仙人髻”“飞来石”“明霞洞”“圣小泉”等遗迹都有奇异的道家传说流传。密集的道教风物传说群构成了崂山大约300平方千米的道教传说分布圈。在崂山东部面海处有华严寺，是此山唯一的佛教寺庙，在这里仅有的“抱松塔”“鱼鼓石”和“那罗延窟”的佛教传说，仅限于十分狭小的寺院之内，而无法与巨大的道教传说群抗衡。

在道教风物传说群中全国规模较大的要数武当山风物传说群了。武当山所拥有的著名自然风物有72峰、24涧、11洞、10石、10池、9台、9井、9泉、3潭；人工风物有8宫、2观、36堂、72岩、39桥、12亭等道教建筑群。小的名胜古迹，不在此列。自周以来，历代著名道家在武当修炼的就有战国时尹喜（关尹子）、汉阴长生、晋谢允、唐吕纯阳、五代陈抟、宋寂然子、元张守清，张三丰等人。这里的道家传说的积层长达2000余年之久，形成了自己独有的传说领地。武当风物传说的道教色彩主要表现在以围绕真武帝君修道得道为中心形成的许多仙道故事上。首先，武当山得名的传说便很有代表性。据道家传，黄帝时，北方护卫神玄武投胎净乐国善胜皇后，从母后左腋下出生，长大后勇武异常，立为太子。但是，他不愿袭王位，便向玉清圣祖紫元君求学无极上道，并奉命到湖北太和山修炼，后终于得道飞升，由玉帝册封他为玄武。到了宋代真宗朝，为避圣祖赵玄朗之讳，才把玄武改为真武，并简称真武帝君。于是把太和山改名为武当山，取“唯玄武可当之”的意思。这个关于武当山来历的风物传说，大体上可以概括这方圆八百里名山的道教传说圈了。例如登山路上有“磨针井”，传说净乐国王子来太和山学道，起初心志很不坚定，想出山还俗，走到此处见一位老婆婆在井边磨铁杵，太子便问磨杵何用？老婆婆回答说：“功到自然成。”太子听罢十分感动，立即悟了道，回山刻苦修炼，终于得道飞升。据传这位老婆婆便是太子老师紫元君所化。现在此处有三间道堂，供真武青年坐像，殿前立铁杵两根，旁有方亭，亭中有井，同时供奉铁铸老媪磨杵像，成为这个道教传说的形象再现。和这个传说形成了系列的，还有“太子坡”传说、“太子岩”传说、“玉虚岩”修炼传说、“飞升台”传说及“金顶”传说等。与此相辅的还有“真仙殿”“望仙台”“五龙宫”“白龙洞”等风物传说。在武当山道家建筑群中还有许多描绘道教传说的壁画，如“五龙捧圣”及太和宫中的道家人物传说画与浮雕。使武当山道家风物传说形成了具有自己体系的传说圈。

四川青城山是道教名山“第五洞天”。历代在这里结茅修炼的有东汉张陵、张衡、张鲁祖孙 3 人，晋范长生、隋赵昱、唐杜光庭等名道家。道教在此山至少控制了 1800 余年，道教传说积层甚厚。其中著名的有张天师“掷笔槽”传说、“试剑石”传说，以及“天师池”“天师洞”“读书台”“丹井”等传说。这里的 36 峰 108 景几乎都有充满道教色彩的传说。

像这样典型的道家风物传说群，在南岳衡山、西岳华山、北岳恒山、中岳嵩山、江苏茅山、广东罗浮山、江西龙虎山、阁皂山、陕西终南山等道教名山都有，而且都构成了十分广泛的记载，列为仙道胜地的共有 10 大洞天、36 小洞天、72 福地。在 10 大洞天中除了上述的青城山、华山（西玄山）、罗浮山、茅山（句曲山）以外，还有王屋山、委羽山、西城山、赤城山、林屋山、括苍山等六山，总计起来把遍布中国的 118 座名山胜地的道家修炼处或道家向往修道处都列在内了。如果把这些名山的风物传说群的分布状况加以考察，就可以比较清楚地看出道教风物传说圈的网络系统。

道教源于中国古代巫术，战国时黄老之说及秦汉神仙方术，可谓源远流长，对中国的口传文化影响极大。佛教源于印度，公元前 2 年西汉哀帝时始传入中国，在近 2000 年的传播历史中，以它雄厚的宗教实力在中国扎根，与道教抗争的同时，也夺得了很大一部分名山胜地做道场。其中像峨眉山、庐山、太白山（天童山）、天台山等名山，早在唐代以前都是道教小洞天或福地中的名山，随着统治阶级的提倡，佛教兴起后，这些山都相继转为佛教名山了。同时，佛教又开辟了自己的名山做道场，著名的有五台山、普陀山、九华山、栖霞山、虎丘山等。在佛教兴起的历史过程中，还广泛地利用传教影响在城乡建寺、造塔，于是构成了以佛教遗迹为标志的许多风物传说圈。

山西五台山是中国佛教四大名山之一，早在东汉（约58）就建有寺院。据佛教传说，五台山和古天竺灵鹫山酷似，便把这里的古寺称作大孚灵鹫寺。以后又发展成五十几座禅寺，成为中外驰名的佛教圣地。这里的灵鹫峰上以菩萨顶为五台山风物之首。五台山被传为文殊菩萨道场，菩萨顶被传为文殊住处，有文殊寺。明代以后，这里又成了蒙藏黄教喇嘛寺庙的代表。在五台山，风物传说以讲述文殊菩萨佛法无边的故事为中心，构成了具有特定内容的佛教风物传说圈。如镇海寺“海底泉”传说，说龙王九子侵扰人间，抢掠美女，从海底通过此泉兴风作浪，泛滥成灾，文殊菩萨知道以后，从天降下一口大锅，紧紧扣住了这个海眼，从此镇住了蛟龙。为纪念此事建寺名为“镇海”。“秘密寺”的“秘密岩”传说是文殊菩萨受记五百神龙在此修行的故事。“狮子窝”传说讲述古来有人在这里看到成千上万只狮子玩耍嬉戏，人们都知道狮子是文殊菩萨的坐骑，既然狮子在这里现形，文殊也一定在此处当空显现法身，因此，才在这里建了文殊寺，但是，这里的僧俗群众仍旧按照传说称此处为“狮子窝”。在五台山方圆250千米的文殊菩萨风物传说圈中至今还没有发现任何道教风物传说，足以证明佛教风物传说圈和上述道教风物传说圈一样，都有自己特定的宗教传播的范围和传承线路。

在中国四大佛教名山之一的安徽九华山，围绕着地藏王菩萨道场，有大约三百多座寺庙建筑群及有关遗迹，这些便成为这方圆200里地方风物传说的传播依据。在这里关于新罗国王族金乔觉的传说成为传说中心。在传说中，在释迦牟尼佛去世后到弥勒佛出世之前，天下由地藏菩萨普度众生，新罗国王族金乔觉在唐玄宗时来中国九华山修行，传说他正是地藏菩萨降诞在九华山显灵说法，这里才成为地藏道场。像著名的神光岭“肉身塔”传说正是讲述金乔觉修行，99 岁圆寂，全身柔软，颜面如生，僧俗群众传说这是地藏菩萨化身，才把菩萨肉身安葬塔中，称作“肉（月）身宝殿”，俗称“肉身塔”。围绕地藏传说，还有关于历代名僧传说，多有近似情节。如“百岁宫”传说，讲述明代万历年间名僧海玉（无瑕禅师）长年以野果为食，活到百余岁逝世，逝前叮嘱弟子死后将其肉身置缸中，3 年后启缸，如期开缸，见僧如生前状，在明代又称“应身菩萨”传说。

四大佛教名山之一的浙江普陀山，是观音菩萨道场。这里兴建了供奉观音的 218 座庵堂寺院佛教建筑群，和这个方圆 25 里的岛上奇景糅合在一起，为当地的观音菩萨风物传说圈提供了十分可观的依据。在普陀山有两个关于观音的传说，可以确认为普陀山开山的佛教传说代表。一个是说唐代大中年间有一名印度僧人来到这个岛上，为了苦修，自己烧掉了十只手指，然后说他亲眼看到了观音菩萨现身说法，并给了他七色宝石等法物。从此，这里成了观音显灵的说法道场。另一个传说是五代时后梁贞明二年，日本僧人慧锷从五台山奉观音像归国，路过普陀海域时，遇大风，船触礁，认为是观音显灵不肯去日本，所以日本僧人只好在此地留住，建了一座“不肯去观音院”，供奉那尊不肯去的观音像。普陀山附近一小岛洛迦山合称普陀洛迦山，在梵文中 potalaka 是观音菩萨在南印度居住的佛山名，因此，普陀一带的风物都与观音传说结缘。像“潮音洞”（梵音洞）石崖至今还留有所谓观音大士现身的遗迹，上刻“现身处”三字。这个奇异的佛教风物传说自宋元以来曾诱使一些善男信女到此膜拜并舍身纵崖跳海，足以证明观音风物传说的宗教影响之大。在佛教的广泛传播中，观音崇拜在中国许多民族中甚盛，北方的满族、锡伯族和南方的白族尤甚，前面论述白族信仰传说时曾列表作证。在这些民族中也传有普陀紫竹林观音显灵的故事。值得注意的是，小小的普陀山岛上的梅岭，早在唐代以前曾是道家梅福、葛洪修隐处，却由于唐代强大的佛教势力的扩展，使道教在这里失去了影响力，因而在这里几乎没有道教风物传说的传播市场，压倒一切的优势仍属于佛教观音传说。这便是宗教信仰传说圈形成的重要原因。

在另一座佛教名山峨眉山的风物传说中，这种特点也十分明显。早在唐代以前，这里先兴起了道教，所以还保留了一部分道教风物及其传说。如“九老洞”的传说，是讲上古黄帝向洞中九老仙人求道的访仙故事；“纯阳殿”“圣水阁”都有关于吕仙得道的传说。“白龙洞”是白蛇最初修炼的所在。“遇仙寺”虽是寺庙却杂糅了遇仙乘竹杖化龙的道教传说。但是，全面考察峨眉山传说，在这座绵亘 120 里长的佛教名山上，到处都是佛教风物传说圈的领地。这里占绝对优势的风物传说是以普贤菩萨的道场风物为中心的。例如“洗象池”传说讲述普贤菩萨：在此处洗浴他的坐骑大象的显灵故事。“普贤石”是普贤休息的地方，“金顶”（万佛顶）是普贤显现佛光的地方，这里从宋元以来因看到佛光而坠“舍身崖”的人，大多笃信普贤传说。这大致概括了峨眉山佛教风物传说圈的影响力。

从以上列举的十分典型的宗教信仰风物传说圈的形成特点看来，中国风物传说中的宗教信仰成分，无论道教、佛教都已经形成了各自的千年以上悠久的传承体系了。这种体系在中国民间的影响既深且广，不仅在探究风物传说时应当注重它，就是研究其他传说和故事时，这种宗教信仰的色彩和部分也都是值得注重的。像许多传说故事中的仙人与精灵，许多传说故事中的和尚与道士都直接或间接地受到宗教信仰及其传说圈的影响。这种现象可以称作传说辐射面，是传说传播的重要现象，不了解这种强有力的传说辐射，是无法全面了解中国传说的。

上述各类宗教风物传说圈由于宗教势力范围的单一性质也具有单一性质，这是比较容易认识的。但是，谁都了解，这种一元化的风物传说圈在中国整个传说活动领域里，只是比较特殊的一种类型，但绝不是唯一类型。相反，在多数情况下，多元的风物传说圈倒是常见的。也可以说更大量的风物传说群，在其漫长的传说积层中，常是以民族的、历史的、信仰的三位一体的传说圈形式活动的。在风物传说流传发展过程中，其实际状况正是各民族历史名人的风物传说与各民族信仰的风物传说杂糅交错，人、神、仙、佛、儒、释、道传说错综交织的状况。这种由风物传说所显示的民间口传文化纵横交叉、综合融汇的特点正是很值得当代民间文艺学重视的课题。

在庐山虎溪桥有一个“虎溪三集”的传说，可以用来解释这种传说现象。据传，佛教净土宗白莲社初祖，东晋高僧慧远在庐山东林寺讲经、修行，僧俗弟子与求访客人甚众。慧远常影不出户，送客人也不越过虎溪桥。相传这位高僧与大诗人陶渊明、名道士陆静修相处甚厚，常在一起谈论儒、佛、道学说。有一次慧远送陶、陆二人，边走边谈，十分入兴，不觉超越了约束，走过了虎溪桥，当时守护山寺的神虎便吼叫不止，于是三人相视大笑。从此流下了著名的“虎溪三笑”传说。这个传说的主要倾向是宣扬佛法的，但却和儒家陶渊明、道家陆静修的游踪传说复合在一起了。从历史上考察，慧远、陶潜、陆静修都到过庐山，慧远入庐山在晋太元六年（381），陶潜祖籍江西浔阳柴桑栗里（今九江县马回岭），约406年隐居田园，并常往附近庐山，并与慧远有交往。但是陆静修的出生年代约与陶潜归隐同时，陆少年时慧远已去世，陆入庐山约在南朝宋元嘉末年（453），和一僧一儒绝难相遇。足见这则传说的虚构性十分明显。它的构思基础有二：一是儒、道、僧三人均为庐山名人，都留有遗迹；二是慧远“情综六经、尤善老庄”，主张以佛为主，儒道相辅，甚至讲经时都广引儒道之义以解佛经。陶渊明隐逸好玄佛。陆静修为《道藏》编纂集大成者，好隐游，不受召请。这就使这三个人物的传说汇合为一，形成了“虎溪三笑”的佳话。

这则传说还标志了庐山风物传说群所构成的多元风物传说圈，具有综合的文化传承特点。在庐山没有垄断性的一元化传说体系，道家传说、佛家传说与儒家传说几乎是同步平行传播的。下面把庐山风物传说提要列表，加以说明：

庐山风物传说（部分）传承系统

传承系统	风物名	传说提要
道家	庐山（匡山）	周朝匡氏七兄弟上山结草庐修道，山因此得名
	铁船峰	晋代道家吴猛、许逊乘帆船飞落庐山处
	仙人洞	唐代道家吕洞宾修炼处
	白鹿洞	明万历年紫霞道人到此留《白鹿洞歌》于石壁
佛家	竹林隐寺、访仙石	明朱元璋访周颠和尚处
	白鹿升仙台	朱元璋与周颠渡长江，周止风浪，后辞去，朱做皇帝后来访，已乘鹿升天
	大天池	天池山上一方池，终年不涸，东晋名僧慧持开辟天池寺
	龙首崖、文殊洞	天池寺僧以崖洞为屋修行故事
	三宝树	晋昙铣和尚从西域带回树苗植两棵柳杉，一棵银杏，成为三宝树
	东林寺、虎溪桥	名僧慧远、鉴真、智恩传说
	海会寺	心月和尚镌五百罗汉图，普超和尚血书《华严经》
	观音崖、铁观音、观音桥	观音显灵传说

续表

传承系统	风物名	传说提要
儒家文人	汉阳峰禹王崖	大禹坐崖俯视长江，定疏九江大计
	醉石馆	晋陶渊明醉游和归去来馆传说
	羲义洞	晋王羲之宅舍，在此养鹅练字传说
	青莲寺	李白号青莲，传说为李白隐居处
	九叠屏	安禄山陷长安。李白隐于此地。后出山佐永王，败被流夜郎、赦回。作《山谣》赞九叠屏风
	花　径	白居易游山，桃花盛开，赋诗，题石为“花径”，得名
	读书台、聪明泉、洗墨池	南唐李璟读书，写诗文，洗笔处
	白鹿洞	唐贞元时李渤兄弟隐居，养白鹿，称此名，唐末兵乱颜翠讲学于此，宋以来，朱熹、陆象山、王阳明等办书院讲学
	招隐泉	唐陆羽品为“天下第六泉”，著茶经，号称“茶神”
	小天池、捉马岭	朱元璋与陈友谅作战时到此饮马、放马
	庐山温泉	明李时珍到此考察温泉疗效，写进《本草纲目》
	百丈梯	明徐霞客登庐山走过的地方
	秀峰寺	康熙帝、雍正帝手书二碑
	石　刻	颜真卿、米芾、苏东坡、朱熹、黄庭坚、王阳明等题字传说

尽管自东汉明帝时起庐山已成为佛教名山，但这里的传说仍然是以儒、释、道三家的多传说圈活动着。从上表中也可以看出，这些不同传承系统的传说之间有着彼此渗透影响的痕迹。像朱元璋与周颠僧的传说中，周颠和尚于升仙台乘白鹿飞升的情节，就很明显是道家传说，但却偏偏讲的是佛僧的事。李白的隐居传说，常富道家色彩，但这里却有

"青莲寺"，又是佛教的寺院，李白本人又是儒生文士。

这种复杂的现象不仅在庐山传说中有，就是在浙江天台山传说中也有。天台山虽是佛教名山，但是，在"一行到此水西流""智者大师肉身塔"等佛教传说流传的同时，还有"桃源洞""双女峰"等关于东汉刘晨、阮肇入山遇仙的道家传说及"琼台仙人座"八仙之一铁拐李的道家传说。同时，还有王羲之墨池传说和"太白书堂"李白读书处等文人传说。在安徽、天柱山风物传说也是如此。有"渡仙桥""炼丹台"（传为汉末左慈修炼处）、"剑门"等道家传说；也有"马祖洞"（马祖和尚修行处）、"立化亭"（三祖僧立化于大树下）、"锡杖井""卓锡泉"（宝志禅师用锡杖掘井泉处）的佛教传说；更有"石牛古洞"，黄庭坚读书传说，宋张同之、王安石、明史可法的儒家遗迹传说。正是这些不同的传承系统构成了风物传说圈及其错综交织的传说群。

在我国，关于史事传说和人物传说范围的习惯看法，往往只局限于历代政治与社会史事与历史政治人物，除了帝王将相的传说和农民起义领袖传说外，大多是做官的文人或名士，也包括名医、名书画家、名工匠等人的传说。由于无神论观念增强，在民间文学中往往把中国道教史、佛教史上的著名代表人物的传说及宗教史上的大事传说也从历史人物传说中排斥出去，使千百年来大量流传民间的这些传说得不到认真研究。从中国民族文化史的角度来考察，在民间传说的总量中，尤其是在风物传说中，它们有很大比重，也有很大影响。应当强调的是，根据中国民族文化史的发展特点，不能低估历史上宗教在民间的深刻影响，只有把它们拿来与历史人物传说群中的风物传说进行综合研究，才有可能全面通过风物传说圈的活动轨迹，看清民族民间文化的发展状况，从而找出规律性的东西。

古代文人著文中说："山不在高，有仙则名，水不在深，有龙则灵"，这大致可以借用来说明中国民间关于地方风物的观念。在中国，风物传说圈的形成总和道教、佛教有着千丝万缕的联系，构成了仙山佛崖、神泉龙潭之说，这当然是宗教信仰的传播所致。但是，除了道教、佛教的影响，中国风物传说又和民间原始巫术信仰有着密不可分的关系。那些与咒语、禁忌、厌胜等巫术手段有关的风物传说自不必说，就是那些关于龙凤祥瑞的“风水”传说，有关鸟兽水族的“精灵”传说，人物化石“变形”传说或“盗宝”传说等，也都标明了中国风物传说圈的形成，要受民间信仰习俗的制约。

河北承德避暑山庄丽正门前影壁里的金鸡传说；鸡冠山、蛤蟆石、棒槌峰来历的传说；四川灌县温朋吞珠化龙的望娘滩传说；黑龙江镜泊湖传说；山东泰山三笑石传说；江苏的乌龟望太湖传说；十八盘（鲤鱼坡）传说；安徽黄山的金鸡叫天门、猴子观海等巧石传说；辽宁大连的老金山（黄瓜岛）传说；尖山聚宝盆传说等，都在构思中明显地表现出民间巫术信仰的影响。这些影响和民间乡土生活及人民心理愿望结合在一起，形成了各个地方夸耀家乡神奇的“宝地”的地方风物圈。这些民间巫术观念又往往和道教、佛教的某些观念融汇在一起，形成了传说中的奇异形象与情节。

中国风物传说圈由民族的、历史的、宗教的三要素加上地理的、方言的（或民族语言的）两要素形成，是很重要的传说圈特征。了解了这种形成特征，才有可能对地方风物传说的内容与形式做出科学的分析，才能不为平面的地区分布的风物传说群所困惑，才有可能找出各类风物传说产生、流传的依据和规律，才有可能历史主义地透视古老风物传说的艺术构思基础以及它们所传达出的人民心理愿望。

中国数以万计的风物传说及中国各民族悠久的文明历史的生动形象的艺术再现，是民族文化教育的百科全书，在无数的风物传说圈中充满了人民热爱乡土、热爱祖国大好河山、热爱民族文明历史的强烈观念，这些传统观念对于发展中国当代文学艺术，推进民族文化的广泛传播，无疑是十分必要的。这正是我们研究风物传说圈的出发点和前提。我们今天研究风物传说圈的构成，正是为了用科学的观点和方法从口传文化中探索中国各民族文化发展的某些带规律性的东西。我们既要探索纵向的各民族历史传承的“历时”的传说特点，又要剖析横向的各民族地理分布的“共时”的传说特点，风物传说圈正是融汇纵横、兼备历时共时的最典型的研究对象。

中国风物传说圈是中国各民族数千年传说时代的历史产物，它们是中国悠久的传承文化最具有鲜明标志和特色的传承现象，风物传说圈的调查与研究，应当在传说学中占有重要位置。

第十章　民间故事传承人

一、一条科学的搜集工作经验

中国民间故事的搜集工作，在近 20 年中取得了辉煌的成就，这已经是有目共睹和举世公认的事实了。但是，如果把已经取得的成果与中国民间故事的丰富资源相比较，就会立即感到我们所搜集到的民间故事，无论在数量上或艺术质量上都相差很多；如果再把我们的搜集工作的进展速度和预订的普查目标相对照，就更显得远远落后了。因此，时至今日，在我们的工作部署上还不得不继续强调“抢救”二字。

在这里至少有四个事实可以作证：

一、全国性的民间故事集（包括选本），虽然在 20 世纪 90 年代达到了较高的水平，并在采集的数量上有了较多的增长，但是，浩瀚的故事资料尚有散失的危险。

二、55 个少数民族中，至少有 1/2 的民族民间故事还没有得到有效的挖掘；特别是在人口不足 10 万的 20 多个民族中，民间故事的采集工作十分薄弱，有的几乎是零。

三、省、市、自治区一级中，地方性民间故事的搜集工作很不平衡，除少数省辖市、地区县进入普查的初级阶段外，大部分地区还没有着手正式搜集。

四、新中国成立初60岁以上的民间故事传承人，在近三十几年中，带着他们口传心授的故事相继离开了人间的，无法估算。

这四个基本事实使我们不能不严肃地认识到：除了政治的、历史的重大原因，使中国的民间文学工作走了一段漫长的崎岖坎坷之路外，在工作方法上严重地缺乏科学性，也是很值得总结的原因之一。中国当代搜集民间故事的状况是：

1. 一般性空泛的号召和动员多，保证采集的有效措施少；

2. 停留在纸面上的规划多，保证执行计划的组织工作少；

3. 民间故事的理论研究相对地多，民间故事科学搜集方法的研究少；

4. 基层搜集工作的正反两方面经验多，认真研究、系统总结推广的少；

5. 缺乏目标的盲目搜集多，有目标的科学采录少；

6. 失去的采集机会多，抓住的采集机会少。

这“六多六少”，标志着中国20年的民间故事搜集工作的进展缓慢。从这种局面看来，民间故事的搜集工作并没有显示出一“抢”二“救”的紧迫感。

民间故事的搜集工作比起20年来的民间歌谣搜集工作也是落后的。如果中国民间文艺工作者已经看到了“人亡歌息”的状况，那么，“人去故事断”的局面就更加严重了。

因此，抢救民间故事遗产的关键，首先在于抢救贮存故事的民间故事传承人。这便是这一研究课题的出发点。

在研讨民间故事传承人的开始，认真回顾新中国成立以来民间故事采录史上有意义、有价值的事例，很有必要。

1954年秋，著名的民间故事收集家孙剑冰和著名的“爬山歌”收集家韩燕如，在内蒙古乌拉特前旗汉族聚居的六个农业村进行了两个月的收集工作，提供了中国20世纪50年代中最好的采录经验。从他们发表的《略述六个村的搜集工作》一文中，人们可以找到一项十分重要的记载，那便是发现付家圪堵村民间故事传承人秦地女老大娘的事实。根据记载，可以归纳以下四个要点：

1. 秦地女“是个真正的故事家”，她主动给搜集者讲故事：“……鱼哭啦，长长地流下两道眼泪……”讲出了民间童话的风格和水平。她不是一般的民间故事转述人或线索提供人。

2. 秦地女当时67岁，她十二三岁时从妈妈那里听了故事便记住能讲了。

3. 据秦地女说：她妈妈讲的故事是从她姥姥（外祖母）那里听来的，她姥姥的故事又是从她妈妈的姥姥那里听来的。这条故事传承的线路，是她妈妈告诉她的。

4. 秦地女讲的故事至少在一百几十年前便流传了。搜集者强调：“要不是我们去，她的故事会失传的。”

秦地女是个真正的故事家。她的被发现是中国民间故事搜集采录工作中的重大科学发现。这个发现，使我们比较清楚地认识到民间故事的蕴藏特点及传播特点，大体上摸到了民间故事活动规律的脉搏。使我们从秦地女身上了解了民间故事传承人这一个活的文化宝库的真正价值，以及善于发现她（或他）的重要意义。

遗憾的是这一条宝贵的科学经验，即使在当时也没有引起足够的重视。过了不久，“左”的干扰和破坏，使秦地女式的故事家们不得不带着丰富的民间故事遗产告别了人间。秦地女的同龄人如果活到今天，已是110岁高龄老人了。我们的民间文学工作者，从这里可以清楚地回顾这种“抢救”的灾难性历程！因此，21世纪初重新提起这一条科学经验是很有必要的。

我们的民间故事采录工作的重点，应当切实地放到民间故事的传承人——当代秦地女人的身上了。

二、一个成功的范例

近些年来，中国民间故事的搜集工作在大部分地区迅速复兴起来了，民间故事的普查在许多有条件的村、乡中正在实行，大有成效，以县一级为单位的地方民间故事集纷纷辑录刊印了。辽宁省在全省各市、县（区）、乡（镇）全面进行了民间故事讲述家的普查和与之相关的民俗调查，收获比较大。就在这复兴起来的民间故事采录热潮中，先后发现了近300名贮存大量故事的民间故事传承人，其中超过“百则故事级”的就有87人（汉族68人、满族11人、蒙古族6人、朝鲜族1人、回族1人，其中60岁以上的老人74人，占故事家的86%）。其中，讲的故事既多又好，讲述技艺高超的有沈阳的谭振山、姜淑珍（女，满族），抚顺的石雅茹（女），清原的何忠良（满族），大连的李明（女），岫岩的李马氏（女、满族）、李成明（女、满族）、佟凤乙（满族），喀左的武德胜（蒙古族），鞍山的于春贵等人。其中，最值得注意的是朝鲜族民间故事家金德顺老大娘被发现的事例。

事情的简略过程是：1981年5月，辽宁省民间故事搜集工作者裴永镇（朝鲜族）在沈阳市郊苏家屯朝鲜族稻农区采风时，查访到了一位“哈儿妈妮”[①]，名叫金德顺，当时81岁。她是从黑龙江省五常县农村迁到苏家屯女儿家定居的。金老大娘在五常县时便是讲述古老民间故事的能手，当地农村社员都熟悉她，但是30多年来她却从未被民间文学工作者发现。这次，她来到苏家屯不久，便引起了当地妇女，特别是老年人的注意，不少人向裴永镇同志介绍她能讲故事的本领。裴永镇立即专访了金大娘，首次采录便听到了20多则富于幻想色彩的故事，讲述者生动的语言、丰富的感情、吸引人的拟态、清新的风格和有趣的故

① 朝鲜语老奶奶的称谓。

事情节，一下子便抓住了搜集者。于是，金大娘被年轻的搜集者用车接到了自己家中，像亲祖母一样对待，一连住了 10 天，共讲了 150 多个故事。搜集者把全部故事录了音，把金大娘讲故事的姿态表情拍摄成照片，并用了大约 3 个月时间完成了整理和汉译工作，从中选出了 73 篇故事和 34 篇故事资料，汇辑成 107 篇的故事专集，以《金德顺故事集》为名，1983 年已由上海文艺出版社用精装、平装两种版本出版发行，1994 年该故事集的日译本在日本东京出版。

这是民间故事搜集采录的一个成功的科学范例。

从这个范例中，至少可以概括出以下五个值得注意的事实：

1. 金德顺老大娘和秦地女一样，是个真正的故事家。她讲出了民间故事的风格和水平。她的故事贮存量十分惊人，按国际通例，她是中国发现最早的一位“百则故事级”的民间故事传承人。

2. 金德顺老大娘和秦地女一样。从幼年起便喜欢听故事，默记故事，讲故事，一直讲了 70 多年。

3. 金德顺老大娘讲的故事，主要是从她的妈妈、祖母、外祖母和善讲故事的姑母那里继承来的。以后，她又从迁居的长白、舒兰、五常等地听来些故事，积累到现在。

4. 金德顺老大娘出身“贱民”，深受财主及“两班”贵族剥削压迫。她听来的故事至少流传了一百多年了，许多故事反映了近百年的历史面貌。

5. 裴永镇的搜集方式显示出十分鲜明的紧迫感，他用了各种有效方法，带着浓厚的民族感情，一次完成了采集工作。1982 年春，金大娘因年老患血管病症已经瘫痪，更加证明了这是一次成功的“抢救”。

五点事实完全可以为民间文学的抢救工作提供好的经验，加以推广，尽力弥补若干年造成的损失。

金德顺老大娘讲的“百则故事”，个个都散发着浓烈的山花香。它们不仅有鲜明的朝鲜族民俗特色，更重要的是还有故事家个人的口语艺术风格，甚至从忠实的文字译稿中都可以显现出朴素、优美、动人的艺术感染力量。

金大娘讲的故事由三部分构成：第一部分是民间幻想性故事，包括魔法故事和动物故事，也就是通常称作民间童话的故事；第二部分是民间写实性故事，其中除了一些传奇式生活故事外，还有一些机智人物金善达的故事和讽刺故事；第三部分是分别反映“贱民”与“两班”贵族剥削阶级进行斗争的民间传说。

金德顺故事充分证明了民间故事传承人所贮存和讲述的故事，有其传承的完整性、稳定性和典型性。它们和那些道听途说、残缺不全的转述的故事不同，往往保持了民间故事的原型，极少有紊乱的线索、断片的情节和多重复合的结构。金德顺故事大部分可以与世界上同型故事相媲美。像表现恶后母遭恶报的故事《孔姬与葩姬》《蔷花和红莲》《后阿妈妮》等篇，主题相近，情节各异。《孔姬与葩姬》正是朝鲜族的“灰姑娘型”故事，美丽善良、横遭后母迫害的孔姬，正是“灰姑娘”式的主人公。这个故事和汉族的《翠儿和莲儿》、壮族的《达架和达仑》以及唐代段成式编《酉阳杂俎》中记录的《叶限》故事，同属一个祖型。《后阿妈妮》是朝鲜族“无手女型”故事，和世界同型故事相近，只是这则故事中的无手姑娘是姊妹二人。异类婚姻战胜邪恶的幻想故事，在金德顺故事中占有重要位置，其中“天仙婚配型”的《牧童与仙女》是朝鲜族的牛郎与织女故事；“龙女型”故事有《水宫公主和农民》；“螺女型”故事有《田螺姑娘》。它是以“美妻画像”为线索展开情节的，和各民族同型故事有相似之处，但又独具特色。有一则《龙凤相配》的故事，其实正是朝鲜族的“蛇郎型”故事。《蛇姑娘》《人为什么有头发》等也都是异类变形成婚的好故事。在这些奇异婚姻的情节中，表现了人间向往幸福的愿望和为追求幸福而进行的斗争。动物报恩，帮助穷人致富的幻想故事有《三根鸟羽》《农夫和青蛙》《猎手和老虎》《姑娘和癞蛤蟆》等，它们也都表现了被压迫剥削的弱小者期待援助和渴望获得幸福的心愿。金大娘讲的“两兄弟型”故事的代表作有《亨卜和脑儿卜》《长鼻子哥哥》《卖香屁》《长生不老草》等，它们也都和世界同型故事一样，赞美了正直善良，鞭挞了奸猾和邪恶。

从金德顺老大娘口中抢救出大量优秀民间故事这一事实，充分证明：民间故事采集调查工作，只要目标明确，方法对头，不失时机，取得显著成效是不成问题的。在这里，善于主动发现民间故事的源泉，即善于发现民间故事传承人并及时挖掘他们贮存的全部故事遗产是关键的关键。

裴永镇对民间故事传承人的故事专录，为中国当代搜集工作提供了典型经验，随着村落普查的开展，这个成功的经验已经在各地开花结果，金德顺式的民间故事传承人，越来越多地被发现出来，他们的故事财富也大量地被挖掘和抢救出来。

三、可供借鉴的国际先例

早在19世纪，德国格林兄弟广泛采集民间童话时，对民间故事传承人便十分重视。一部哺育了世界几代人的《格林童话》，大部分迷人的魔法故事是从老农妇马莉和葳曼夫人这两位故事家那里采录来的，只不过格林兄弟并没有为她编出什么故事专集罢了。

半个世纪前，日本民间故事的搜集有了迅速的发展。早期柳田民俗学[1]所建立的“乡土研究”，为日本民间故事的大规模采集奠定了理论与方法两方面的基础，以民间故事的村落普查热潮为标志的采集期中，取得了搜集民间故事的丰硕成果。其中，也取得了调查采访民间故事传承人的好经验。

在这里值得着重提出的是日本民间故事搜集家的先驱佐佐木喜善的

① 以日本现代民俗学奠基人柳田国男为代表的民俗学的通称。

成就。1922年，他在江刺郡，从40岁的烧炭人浅仓利藏口中采录了大量故事，于当年由“乡土研究社”出版了一本辑有85则故事的《江刺郡昔话》，这是日本民间文学采集期中从民间故事传承人口中采录故事专集的开端。1927年，著名的民间故事传承人的代表作《老媪夜谭》出版了。这本故事专集是佐佐木喜善继江刺郡专访后，又对陆中下闭伊郡辷石谷江老大娘讲的故事的专录成果。搜集家花费了50多天的时间，从这位老大娘口中搜集了300多则故事，用其中103篇故事辑成了故事集，使它在采集期中成为达到“百则故事级”的民间故事家代表作。当时的辷石谷江老大娘73岁，据编者在序言中记载：她讲的故事都是幼年时代从自己祖母那里听来的。佐佐木喜善的科学采录经验，为日本民间故事的调查开拓了新路，产生了巨大的影响。

20世纪30年代，是日本民间故事传承人故事专集丰收时期。1930年，土桥里木搜集的《甲斐昔话集》问世了。这本故事集共收120则故事，全部采自山梨县西八代郡上九一色村；其中80个故事采自编者的祖母，这位老人也是一名出色的民间故事传承人。柳田国男为这本故事集写了序言，题为《民间故事的搬运和管理》，对故事传承的管理实态做了重要提示。同年，川合勇太郎也以自己73岁祖母生前讲的70多篇故事为主。辑成并出版了《津轻故事集》，也展示了故事传承人的艺术成果。1931年，佐佐木喜善的岩手县故事集《听耳草纸》出版了，这是从故事传承人那里采录来的303篇规模的故事专集，其中还附录了讲述者的自然状况。1932年，岩仓市郎用速记法从越后南蒲郡葛卷村的一位名叫牧野悦的80多岁的老大娘那里，采集成了一部《加无波良夜谭》故事专集。由于他忠实的记录，保持了故事家的民间修辞风格，这本集子成了研究故事的重要文献。1935年，相继出版了山口麻太郎的《壹岐岛昔话集》和关敬吾的《岛原半岛昔话集》。前者收录了从几名故事传承人口中讲出的140个故事，后者是从编者家乡南高来郡小浜町这个渔村的两名故事传承人口中采录的193则故事。1939年铃木棠三的《佐渡昔话集》出版了，分前后两编共190篇故事，其中，前编的故事是以古野末女为中心的10名老大娘在6天的时间里讲的。古野末女也是一名出色的民间故事传承人。这些成果，推动着日本民间故事的搜集工作，从采集期进入了繁荣的“黎明期”。这期间，柳田民俗学的一项重要内容便是采集法的研究，柳田本人在《昔话的采集期》一文中强调了民间故事在传承人中讲述的特点，论述了民间故事讲述家的资质和故事的变异形态，为科学的采录作了引导。纵观战前日本民间故事的搜集工作，最引人注目的便是民间故事传承人的贡献和搜集家从故事家那里开发故事宝库的巨大成果。

战后，从1948年复兴的日本民俗学，在民间故事的搜集方面继承了采集期的传统，步入了向民间故事家采录故事的新里程。从20世纪50年代起，搜集家展开了广泛深入的科学采录，六七十年代出版了大量故事传承人的故事专集，为全日本民间故事的集成，创造了充分条件。1954年，丸山久子在佐渡岛稻田区国仲地方，从一名老大娘口中记录了52个故事，编成《佐渡国仲昔话》，1969年出版。1958年以来，稻田浩二、福田晃从冈山县真庭郡八束、上川两个村的67名讲故事能手那里记录了358个故事，于1968年出版了《蒜山盆地昔话》。这集故事反映出同一地区的故事积层以及故事传承人的活动特征。值得注意的还有野村纯一及野村敬子编刊的四本故事传承人的故事专集。1967年出版的《吹谷松兵卫昔话集》，收录了新潟县栃尾市吹谷的多田家（松兵卫）10名讲故事能手的68篇故事，这些故事都是以母传子女、祖母传孙辈的家传体系流传下来的，故事的传承路线十分清晰。1970年，出刊了《萩野才兵卫昔话集》，收录了山形县新庄市萩野地方叫作才兵卫的安食丹波守后裔富士媪讲的64个故事。这些故事都围绕着安食家的由来展开的，显示了故事的祖承线路。1971年，《五分次郎》出版，这又是一本山形县最上郡鲑川村两名故事传承人的故事专集。1972年，又刊印了《关泽幸右卫门昔话集》，它收录了山形县最上郡真室川町关泽的幸右卫门的美浓媪讲的85个故事。上述两名老媪都是不识字的故事传承人，都是日本“长姊管家”相续制的接班人，编者对她们的家传故事体系及管理，作了很有意义的解析。

在20世纪70年代里还有：1972年，稻田和子指导的山阳学园短期大学“昔话同好会”编刊了《鸟取县关町昔话》，特别记述了发现“百则故事级”的故事传承人毛利久的情况。集中收录了155篇故事。1973年，有马英子编刊了《福岛尚松昔话集》，收录了鹿儿岛县大岛郡大和村津奈久的福岛尚松老婆婆的130个故事。这位出生于1878年近百岁的老故事家，讲了很多很有教育意义的动人故事，几乎在现有故事类型中难以找到，十分古老而又珍贵。1974年，福岛县田村郡船引町的一位名叫三轮千的老婆婆讲的102个故事，编辑出版。冈山县阿哲郡哲西町名叫贺鸟飞左的老婆婆讲的410个故事，被编成《中国山地昔话》出版。这位老故事家有惊人的记忆力和讲故事的才能，在日本故事传承人日渐减少的当代，这样的优秀故事家十分难得。这时期，最有代表性的是大谷女子大学“说话文学研究会”编的《牧村昔话集》及其续集的出版。它不仅收录了735个故事，而且还记述了新潟县东颈诚郡牧村的有关资料。其中，特别介绍了两名故事家金井系和他的婶母五十岚富士野，对研究故事传承路线有重要价值。在这个时期里，还有宫城县登米郡南方町的故事家永浦诚喜讲的275个故事，也是从祖母那里传来的，其中175则故事编辑成集出版了。双目失明的杉本纪久枝老婆婆讲的83个故事的专集，以故事家西山太吉为代表的故事专集，都是20世纪70年代的成果。日本民间故事从战前的采集期到战后30多年间的繁荣期，对于民间故事传承的调查研究已经取得了半个多世纪的科学经验，对中国民间故事的搜集工作有积极的借鉴作用，切不可等闲视之。

中国目前数以几十万计的村村寨寨，仍然保留有民间口头故事传承的实际形态，故事的自然传播仍处在活跃期。中国村落的故事传承人如果以建国时15岁左右为基准，那么今天67岁以上的故事家肯定还有很大数量健在，他们贮存的故事资源还远远没有被开发出来。如果在日本能够有那样多有代表性的故事家及其故事被抢救出来，那么相应地在中国应当抢救出若干倍的数量，难道不是一道小学生的算题吗？它的答案岂止是一个秦地女和一个金德顺呢！

四、民间故事传承人的民俗特征

民间故事传承人，在中国民间文学理论界又通称为民间故事讲述家或讲故事能手，但从民间故事的民俗活动考察，讲述只是口头性特征，它还不能说明故事传承的形态。贮存故事的故事家能讲述，一般听众的转述也是讲述，因此，严格说来不是所有讲述者都是故事传承人。民间故事的传播，是人民生活本身的一项有机的活动，并不是什么自觉的文学创作活动。如果十分简单地以为讲故事单单是一种群众性的“文学活动”，而忽视了民间讲故事的途径、方式、职能都有自身的习俗惯制，那么要想以民间故事的调查研究得出全面正确的结论并取得丰硕的成果，恐怕是比较困难的。

在这里，提出四个题目进行探讨：

第一，民间故事传承人的形成；

第二，民间故事传承人的传承线路；

第三，民间故事传承人的母性特征；

第四，民间故事传承人的故事活动。

民间故事传承人是如何形成的？这是个比较大的理论与实践的问题。简言之，并不是所有听过故事或讲过故事的人都是故事传承人，常见的故事转述人固然也能起到传播故事的作用，但是，真正传播民间故事、发挥民间故事作用的，主要还是民间故事传承人。他们往往从幼年时候便喜欢听故事，听了便牢记，记牢便转述，这种口耳之间，口传心授的自然往复，形成了口头故事的原始积累，实际上已经编成了口碑故事集，奠定了故事传承人的基础。民间生产与生活的丰富内容与千姿百态的生活样式，都成了不断加强故事传承人修养的素材，多次反复的讲述实践，锤炼了口头艺术语言。使他们形成了远比一般转述人的口语优美得多的讲述语言，使故事情节在不断熟练的构思中有了更精巧的组织。在故事的自然传播过程中，传承人善于把零散的故事收纳起来，把片断的故事结构起来，经过他的融化，再传播出去，显示出一种惊人的集散故事的才能。因此，传承人在群众中得到承认、喜爱和推崇。所有这些，故事家的经历都可以拿来作证。

民间故事家都有他们自己的传承线路，这是由故事流传的规律所决定的一种民俗现象。从上文所引述的国内外资料中可以看到，故事传承人所讲述的故事，不仅都有其直接的源头，而且还都有清晰的传授脉络。在大多数情况下，常常沿着以下一条线路进行：

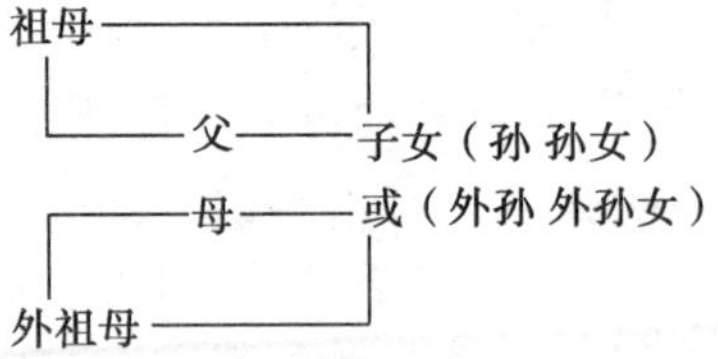

这是一条代代沿袭成俗的故事祖承线路，也正是秦地女所说的从“老姥姥”到“姥姥”到“妈妈”再到“自己”的线路。这是一条极为普遍的家族传承线路，在中国绝大多数村寨家庭中几乎都或典型或不典型地存在着这样一条传讲故事的线路。

因此，在理论上任何人都不应该过分夸大或片面理解民间故事的集体流传特点。应当看到民间故事传承的实态，在生活中是十分具体的、个别化的，有的甚至是单线传承的。故事传承人在日常讲述活动中，往往只讲给某几个听者（主要是子女），而不是听众。尤其是在家传故事活动中，这种个别化的流传较为普遍，正是这种千家万户的故事传承才汇聚成故事的集体性特征。显然它和民间艺人在瓦肆勾栏说唱故事拥有听众的特征有很大区别。民间故事传承人的祖承线路是故事遗产继承转移的基本途径，对这条线路的充分了解是认识民间故事传承规律的关键。

从民间故事传承人及其传承线路的调查中可以看到：母亲、祖母或外祖母几乎都是代代相续的故事传承人，这种母性特征是十分明显的事实。这种以老年妇女为主要标志的故事传承人是由传统的家族、亲族结构决定的。中国过去的家长制大家族中的家婆或主妇，有母方血缘关系的外婆，或日本某些地方的“长姊管家”制中的家姊，都有她们特定的管理家族生活的职责，其中，抚育和教养子孙是她们最主要的管理项目之一。在这里，口头故事、儿歌、童谣、谜语等都是最有活力的育德育才的教科书。20 世纪 30 年代，中国学者注意了传播歌谣者的女性特征，重视了歌谣与妇女的课题，事实上，故事传承者的女性特征也同样是很鲜明的。对于这一点，甚至一些伟大作家都有记述和回忆，普希金对奶娘罗季昂诺夫娜讲给他的民间童话的怀念，高尔基关于外祖母伊凡诺夫娜用民间故事哺育他的追忆，鲁迅对祖母和长妈妈讲故事的深情回顾，都在提示读者认识民间故事传承人对少年儿童的教养作用。这种母性特征，在家传故事中一直起着主导作用。辽宁省大连市的一名女故事传承人李明讲的几十个故事，在没有被搜集整理之前，都是她的两个孩子从幼年起每晚必听的故事，现在孩子都已长大成人，也都不同程度地掌握了讲这些故事的本领。民间故事传承人的母性特征，在实践中并不都是以直系血亲的传授为常规，常常也有伯母、婶母、姑母、姨母、舅母等旁系亲族及奶娘、保姆、近邻的婶子大娘等。总之，这些传承人与听者都有亲缘上的、生活上的密切关系。这里强调的故事传承人的母性特征，并不等于说没有任何男性老人是故事传承人，而是为了揭示女性传承人的普遍意义。在民间，男性传承者的传承重点往往是各种类型的民间传说，他们所显示出的广泛的社会传播特点与女性传承人的家传故事还有许多差别，关于民间传说的男性传承人，还有一些另当别论的课题。

从民间故事传承人的故事活动调查中，还可以了解到，这些故事家并不是随时随地都在讲故事的。他们经常有讲述的具体环境，即大体特定的时间与地点。日本的故事传承人多是“炉边夜谭”，和中国大西南山寨中围火塘讲故事的古老方式相似。这种“夜谭”形式也是中国传统的讲故事活动的特点。中国东北农村，多在冬夜热炕头上围火盆而坐，听讲故事，或在漫长的寒夜，母亲、祖母把孩子搂在暖烘烘的被窝里用动人的故事催眠入睡。夏季夜晚的庭院里、大树荫下、葡萄架下都是故事活动的主要场所。这种口头传承的民俗特征是故事传承人的活动特征，也是故事传承的重要条件。失去了这些条件，故事家往往也施展不出讲述才能。这便是秦地女晚上给搜集者孙剑冰讲故事和金德顺在深夜给裴永镇讲故事的民俗依据。因此，搜集者熟悉不同民族、不同地区、不同故事传承人故事活动特点是十分必要的，不了解这一点，就发现不了故事传承人，也采录不到从他们口中涌出的几十个、上百个美妙的故事。

当前，中国民间故事的搜集工作方兴未艾，据了解，较为普遍采用的搜集方法仍然是“泛采”，有的甚至是“道听途记”“撒大网”“碰大运”的非科学方法，带有相当大的盲目性和偶然性。因此，大量故事出自转述人之口，零星断片，缺乏完整性，有的甚至连故事的流传地点都很难判明。虽然也有不少搜集工作者采录了一些讲故事能手的故事，但是由于对故事传承特点认识不明确，往往也只是“浅尝辄止”，缺乏这种专采专录的耐心和经验，失去了许多好机会。

目前，民间故事传承人正以无法减缓的速度自然淘汰，抢救民间故事传承人的工作应当立即展开，对故事家的综合调查也应当像人口普查那样落到实处。至少应当把60岁以上和80岁以上的两层故事家及其贮存量调查清楚，集中人力、财力和现代化设备，进行一次有效的采录。民间文艺研究机构和各级群众文化部门应当给予组织上的保证，计划具体、可行，步骤方法得当，可望在大约5—8年时间里把全国民间故事全部抢救完，为完成《中国民间故事集成》，为继承祖国民间文学遗产做出历史性的贡献。

五、《金德顺故事集》鉴赏

《金德顺故事集》于1983年6月由上海文艺出版社出版了。这是中国首次出版的民间故事讲述家讲述的故事专集。它的问世，标志着中国民间故事的搜集、整理工作，又开辟了一条新路；也给民间文学抢救和普查工作提供了一个范例，对发展中国民间文学事业，无疑是很有意义的。

民间故事的搜集工作，根据民间故事的源流和产生、流传的活动规律，主要有三种作业方法。

第一种方法是广泛采录。这种方法在中国目前最为普遍，是一种“撒大网”进行采风的办法，属于自然采集性质，碰到什么故事就搜集什么故事，有时跑完一个县，转完一个省，大体可以辑成一个故事选本。这种方法往往是道听途“记”，挂一漏万，零打碎敲，故事质量不等，科学性不强，有一定盲目性和偶然性。这本来是一种搜集故事流传线索，鸟瞰大面积地区故事分布的方法。用这种泛采的方法虽然也能够采录到一些优秀故事，但是在大多数情况下，故事往往不完整，不典型，流传状况模糊。因此，容易产生加工量过大，使故事面目皆非的流弊，有的甚至连流传地点和讲述人都无法确定。

第二种方法是村落普查。这种方法比前一种有严格的科学性，它是以民间故事生产和贮存的基地——自然村落为单位，进行全面采录的方法。它的科学价值在于通过对局部地区生活共同体的调查，找到当地民间故事的源和流，进而了解这些故事世世代代哺育当地人民成长的美学价值。这种方法早在20世纪50年代中国就有人做了尝试，并取得了村落故事搜集的好经验，遗憾的是后来终于没能把这种方法坚持下来。近几年来，不少县、乡正在做这种村落普查的尝试。这种方法在国际民间文学界早已通用，行之有效。例如20世纪20年代日本出版的《炉边丛书》多卷集，20世纪40年代日本民俗学家柳田国男编的《全国昔话记录》多卷故事集，都是这种村落普查的成果。我们也应从中国的实际出发，使这种科学方法尽可能快地得到普及。

第三种方法是民间故事讲述家的故事专录。这种方法是在村落普查基础上对专人的采访，是由局部到细部的科学采集方法。它的科学性在于：通过讲故事能手的讲述，既可以找到故事在世代传承中的源流，也可以找到故事在地理分布和传播上的源流，这便构成了故事学上被称作"传承线路"的故事系统，对了解故事的价值和作用有科学意义。道理很简单，民间故事在集体中保存和流传，主要依靠这些讲述家的口头艺术创造，他们是各民族历代民间文学的藏"书"家，活的"百科全书"和"口碑"；因此，采辑他们的口头故事具有更大的文学与科学价值。这种方法在外国也已通用。金德顺故事集的搜集整理者也使用这种方法，采录了金德顺讲述的全部故事，同时采集了有关的各种资料，为民间故事搜集工作创造了新的经验，是应该受到重视的。

在中国的土地上，历代人民究竟创作了多少民间故事，真像天上的星星一样，数也数不清；世世代代、村村寨寨又有多少民间故事讲述家，自然也无从计算。这些口头文学大师，从先辈那里继承大量民间故事，又传给后代，然后默默无闻地离开了人间。于是，留在民间文学史上的，只是那个"人民口头文学家"的笼统称号。这种状况现在不应当再继续下去了，从理论上到实践上为有代表性的民间口头文学家树碑立传的时期已经到来了。

民间故事是人民的集体财富，是为集体所创作、所流传、所承认、所保存、所喜爱的口头文学，但是从理论到实践，它的集体性从来就不是一个笼统的抽象的概念，它是千千万万口头文学家个体能量的总和，其中那些出色的口头文学家的故事创作和传播，往往占据主导地位。如果忽视了这一点，那么我们的理论只能是一些不切合实际的定义，我们的搜集工作，也只能停留在盲目泛采的水平。

到目前为止，中国的故事讲述家有三种类型：第一种是民间传统故事讲述家，这就是20世纪50年代发现的秦地女，80年代发现的金德顺这样的口头故事家；第二种是民间职业说唱故事家，以评书、评话艺人为代表；第三种是现代发展起来的“新故事员”。在民间文艺发展的近些年来，对后两种故事讲述家的口头艺术创作，相对地说比较重视了，但是，对第一种民间故事讲述家的口头艺术，却始终缺乏足够的认识。这一部分口头故事家中的大多数人，都和高龄的金德顺哈儿妈妮一样，是20世纪的同龄人，他们是珍藏民间故事的活宝库，每时每刻都有失传的危险。他们讲的故事亟待抢收，我们应该有这种紧迫感。追忆以往抢救民间文学遗产中的惨痛教训，不能不使我们更加清醒起来。从这一点出发，《金德顺故事集》启发我们，要尽快地把搜集工作的着重点，首先放到濒于失传的口头故事家讲的故事上来。

从国内外民间故事的流传特点和搜集经验中，我们大致可以看到一种值得注意的现象，那就是这类民间故事讲述家以老年妇女居多。在驰名世界的《格林童话》中，大部分动人的幻想故事是从两名老农妇马莉和葳曼夫人那里采录来的。诗人普希金创作中的民间故事素材，几乎都是农奴出身的保姆阿琳娜·罗季昂诺夫娜口传的。高尔基的民间文学修养，主要来源于他的外祖母阿库林娜·伊凡诺夫娜讲的成百个民间故事。鲁迅念念不忘的，是祖母讲的“猫和老虎”的故事以及长妈妈讲的“美女蛇的故事”。在故事的口传历史长河中，我们注意到一条比较清晰的“线路”，母亲用来育儿、育才、育人的故事，几乎都是从母亲的母亲那里继承下来的遗产，每一代都有祖母与外祖母的故事传承，这便是世世代代故事与妇女的“亲缘”关系。这也是秦地女、金德顺这些老大娘成为民间口头故事家的来由。

70年前，日本出版了第一本老大娘个人讲的故事集，那便是佐佐木喜善编辑的《老媼夜谭》，这本故事集收录了老大娘讲的170个故事中的103则。据编者调查，这位口头故事讲述家讲的故事，大部分传自她的祖母。此后，日本又陆续出版了一些“百则故事集”讲述家讲述的故事专辑，也都是老大娘讲述的家传故事。如今，出版了这本朝鲜族金德顺哈儿妈妮讲的故事，就更有力地证明，应当把民间故事搜集的目标，首先集中到那些祖母和外祖母身上。

《金德顺故事集》是由73篇故事和33篇故事资料组成的。这些故事优美动人，不仅有鲜明的主题，而且还有讲述家个人富于感染力的语言艺术风格和浓郁的朝鲜族民俗特色。绝大部分故事是完整的，在世界故事类型中是比较典型的。

其中，幻想性故事的大部分尤具特色。像讲述恶后母遭恶报的故事《孔姬和葩姬》《蔷花和红莲》《后阿妈妮》等虽同一主题，情节却各异。美丽、善良的孤女孔姬，遭到后母的无情虐待，由一只绣鞋引出了幸福的结局，这正是流传极广的世界性故事《灰姑娘》的朝鲜族同型故事。它和汉族的《翠儿和莲儿》，壮族的《达架和达仑》，唐代段成式《酉阳杂俎》“支诺皋”中所记的《叶限》，应属于同一祖型《后阿妈妮》是世界性“无手女型”故事的朝鲜族异文。在这个故事里，无手姑娘是姐妹两个人，和其他民族的同型故事的一个人有所不同。

讲述异类婚姻战胜邪恶的幻想性故事，在金德顺讲的故事中比较突出。其中“天仙婚配型”的《牧童和仙女》是朝鲜族中的牛郎织女故事。“龙女型”的《水宫公主和农夫》和“螺女型”的《田螺姑娘》都是用“美妻画像”为线索展开情节，惩治了坏人的故事，也是各民族同型故事中的好作品。《龙凤匹配》是朝鲜族的“蛇郎型”故事，独具特色。《蛇姑娘》《人为什么有头发》也都是异类变形成婚的奇异故事。这些奇异故事表现了人民为追求幸福而进行的斗争。

讲述动物报恩、帮助穷人致富的幻想性故事，有《三根鸟羽》《农夫和青蛙》《猎手和老虎》《姑娘和癞蛤蟆》等，表现了被压迫被剥削的弱小者期待帮助和向往幸福的合理心愿。赞美正义与善良、惩戒奸猾与邪恶的故事以“两兄弟型”故事为代表，有《亨卜和脑儿卜》《长鼻子哥哥》《长生不老草》《卖香屁》等，也都可以与世界同型故事相媲美。

在写实性故事中，传奇色彩浓的生活故事占有较大比重。这些故事的内容情节有一个突出的特点，那就是歌颂贱民百姓，暴露两班贵族，有鲜明的19世纪末朝鲜族社会生活的色彩。这个特点显然和金德顺的身世有密切关系。在封建制度压迫下，出身于“贱民”阶级的金德顺，自幼便在“两班”压榨下的饥寒岁月中生活，老一代传说的贱民苦难和“两班”罪恶的故事，深深地刻印在她的脑海里，经久不忘。这一组故事一方面艺术地再现了朝鲜族旧时代的生活风貌，另一方面也展示了金德顺所讲故事“传承线路”的根源。

在写实性故事中，机智人物故事《金善达的故事》虽然数量不多，但很有代表性，它表现了朝鲜族人民用智慧战胜邪恶势力的精神。其中《闻肉味儿和听钱响》和维吾尔族阿凡提的同型故事极相类似。

值得注意的是《东海里怎么会有小沙鱼》这篇动人的传说，从女主人公葫芦姑娘的诞生到成婚，再到丈夫被抓去修万里长城，最后寻夫、抗暴、投海、化鱼等一连串情节的发展，都是《孟姜女故事》的同一题材，只是故事内容充满了朝鲜族的民俗生活色彩。从这里可以找到中国各民族民间文学交流的线索，有重要价值。

金德顺讲故事的语言艺术风格很有特点。她的语汇丰富、形象生动，善于描绘，长于渲染色彩，有较强的艺术吸引力。据听过她所讲的故事录音的研究人员评价说：金大娘描绘的形象，活灵活现；叙述的情节，扣人心弦；讲述的语调，娓娓动听；制造的气氛，引人入胜，真不愧是口头艺术家。在她的故事里，有时运用了歌谣做插话，有时使用了谚语做陈述，让听众品尝出朝鲜族故事语言的独特味道。像“十尺深的河底好探，一尺深的人心难测”；“大米撒了能扫起，话儿出口难追回”；“白天说的话鸟儿能听见，晚上说的话耗子能听见”；“风儿没手把树摇，话儿没脚跑千里”；“辣椒虽小也辣人，麻雀虽小也下蛋”；“锅台上的盐抓进锅里才咸，心窝里的话说出来才明白”这些饱含生活乳汁的语言，使她讲的故事富有很大的艺术魅力。

六、《满族三老人故事集》鉴赏

辽宁省岫岩县满族民间故事讲述家李成明、李马氏、佟凤乙三位老人所讲的故事，编选成《满族三老人故事集》，1984年由春风文艺出版社出版，1985年春在东京书市热卖。它的出版是继朝鲜族故事家金德顺故事集之后的又一本很有价值和很有特色的民间故事集；它的出版为民族民间文学遗产的抢救、挖掘、采录、整理，再次提供了丰富的科学经验。在亿万劳动群众最朴实的生活底层，多少辈子以来流传着丰富多彩的民间故事，这是听得着、看得见、抓得住、采得到的宝贵财富。这本满族故事家的故事专集，毫无疑问地证实了上述这个最重要又最浅显的道理。

但是，毋庸讳言，并不是所有的文学艺术工作者、爱好文艺的人都承认群众中有“文学家”，都承认他们讲的故事或唱的山歌就是“作品”，相反，看不起民间口头文学家的还大有人在。然而，这本满族民间故事讲述家的故事集，却以它浓郁的满族山乡泥土气息和瑰丽的民族口头艺术色彩，充分证明群众中确有“文学家”，像李成明、李马氏、佟凤乙那样，默默地从事口头创作和传播的工作，使辈辈子孙受到教养、享到娱乐、得到鼓舞。对于这一点，我们都应当有足够的正确的认识。

记得鲁迅在《门外文谈》中说过：“在不识字的大众里，是一向就有作家的。我久不到乡下去了，先前是，农民们还有一点余闲，譬如乘凉，就有人讲故事。不过这讲手，大抵是特定的人，他比较的见识多，说话巧，能够使人听下去、懂明白，并且觉得有趣。这就是作家，抄出他的话来，也就是作品。”他还在《准风月谈》中高度赞扬说：“乡民的本领并不亚于大文豪。”半个多世纪以来，对鲁迅说的这些话心悦诚服地深表赞同者固然不少，但是不以为然者至今仍在。他们甚至极力贬斥代代传下来的好故事、好山歌，青红不分，良莠不辨，一律打入“另册”，视为“低级”“鄙俗”“不登大雅之堂”的东西。至于对于像李成明、李马氏、佟凤乙这些“斗大的字不认识半拉”的“不识字的作家”，往往是视而不见，对他们讲的“瞎话”，充耳不闻，一概采取不承认主义。其结果，常常使我们当代的文艺百花，因远隔这源泉而在某些方面显得有些枯萎和干瘪。这类教训其实是不算少的了。岫岩满族三老人故事集的出版，正是为了使更多的人认识“在不识字的大众里，是一向就有作家的”这个朴素的道理，从而促使更多的民间文学爱好者，都来做抢救民间文学遗产、继承民间文艺优良传统、发展具有中国民族特色的新文艺这一庄严的工作。

以往我们在普及民间文学基本知识时，常常把民间文学的集体创作和传播这个特点，讲得过分笼统，仿佛民间文学作品家喻户晓，脍炙人口，不胫而走，真像“风”在山乡、田野、村寨中吹一样，无根无源，又仿佛民间文学作品出自无名氏的群众之口，便只能是集体创作和集体传播了。岂不知在民间故事的采集实践中，并不完全如此，在多数情况下，大量民间故事却掌握在某些“见识多，说话巧”的“讲手”的个人手里，这些“讲手”就是民间故事讲述家，在学术上又称他们为民间故事传承人。他们从前人口中听来大量故事，过耳不忘，不断积累、贮存，又不断在群众中传播、再创作。他们在村落里从来就不是无名氏，恰是被群众用俗语授以各种称号的知名的故事家。世世代代广为散布着的故事，大多出自他们之口，然后再经众人转述出去，像“风”一样吹入千家万户。从岫岩满族三老人讲故事的共同特点和故事搜集者张其卓、董明二人近6年的采录实践中，可以清楚地找到民间故事这条活动规律。这给全面搜集、系统整理民间文学宝贵遗产的工作，提供了十分可贵的经验。

在我们的时代，给“不识字的作家”出“作品”专集，正是为了给人民大众的语言艺术家树碑立传，为抢救、挖掘被埋没的民间文学宝藏做出有价值的贡献。这既是民间文学工作者的责任，也是中国民间文学事业在新形势下发展的需要。这本满族三老人故事集的出版，正是适应了这种需要做出的新贡献。

这三位满族故事家，都是祖居满族山乡辽宁省岫岩县的老人，他们从小不识字，最多念了三天书，还没认全“人”“手”“口”三个字。但是，他们的记忆力却十分惊人，他们在孩童时代从老一辈口里听来的上百则故事，都至今不忘。他们在多年讲述故事的过程中还练就了一张巧嘴，成为不识字的语言艺术家，无论在亲族中或乡邻中，都拥有自己最热心的听众，同时受到他们的尊敬和爱戴。他们通过故事讴歌善良和正义，赞美勇敢和勤劳，颂扬美好心灵，同情被压迫的弱小者，揭露邪恶和残暴，鞭挞怯懦和懒惰，嘲讽贪吝和自私，痛斥一切压迫者。他们的故事讲出了满族人民的心愿，大多数故事正是满族民间文学中民主性的精华。人们从这些故事中可以得到很好的教益。同时，这些故事又有着鲜明的满族特色和满族民俗特色，对于深刻了解满族及其民间文化传统，也很有价值。

从17世纪中叶到现在，300多年来，满族口头文学使用的语言经历了由满汉兼用过渡到通用汉语的过程。到20世纪初，除部分民间歌谣（主要是仪式歌）保持着用满语演唱外，民间故事已经全部通用汉语讲述了。这是满族口头文学最重要的变化，除了某些故事主人公的满族姓氏名字、地名、亲族称谓或特定事物用汉字作拼音标注出相应的满语语汇外，其余从词到句，以至各种故事修辞特点，一律采用了中国东北地区的汉族方言土语。这本满族三老人故事集中的故事语言正是用辽东方言土语夹杂满语人称或亲称等词汇构成的。同时，李成明、李马氏、佟凤乙三故事家又各具独特的讲述语言风格。这对于研究民间故事语言，研究满族使用汉语的特点，都是重要的第一手科学资料。

关于满族三位故事家的专访和对他们所讲故事的专录，已经由张其卓、董明取得了良好的经验。从他们的经验中可以看出，采集民间故事家的故事要经过十分艰苦的历程。第一阶段，大约从1979年到1980年间，他们以县文化馆为中心对岫岩县全县范围内流传的民间故事的分布状况和线索，做了摸底调查，采录了散布在群众中的故事资料约40万字、200余篇。他们会同各文化站的人员，形成了一支不小的普查队伍。随后，在这支专业和业余相结合的采风队的努力下，由张其卓、董明等同志编辑出版了岫岩满族民间故事一、二两集资料本。

第二阶段，1980年到1981年间，他们认真学习了民族民俗学的基本知识和调查方法，由张其卓进行了对岫岩县满族的全面调查研究。从满族开发岫岩的17世纪后半叶开始，详细调查了全县满族各氏族、家族的发展历史，经济发展的状况，特别是对满族在养殖柞蚕、开垦稻田、开发玉矿等方面的贡献，做了生动的调查。他还对满族风俗习惯做了十分细致的实地调查，从衣、食、住、行到产育、婚姻、丧葬、祭祀；从宗族谱牒到家族祖先传说；从古老的骑射到群众文娱活动，都做了生动的科学采录，撰写了论文和专著《满族在岫岩》。从此，张其卓、董明等对岫岩的满族了如指掌，他们在这个交通不便的山区爬山越岭、走乡串户，采访调查、关心百姓疾苦，和各阶层的满族群众广交朋友，打成一片，使许多老人把他们当作亲人，给后来采访民间故事讲述家奠定了十分坚实的基础。

第三阶段，1981年到1982年初，他们在取得了丰富的实践经验基础上，又专门结合实际，有目标地学习了有关民间故事传承人的基本理论和方法，从众多的满族老户中，准确地选中了李成明、李马氏、佟凤乙等故事家为第一批专访对象，用一段时间和故事家生活在一起，集中采录，一气呵成，共采集300多篇故事，积累了大约50多万字资料，出色地完成了三老人故事集的选编工作，以后，又向第二批民间故事讲述家的调查采访转移。

张其卓、董明的经验告诉我们：一个民间文学工作者所以能为祖国的民间文学事业做出贡献，一要有一颗热爱人民、热爱民族、热爱民间口头文学事业的心，有了这颗心，就有了为此而献身的精神；二要有一股不畏艰辛、知难而进、勇于攀登、敢于拼搏的劲头，有了这股劲头，哪怕它风风雨雨、崎岖坎坷，一定能取得成绩；三要有一种科学态度，勇于实践，刻苦钻研，掌握科学理论，运用科学方法，开动脑筋，闯出新路，在搜集整理工作中有了这种态度才能丢掉盲目性，增强科学性，才能取得真实的有价值的成果。

张其卓、董明的经验还告诉我们：采录民间故事讲述家贮存的故事，是抢救、挖掘民间文学遗产的卓有成效的途径，它虽不是唯一的途径，但比起其他种种已经走过的途径，它确实是最好的途径。在岫岩这样的县里，如果再分别采录几批各族民间故事家的故事，就有极大可能把岫岩全县的民间故事采录完毕。这个先进经验对辽宁省各县及全国各地的民间故事搜集工作，都是适用的或有重要参考价值的。

我们期望这本满族三老人故事集的出版，在岫岩县、辽宁省甚至全国各地的民间文学界产生积极的推动作用，使更多的故事家的口头作品能早日与读者见面。在为人民口头语言艺术家树碑立传的新纪元里，全面完成搜集民间故事的时日为期不远了。

最后，不能不谈谈关于民间故事讲述家专访的学术鉴定问题。民间文学作品的采集，历来都存在一个科学的真实性问题。在盲目泛采、“道听途记”的多数情况下，故事的完整性、流传地点、讲述者等都缺乏可靠性，甚至出现生编硬造、改头换面、添枝加叶、引申生发等乱动手术的现象，在真正的民间故事中出现不伦不类的赝品。然而，民间故事讲述家所讲的故事，采集时，第一，必须有完整的、系列化的故事讲述录音资料；第二，必须有完整的关于故事家的书面调查报告，特别是关于故事传承线路的调查，尤为重要；第三，必须有故事家讲述故事的摄影、录像等资料；第四，是经过搜集者整理的文字资料，也就是与录音核对过的记录整理稿。具备了上述四点最起码的采录技术要求以后，这本故事专集的科学价值就可以予以肯定了。只有在这个前提下才有可能进一步探求故事集的艺术价值。张其卓、董明正是按照这样的要求做的，从而取得了好成绩、做出了新贡献。只要像他们那样脚踏实地地去做，用不了多久，这本故事讲述家故事专集的姊妹篇定将一册又一册地出现在读者面前。

七、耿村故事家传承

1．冀中平原村故事集散的传承特点

(1) 河北省藁城耿村传统集市是耿村故事集散的重要背景性特征之一

据调查：耿村南邻一条东西长约 75 千米的商贾大道，耿村成为往来商贾必经的大集。每逢一、六日的集市贸易活动，在这里至少已有 300 年的历史了。甚至被誉为“一京、二卫、三耿村”。它是石家庄未发展前通向京津的大集落。集市成为耿村人赖以生存的命脉。作为平原村大集，与定时聚散的小集不同，它往往拥有小商业市镇的固定铺面，其中以坐商、作坊、货栈、客店、饭铺为多。据调查，这些店铺在过去的耿村曾超过百家。这么多的行业几乎都有各自的行业传说流布。同时，客店、大车店及酒馆、饭铺又成为故事传播的集中场所。在著名的故事讲述家靳景祥、靳正新、王玉田三人所讲的故事中，有很多从集市客商那里听来的故事。其中有的是外来的坐商，有的是作坊的工匠，还有的是住在客店中的流动商贩和住在大车店里的车老板。靳景祥故事从集市客商传来的有 185 个，占他的故事总量约 40%；靳正新故事从客商传承下来的约有200个，约占他的故事总量15%；王玉田故事中从客商传承下来的约有95个，约占他的故事总量20%；这些故事的集存和流传，都与耿村大集活动有直接关系。他们三人从集市上收存了外来故事480个并纳入到耿村故事库中，成为耿村故事的重要组成部分，足以证明耿村大集集散故事能量之大了。由此可以推断，耿村故事家们从本家族传下来的故事和从本村老一辈故事家那里传承下来的故事中，也一定会有许多是他们的祖辈从大集上听来的故事。

（2）耿村庙会是耿村故事集散传承的重要背景性特征之二

据调查：耿村原有十座庙，即三官庙、五道庙、真武庙、奶奶庙、观音庙、马王庙、关帝庙、自落寺、蛇仙洞庙和大仙堂。但是，关于庙会的资料极少，大约只有70年前兴起的耿王墓大仙堂的庙会香火了。按中原、华北的民间信仰传统，三官庙、奶奶庙、关帝庙、观音庙都普遍盛行庙会。在耿村调查资料中只涉及了观音庙会。大体上可以推知早在20世纪30年代以前，正统庙会不会是这个大仙堂的祭祀。耿村作为拥有十座庙宇且有唐代古刹自落寺的平原大村，早已具有大乡镇的规模了。从晚期耿王庙会的景况可以窥见更早的十庙香火之盛。庙会引来方圆百里的善男信女、三教九流、五行八作大批传播民间文化的人群。按民间估算，每会多达3万人。在当时仅有460多口居民的耿村，每隔4天就拥入数万人，并汇集百业、百戏文化于一处，代代相沿相传，不仅集散了物资，更集散了文化。其中收益最多最深的当然要数耿村。庙会集散的民间文化事象大体包括两个方面：一是庙会上的烧香还愿、斋僧舍饭、相面算卦、杂耍卖艺、茶摊饭铺、买卖交易等多种民间文化形态的广泛传播，不断集存于耿村的文化生活中成为丰富多彩的故事素材和基础；二是庙会上的对台大戏和说书唱曲，把成本大套的故事和断片的戏曲故事直接流布耿村，转化为口传故事。这种特点在耿村十大故事家的故事中都表现得较为充分。

（3）耿村故事家走南闯北的生活经历是耿村故事集散传承的重要

背景性特征之三

耿村的大故事家，多数都有在外走闯的丰富生活史。例如，靳景祥在外地当过学徒，还学过说书，学过做饭菜，在本省几个县城当过27年的厨师。据他说，他的故事之所以多的原因，主要是在外地做厨师时听来的。这样传来的故事有《鸡的来历》等165个。靳正新20世纪40年代在外地当过破路、筑路民工，50年代在外地多次参加会战，60年代做过水库民工，先后听来127个故事。王玉田从1932年在外地当兵，到过湖北、四川、贵州、云南、河南、陕西、山西、河北的很多地方，经历了不少战乱，也听来了许多故事，至少集存有《下蛊的传说》《关帝冢的传说》等145个故事。第六次普查发现的故事家靳建民讲的百多个故事中也有不少是他在石家庄和天津当工人、在内蒙古深山老林中当铁道兵时听来的。事实证明，耿村故事家很善于在走南闯北过程中不断积累家乡以外的故事，一旦还乡，便传讲开去，使这些故事成为耿村的故事财富，这种集散故事的能力是很突出的。

2. 宗法传统下耿村故事的宗族传承特点

(1) 耿村故事和宗法传统影响

据调查资料及故事反映：耿村民间文化中流布着帝王崇拜、圣贤崇拜、祖先崇拜等传统思想观念。耿村的传统宗族体系和旧道德规范还占有重要位置。村里不仅广泛流布着帝王将相传说（包括耿村来历传说中的帝王将相在内），而且还流传着宗族祖先传说。例如，靳氏家族流传的靳氏祖先看守耿王坟的传说；明万历进士靳明帅、靳充正断案如神的传说；清乾嘉武举靳全保以正压邪的传说等，都在表彰靳氏先祖的贤德清正和功业，突出了靳氏宗族的地位和声望。这种以祖先崇拜为中心，以帝王、圣贤崇拜为支柱的宗法观念，是耿村故事的宗族传承的重要指导思想。

(2) 耿村故事的宗族传承线路，形成了具有宗法性特征的故事家传承系谱故事中的祖先崇拜，只能由宗族传承的职能来完成。这是耿村故事活动的一大特色。在耿村故事世家中，靳氏宗族传承是很值得研究的大课题。靳氏宗族是已被公认的耿村六个世纪以来物质文化和精神文化的主要传承者和创造者。现在耿村有 12 姓氏宗族，以靳姓为最早祖居在当地的大姓族户，全族人口占全村总人口 60% 以上。据传：靳氏宗族有 5 支，现存各支中以北门一支最为兴旺。靳景祥、靳正新二位大故事家都出自北门支。目前已知这两名故事家的祖辈中已故的故事家就有 11 位，以下 3—4 代的故事家也有 50 人左右，使靳氏宗族成为故事大世族。关于靳氏宗族关系和他们的故事传承脉络，现在还没有较清晰的调查资料，但是，从仅有的资料中至少可以发现靳景祥、靳正新的故事和祖父辈靳老茂、靳老班、靳老景、靳老纯等“老”字辈故事的继承关系，以及和父辈靳英瑞等故事家的直接传承关系。靳正新故事的较大一部分来源于靳氏已故故事家 15 人。

靳氏宗族传承的宗法性在耿村民间文艺传承中具有不可比拟的导向意义。这主要表现在靳家传讲的关于耿村来历的传说中，靳氏先祖总是作为耿村开创者身份出现的。不论这个传说有多少异文，但都重复着靳氏先祖建耿村这个主题。故事反复强调了靳氏创建耿村的意义，展示了浓重的祖先崇拜观念。至于耿村第二大望族徐氏宗族，据调查其故事传承人先后几代也有 20 多人，大体也形成了传承系谱。王氏、张氏等家族也已经有了自家的故事传承线路，但是到现在为止还没有形成宗族传承系谱。

第十一章　藏族故事《斑竹姑娘》和日本《竹取物语》故事原型研究

1977年初，当代日本口承文艺学的开拓者关敬吾在他的重要著作《日本之昔话——比较研究序说》中写了以下两段话：“最近，发现了和《竹取物语》在基本结构和思想观念方面几乎相同的藏族民间故事。《竹取物语》被称为传奇小说之祖，但是关于它所依据的原型却从无定论，大致可说是外国民间故事的改编”；“根据最近发现的藏族的《竹取物语》，我国最早的这部小说的创作性便被否定了”。这两段话的论点是有充分根据的。它作为研究《竹取物语》的故事原型素材论的重要提示，简明地概括了当代《竹取物语》研究的新进程。《竹取物语》是民间故事改编而成的说法，《竹取物语》和藏族同型故事出于同一祖源的主张，已经成为最新的强有力的科学推断了。

关于这项研究的新发展，有以下一段中日民间文艺交流的过程。早在1954年，中国的大规模民间文学采集工作深入到祖国大西南的藏族地区，在四川西北部阿坝藏族自治州搜集了相当数量的民间传说和故事，其中部分成果计41篇故事，由田海燕搜集整理编成《金玉凤凰》故事集，于1961年上海少年儿童出版社出版，其中收入了一篇不大为人注意的故事，题为《斑竹姑娘》。记述一个伐竹青年从竹中剖出的美丽姑娘，用五种难题考验并拒绝了5个有权势青年的求婚，最后和伐竹青年，即故事中老妈妈的儿子成婚的故事。这则故事传入日本后，在

20世纪60年代中引起日本民间文艺界的注意。特别是，当致力于日中民间故事和神话比较研究多年的学者伊藤清司和热心于向日本人民介绍中日民间故事的学者君岛久子发现这则故事后，分别做了精深的分析研究先后于20世纪70年代初发表了有重要价值的著作，把《竹取物语》的素材研究，提高到一个新阶段。先是伊藤清司以《斑竹姑娘》与《竹取物语》的比较研究为中心，指导百田弥荣子写成了大学毕业论文《关于〈竹取物语〉形成的一项考察》，以后又进一步明确提出了“竹取物语改编说”。伊藤清司与百田弥荣子联名发表了《竹取物语源流考》，同时全文发表了《斑竹姑娘》的译文。1972年2月，君岛久子发表了论文《藏族的斑竹姑娘故事和竹取物语》。1973年2月，伊藤清司又发表了重要专著《赫奕姬的诞生》，系统全面地论述了《竹取物语》的素材、形成以及与东南亚和中国“竹中诞生”故事的比较，最后专章提出了《竹取物语》并非古人的创作，而是根据与《斑竹姑娘》共同的原型故事改编的主张。

这个学术研究上的新进展，无论从理论到实践，或从民族文化的形成到民族文化的交流，都是很有意义的。它应当引起中国民间文学界、民族学界以及外国古典小说研究界的重视。这种比较的科学成果，对中日文化交流是积极的贡献。为了对这一成果做出初步的述评，有必要从《竹取物语》素材论的有关综合研究谈起。

一、《竹取》故事的诞生

日本古代文学中，以平安时代的韵文和散文作品为代表，走上了空前繁荣的阶段。平安朝是自桓武天皇延历十三年（794年，唐德宗贞元十年）京城迁到京都起到建立镰仓幕府止，中间397年的历史时期的通称。这时期经济繁荣，与中国唐朝往来频繁，文化发达。朝野上下对文学艺术十分重视。在文字上出现了新的改革，继奈良时代创立了片假名并广泛使用后，又进一步出现了平假名，基本上脱离了汉文写作，为繁荣创作提供了最好的条件。

从代表这个时期的叙事作品看，主要是被称作“物语”的传奇小说占有首要地位。在传奇小说中最古的要算是《竹取物语》了，它在日本文学史上有“小说之端”“小说之祖”的称号。《竹取物语》所描写的动人故事在日本多少世纪以来家喻户晓，脍炙人口。它的梗概略述如下：

从前，一个靠做竹器谋生的采竹老翁在一棵闪光的竹节里剖出一个3寸高的小女孩，捧到家放到竹笼中和老伴抚养，3个月后，长成了美貌的大姑娘，取名为秀竹赫奕姬。此后，老翁在伐竹时常从竹节中得到黄金，于是富了起来。姑娘美名传遍各地后，求婚者多人，其中最热心的是五位贵公子。姑娘向他们提出了条件，约定谁先完成了便可成婚。她让石作皇子到天竺国取来佛的石钵；让车持皇子取来蓬莱的银根、金茎、玉果树枝；让阿倍右大臣取来中国的火鼠皮裘；让大伴大纳言取来龙颈上的五彩珠；让石上中纳言取来燕子巢中的宝物子安贝。结果，五位公子都没有成功。此事被皇帝知道后，下诏宣姑娘进宫，老妪询问女儿，女儿不允。女对母说八月十五夜她将随天界来人返回月宫。皇帝得到消息后，派出禁军2000人手持弓箭严守姑娘一家，老翁固锁门窗，老妪在房中紧抱女儿。15日夜，明月上升，忽然天仙自空驾云而至，武士们气屈力竭，毫无战心。飞车上下来王者模样人宣称姑娘本系夫人，有罪贬于人间，今罪限已到，当即迎返月宫。姑娘依依不舍，把仙人带来不死之药转赠给皇帝，修书一纸，然后登车飞升。皇帝十分感慨，命将不死药放到骏河国山顶点燃成烟。从此，这座山便称作“不死山”（富士山），据说至今山上的烟还缕缕在云中上升。

对这个优美动人的浪漫色彩很浓的故事成为日本第一部小说的素材和内容，自江户时期以来，许多学者进行了多方面的考证和研究，提出了许多颇有见地的推论。《竹取物语》的产生和影响给日本文学史提出了一连串必须解答的疑问。这部作品到底产生在什么年代？作品有没有作者？有的话，作者是谁？作品所依据的素材是什么？它的源流是什么状况？围绕这些问题，日本学界展开了一场各抒己见的严肃的争论。两个世纪以来，形成了几代研究“竹取”学的学者队伍，逐步走上了当代取得新成果的阶段。

二、《竹取》学的年代研究

《竹取物语》产生的年代，据统计至少有23种不同时期的推断。南波浩在他的《校注竹取物语解说》中为各家主张还列了简表说明。从各家说法看，主张作品产生年代最早的没有早过平城天皇大同元年（806），主张最晚年代的没有晚于村上天皇天历十年（956），整个的争论都集中在这一个半世纪当中。其中，江户后期、19世纪中，田中大秀在《竹取翁物语解》的详细考证里主张是产生于大同至延喜之间，即806年到922年平城天皇到醍醐天皇朝；市古贞次主张作品完成于弘仁元年到延喜元年间，即710至901年；春上赖母、井上赖文在《竹取物语新释》中主张是产生于弘仁二年至十四年间，即811至823年；20世纪50年代写过《校注竹取物语》《竹取物语新解》《竹取物语和神仙霹想》等著作的武田祐吉则主张产生于弘仁二年至延喜之间，即811至922年间，手冢升也有同上说法；冈部美二则缩短了产生的时限，认为不过是弘仁三年以后两三年之间的事，即812年至815年间写成的；藤卷樱邮和上述说法不同之处是认为作品不早于弘仁三年，但出于此后什么时候不详；江户末期著有《竹取物语考》的加纳诸平主张说作品形成于承和以前，即不会晚于847年仁明天皇朝；奥津春雄则认为在承和以后到延喜之间，即847年至922年；200年前为小山仪校订整理《竹取物语抄》的入江昌熹则认为作品是贞观以前的产物，即最晚不过876年；五十岚政雄认为产生于贞观年中，即859至876年间；西乡信纲则认为不会早于贞观八年，即866年；冈一男提出了肯定的推断说作品成于贞观十七年，即875年；五十岚力的主张同上接近，认为在贞观末年，即876年；神田秀夫认为出自贞观十一年至天庆三年间，即869年至940年的70年中；原国人在《关于竹取物语的写成》论文中提出了和上述许多说法不同的主张，把作品写成的时间上限推断为不会早于元庆四年，即880年；20世纪初70年代，藤冈作太郎在《国文学全史I·平安朝篇》中认为作品完成于贞观到延喜之间，即859至922年间；南波浩在他的《竹物取语成立考》一文中也认为在贞观至延喜五年到九年之间，即859至905、909年之间；狛毛吕成把这部作品与《古今集》的写作时间进行了对比，认为应当成书于《古今集》之前，即905年以前；著名的物语文学史家三谷荣一撰写了《物语文学史论》《物语史的研究》《竹取物语的原型》《竹取物语的素材和构成》等著作，他主张该作品完成在《古今集》写作前后，即905年前后；橘纯一则不同，他认为在延喜以前，即不晚于901年；中田刚直也持同样主张，但他认为现存《竹取物语》是后改本，是13世纪中的镰仓中期本，比原古本已晚了400余年；本居宣长则认为在延喜之后，即不早于901年，(又据本居《小玉梳》，似又主张延喜以前)；长谷章久主张较晚，武田宗俊在论文《关于〈竹取物语〉的完成年代及作者》中提出了最晚的时限，认为作品产生于天庆前后，即938至956年。

从以上26家的23种说法的顺序中，我们大体上可以找到他们所寻求的接近点，即贞观到延喜之间，也就是859至922年间。为什么诸家说法的差异在时限上跨越了整整一个半世纪，是有许多原因的，然而大致可以看出主要原因还在于《竹取物语》的题材本身没有提供出最有力的时代证据，所以，这样多的见解只能同时存在。究竟各家主张是依据什么得出来的推断呢？这正是与作品内容和形式的特点密切相关的所在。综合起来，可以看出确定作品年代主要是依据了三条标准：一、根据《竹取物语》中有关历史的记事线索，做出写作历史年代的考证；二、根据《竹取物语》中使用的语汇、文法、体裁、诗歌技巧等特点以及平假名推广的时期，从文学史的发展角度做出写作历史年代的推测；三、根据大致确定了写作年代的《源氏物语》《大和物语》等作品及其他一些文献资料上关于《竹取物语》的记事线索，做出关于写作年代的判断。

例如，《竹取物语》的结尾有骏河之国的富士山顶燃烧起了不死药的烟，至今还缕缕上升的记事。于是，从历史上考查了富士山喷火冒烟的活火山记录，在排除绝烟期之后加以推算，然后确定作品写作的年代。学者们在历史上找到了贞观六年（即 864 年）和承平七年（即 937 年）富士山喷火记录。又如，小说中姑娘提出的难题之一是从唐人那里买火鼠皮裘，作品中有阿倍右大臣与唐朝商人王某商谈交易的记事。根据这一情节推断应当属于进入平安时代的承和以后，即日本和唐商的贸易趋向活泼化以后的记述，于是判断为 847 年以后的作品。再如，小说中姑娘提出的难题之一是大伴大纳言去寻找龙颈上的珠，于是导致出惊险的在海上漂流的故事。根据历史上著名的“菅原成漂流南海故事”的记录，大体推断是这个事件在日本人当中记忆犹新时期才在小说中描写了这段故事的。这个事件的记录发生在承和六年（839）。还有，小说中在赫奕姬升天一节描写了八月十五夜，这是一项特殊的记事。日本古来有观月不吉利的禁忌，所以赏月赋诗的宴会描写，都可以认为是唐朝中秋赏月风习影响的结果，由此可见只有在中国大陆文化影响期才有可能记述姑娘八月十五夜升天的故事，据此推断当是贞观以后的写作。再有，姑娘在给皇帝的书简中提到了把不死药交给一个称作“头中之将”的人，其中“头”如不是误写的话，应当是古代官职“藏人头”之略称，而“藏人所”的设置是在嵯峨天皇的弘仁元年（810），因此认为小说写成在这之后。在小说中还提到了官府“六卫司”，而左右近卫府、左右卫门府、左右兵卫府等六卫司是在弘仁二年设，可见现存本小说只能是811年以后写成的。同时还考证了小说中关于民间工艺美术等民俗内容，推断了作品写作年代和过程。有的从《源氏物语》中介绍的材料判定系纪贯之等著《古今和歌集》的延喜前后，即10世纪开头几年的作品。从小说用语的古朴风格、特色也做了相应的推断。

从各家学者关于《竹取物语》产生年代的主张也可以透视出一个问题，那就是作品素材本身所提供的历史写实线索和材料非常少，相反，艺术想象的、幻想虚构的浪漫成分和传奇色彩格外浓厚，这种现象为小说的原型研究自然提出了充分的必要性。

三、《竹取》学的作者研究

和《竹取物语》产生年代的研究同时并举的便是对小说作者的考证和推断。这对于作品的原型研究同样有意义，虽然这些考证首先立足于作品是作家创作一说，但在探讨中，却对小说的素材进行了深入细致的分析，这些分析都从各个角度显示了作品原型故事本来就是无名氏的创作，因为，所有关于作者的推断都十分困难而且始终没有定论。

关于作者的推测显然都联系着写作年代的考证。各家研究者都从自己判断的写作时限中考证当代作家创作《竹取》的可能性。例如，认为作品产生于延喜以后的学者中，有的自然主张小说作者是延喜以后的源顺（911—983）。主张此说的学者尽管也就源顺是依据古代传说创作，但大多含混，缺乏根据，所以主张作品产生于贞观年代的学者不能接受这种推断，如对此说持否定态度的入江昌熹正是如此，他在校订《竹取物语抄》时强烈表现出了否定源顺是作者的假定。相反，主张贞观年间成书的人又极力提出作者是源融（822—895）的说法。这种主张以五十岚政雄在他的《竹取物语里解》中所表明的观点为代表。这种观点认为传奇小说的创作并不是仅仅出于消遣，而是表现作者心中的不平，出于对现实的抗议，因此只有奋笔揭露藤原氏专横行径的人才配作为小说的作者。平安朝藤原良房任摄政，是在天安二年（858），藤原基经任辅政的“关白”是在仁和四年（888），都是专权骄横一时，因此这期间选中了源融作为相应的作者。这种推断显然是感性的猜测，缺乏任何可靠的实证。此外，主张作品成书于贞观年的学者，像冈一男、五十岚力、神田秀夫等又提出新的说法，认为从小说的文体和内容看来似乎是精通日汉诗文佛经的博学僧侣所写，从小说中的和歌富有洒脱明朗风格推断认为作者是僧正遍昭（816—890）。但是，这种判断也不能说有了足够的证据。另有一说认为作者系贞观年代的贺茂峰雄氏，这一说法以南波浩《竹取物语成立考》和原国人《关于〈竹取物语〉的写成》中的主张为代表。南波浩认为小说中给赫奕姬命名的人“三室户斋部秋田”就是“三轮山神职秋田”，而贺茂峰雄正是和大三轮神社关系异常密切的人。又因为贺茂峰雄任过相模权介、上野权介等职，对富士山的情况有亲身了解的经验，所以贺茂氏很可能是小说作者。原国人以为贺茂氏在世时天下大乱，皇统大变，当时文人有感于时艰，假托672年“壬申之乱”，虚构了5名求婚贵公子都是壬申乱时“立功者”，予以讥讽。于是选定了贺茂氏作为猜测中的作者。但是，如果把这个主张和作品的全部内容对照研究，就会发现这部传奇小说的政治倾向性并不明显，显然并不是为某种政治目的而作。另外，还有认为作者是纪长谷雄的说法，等等不一。

在考证小说作者其人时，还有一些说法只做了作者可能属于什么人的推测，并没有落实到具体人头上，这对于分析作品内容及素材也都有意义。像以冢原铁雄为代表的学者认为作者是斋部氏族系中的人物。根据有三：一、作品中说到伐竹老翁的名字是赞岐的斋部氏。二、作品中为姑娘命名的人是斋部的秋田；据此证明斋部氏在小说中居有重要位置，作者可能是斋部氏系的人物。三、作品中写到皇帝派出敕使真诚访伐竹翁时，描绘了和姑娘对答中当场出丑的内侍中臣氏。关于这一点考证者认为自壬申乱后，各氏族姓的地位有了改变，斋部氏和原属同等地位的中臣氏相比，这时已经降格，作品中褒斋部氏贬中臣氏的情绪，正表现出斋部氏系人物对当时掌权者的强烈不满。从正反两方面推测，可以推测作者是斋部氏系人物。可是，这个说法在日本也同样有异议，因为，伐竹翁叫作“赞岐的斋部氏”的说法，只有该作品的“群书类从本”一种记载，其余近20种版本均无此称呼。至于“三室户斋部秋田”，在作品的古本中恰恰没有“斋部”字样，由此可见这种说法也大有商量的余地。以三谷荣一为代表的主张是，作者属于和弘文帝亲信人物的后代子孙关系密切的文人或僧侣，即反对天武帝亲信人物。根据是，壬申之乱中的所谓功臣多是天武帝亲信中出身名门豪族的人，在作品中描绘的5名贵公子都是壬申乱中“立功者”，作者给他们安排的失败的情节异常引人注目。从作品中对贵公子的辛辣描绘可以推断出作者显系对当代藤原氏专政极度不满的人假托古事鞭挞时政。于是猜测作者是与大和国关系深切，弘文帝近臣后代中关系密切的知识分子阶层的人。这种说法在日本同样引起异议，从作品内容看，人们怀疑作者是否真的怀有上述政治目的，并对历史作了什么考证。同时，也可以看到作品中的人物描写也并没有被利用来影射当时什么权臣显贵。所以，也值得商榷。另外，还有说法认为从作品汉文训读的语调及语法和表现手法分析，显然不似男性作家写作，又考虑到它对晚些时期宫中女流文学的影响，于是推测当是一位女作者。其说不一，概无定论，但对于进一步研究作品的内容、形式及素材源流却有很大推动。

四、《竹取》故事素材原型研究

在研究《竹取物语》产生年代和作者的同时，必然涉及《竹取物语》书名的由来，这就进一步关系到作品的素材和原型。

《竹取物语》这个书名是经过了较长时期的变迁，大约到了16世纪中叶才被确定下来的通称。早在11世纪，往往都是按照故事主人公的名字称呼书名，在这一点上和中国唐宋传奇小说的名称倒很相似。当时称作《赫奕姬的物语》（可译作《闪光姑娘传》），或《竹取翁的物语》（译作《伐竹叟传》）。后来从12世纪末到16世纪初，又改称为《竹取》或《竹取的赫奕姬》。到了室町时代末期，即公元16世纪中，才大致称为《竹取翁物语》，又通称为《竹取物语》，简称《竹取》。

书名的变迁是有来由的。早在古写本中就标名为《竹取之翁的物语》，因为作品开卷便写“从前，有个称作竹取之翁的人……”，看来似乎是写伐竹老翁的传奇故事，所以以“竹取翁”为主人公，被简称书名为《竹取之翁》。但是，整个作品里的中心人物却是竹中诞生的姑娘，因此又以女主人公的名字“赫奕姬”为书名，通称《赫奕姬的物语》。在《源氏物语·绘合卷》里提到了传奇小说之祖时曾称作《竹取之翁》，在《源氏物语·蓬生卷》里同时谈到这本作品时又称《赫奕姬的物语》，可见，在《源氏物语》作者紫式部生活的年代里，这部传奇作品同时通称有两种书名。从此，两个通行的书名便构成了研究作品标题的两个体系：一个是伐竹翁系，一个是赫奕姬系。从11世纪以来，主张作品以伐竹翁为主的占有优势，在《今昔物语》第31卷中所载的伐竹故事和《竹取物语》同型，也是以伐竹翁为标题的，因此，作品标题定为《竹取》，显然是以翁为主体的。但是，任何一个读者都会看到，翁在作品中很显然是处于次要角色地位，真正的主人公是赫奕姬。全部故事的大部分都紧紧围绕着姑娘展开，如贵公子求婚，姑娘出难题和5人解难题的全过程几乎和翁毫不相干，相反所有情节离开了姑娘便都不能成立了。这种情形和作品标题相对照，可以看出令人费解的名不副实现像。这是由于9世纪的习惯称呼造成的呢？还是偶然的无足轻重的现象呢？于是，自然引起日本学者们的注意，结合到《竹取物语》素材论的研究，探讨了这个问题。

据伊藤清司在他的《赫奕姬的诞生》一书中谈到《竹取物语》名称的变迁时指出，这种演变提示人们注意到作品在相当长的历史时期中是经过了部分改动的。确切地说《竹取物语》并不是一个作者在一个时期内一次完成的作品。除了作品的基本情节没有变动外，其他部分改动加工之处还是可以看出的。他列举了继《竹取物语》以后产生的《宇津保物语》的某些部分谈起了“赫奕姬”“子安贝”的话语，提到了“蓬莱山”“不死药”等言词；《大和物语》77段描绘了八月十五夜时源喜种唱的竹取之歌；《源氏物语·绘合卷》中关于“竹中结盟”及阿倍右大臣与火鼠裘，车持皇子与蓬莱玉枝的记述；《荣华物语》《狭衣物语》等平安时代传奇文学的代表作中对《竹取物语》或多或少的引用，涉及的词语；标明了只要通过这些宛如猜测字谜的考证，就可以把《竹取翁的物语》或《赫奕姬的物语》原貌恢复，大致可以把现行本《竹取物语》的情节呈现出来。所以，他强调虽然《竹取物语》有了小的变异，但是它的故事梗概并没有任何重大改变。这种分析显然对作品的素材与原型研究十分有益。

随着作品标题而来的问题是女主人公名字的由来。故事中说的姑娘取名叫“かぐや姬”，按读音，可以是“赫夜姬”，也可以是“赫奕姬”，还可以是“加久耶姬”；有的甚至考证说这个名字利用了历史人物的名字读音，即赞岐垂根王之侄“迦具夜比卖命”的“迦具夜比卖”。如果从采竹翁自闪光的竹中剖出小姑娘解释，可以叫作“赫奕姬”（即“闪光姑娘”），如从后来于八月十五夜飞升到月宫解释，可以做“赫夜姬”（即“夜明姑娘”）。显然后二者更接近故事原型的意义。其余的名字反而是历史文学、写实文学的某种附会。这样看来，对于《竹取物语》这部不明产生年代，不明作者，有着与内容不符的书名的传奇小说，着重研究它的素材和原型就成为十分必要的了。日本学者正是这样，几个世纪以来对《竹取物语》情节中的“竹中诞生”故事，“羽衣升天”故事，“难题求婚”故事等素材线索做了周详的论证，取得了很大成果。

五、《竹取》学的研究历程

《竹取物语》素材论研究在日本经历了较长的历史和曲折的历程。首先，在日本平安朝出现平假名之后，《竹取物语》便出现了平假名间杂汉文写本，一直发展到现行汉字与平假名间杂体写法。由此往前代推断，认为更早些一定有《竹取物语》汉文本存在，用平假名改写后，作品实际上有了部分改动加工。于是由曾经存在过汉文原本《竹取物语》这个推断，自然导致出原汉文本的素材来自中国大陆汉文典籍的说法。又根据《竹取物语》有许多汉语，特别是有不少看破凡尘的言辞和佛道通常用的语汇（如“蓬莱”“不死药”，3000年开一次花的“优昙花”等），显示出中国的神仙思想与佛教思想色彩，于是有人认为应当从汉文佛典中去寻求素材。认为早在日本有假名写本之前曾经有汉文原本的说法，是江户时代末期《竹取物语》研究开创最有力的科学推断之一，这种主张以加纳诸平为代表。从此，向中国大陆汉籍佛典寻求《竹取物语》素材的动向十分活跃起来。从当时日本受中国文化影响的历史考察，从江户时代学术研究的倾向看，这是很有道理的。但是，在日本早期研究中汉文原本竹取存在说与素材论的外国来源说是两个不相混淆的课题。汉文原本存在说主要是透过现行假名本寻求汉文原书的面貌，素材论则从此出发寻求作品素材线索的来源，因而着眼于中国典籍。只要了解了对于素材来源的研究情况，就不难理解这种区别。

素材外来说的研究，从外国佛书中寻求来源的以僧人契冲在《河社》中的主张，江户末期小山仪、入江昌熹在《竹取物语抄》中的主张，田中大秀在《竹取翁物语解》中的说法和幸田露伴在《关于合本古物语之一的探讨》中的说法为主要代表。从中国汉典中寻求来源的以田中大秀列举的古籍和西村真次在《万叶集的文化史的研究》中所主张的、藤冈作太郎在《国文学全史Ⅰ·平安朝篇》中所论证的说法为代表。

契冲最早在他的随笔《河社》中提出《广大宝楼阁善住秘密陀罗尼经》的《序品》似乎是《竹取物语》的素材依据。这个佛经故事记载说：古时候，在三位得了佛法的神人舍身的地方长出了三根奇异的竹子，根用七宝做成，竹干和竹叶是黄金做成，枝上结着美丽的珍珠，放出异香，闪着奇光。过了10个月，竹自动裂开，从中生出三个童子，童子再修行悟禅，炼成了金身。这则故事被引作素材来源，除了“竹中诞生”这一点与《竹取》吻合以外，其余都出入过大，甚至连契冲自己也不能不指出佛经上是竹生男孩不是女孩，恐怕不能据此写出的疑点。因而他的说法受到后世较多的批评。

小山仪、入江昌熹掘出的素材是《康女耆婆经》，田中大秀提出了《柰女祇域因缘经》中的佛书故事。这两部书的故事梗概大致相同。故事说：佛在世时，维耶梨国有个叫梵志的大臣。他看到国王果园中柰树枝结的树瘤上覆盖了浓密的绿叶，他很奇怪，便上去察看，发现一个美貌女孩在绿丛中的池子里，便抱回家中取名柰女。长大以后，7个国王（或王子）前来求婚，养父梵志无奈，只好为奈女建造高楼居住。后来，7人中的瓶沙王从暗道登上高楼，与女结婚。这个素材的提出，与《竹取》故事内容有了两点近似：一点是女孩的异常诞生，另一点是多数贵人的求婚。但是，却找不出女至人公从竹中生出的线索，因而也不为学术界所接受。

近代，幸田露伴又从别的佛书中求寻素材来源，他总结了前人从佛书中寻个别线索的情况，致力于查找和《竹取》故事内容相应的故事，于是，他提出了《佛说月上女经》。显然这是从女主人公是月宫仙子这一点出发联想而来。《月上女经》故事说：从前耶离国有个叫毗摩罗诘的财主，妻做佛事中生一女儿，出生时，屋内光彩四射，空中降洒鲜花。女儿八岁长成，十分美貌。取名月上女。国中王公大臣，所罗门和富家子弟纷纷争以为妻，有的倾财赠物，有的以势相迫，争向女父求婚。于是，父向公众宣布7天后月上女出来亲自选夫，众皆更衣以待。如期之前夜，正值十五夜，月上女右掌中生一莲花，在光芒四射的莲花中出现了如来佛，与月上女进行了许多问答。到了7天头上，争做月上女婿的人群云集预定场地。这时，只见月上女纵身腾空而起现身说法，点化万众。后来把8.4万人从贪欲、嗔怒和愚痴之中解救出来，欢天喜地的人众随月上女之后，直奔释迦如来说法宝座而去。这是一则劝善信佛的宗教故事。和《竹取》相似处主要有以下几点：女主人公都短期长成美女；都因放出光彩而取名相近；女主人公都遇到了多人求婚；女父为此困惑，都令女自选夫；十五夜有相似点；女主人公升上天空有相似处；看破红尘的佛家思想一致；以此奠定《竹取》故事的素材基础。但是，疑点也是明显的，《竹取》的养父是贫穷人，靠养女才在竹中得金，发财致富，而月上女养父本人是财主，这里有了出入；女儿出生虽很奇异，但并非竹生或其他植物生。也许正因为有这些明显的差异，因而当露伴发表了他的见解后，并没有多少反应，只有芳贺矢一、上田万年和佐佐本信纲表示了异议。

在素材论研究过程中，一些学者把注意力集中到了作品女主人公出生的环节上，于是从中国汉文典籍中寻求“竹中诞生”的素材依据。田中大秀除了指出可参考的佛经线索外，还列举了中国《后汉书》《华阳国志》《幽怪录》等文献。在这些汉典中西村真次强调指出《后汉书》中《西南夷传》“夜郎国”一节是给予《竹取物语》写作以显著影响的最早材料。原文说：

> 夜郎者，初有女子浣于遁水，有三节大竹流入足间，闻其中有号声，剖竹视之，得一男儿，归而养之。及长，有才武，自立为夜郎侯，以竹为姓。

根据这段两千年前的传说文字，西村真次认为显然比起那些喋喋不休的佛经更接近于《竹取》故事的素材。他在《万叶集之文史的研究》一文中强调，《后汉书》在8世纪的奈良时代和《史记》一起，已经拥有相当广泛的读者，甚至在720年舍人亲王写成的《日本书纪》中几乎都援引它们的原句，作为诗歌文学的材料来用，还是大有可夺的余地的。他又引出公元四世纪中国晋代常璩撰《华阳国志》作证，这则文字同样和竹中诞生的夜郎侯相联系。原文是：

> 遁水通郁林，有三郎祠（按指竹王三郎），皆有灵响。……竹王所捐破竹于野，成竹林，今王祠竹林是也。王尝从人止大石上，命做羹，从者白无水，王以剑击石出水，今竹王水是也。

他认为夜郎侯于石上做羹一节和《万叶集》第16卷故事歌《竹取翁》中翁于丘上见九仙女做羹一节多少有些相似点。西村真次据此认为中国西南地区关于竹氏的故事传说很可能以各种形式在日本奈良时代流传开去。

藤冈作太郎和上述情况不同，他提出了《竹取物语》是中国魏晋时代《汉武内传》改编的论断。他主要引述了下边这段故事：汉武帝耽溺仙术，筑柏梁台，坚持修道，有一天西王母自天降临，授给武帝五真图灵光经，接着上元夫人也降临，授予他六甲灵飞十二事，然后都返回天界。武帝恭身下拜，秘藏天书，但是没能遵守二仙的教诲，不久便遭了火灾，烧毁了天书。对于这样一则故事，藤冈作太郎认为武帝修道，仙女下界教诲，和赫奕姬有罪，来人世受到翁的养育相应；天书在火灾中焚烧，和赫奕姬留下不死药投入富士山火中燃烧有类似点。所以他才强调说：“《竹取》的作者深知改编之长，故能脱胎换骨，极尽其巧，有不即不离之妙。”① 足见藤冈也因《竹取》与他所据之素材有牵强之处，才不得不在作者改编技巧上做些不能自圆其说的解释。

和上述以汉籍佛典为依据的素材论研究同时，还有一种外来说认为《竹取》素材来自朝鲜古代文献。这一说以三品彰英为代表，他举出《大东韵玉》卷9《新罗殊异传》作为《竹取》素材。原故事的大意说：有个叫金庾信的人自西州回家，路遇一奇怪的行人，一同在树下休息时，庾信假装睡着，那男子便从怀中拿出一节竹筒，从竹筒中出来两个美女和这男人相谈，过一会儿又进入竹筒。随后那人把竹筒揣入怀中起身上路，庾信跟在后面直奔京城而去。后来，行至南山，于松树下与那男人设酒宴，照例再出现美女，那男子说自己系西海人，娶东海女为妻，为在父母跟前尽孝，即将归去。说话间，风云突变，天昏地暗，那男子立刻不见了。对于这样一则故事，三品彰英认为有三点和《竹取》原型及《万叶集》卷16的《竹取翁》故事很接近，一、怪客从竹筒中出现美女的情节与《竹取》开端中生出女孩的相似；二、怪客与美女夫妇在树下交谈，与《万叶集》翁和仙女对谈的相似；三、突然消逝去往父母之海与《竹取》结尾姑娘升天回月宫的相似；至少可以被认为《新罗殊异传》故事是《竹取》故事部分情节或构思的根据。他还考证《新罗殊异传》是新罗末年之作，正是平安时代前期，时间接近；日本与朝鲜比邻，故事源流多有密切关系，据此，他还以朝鲜的“日光感生”型故事证明与《竹取》《今昔竹取》中开头讲到的那棵闪光的竹子对表现天界仙人之子女不无相合之处。他在《论赫奕姬的本质》一文中，极力提出这种来自朝鲜传承的主张。但是，在比较中自然也有疑点和勉强之处，缺乏应有的说服力。

《竹取》素材论研究的外来说都各执一端，广泛论证，虽皆有可取

① 见《国文学全史Ⅰ·平安朝篇》（藤冈作太郎著平凡社，昭和四十六年发行）引文系本书作者转译。

之处或令人信服的某些道理，但是，终因缺少全面、充分的证据而诸家说法并存，没有定论。

六、《竹取》的民俗学研究

江户时期以来的素材论研究，与外来说并存的重要主张则是国内种源说。一些学者不赞成从梵汉典籍中寻找《竹取》素材来源，他们分析了《竹取》故事，在日本民间传承的大量故事中寻找到类似的特点，强调指出《竹取》故事是日本国内土生土长的。这些学者并不像有的指责那样是些“以外国之感化为耻、顽固的国学者流”，他们对《竹取》的中心内容也做了深入的分析，并且与同一主题的民间传统故事进行了很好的比较研究，找出了在创作上的继承关系。

持此说的代表人物有本居宣长，他认为《竹取》的中心内容是一男子与另一世界女子相遇，和女子生活在一起时，赖以获得幸福，后来女子离去，又带来了不幸。这种题旨的传统故事在日本国古典著作中并不缺乏。例如，《帝王编年记》中《近江国风土记逸文》的《伊香小江》故事和《丹后国风土记逸文》的《奈具神社》《浦岛子》故事以及《古事记》《日本书纪》的山幸与海神女儿结缘的神话都是属于这类传承。《伊香小江》传说故事说：

> 相传古来伊香郡与胡乡的伊香小江上，有八仙女化作白鸟下来洗澡。一个名叫伊香刀美的男子看到以后让白狗偷来其中小妹的羽衣隐藏起来。姊妹7人升天后，唯独把丢失羽衣不能飞升的小妹留在地上，便与伊香刀美结为夫妇，生下2男2女，成了伊香连的祖先。但是，他们的母亲后来找到了羽衣，穿到身上便飞天而去，于是只剩伊香刀美独自悲叹。

和这则羽衣传说相近的《奈具神社》传说的梗概是：

> 丹波郡比治里的比治山顶，有个叫真名井的泉，八位仙女从天降下来洗浴。正好当时这里住着和奈佐老夫妇，急忙拿了一件仙衣藏起来。其他仙女不一会都向天空飞去，但是失去羽衣的仙女只得按照老翁提出让她做他们女儿的要求留在了人间，在老夫妇身边度日。此后的十几年，仙女酿造了好酒。只要吃一杯这酒便百病痊愈，由于有了神奇的灵酒，很快就发财了。但是，产生自满的老夫妇有一天对仙女说："你不是我们的女儿，赶快滚吧！"面对如此薄情的境遇，仙女悲叹着，一面怨恨那对老夫妇一面擦着眼泪离开了比治里，又经过了荒盐里、哭木里，好不容易来到船木里的奈具村，至此心情才平静下来，于是留在村里。这位仙女便是镇守竹野郡奈具神社的丰宇贺能卖命神。

根据这两则传说，可见丹后国故事中仙女做老夫妇养女后使之发财致富这一点，近江国故事中天女落入人间，后又返归天界这一点，都和《竹取物语》的主要情节相近。因此推测它的素材来源是日本的"羽衣仙女型"故事。但是，《竹取》中女主人公自竹中出生这一点值得注意的开端，这种说法也未能解决。

主张以"羽衣仙女型"故事为《竹取》素材的学者还有《竹取物语解说》作者阪仓笃义和《〈竹取物语新解〉解说》、《竹取物语和神仙思想》的作者武田祐吉。阪仓认为《竹取》素材取自比治真名井故事、伊香小江故事、谣曲"羽衣"故事及当前各地流传的仙鹤妻等民间故事。武田祐吉也以"记纪神话"和《万叶集》《风土记》中的一些故事为例证明《竹取》素材来自这些古传说。他认为《竹取物语》的最早汉文本其实正是古代传说中那些得到变成美女的神仙之后获得幸福，事后仙人又离去的神仙故事之一。他十分强调赫奕姬升天这个部分在小说结构中占有的重要位置，他认为这显然是受了中国神仙思想的影响，仿照汉籍传来的美貌仙子故事创造了日本国的仙女故事。

以“记纪神话”为素材来源的主张在波多江种一的《竹取物语素材的研究》中也有所强调。他认为应当从《竹取》故事的整个构思去探讨素材，这一点和那些以部分相似情节为根据寻求素材的诸家主张不同。他举出的例证是《古事记》《日本书纪》中大国主神话的少名毗古那神故事。从构思上他认为赫奕姬从竹筒出生和少名毗古那乘罗摩果壳做的船来对应；翁和养女的关系与大国主神与兄弟的关系相对应；发家致富与建国相对应；仙女升天与神往常世国相对应。这种抛开相似情节类型这个主要点只从整体构思出发寻求素材的立论，显然造成了某种缺欠。

另外，三谷荣一在《竹取物语的素材和构成》中和中岛悦次在《竹取物语和羽衣故事》中，高崎正秀在《竹取物语新释解题》中都发表了相近的看法。三谷荣一认为《竹取》故事的开端和结尾都是羽衣仙子型故事，但是却和致富老人故事复合了，同时他指出仙人的出现和中国神仙思想有关，不死药的出现也正是由此而来的。所以他也认为《竹取》更接近《奈具神社》故事。中岛、高崎也推测羽衣仙子故事是主要素材来源。

由羽衣仙子故事的素材自然联系到同类型的白鸟姑娘故事（又称天鹅姑娘型故事）。赫奕姬飞升前得到了羽衣，和伊香刀美之妻找出羽衣飞升等情节一样，使人联想到女主人公的本质暗含着天空飞翔的鸟类特点。因此推测鸟变人形可能是伐竹翁从竹中取出三寸小女儿的素材来源，这两者如何结合呢？橘纯一在他的《赫奕姬为何自竹中出生》一文中解答了这个问题。他举出后世竹取故事中关于赫奕姬是从黄莺卵中孵化而出的说法，证明《竹取》是以白鸟姑娘型故事为主要内容创作的。像镰仓时代初期《海道记》的故事，就是出自莺卵的说法之一。这则故事的开头就说：从前有个采竹翁，女儿叫赫奕姬。老翁在家里的竹林中看到黄莺巢中有莺卵变成了女孩模样，翁收养为自己女儿。这里既称赫奕姬，又说出自莺卵，在故事中又反复称呼“莺姬”，据此，他强调故事原系“白鸟姑娘型”故事。又如藤原为家辑录的《古今集注》中也有镰仓初期流传下来的《竹取》故事，记载伐竹叟从竹林莺巢中得到了美貌女孩的几则情节也值得注意。又以《卧云日件录》中所录卖竹翁在富士山村莺巢中得一小卵化为美女取名“加久耶姬”的故事作证，橘纯一强调莺姬出生自竹林是最为贴切的说法。他还以《竹尉》故事中伐竹翁得小女孩后养于竹笼之中说明这则羽衣仙子故事出自丹后国竹野郡地方，《竹取》故事以此传说为素材就很可能由“竹野”地名而联想出“竹取”，所以赫奕姬出生自竹中是可以理解的。

最值得提出的是随着现代日本民俗学研究的发展，为日本民间故事与文学的关系在理论与实践上扩展了新途径。以民俗学中心人物柳田国男为突出代表，为民间故事学奠定了雄厚坚实的科学基础。对“竹取翁”和“竹伐爷”的探讨也随之进入了深入阶段，影响颇大。柳田氏的主张占有绝对优势。他在著作《竹取翁》和《竹伐爷》中指出了这个故事的日本风格，证明了《竹取物语》的写成几乎都是以日本大量流传故事等口头文学为依据的。穷苦老人得了奇异子女后致富的故事，在日本有《桃太郎》《一寸法师》《指太郎》《豆太郎》等神奇幼儿故事，都为贫穷正直的老人谋幸福取得了成功，同时，还有大量动物变幻的奇异孩儿用神灵的智慧和手段给养父母带来巨大财富的故事。这些在柳田民俗学中都可以认作是《竹取》故事的种种渊源。只是《竹取》主人公赫奕姬或莺姬是女孩，和上述所引的奇异男孩还有所不同，这一点却是很重要的。因此，柳田特别注意日本民间口头传承中与《竹取物语》异文故事女主人公出自莺卵相近的故事，着重探究了小鸟帮助老翁发财致富的各种故事和老翁在竹笼中养育赫奕姬的某种联系。他还从赫奕姬是神女，自空而来，往空而归推断这个故事主人公是羽衣仙子故事某个阶段的形态。从竹中出生则是原型的二次改变。从竹中出世恰是为了和贫苦老人的职业相关联才安排的情节，在故事中老翁不是伐竹就是砍柴，正是在做这些工作时得遇神奇幼儿，甚至又在伐竹中得到黄金而致富，这似乎是故事题旨的需要。在柳田国男的学说里，对于《竹取翁》和《伐竹翁》的分析论证充分展示了现代日本民俗学的综合研究特点，给《竹取物语》素材论研究奠定了坚实的从民间故事多种类型中寻找渊源的民俗学基础，有了广泛的影响，居于绝对优势地位。

七、《竹取》故事与藏族《斑竹姑娘》故事同祖型研究

在柳田国男奠立的日本民俗学基础上，当代日本民俗学迅速发展了比较故事学。日本的学者基于探究日本民族文化的起源与形成的目的，把视野扩大到日本民间故事与国际同型故事的比较研究范围，产生了不可忽视的积极成果。其中，在研究《竹取物语》故事素材或原型方面，比较故事学伸展到了东南亚各国各族的故事区域，也进一步扩展到了中国大陆和台湾的故事群中。关于从东南亚地区的竹中出生故事进行比较研究的成果以著名的比较民族学家松本信广为代表，他从东南亚地区的大量海外调查材料中揭示了竹中出生故事在日本邻近民族中广泛流布的情况，从而力求正确寻求《竹取物语》故事竹中出生这一重要成分的源流。以后，伊藤清司也从所罗门群岛调查中，提出了海外的重要线索加以比较研究。

20 世纪 70 年代初，伊藤清司、百田弥荣子联名发表了《竹取物语源流考》，把《竹取》故事和中国藏族民间故事《斑竹姑娘》做了细致的比较分析，得出了崭新的推断，即两者的主要梗概不谋而合。可见其来自同一祖型。

这种推断的提出是有力的。在许多《竹取物语》研究者的以往成果中，都注意到《竹取》故事中代竹翁得赫奕姬后致富的情节，皇帝求婚的情节和赫奕姬升天，“不死”山地名来源情节加在一起，只等于

全书篇幅的38%，然而5位贵公子求婚的情节却占据了全书62%的篇幅。因此，对照大量民间故事的构成特点，普遍认为由女主人公的神奇出生到求婚再到升天，已经形成了完整的故事内容，至于设置了5个难题去试验5个求婚公子的有分量的情节则很可能是作者铺陈的插叙部分，于是，研究者往往极力推崇原作者的创作才能。像高崎正秀在《民俗文学讲座》中就明确指出了这种创作特点；三谷荣一在《物语史的研究》中也强调了5人求婚情节的插入，不妨说是《竹取》作者写作技巧的高明之处。菊田茂男也提出了难题求婚故事情节的插入是有其写作特点的。把故事中占绝大比重的5人求婚情节推断为原作者的创作，带有普遍性。但是，中国藏族民间故事《斑竹姑娘》却以它与《竹取物语》故事在主要情节上吻合的特点冲击了上述论断，因为，《斑竹姑娘》故事正是以5人求婚，姑娘设置5个难题为基本情节的。对这两则故事进行比较对照的结果，正是伊藤清司与百田弥荣子的新成果之一，他们提出了这些情节的基本一致并非偶然巧合的科学推断，为伊藤氏后来指出的《竹取物语》并非创作而是改编的结论提供了有力的论据。

《竹取》女主人公自竹筒出生；《斑竹姑娘》女主人公也同样自竹筒出生。《竹取》女主人公面对的5个求婚者都是贵公子；《斑竹姑娘》女主人公遇到的5个求婚者也都是有权势的少年。两个故事都同样由女主人公向求婚者分别提出一项难题，进行考验，最后一一拒绝，求婚失败。

《竹取》女主人公向第1个求婚者石作皇子提出的难题是去天竺取佛前的石钵，皇子却从附近大和国某山寺取来假钵代替，被识破；《斑竹姑娘》女主人公向第1个求婚者土司儿子提出的难题是到缅甸去取撞不破的金钟，土司儿子却从古庙中偷来铜钟代替，被识破。

《竹取》女主人公向第2个求婚者车持皇子提出的难题是到东海蓬莱山取银根金茎白玉果树枝，皇子却派工匠偷偷假造玉枝欺骗姑娘，最后工匠来索取赏金，事败露；《斑竹姑娘》女主人公向第2个求婚者商人儿子提出的难题是到通天河取来打不碎的玉树，商人儿子却招来汉人工匠偷偷假造玉树欺骗姑娘，最后玉石匠来索取工钱，事败露。

《竹取》女主人公向第3个求婚者右大臣阿倍提出的难题是取来烧不着的火鼠皮裘，右大臣买来的皮裘用火一烧便成灰了；《斑竹姑娘》女主人公向第3个求婚者官吏儿子提出的难题是取来烧不着的火鼠皮袄，官吏儿子买来的皮袄一见火便烧成了灰。

《竹取》女主人公向第4个求婚者大伴大纳言提出的难题是取来海龙颈上的五色珠，他先用财物派人去取，人们骗取财物没去，他便亲自乘船去取，遇到暴风雨，险些丧生，飘回本土；《斑竹姑娘》女主人公却是向第5个求婚者胆小好吹牛的少年提出的难题是取来海龙颈下的分水珠，这少年先用武器财物派人去取，人们骗取财物没去，他亲自乘船去取遇到暴风雨，险些丧生，飘往南海孤岛。

《竹取》女主人公向第5个求婚者石中上纳言提出的难题是取来燕窝中的子安贝，中纳言乘筐子上房查看燕窝，从高处摔下来受伤；《斑竹姑娘》女主人公则是向第4个求婚者傲慢少年提出的难题是取来燕窝中的金蛋，少年乘桶到高楼上查看燕窝，从高处摔下来身死。

这几段情节的比较中，除了《斑竹姑娘》故事中向第4、第5两个求婚者提出的难题和试验过程与《竹取》相对应的情节顺序恰巧应当调换位置外，其余顺序和绝大部分内容都吻合，甚至连细节都十分一致，两故事中五人物相对应的性格也极相似。在故事原型上，日本与中国四川的深山村相隔千山万水却能如此十分相似或相同。在伊藤清司的《赫奕姬的诞生》一书中逐一做了比较分析，找出了它们彼此所有惊人的一致之处，也从文化交流和历史渊源上阐述这种绝非偶然的道理。最后，有理有据地做出结论说：《竹取物语》与《斑竹姑娘》是同一祖型的故事，从中国内地的民间传承及其对东亚的深远影响看日本民族文化的发展，大致可以推断《竹取物语》是以中国同型故事为素材来源进行改编的作品，也是最早以中国民间故事为原型改编得最好的古典传奇小说。这个新的推断和科学的假定，以它不容怀疑的说服力把《竹取物语》的原型研究推向一个崭新的发展阶段。

日本比较散事学的新进展给中国民间故事的发掘、整理和研究提出了新课题，其中包括进一步解开中国大陆西南兄弟民族中《竹取物语》故事之谜，更具有迫切的意义和价值。

第十二章　哈萨克情歌鉴赏

一、情歌类型

分布在新疆天山北麓和甘肃、青海一带的古老的哈萨克族，是中国著名的能歌善舞的兄弟民族之一。在他们的歌海中，最丰富、最动人的要算是民间情歌了。哈萨克族通过情歌表现了本民族追求自由、向往幸福的愿望，传达了纯洁、健康的感情，展现了高尚的、美好的情操，同时，也充分展示了他们巨大的艺术才能。哈萨克族世世代代的青年男女都会唱情歌，正像他们都会骑马一样，“情歌和骏马是哈萨克青年的两只翅膀”，确是传世真言！

哈萨克情歌包括两种类型：一种是叙事长歌，另一种是抒情短歌。短歌中又分为两种类型：一种是日常爱情生活的抒情歌，另一种是紧密伴随仪礼习俗的抒情歌。

关于讴歌爱情的叙事长歌，在哈萨克族中传唱的不下百部，其中流传最广、传唱最久、脍炙人口的代表作品，应当首推《考孜库尔帕西和巴彦苏鲁》这首 3 万多行、10 多种异文变体的长歌。长诗男女主人公考孜库尔帕西与巴彦苏鲁，是一对爱情忠贞、以死反抗压迫、争取自由的典型。这首悲壮的爱情颂歌，集中反映了哈萨克族人民斗争精神和美好的道德面貌。牧人考孜库尔帕西为了实现和未婚妻既定的婚约，与巴依家富有的求婚人决斗身亡，忠于爱情的巴彦苏鲁为了信守婚约而自杀殉情，谱写了一曲动人心弦的爱情赞歌。长歌中，通过男女主人公相爱的描述，穿插了许多章节的抒情唱段，甚至都可以独立成篇。

抒情短歌，伴随着哈萨克族人民丰富多彩的生活，呈现出了千姿百态的艺术魅力。抒情短歌在哈萨克族中是唱不完、传不断的。情歌的即兴创作，是短歌取之不尽，用之不竭的源泉，没有任何一个人可以数清哈萨克族情歌到底有多少首。正像情歌中唱到的：

谁想找到爱情的钥匙，
谁就不把情歌藏在心底。

“情歌”就是这把钥匙，打开了哈萨克族青年的一扇扇通向爱情的心扉，放出了像鸟儿在飞、春风在吹一般的情歌，响彻天山深处、伊犁河畔。每当年轻的牧人把羊群赶入牧场，表述爱情的歌声便在空中回荡，每当放牧归来，这歌声又在“冬不拉”的伴奏下飘入姑娘们的毡房。每当姑娘出嫁前，小伙子们便用“劝嫁歌”传达关怀和劝慰的感情。每当举行婚礼时，小伙子们便唱起传统的“婚礼歌”——《加尔加尔》，赞美新娘，歌唱纯真的爱情；姑娘们往往在婚礼中唱起了“哭嫁歌”——《森丝玛》，表达自己复杂的心情。每当男女双方相互坚定了爱情时，按照传统习俗，姑娘剪下一绺头发赠给男方，表示忠贞；于是，情歌中常常唱到这缕缕“情丝”，赞颂爱情的力量。

情人离我远去，
我并不过分悲伤；
因为春天剪下的那绺发丝，
早把他的心儿系上。
不管他的去路多么遥远，
迟早总会回到我的身旁！

情歌就这样独特地伴随着哈萨克人民的生活，像天鹅嬉戏在湖畔一样。

二、形象构成

提到天鹅，就自然联想到哈萨克情歌的形象构成特点。各族情歌的比、兴手法都有独具的特点，哈萨克情歌也不例外。哈萨克族世代生息在天山山麓，美丽牧场的风光，生产、生活中常见的事物形象，都被歌手摄入情歌，做了抒情的天然材料，构成了一幅幅迷人的风情画。蓝天、白云、高山、岩石、风雪、小溪、湖畔、河滩；青松、云杉、鲜花、雪莲；日出、日落、月缺、月圆；晚霞、星光、苇荡、草原；天鹅、松鸡、白尾鹞；白鸽、雄鹰、野鸭、大雁；蝴蝶、夜莺、百灵鸟；骆驼、羊羔、小花鹿；狐狸、松鼠、小羚羊；还有各种毛色的骏马，都在情歌中构成了美的诗歌形象。独特的自然景物成为表述爱情的最佳素材和背景；别具一格的静态画面和动态环境，成为抒发深情的导线。

尤其值得注意的是，哈萨克族牧民特异的风俗画面构成了情歌的主体，使情歌的民族特色显示得更为强烈。许多情歌描绘了情人的阿吾勒（牧村）和情人居住的白顶子毡房；许多情歌唱着那骆驼背上驮着迁走的房毡，留恋着那迁移后空地上留下的死火塘，描绘那远去的牛车咿呀，驼铃叮当。歌中唱着那姑娘剪下的发梢，捻成的五色丝线，描绘那小伙子手中装饰着铜环和细银丝的马鞭，镶白银的辔头，长长的马靴筒，臂上驾着白尾鹞。歌中还描绘了姑娘的素白的或艳红的裙衫，又长又黑的发辫和花帽上高高的鹰毛飘颤。情歌中还摄入了弹冬不拉、吹奏木笛色勃孜鄂和嘹亮的歌声在爽风中吹散。歌中唱到了印在小伙子颊上的唇印和一对情人用来同饮马奶子的碗。……这些独具哈萨克风情的民俗场景成为抒情的动人形象。

作为抒发爱情的歌，选取什么样的素材作为诗的形象，自古以来便是各民族民间诗歌美学中的重大课题。纵观中国各民族民间诗歌传统，历来都是以代表本民族典型生活样式的朴素形象作为诗歌的构成因素的，哈萨克族情歌更是如此。哈萨克情歌形象的天然基础，首先是真正的牧歌。请听这一首首游牧生活写照的情歌吧：

白云覆盖雪山，
驼铃叮当、牛车咿呀声欢；
迁移草场人不是别人家，
马背上那英俊的身影就是我放牧的侣伴。
唱一曲山歌为你送别呵！
遥祝你此去一路平安！

骆驼驮着帐房毛毡，越过了高山，
山顶上的白云送你走向辽远的草原；
我俩的距离虽然愈来愈远，
我俩的心却总是印成一片。

每当赶上马群把家搬，
我骑着骏马漫游草原；
总是顺着小路来把你看，
你是我心上的人啊！
我日夜都把你牵挂在心间。

逐水草而游牧，这是构成哈萨克情歌创作的最基本的背景形象，歌中所唱的爱的思绪和离愁，几乎都离不开这阿吾勒和白毡房的转移。许多情歌都用迁移起兴，引发激情。“月亮照着你远去的身影，我怎舍得你踽踽独行”；“我家的毡房决定迁地南山，带上猎鹰犬就要起程”；“美丽的奥依姆姑娘，悄悄地搬向过冬的草场”；“马蹄声，过山了，把我的心儿带走了”；“我骑上5岁灰色走马慢慢行走，离开你的毡房我一步一回头”；“我赶着马群翻过这座座荒山，山脚下一只驼羔孤孤单单”；“姑娘我翻山涉水来了，为什么找不到你的帐篷”；“我的家就要搬到阿力玛地方，这是胡大的安排，谁能抵挡?”这许许多多吟唱，都在描绘哈萨克族世代生产生活最大的背景形象——游牧。

许多诗歌研究者与这种游牧生活相距甚远，所以往往把歌中这些景象，统称之为“异族风情”加以赞赏，其实，这些描绘正是哈萨克族世世代代日常生活画面最朴素的写照，它除了充分体现北方骑马民族民间文艺最淳厚的美学原则以外，似乎没有什么可以感到“异”样的情调。

哈萨克情歌中所有具体的形象，都是为装点他们朴素美的草原爱情生活而描绘的。像歌中唱到的天鹅湖，并不是什么冥想出来的幻景形象，而是最能贴切地传达爱情信息的真实景象。有一支名为《相伴》的歌，开头唱到：“不到深秋时节，天鹅舍不得离开湖畔”，以此比喻在风雪寒天的天山小路上，美丽的姑娘在小伙子心中相伴。另一支歌唱道：“天鹅恋着湖水，星星伴着月亮，我的心哟，跟着姑娘。”一支名为《心愿》的歌唱道：“白天鹅飞上蓝天，它的影子离不开湖面”，用来形容形离影不离的深情。《在湖畔等你》唱着“我的毡房搭在湖边，对对天鹅戏水在湖面”，“我的毡房搭在湖边，对对天鹅交颈栖息在芦苇边”，用来唤起姑娘的留恋。《想起我的情人》唱着“太阳落下西山，天鹅群飞过了青草滩”，用看到天鹅的形象联想了对情人的怀念。更有一支叫作《把心里的话儿拴到天鹅脚上》的歌，奇妙地勾画了天鹅传话的形象。

从巴札上买回一包五彩丝线，

编来绕去捻成五色丝线绳；
用它把心里的话儿拴到天鹅脚上，
托它去传达心底的深情。

在情歌中，天鹅的形象从来都是用来直接比喻姑娘的。虽然在种种明喻、暗喻中，也常有用“仙女下凡”“十五的月亮”等作为比喻姑娘的形象，但是都没有草原上空婀娜多姿的天鹅形象更适宜恰当。《美丽的姑娘》中唱道：“当你到河边去汲水，像白天鹅落在湖上”；《爱打扮的姑娘》中唱道：“如果有人问我她长得怎么样？就像一只白天鹅落在了绿草滩。”

和天鹅形象相媲美的，在歌中常常出现的“褐色的雁”“翎鸭”“白鸽”“百灵”“小花鹿”。这些水禽、飞鸟、小兽都是天山牧场上激发爱情的最好形象。由此，倒使人联想中国古代《诗经》情歌中“关关雎鸠”“呦呦鹿鸣”的形象描绘，彼此何其相似。

从民歌的形象思维特征认识哈萨克情歌，可以看出民间艺术形象的基本方法是朴实无华的自然联想，是一种民间文学传统中的移情手法。只是哈萨克情歌所表现出来的移情形象具有的民族生活色彩更加浓郁罢了。

三、深层意境

透视哈萨克情歌的表层形象，可以体会到这些情歌的深意。这是鉴赏哈萨克情歌的重要着眼点。

哈萨克情歌所概括的社会生活绝不局限于表面的爱情生活，更主要的是蕴含着丰富的美的理想和为实现这些理想所显示出的斗争精神。通过爱情的表抒，看到了哈萨克族热爱生活、追求自由、向往幸福的思想特点，这是抒情的基础和源泉。在传统情歌中，爱情自由所遭遇的磨难，来自两个方面：一是生活所迫的离散；一是阶级压迫的摧残。前者所描绘的怀念与分离，是由放牧生活的奔波搬迁不得已形成的，是苦难生活的一般写照；后者所描绘的悲愤与忠贞，是由封建势力和恶俗的加害形成的。这两种状况都传达出哈萨克人民深刻讴歌自由的意愿。尤其是后者，更为鲜明。

没有野狼，羊群过得平安，
没有巴依，我俩不会分散；
每当想起我的情人，
眼泪涟涟揩不干。
我不愿离开你的身旁，
怎奈财主老头要把我抢走；
相依为命的少年啊，
你快挽紧我莫松手！

你好吗？美丽的阿衣可拉，
我想你想得肠子都快断了，
很长时间我不能见到你，
因为我在山这边为巴依牧马。

在许多抒发爱情的歌中，写意的中心往往都集聚在以“巴依”为代表的封建牧主的淫威方面，使听歌者从这里听到弹奏冬不拉弹破了指甲的怨恨，听到唱歌人把心唱碎了悲愤。当爱情的自由遭到践踏时，人们便用加倍的坚贞向恶势力抗争。从这个意义上出发，这些情歌都具有斗争性格。

与此同时，情歌中还唱出封建习俗对爱情自由的束缚和干预，成为哈萨克情歌写意的重要方面。哈萨克族情歌所表述的爱情虽然十分奔放，但是从另一方面依然可以看到爱情受到某些习俗势力压抑的迹象。有一支题为《要不……》的歌，便唱出这种情状。

约砂山上的青松，
树根盘进岩缝；
要不，怎经得住猛烈的山雨山风！

那爱情的诺言，
句句盘在我心底；
要不，怎受得住阿吾勒的闲言恶语！

坚贞的爱情顶住了村落社会旧习俗的风雨袭击。显示了哈萨克族人民争取自由、抵制传统旧积习的精神。

封建势力与旧习俗势力往往纠合在一起，形成扼杀爱情自由的巨钳，但是，情歌中从来都是以更巨大的冲击力回敬各种残害手段的。像一首名为《不能分离》的歌唱道：

马奶子的碗边沾满你我的唇印，
今生我俩相爱相依；
哪怕陷阱重重包围，
我和姑娘决不能分离！

四、激情倾诉

在哈萨克情歌中最富于感染力的抒情，莫过于直接倾诉式的抒情了。人们听到哈萨克情歌的时候，都会被那歌中传播出的赤裸的内心独白或咏叹所打动。这也可说是哈萨克情歌的优异所在。

这种直接倾诉式的抒情独白，在表现手法上大多采用了第一人称自由与亲切呼唤相结合的抒情线索，增强了情歌迷人动心的艺术力量。这种抒情特点在天山脚下、伊犁河畔各族情歌中都有，其中哈萨克情歌表现得尤为突出和色彩浓郁。比如，有以下这样的情歌：

我爱你明亮的双眼和黛眉呀，
爱你那丝绒般浓密的黑发，
你像那湖水里嬉戏的小鸭，
想起你不由得我泪水淌下。
叶勒嘎依，我的姑娘，
叶勒嘎依呀！

我给你起名叫叶勒嘎依呀，
歌声里唱的是我的心里话，
你像山坡上蹦来跳去的小羊，
我也和你一样自由的长大。
叶勒嘎依，我的姑娘，
叶勒嘎依呀！

这里采用的四句内心独白加亲切呼唤，是十分标准的哈萨克情歌的抒情手法。这种手法除了上边的先白后呼的结构外，还有不少采用了先呼后白的顺序，也产生同样亲切感人的效果。像《我的莱伊莉》、《加衣达尔曼》、《蜜一样甜的哈蒂霞》、《阿衣可拉》、《玛合帕勒》、《我的花儿》等歌，都是用呼唤引发唱句的。

"我的莱伊莉呀，为了看看你。"
"你像夏天怒放的花儿，我的加衣达尔曼；"
"你像蜜一样的甜呀，哈蒂霞；"
"你好吗？美丽的阿衣可拉；"
"美丽的玛合帕勒，我向你问好！"

这种召唤独白的抒情特点有时采用不断反复的手法表现出来，加深了抒情的炽烈、亲切的程度。像《爱妮》这支歌，就是如此。

爱妮的名字，我永远不会忘记，
爱情的火燃烧在我的心里，
泉水流过的大地会长出青草，
你的名字在我心中会长出幼苗，
爱妮呵莎吾勒姆，
你的名字把我的心烤焦。
爱妮呵你的歌声多动听，
你的面庞比歌声更美好。
心爱的爱妮姑娘呵，
你的眼睛像那小白驼羔。
爱妮呵莎吾勒姆，
你的名字把我的心烤焦。

直接召唤情人名字的抒情歌句，在哈萨克情歌中占有显著位置。这些句子在情歌创作流传中形成两种状态：一是青年们的即兴口头创作，必然真切地直呼自己心爱的姑娘倾诉衷情，他们用不着假托别的什么情歌，只要唱出自己的心声就可以了；二是青年们在传唱这些情歌时，很自然地把称呼的名字改换成自己情人的名字。这样，就使情歌采录者采到千姿百态、情深意长的咏叹调，许许多多好姑娘的名字便被记录在歌集中，成为固定的保留情歌。这种直抒胸臆的表现方法，在中国北方少数民族的情歌传统中都较多地运用，像维吾尔情歌、蒙古情歌，这种手法也常见，但是哈萨克情歌的这种抒情特色尤为鲜明突出，更具有典型性。

哈萨克情歌的抒情深度也具有特色。它运用夸张的手法并不多，不像有些民歌那样描绘思念情人用“床上的眼泪洗得澡，地上的眼泪撑得船”去概括。它往往用直接表述的手法强调爱情之深。例如以下的唱句：

“……为了你，我把鞋底都跑穿；”
“这双手驯服过烈马，却得不到心爱的姑娘。”
“你毡房前的草都踩平了，
为什么你不答应?”
“我弹起冬不拉，
歌唱卡尔卡，
真诚的怀念呵!
弹破了指甲。”
“我想你想得肠子都快断了。”

以上这些直接抒情和优美动人的形象融汇在一起，便构成了哈萨克情歌十分迷人的魅力。

哈萨克情歌的抒情显然还有像自由奔放、隐喻含蓄等表现特点，这似乎不用赘述了。

在鉴赏哈萨克情歌时，更重要的是对情歌演唱的音律、节奏及演唱方式与习俗的了解。像情歌与婚礼仪式的结合。原文押韵、音节的特点，弹拨乐器冬不拉及吹奏乐器色勒孜鄂与情歌的配合，以及哈萨克青年男女的爱情生活方式，都是值得研究的重要课题。老实说，笔者对此，尚属无知，未敢妄加评议。

哈萨克情歌中，常常对情歌本身给予赞美，把歌声与自由的心愿，与真诚的怀念，与爱的奉献，凝成一片，为哈萨克人民世世代代生活充实了力量，为哈萨克族民间文艺增添了更多色彩！

第十三章　戏曲古源辨

中国戏曲的产生发展历程是怎样的？中国戏曲是在什么基础上、通过什么途径形成的？这是研究中国戏曲史、研究戏曲理论及批判古典戏曲遗产的重大问题。从 20 世纪初到现在，历经 70 多年，戏曲史家作了许多有益的探索与考证，发表了许多有建设性的见解。但是，由于种种原因，对上述两个重大问题还没有做出较为确切的解答。特别是宋元以前的戏曲，争议较大，有必要认真研讨，弄个明白。

一、关于原始歌舞的几个问题

鲁迅在《门外文谈》中所说的原始人的“杭育杭育”的创作，是原始劳动歌的产生。这是从原始劳动的特点出发进行分析论述的。它对于整个人类社会童年时期的劳动歌的产生都适用。但是，应当弄清，这种呼声是紧紧伴随着劳动动作和劳动生活的独特歌唱形式。原始人赖以生存的条件首先是劳动，其次是伴随劳动而产生的语言。当时的劳动异常艰苦，工具极为粗简。因此，原始集体劳动就成为基本的劳动组织形式。为了提高劳动效率，就有必要借助语言来组织劳动、协调动作，借助有节奏、有韵律的歌声鼓舞劳动情绪，减轻劳动的沉重负担。这便是最早的劳动歌。《礼记》郑注说：“古人劳役必讴歌，举大木者呼邪许。”《淮南子》中也说：“今夫举大木者，前呼邪许，后以应之，此举重劝力之歌也。”直到现在东北林区的《抬木号子》（林区俗称《哈腰挂》）中领号人领唱、其他人应号，以及《一把绳号》的快拍，《二把绳号》的慢拍等多种吆号子中，都始终保留着那些“哎——嗨嗨”到底的齐唱。这种原始歌曲，主要是为了协调动作，整齐步伐，减轻劳动，是不自觉的艺术创作，并没有歌舞的概念。《考略》作者把这说成是“萌芽状态的歌舞”，不太确切，这最多是原始劳动歌。

原始歌舞在古代典籍的记载或神话传说中可以找到一些影子，尽管说法不一，但大体可以理出一个线索。《考略》作者举了黄帝时代歌舞“云门”和“咸池”，猜想它们是表现劳动的歌舞，说尧时代的“大章”舞是表现爱情婚姻的歌舞，说舜时代有表现战争的“干戚舞”。这些例证和对它们的考证，都是脱离神话传说时代的猜测，甚至是牵强附会，作了曲解。

记载中原始社会的乐舞相传有以下几种。伏羲氏时代是“扶来”，神农氏时代有“扶持”，黄帝时代乐舞叫“咸池”，少嗥氏时代乐舞叫“大渊”，颛顼时代乐舞叫“六茎”，帝喾时代乐舞叫“五英”，尧时乐舞叫“大章”，舜时乐舞叫“大韶”，禹时乐舞叫“大夏”。这都是《通典》中所记录的。《乐纬》《礼记·乐记》《周礼·春官》的记载虽有些出入，但大体上公认“咸池”是黄帝时代的乐舞到尧时又有增修。至于“云门”，只有郑玄的《周礼》注中解作黄帝时代歌舞，称作“云门大卷”。他还说“大卷”是“大章”的别名，“咸池”在周代又叫作“大咸”。可见“咸池”这个古乐舞，从传说的黄帝时代，经过尧舜禹直到殷周，一直不断增修沿用，大约演唱了千余年。这究竟是个什么著名歌舞呢？没有传下歌词曲调。但是从记载中可以考察它的内容。周代祭祀天地时表演“大咸”，《庄子》载“黄帝张咸池之乐于洞庭之野，奏于阴阳之和，烛以日月之明”。《离骚》中有“饮余马于咸池兮”之句；《楚辞·七》有“属天命而委之咸池”之说，《史记》提到了“西宫咸池”。这里无论是指太阳沐浴处，还是指星名，都多少对解释“咸池”作为乐舞名有些启发。而周代的演出和《庄子》的记录就更有参考价值。作为原始社会的歌舞，联系古代神话传说，这个乐舞很可能是初民对大自然日月星辰运转的解释性神话歌，所以一直被沿用于祭天地，就是这个道理。它不可能是表现科学的歌舞，恰是马克思的神话定义所说“在人民幻想中经过不自觉的艺术方式所加工过的自然界”。

尧乐舞“大章”，《考略》作者从《尧典》和《易》辞方面做出“咸章”解释，并从旁引证猜测它是反映婚姻爱情的歌舞。作为一个时代的歌舞代表作“大章”，不能从字面作具体内容的设想与推衍。“大”的解释岂止与一个“咸”字相近，“章”字解说至少也有十义，不好空猜虚测。实际上，在古乐论中尧乐舞既是“大章”，又作“大卷”；即可以理解为“云门大卷”的别称。周代从古乐舞中继承了“云门”与“大咸”，唯独没有了“大章”，可见“大章”正是“云门大卷”，是尧时祭天地的乐舞，一直沿用到周代。有人曾把“咸池”解作“云门”的异名，就不对了。

舜乐舞的代表据记载是“大韶”（又称“大磬”、箫韶）。可是《考略》作者却把“干戚舞”作为舜歌舞的代表。作者所根据的《韩非子·五蠹》中“乃修教三年，执干戚舞，有苗乃服”的意思，很明显地纯属军事操练。这里的“舞”是挥舞或舞弄。如神话中“形天……以乳为目、以脐为口，操干戚以舞”并不是歌舞，而是继续战斗一样。只有发展到西周表演战功史时才像《礼记·祭统》所载：“朱干玉戚以舞‘大武’”。才出现了表演作战的干戚歌舞。至于舜乐舞“大韶”，据记载是孔子听到见到过的。在《论语·八佾》里说，“韶”乐舞“尽善”“尽美”，又在《论语·述而》中说，孔子在齐国听了看了“韶”的表演，“三月不知肉味”，大加赞赏。这当然已经是经过周代增修了的“韶”，但也可以想象传说中舜乐的发展程度。至于“韶”的内容，从孔子的极度夸赞中可以推想，周代的“韶”显然是为宣传礼教而用的庙堂歌舞；而传说中舜时代的“大韶”恐怕还不可能有后来奴隶社会的统治思想色彩吧！

因此，神话传说中的中国原始社会，确已产生了反映当时社会生活、劳动生产的歌、舞、乐曲。但它们的具体内容是什么？没有足够的资料供研究，只可以从原始社会的意识形态作笼统的合理猜想，不可作附会的具实解释。

在《吕氏春秋·古乐》中记有“昔葛天氏之乐，三人操牛尾，投足以歌八阕”。虽然葛天氏不可考，但“八阕”的乐曲名“载民”“玄鸟”“遂草木”“奋五谷”“敬天常”“达帝功”“依地德”“总鸟兽之极”，也大体上联系着原始社会的各个侧面。这当是原始歌舞表演得很好的追录。

有关传说中黄帝时的大乐师伶伦和舜时大乐师夔的故事，自然可以作为原始社会氏族歌舞活动的推断。而更值得谈起的，却是《史记》所载黄帝命伶伦伐竹制笛；《吕氏春秋》记黄帝命伶伦铸十二钟的传说；《尚书》记载夔在组织歌舞时所演奏的“鸣球”“琴瑟”“鼗鼓”“柷敔”“笙镛”等乐器的传说。从这些记载中可以进一步证明原始社会歌舞发展的高度与乐器伴奏的结合。再联系伏羲作琴、瑟、管、箫，伊耆制鼓等传说。就可以从远古时代找到中国传统戏曲载歌载舞、伴之以弦、管、打击乐的真切的影子。

二、关于殷周时歌舞与史诗的问题

原始歌舞随原始公社的解体进入了新的发展阶段。原来为全氏族所有的歌舞，在新的阶级社会条件下，形成了奴隶主阶级对歌舞的严格控制与掠夺。他们“制官刑”，严厉禁止并刑罚“恒舞酣歌”的事和人。这一“官刑”相反地表明了当时“巫风”的歌舞活动有了很大发展。而这种发展既已受到了严禁，于是有关“巫风”的记载便成为不可能的了。这大约是殷商歌舞资料极缺的原因之一。

又，周时六代之乐舞，盛备无缺，唯独大加宣扬周乐舞“大武”，对殷乐舞“大濩”极少涉及。“大濩”是宣扬汤得天下、濩然得所的，因而以表演灭汤伐纣盛威于中国的特大武功为内容的“大武”，是在压制“大濩”的情况下盛行的。所以，殷歌舞流传到周代，只剩下“舞大濩，以享先妣”这一点乐调不高的祭祀作用了。这是殷歌舞资料极缺的原因之二。

与殷商歌舞有关的只有《诗经》所载的五篇“商颂”。它是称颂殷商时代帝王功德的组诗断片。这说明周乐舞“大武”即“周颂”不是突然出现的，也是在前几代的歌功颂德的歌舞影响下发展起来的。又因为周灭商的缘故，自然商的史事歌舞就被淘汰了。但是，殷代歌舞还可以用殷墟出土物作证。在甲骨《卜辞》中就有磬、鼓、铙等乐器名称；发掘出的实物也有钟、磬、埙、鼓、铎、铙等古乐器。更重要的是在《卜辞》中有“大濩”的乐舞名称。足以证明殷代乐舞已经有了相当大的进步了。

西周的乐舞在奴隶社会发展的盛期，是有一番革新的。这时期的乐舞以“大武”为代表，同时还继承并改编了前代乐舞，增添了“象”“勺”“驺虞”三种乐舞。同时还把“昧”“任”等所谓“夷”“蛮”的乐舞加以吸取。这时期出现了专门分工：掌教歌、乐、舞的人。使歌舞向前推进了一大步。但是不容讳言，这时的歌舞更进一步为奴隶主所把持。根据他们的统治需要，把歌舞几乎都用于庙堂的典礼与祭祀。即使允许民间歌舞，也极力做出大大小小专用的限制和规定。这便是当时“乐”和“礼”的关系。

祭祀天神地祇，祭山川社稷，祭宗庙先祖时的乐舞，在《周礼·春官》《礼记·明堂位》中都有详细的记载。饮宴时王室公卿与乡人处士所用的乐舞也都在礼仪与表演节目上作了详细规定。军队的战胜庆功、行军田猎也都有确定的乐舞。而这时期规模最宏大的乐舞只有“大武”。

事实上，这时作为“雅乐”的颂诗表演仍是歌舞，是一种大型的表演唱。它的歌词结构显然和现代的“组诗”、“组歌”近似。每表演一节乐舞，即表现一个相对完整的史事主题；六奏完了，表现周的所谓文德武功。如果从中硬要演绎出什么戏剧来，似乎没有什么根据。《考略》的作者关于“武舞”的“舞台指示”的虚构，对正确理解“周颂”的表演没有任何好处。因为，周代演唱“大武”时，在服装、道具上是有统一要求的。据《淮南子·齐俗训》说：舜时祭祀歌舞的服装是黄色；夏祭祀歌舞的服装是青色；殷商祭祀表演“大濩”的服装是白色；到周祭祀表演“大武”时服色“尚赤”；“礼乐相诡，服制相反”。足见这时并没有可以分别扮演武王、周公、召公、太公及将士等角色的服饰，是用统一的演出服表演的。又据《礼记·明堂位》记载，“大武”的舞蹈演员都是头上戴“冕”，手执“朱干玉戚”。足见这种歌舞增强了表演唱的特点，但终未能接近戏曲的表演形式。另外，《礼记·乐记》中介绍“武舞”有“六成”的那段话是孔子对宾牟贾讲述“大武”乐舞的记录，它是对六组歌舞的主题概括，是儒家评诗歌教义的一贯手法，不能以此为据作出史事表演的戏剧提示。孔子以他的儒家艺术观评价“大武”的表演是“尽美矣，未尽善也”。又说“八佾舞于庭，是可忍也，孰不可忍也”。可见，“武舞”的表演并不是因为它是“天子之乐”而受到拘束，在当时有了很大发展，但这种发展仍是歌舞本身的发展。另外，在崇尚礼教的周代，庙堂歌舞中由演员扮演武王和三公、将士是不可想象的。

基于上面的看法，殷周时期只留下了关于史事的歌舞表演，还没有足够的证据断定有大型的史诗。中国诗歌的发展有自己的一条特殊的道路。任何揣测都不能构成事实。这一点下文还要涉及。

还必须提到，民间歌舞和少数民族歌舞在这个时期也有了很大发展。它们并不因为“雅乐”居于统治地位而有所衰退。相反，却以它们健康的艺术生命力冲击着庙堂歌舞。据《周礼·春官》载：除派大司乐负责“以乐舞教国子”，让他们舞六代庙堂乐舞之外，当时，由“旄人”“鞮鞻氏”还负责掌教“舞散乐”“舞夷乐”及“四夷之乐与其声歌”。而散乐舞、夷乐舞正是在被称作“野人”的人民和“夷蛮”的少数民族当中广泛流行的歌舞。而这些歌舞在周代后期、奴隶制趋于衰落阶段也盛行于上自公卿、下至乡大夫、处士的生活中。遗憾的是，代代口手相传的民间歌舞，在当时统治者眼里并不屑于记录、整理，因此没有流传下来更多资料。但是，可以猜想，民间歌舞的现实主义表演传统正是后世各具地方特色的民间歌舞小戏的渊源。

三、关于春秋、战国时戏曲的问题

春秋时戏曲是否形成？倒是个值得研究的问题。一年一度，岁 12 月而后举行的规模盛大的民间祭祀百神的节目“蜡祭”（或“ 褚祭”），确是值得重视的活动。可惜这种祭神娱人的表演活动官方记载少得可怜。但是我们可以猜想到当时的表演，在以前那种歌舞形式中开始有了明显的扮演特点。“岁终聚戏”的节日娱乐活动在当时民间盛行，说明了奴隶制崩溃时期民间艺术争得了很大的解放。我们从民间多少世纪以来发展着的农村岁末新正“社火”活动的内容与形式看到这种影响。

前面曾说过，周乐舞后期逐渐吸取了民间“舞散乐”，这个“散乐”一直发展下来，代代相传，它不仅有歌、有舞，也有舞以外的表演。历代统治者明设禁令，不许“散乐”舞巡村串乡进行流动性演出，这自然是后话。但是，春秋时的“舞散乐”在平时的演出与“蜡祭”在岁终的表演联系起来，便成为春秋时期占有相当重要位置的歌舞表演艺术了。

例如《仪礼》中所记，在上层或民间已经常有民间歌舞的表演，如《诗·周南》的“关雎”“葛覃”“卷耳”，《诗·召南》的“鹊巢”“采蘩”“采蘋”，都是有乐器伴奏的歌舞表演节目。

《诗经》中的民歌，绝大部分是流传在北方15个地区的口头表演唱词，是在民间蓬勃发展的歌舞表演活动中采集整理的。这时的歌舞尽管有了更多的表演成分，我们从唱词的分析中还找不到角色的分工，找不到哪怕是单纯些的戏剧情节，有的只是描景抒情，或简单的叙述。可见，那时的民间歌舞表演，还没有发展成为传统民间小戏的雏形那样至少有两个角色的分工，有了表演故事的简单情节。最多也只是像后世“社火”中的小车、竹马、花鼓、旱船、花灯，采茶等歌舞表演唱。封建文人对采来的“风”进行了改动，做了大手术，都是必然的，但从演绎的唱词看，关于动作的叙述等恰恰还是表演唱的特点，而不是扮演唱时作的戏剧动作。为什么不可以把它称之为饶有风趣的民间表演唱呢？把《击鼓》中的回忆与现实，如果解作出征前对出征以后的设身处地的预想也未尝不可。怎能说它只能用歌舞剧来解释呢？既可以想象，又可以追忆、驰骋自由，正是表演唱的特点。《静女》及《谷风》的表演唱特点就更加典型了。正如一些民间小戏的前身一样，它们有了一些戏剧性的胚芽，但仍未脱出歌舞表演的大框。它们正是从乐舞过渡到戏曲的中间形态，这正是小戏曲的孕育过程。

另外，在《左传》里记载吴季扎观看歌舞并做评论的事，可以参考。当时让演员“歌”了《周南》《召南》以及《邶》等12国风，子扎都连声赞之为“美哉”。听完了“歌”，他又“见舞大武”等四种歌舞。在这篇的长段记录里“歌”与“舞”是明确分述的，也可以作为“国风”等大都是表演唱的旁证。

这些周代以来即已有的“俗乐”，又称“新乐”，遭到了极大的排斥。我们可以从儒家对“新乐”的诋毁语言中做反面理解，更可以看出这些民间表演唱的艺术水平是很高的。《礼记》中载魏文侯和子夏的一段对话，就清楚地表明民间歌舞无论从歌词、曲调到音节再到表演，都是宫廷乐舞所不能比拟的。它们已经在王公贵族层中很流行、很受欢迎了。难怪魏文侯说他听古乐舞“则唯恐卧”，听了看了民间歌舞表演

“则不知倦”。这种来势很猛的民间歌舞表演，无可争辩地恰是“俗乐”的精华所在。儒家选了种种刻毒的字眼所恶毒咒骂的，恰似“俗乐”里刚健清新的生活气息，有血有肉的丰富内容，质朴无纹的歌词唱句，生动逼真的精彩表演，不拘礼仪的大胆演出。这个时期，应当看作是在歌舞的基础上开始的戏曲发展的最早孕育期。

到了战国时期，奴隶制彻底崩溃，使当时的宫廷歌舞逐渐削弱了地位，走向僵化。而与原来黄河流域兴起来的北方民间歌舞表演并行的南方乐舞，愈见发展。这种发展并不是突然的，主要是由于在这以前注重了对北方歌舞的采集整理，除了《周南》《召南》之外，还没有注意到南乐舞。到了这个时期，以吴、越、楚音为代表的南乐舞，便成了当时盛行的歌舞活动了。宋玉和楚王谈乐时提到了“下里”“巴人”“阳阿”“薤露”“阳春”“白雪”等乐曲在群众中演唱的盛况，也可以证明楚民间歌舞盛行的繁荣景象。楚乐舞在当时有代表性，从古籍中记载的事实看，楚乐舞最受人欢迎。楚人善歌舞，同时楚地用巫觋活动祀神也必有歌有舞。楚俗笃信鬼神，包括它所兼并的吴、越、陈等国也重祭祀。特别在南郢、沅湘等地，“巫风”极盛。这时风行的《九歌》，就是巫觋们原有的配乐歌舞词经屈原加工创作的。这时的《九歌》，已成为民间的大型歌舞表演。它的特点已经由表演唱过渡到扮演唱了。如扮演“湘君”“湘夫人”的角色演唱。在这里才真正从孕育中产生了中国最初的萌芽状态的戏曲表演艺术。也可以称作戏曲雏形。

关于《招魂》，作为戏剧并无足够证据。但是，这篇作品却反映了战国后期楚国的盛大歌舞表演活动。这一点倒是很值得注意的。《招魂》里通过歌唱描绘了女乐队表演楚乐舞《涉江》《采菱》《扬荷》的场面。刻画了在案上表演郑舞的姿态和服装。描写了激昂壮观的有管弦乐、打击乐伴奏的歌舞表演《激楚》，演奏了吴、蔡的歌曲。歌舞表演场面的盛大，传达得栩栩如生。这就更加证明了这个时代的歌舞表演的普遍性和表演技艺的高超。

至于《离骚》，作为一种长篇的大型歌舞，也已有了戏剧性的表演。它全面吸取了民间歌舞的养料，并加以发展变化，创造性地把民间表演艺术提到一个新的高度，这已成为公认，无须赘言。但是，如果把《离骚》完全作为大型歌舞剧解释，还根据不足。《离骚》中开始唱的家世和大段咏叹抒情，与"女媭""灵雰""巫咸"的交替演唱，大段的怀古，留有余味的尾声等等都有歌剧的演唱成分。那种演唱神话传说的驰骋想象，十分惊人也十分动人。但是，作为一个时代的新的表演艺术形式，作为一种戏曲样式，它还没有形成。它只能说是戏曲孕育期最后阶段的大型歌舞表演。它已经有了以抒情为主体的剧本，歌、乐、舞及角色扮演的成分也具备了。所差的只是进一步发展戏剧情节的叙事性，角色分工的明确性，因而还构不成大型歌舞剧。这是为历史与艺术发展的客观规律所决定的，任何人的随意猜想都是强加在它们身上的。

中国戏曲的孕育期极长，大约从公元前770年左右直到公元前220年左右，经历了500多年的漫长岁月。为什么中国戏曲这样长的历史没有形成？从艺术发展的进程看，中国最早抬头的文艺，是短小篇幅的抒情歌。这浩如烟海的诗歌便确定了自己文艺发展的道路。2000多年吟诵唱舞的一直是以抒情诗为主要样式的歌舞。纵观一下中国文学发展的几个重要的历史时期，都没有离开过这条具有中国民族特色与独特风格的道路。从《诗经》《楚辞》《汉赋》《乐府》到建安文学、唐诗、宋词、元曲，一直有一条灿烂的抒情诗的彩带贯穿着，历代散文几乎都受到了诗的影响，其中有的简直就是散文诗。宋、元、明、清的戏曲、小说，也都以独特的形式穿插着与情节、人物浑然一体的大量诗与歌。抛掉儒家诗教的说法，应当承认中国的文艺传统，真正可以说是诗与歌的传统。戏曲，则以它与诗、歌的近亲血缘关系在长达500多年的孕育期里，始终发展着它茁壮的胚芽，没能及早脱胎而出。一旦呱呱坠地、应运而生，中国戏曲便以它的歌舞剧的表演艺术特色称雄于世。中国戏曲艺术的见长处、动人处、表演技巧的高超处，恰恰都是古代歌、舞、乐的培育结果。这就是为中国世世代代人民所喜闻乐见的民族气派和民族形式。在中国独特的艺术发展道路上，猜测并挖掘像古希腊、古印度那种史诗、戏剧等样式的远古版本，不但不切合实际，也似乎没有这种必要性。正如在希腊和印度企图考证奴隶社会时期有没有诗三百篇那样的抒情诗歌一样，在中国先秦似乎也没有必要和可能强行查找出真正的戏曲演出本来。

四、关于“优戏”的问题

春秋、战国时优人的活动被记录在《史记·滑稽列传》中。这些人都有辩诘的才能，滑稽多辩，“谈言微中，亦可以解纷”。在古代，他们是被君王置于宫中殿下用以排忧解愁的。因此，他们常常以说笑话评论时事，逢场作戏，即兴讽谏。他们的活动对中国歌舞戏曲有什么影响呢？值得研究。

先说“优孟衣冠”。优孟花了大约一年时间作模拟楚相孙叔敖的排练，最后又着楚相衣冠做戏去讽谏楚庄王。这只是一个宫廷艺人利用自己的技艺对君王进行讽谏的政治活动。这在当时也不过是许多政治笑话（或政治寓言）中的偶然一例。它的偶然性就在于优孟不是别的谏臣，而是一个艺人。怎么能仅仅因为优孟着楚相衣冠便断定这是“粉墨登场”的戏剧呢？戏剧的角色扮演，完全以进入角色的表演为内容，决没有只穿角色服装而演述的反而是演员本人所要表达的政治见解或别的意愿。如果优孟在王宫中自始至终穿着衣冠表演孙叔敖的故事，那才算是戏。而这段记载，前一部分外形动作“像孙叔敖”的表演，是为了震动庄王，使他由忘却孙叔敖转为想起了孙叔敖，给后来抚恤孙叔敖打好基础。这种形象化的讽谏当然比直谏奏章能打动人心，这是合乎情理的。至于庄王见到优孟扮楚相，先是感到突然，接着他又“欲以为相”，顺着优孟的行动向前发展，而完全是为了弄清楚这个优人这样做的真正目的。所以“三天”的记载，这“三天”的宽限，也完全是顺应优孟的讽谏意图发展，看看他到底要干些什么。直到三天后优孟讲出了目的要求，庄王也全部弄清了真相而最后感谢他，并满足了他的请求，这是合情合理的。通览《史记》，这位太史公从来不用假托之虚语。“打背躬”绝不会在史书上落笔“三日”。所以，“优孟衣冠”的记载本身与戏剧演出风马牛不相及，毫不相干。

《庄子·说剑》追录庄子说剑的故事和“优孟衣冠”的特点大体相似，与扮演角色没有任何关联。通读《庄子·说剑》，这里不应当把“设戏”解作赵文王说“我也安排一场戏”。在当时，“戏”这个词还没有形成“戏剧”的概念，直到汉代才形成了“角抵之戏，以观视之”的演戏看戏的意思。本来“戏”字在那时通“麾”字，也读作 hui，并作旌麾仪仗之解。庄子讲完剑法提出要比试比试。赵文王说：“夫子休，就舍待命。令设戏请夫子。”应当解释为“先生暂停，到馆舍等候命令。等我让他们安排好比试的仪式，再请先生来。”于是才花了 7 天时间精选手下的剑士，站在殿下准备试剑，然后召庄子来比试，才引出庄子的一番形象化议论，使赵文王心悦诚服。这里的“七日”是合情合理的，有什么根据硬让它变成“打背躬”呢？至于说庄子后学对先师剑客打扮的追忆是不是不大恭敬，那要看他们政治说教的需要。在当时诸子百家纷纷登上政治舞台的争鸣当中，类似庄子作怪态宣传自己主张的做法，也不是绝无仅有的。我们不能把它们都猜想做演戏。庄子非儒家，诸多记载独具庄子学风的特异之处。不能以此断定庄子后学只能是编写了老师的“优戏”演出，否则就是对先师形象的损害。《庄子·说剑》故事，一非“优”、二非“戏”，只是一篇回忆录。没有任何根据从这篇散文中挖掘戏曲舞台上时间与空间处理的特点。

至于优人，是古代善于戏谑的乐舞演员。他们常常逢场作戏，即席表演，即兴讽喻，是类似今天的“滑稽”“相声”“讲笑话”之类兼有歌舞技艺的演员。他们的表演，对后世的说唱文艺以及戏曲中的丑角表演或多或少有些影响。但是，作为中国以歌、舞、乐为主要特色的戏曲，从源流考察，春秋、战国时代的优人表演只是一条细小的溪水，而几个世纪发展起来的大型歌舞表演却如长江大河一样向前奔流，汇聚成中国戏曲表演艺术的海洋。

第十四章　民间小戏浅论

一、民间小戏的起源与发展

民间小戏，通常也称作“民间戏曲”。它的产生和发展经历了一段比较复杂的过程。为了弄清楚它的源流，我们必须从头说起。

戏剧作为一种艺术形式，是通过人物对话（对白或对唱）、动作，即通过表演来反映社会生活的。早在原始社会时期、文化发展的最初阶段，戏剧的萌芽就已经出现了。这时的戏剧萌芽自然是全氏族、全部落或全民的艺术形式。这在民俗学、原始文化史的研究当中早已得出了确切的结论。在现代世界上某些原始部落中，如澳洲土人和非洲大陆某些部族当中，都有表演原始戏剧的活动，并且在一些表演技艺方面往往达到惊人的程度，如模仿野兽活动，表演捕捉野兽、剥食野兽的动作，都很自然、细致和逼真。

我国戏的起源，目前，从史前期文物中还难以考察到。因此，这个问题便成为戏剧史上历来争论的问题之一。有的认为中国戏剧源于古代巫觋。把以歌舞娱神或以形貌扮神的活动看作是我国戏剧表演的最早萌芽；也有人认为起于春秋的“优孟衣冠”，把优孟模仿楚相孙叔敖与楚庄王对话一事作为中国戏剧的开始。还有的人考证说中国戏剧起自古代宫廷歌舞，或从西域外邦传入，或模仿傀儡戏而来等，其说不一。以上的几种说法，有的与戏剧的产生发展有些关系，如巫觋活动；也有的与戏剧本身并无关系的，如优孟与楚王对话。还有的戏剧史家认为：中国戏剧的真正开始应该是汉代“角抵戏”“东海黄公”的故事表演。我认为这种说法是合乎实际的。因为“角抵戏”不是在汉代凭空创造的，而是在汉代以前便已经发展起来的民间“百戏”的基础上逐渐形成的，“百戏”就是古代民间各种演唱、歌舞、杂技的总称。中国戏剧是在古代民间歌舞等表演艺术的孕育中产生和发展起来的，这是符合实际的。如果仅仅抓住一种和戏剧相似的活动，便说它是中国戏剧的源头，恐怕都容易因牵强附会而产生曲解的错误。

在我国古代漫长的封建社会里，戏剧的发展出现了复杂情况：一方面民间的戏剧活动在广大群众生活中不断发展，另一方面也逐渐出现了某些专为少数统治者或有势力的阶层服务的戏剧。这后一种戏剧原是属于民间并根植于群众生活的，到这时，它们便被少数人夺去了，由一定集团的一部分人所把持。宋元两代以前，我国戏剧在民间虽然有些发展，但还没有繁荣起来。在这种情况下，那时便已经有了为宫廷、贵族、地主所专有的戏剧和所控制的演员班子了。宋元以来，我国戏剧达到空前繁荣，这时的戏剧从两条途径汇合起来为当代的广大市民阶层服务了：一条途径是原来为上层统治者服务的贵族戏剧扩大到商人层中，另一途径则是农村土生土长的民间小戏流入城市。在当时看来，这种现象似乎可以说明戏剧的群众面扩大了。但是，实际上这时的戏剧所服务的主要对象仍然是上层统治阶级和新兴的有势力的富商大贾。这样，就使它们从内容到演出形式不同程度地受到了这些阶级思想要求和趣味的影响。从这个意义上讲，这些戏剧自然与广大农民、手工业者的生活有了或大或小的距离，尽管它们最初都是产生于劳动人民的生活，演唱者绝大多数也是穷苦的被压迫在生活底层的人们，然而，这种距离已成为显而易见的了。

在广大农村及小乡镇产生并发展起来的民间小戏，深为老百姓所喜闻乐见、百听不厌。它们并不因为贵族和商人把一些戏剧的剧种、剧目和演员据为自己的享乐工具或变为麻醉群众的工具而消亡绝迹。相反，人民群众在自己的生活中，根据生活与斗争的需要，继承了自己健康的民间艺术传统，使自己的戏剧不断得到发展。越是在贵族、商人和地主们的所谓“文化影响”较薄弱的地方，民间戏剧越是形成了内容丰富多彩、形式多种多样的繁荣局面。在种类繁多的民间戏剧中，绝大多数是朴素单纯的，更多地保持了劳动人民的创作在思想性和艺术性方面的优异特色，更多地保持了人民的刚健、清新的生活气息。

民间小戏的产生和发展充分证明了民众是戏剧的真正创造者，真正的戏剧艺术是根植于人民生活的。遍布全国各地的民间小戏都是世世代代经过口头流传下来的，其中绝大多数小戏剧种的产生年代和发展过程都较难考察和判断了。在民间戏曲艺人或广大群众中，往往流传着关于某些小戏剧种产生情况的民间传说，这些有趣的传说虽然不能正确解释小戏产生的历史，但是，对于我们研究人民对民间小戏的认识、态度以及某些小戏的起源，多多少少有点启发。例如，民间传说里说在浙江地方传唱的“睦剧”（民间原称“三角戏”或“桑涧戏”）是古代一个善于演唱的仙女传授给一个樵夫而后发展起来的剧种。安徽徽州、滁县等地传说那地区流传的“泗州戏”远在伏羲氏时代就已经有了。这些并无史实根据的传说看起来荒诞，但是里面却蕴含着人民对自己的戏剧充满了赞颂、热爱的感情，同时也帮助我们了解不少土生土长的小戏，祖祖辈辈传唱，世世代代见闻，其悠久历史已不可考了。至于可考的剧种，有流传 200 多年的，也有流传发展仅有五六十年的不等。如流传在浙江地方的现代越剧于清末在浙江嵊县一带初步形成，当时称为“小歌班”或“的笃班”，1916 年进入上海。可见民间戏剧的产生时代，由于口头流传的特点，不可能含混笼统地一概而论。

民间小戏尽管在产生时代方面无法笼统断定，但是它们的发展和形成，却彼此有着很多共同之处，特别是小戏形成的主要途径往往是一致的，形成过程也是带有规律性的。民间小戏的形成具体表现在它们与民间歌谣、民间舞蹈的血缘关系上；换句话说，民间小戏的绝大部分剧种是在各地方的民间歌、舞基础上发展形成的。因此，我们不得不从民间歌舞谈起。歌谣是密切伴随着人民生活流传了几千年的口头文艺演唱形式。其中，群众多年来创造叙述故事的歌谣，创造了对唱、齐唱等表演形式，在农村生活中，这些歌唱往往在一定场合伴之以民间丝竹乐器或打击乐器（主要是锣鼓）。这些演唱活动的发展，便逐渐在农村中出现了农忙时期的“秧歌”，农闲时期或逢年过节时开展的各种形式的“社火”活动。尤其是后一种活动，已经不单纯是唱了，而是以化装歌舞为主的表演。这时的表演正是化装演唱小故事的小戏雏形。民众在自己坚实的地方生活土壤上，他作各具特点的、丰富多彩的故事扮演形式；例如，各地的“扮故事”（有“地故事”“马故事”，“地故事”又有的称作“地蹦子”），小车，竹马，跑驴，跑旱船（江南的“采莲船”），高跷（又称“高脚”），花鼓，花灯，龙灯等。就在这些比较简单的故事扮演中，已经出现了各种类型的具有戏剧角色特点的人物，如乘船、坐小车的姑娘，骑驴的媳妇，捕鱼、撑船、推车的老翁，拉车、赶脚、背纤的青年等都是颇有戏剧性的人物。这时的民间歌舞表演，从歌唱到舞蹈动作，从化装到人物表情，给小戏奠定了很好的基础。在这个基础上，逐渐出现了没有固定故事人物的固定角色，如“小旦”和“小生”，或“小旦”和“小丑”这两个角色首先出现在具有舞台性的演出活动中，形成了情节比较单纯的“俩小戏”。我国东北地区广泛演唱的“二人转”，内蒙古中部、晋西北等地流传的“二人台”，至今还是典型的“俩小戏”。这个阶段的表演仍然保持着浓厚的舞蹈特点，唱词唱腔也仍然保持着民歌的特点。这时的角色往往是相互交替着演唱一个完整的故事，甚至有的是用上下句连缀接唱到底的形式演出，还没有发展成扮演故事里的特定人物。这时，在唱中又出现了独白、夹白或对白，出现了哭、笑、逗、闹等多种演技。同时，在演员手中也出现了简单的小道具，如：手帕、扇子、马鞭、彩绸等。随着“俩小戏”的进一步发展，就使得许多舞蹈动作（包括手势、步伐、身段以及简单的武术动作）和面部表情（包括哭、笑、怒、惊、怕、愁、想等情绪和眼神）更具有表演戏剧情节，表现人物活动、心理、性格的特点。演唱的曲调也逐渐形成了具有民歌风的特殊的地方小戏唱腔。这些唱腔也逐渐形成了相对稳定的格调或形式，出现了多种多样的曲牌和板式，增强了表现力。最为突出的发展便是角色开始固定在剧中人物身上，一个角色在演出一个完整的戏中始终可以表演一个完整的人物性格，并且由于戏剧所表现的故事情节的需要，增加了角色，出现了多角色的小戏。这个阶段是良间小戏的重要变革阶段，也只有发展到固定角色、表演人物之间有了种种戏剧性纠葛时，民间小戏才算基本上形成了。

除去上面所述的民间小戏的主要形成途径外，还有一条形成途径，那就是在民间说唱基础上形成的小戏。这种小戏有的最初与说唱鼓书等形式极为相似，有的把它叫作“坐腔戏”；它是以说唱故事为主要特点的，最初它很少化装表演，后来与表演动作结合才慢慢形成戏剧演出形式。山东的“吕剧”（本来又称“扬琴戏”）、“四合音”（又叫作“化装扬琴”）、“坠子戏”等都是。有的戏曲研究人员认为这一条途径是主要的，甚至在这类小戏的唱词中都可以查找出说唱文学的种种痕迹。但是，就民间小戏的综合艺术特点说来，从内容到形式，从口头流传的剧本到多彩多姿的演技，都可以明显地看出它们从民间歌舞基础上发展形成的主要脉络。

另外，还有的小戏与农村和小乡镇的各种巫觋歌舞有较密切的关系。如安徽省贵池一带的“傩戏”，贵州省贵阳、安顺等地的“地戏”，江西省流传的“文傩”等都是。

形成了的民间小戏，原来是不脱离生产的劳动群众在农闲或年节时排练演出的。在发展过程中，有的便逐渐建立了半职业性质的戏班，像河北省的“老调丝弦”班，就是在春播以后组织到外地演出，获得一些收入，到麦熟农忙时再返回本乡下地割麦，参加农业生产的季节性戏班。在这同时，由于广大农民和手工艺者受到种种压迫和剥削不得不走入转业途径时，或者当广大农民遭受种种严重自然灾害，无法在农村继续生活时，他们当中的那些擅长演唱小戏的人便自发地结合成民间的小型职业剧团，长年流动演出，成为全职业化。小戏演员从扮演故事的民间歌舞开始一直是男的，戏里的“小旦”和特定的女主人公也都是由男演员“反串”的。只是在近代，特别是新中国成立以来，才有了女演员。

从坚实的劳动生活土壤中生长起来的民间小戏是多种多样的。根据新中国成立以来发掘出来的民间小戏剧种看，全国大约有250多种（汉族人民以外其他兄弟民族小戏剧也在内）。其中相近的或同出一源的剧种也很多，各种“花鼓戏”就不下30种，“花灯戏”约有十五六种，“采茶戏”有10多种，各种小型的“梆子腔”（不包括“山西梆子”“陕西梆子”“河南梆子”“河北梆子”等大型地方剧种在内）也约有十四五种，各地传唱的“秧歌戏”也有七八种之多。民间小戏与地方大戏（如评剧、河北梆子、豫剧、越剧、粤剧、晋剧、川剧、沪剧，秦腔等），与全国性大戏（如京剧）不同，它在传播中很少跨越外省或遍及多省。常常在一个省内就拥有很多剧种，湖南、湖北、河南、山东及江西等省份都分别拥有近30种小戏；安徽、浙江、福建、山西、陕西、河北等地也分别拥有约20种小戏。其中有的小戏即使跨省流传，往往也是以临界地带为主要活动区，流传的范围总是有限的。东北三省广泛传唱的小戏“二人转”，则是传布范围较大的跨省剧种之一。在我国，不仅汉族聚居地区有小戏，就是其他兄弟民族聚居区，也有他们自己的小戏流传，如广西的“僮戏”“苗戏”，西藏的“藏剧”，贵州的“布依戏”“侗戏”，云南的“傣戏”等就是为少数民族民众所喜闻乐见的几种小戏。

二、民间小戏的内容与思想

我国的民间小戏不仅有悠久的历史，更重要的是它以丰富的内容和健康的思想感情和广大民众保持了密切的精神联系，并为群众所喜闻乐见。这些民间戏曲遗产，都是历代人民的集体创作。即使有的小戏是群众中有戏曲专长的艺人所创作，也在演唱和流传过程中经过了群众的不断加工和润色，因而也就有着浓厚的生活气息和深刻的现实主义精神，密切地结合了人民的生活与斗争，发挥着朴素的艺术教养作用。

在处理小戏遗产的时候，首先看到的便是传统小戏的内容表现了丰富的劳动生活。小戏真实地描绘群众的劳动生活，成为人民喜爱的重要因素。新中国成立以来，据初步考察，在传统小戏的演出剧目中，表现贫苦农民和小手工业工人的劳动生活的戏就将近一半左右。这类民间小戏不仅细致地描绘了人民艰难的劳动生活，而且还高度颂扬了人民高贵的勤劳本色。黄梅戏《点大麦》就是这样一出好戏。这出戏描写了穷苦农民王小六夫妻相互体贴帮助、勤勤恳恳种庄稼的故事，表现了劳动人民在劳动生活基础上培植起来的纯洁健康的夫妻感情。

又如江苏锡剧（又名常锡文戏）《双推磨》，也深刻地表现了劳动人民在劳动中相互帮助相互体贴的阶级感情。它通过受苦的长工何宜度帮助年轻寡妇苏小娥推磨、干活，以致最后成亲等纠葛，反映了人民在苦难中的乐观情绪和生活的信心。

最突出的是民间小戏深刻而尖锐地反映了封建社会剥削压迫的历史真实。在内蒙古中、西部及晋西北地区广泛传唱的“二人台”《走西口》，就是表现这一内容的好戏。这个戏描写了山西地方一对新婚的穷苦夫妇孙玉莲和太春，为生计所迫不得不分开，让太春背井离乡去“走西口”，到内蒙古西部河套地区另谋生路。离别时新婚夫妇依依难舍，孙玉莲对太春叮咛嘱咐，让他一路上搭船住店倍加小心，表现了玉莲对丈夫的关怀与体贴。细致地描绘了新婚夫妇的别情。这出戏以穷苦人被逼不得不逃荒到外地去谋生这一事实作为背景和戏剧情节发展的基本线索，不仅反映了广大劳动人民的苦难生活和悲惨遭遇，更重要的是无情的揭露了旧社会人吃人的剥削实质。戏中的某些唱词就直接地表现了这些内容，生唱：

> 咸丰整五年，山西遭荒旱，受苦人真可怜，有钱的粮满仓。……去年遭年馑，遍地草不生，没打一颗粮，活活饿死人，官粮租税重，逼得跳火坑，没钱纳粮税，不走西口咋能行？

在的笃戏（即老越剧）《卖炭翁》中，通过介绍倪小环的身世，也表现了农村“三年灾荒四年旱”，把劳动人民逼得逃难受苦，以致被人压榨欺凌的真情。在山东柳城腔戏《寻工夫》中，深刻地表现了贫雇农对地主阶级的斗争。它描写一个口蜜腹剑的刻毒的地主婆李氏用花言巧语在早集市上摸黑雇了一个“工夫”（即短31）刘喜儿，最后当天亮时刘喜儿才认出这个地主婆原来正是从前雇用过自己的那个狠毒的家伙，于是当面揭破了她优待工夫的谎言，有力地控诉了地主对农民残酷压榨的罪行，这是一出非常动人的讽刺小戏，它把戏中单纯的情节安排得很巧妙，同时，地主婆与雇工的性格也刻画得很突出。

有的小戏在反映人民与官府的斗争方面也很突出。湖北花鼓戏《告堤霸》、黄梅戏《闹官棚》等，都从多方面生动有力地对贪官污吏进行了讽刺和揭露。

小戏所表现的劳动人民的生活侧面是异常广阔的，所表现的社会关系也是相当复杂的。楚剧《葛麻》中讽刺、批判了旧社会嫌贫爱富的现象；的笃戏《卖婆记》，揭露了旧时代虐待老年人的卑劣品质和行为，表现了人民健康的道德情操以及要求过好日子，建立美满家庭生活的合理愿望。

妇女生活是民间小戏的重要内容之一。在民间，有许多小戏替妇女诉苦、呼吁，表现了人民群众对妇女的同情和支持。山东秧歌小戏《送童养》，就描写了被迫出卖幼女做童养媳的惨痛生活。与此同时，在小戏里更多地反映了她们在旧社会里悲惨的婚姻生活。东北的“二人转”《蓝桥会》，在主人公兰瑞莲描述自己遭遇时唱道：

丈夫五十单三岁，小奴今年二十三；
老夫少妻不般配，提起此话我心酸；
当初娘家日子不好过，借了周家印子钱，
年长息来月长利，本利算来无钱还；
周家见奴生得好，找来媒人把亲事谈；
我又万般无计奈，把亲生的女儿当账还。

这里深刻揭露了压迫者剥削者对劳动妇女的野蛮摧残的实质，反映了妇女在黑暗统治年代被迫成为旧势力牺牲品的血淋淋的现实。在一些小戏中，也有以反映旧社会婆婆虐待儿媳妇为中心内容的。湖南花鼓戏《草堂磨媳》和其他剧种中常见到的“小姑贤”类型的戏，就是通过不同情节，表现了封建礼教与家长制给妇女生活带来的灾难，为广大受折磨的媳妇抱不平。有些小戏还从另一方面反映了不相称的、不合理的包办婚姻。如秧歌剧《秃子尿床》就是描写一个青年妇女被迫给一个只会尿床的小孩做妻子的悲惨命运。

民间小戏在表现妇女生活方面最积极的内容，就是对妇女反封建斗争精神的赞颂，对妇女自由权利的讴歌。锡剧《双推磨》中，就突出表现了年轻寡妇苏小娥冲破封建礼法束缚热烈追求自由的性格特点。例如剧中苏小娥看到何宜度这个受苦人诚心诚意关怀自己，富于阶级同情，就决心把自己的终身托靠给他。又如锡剧《卖草囤》（又名《女落庵》），描肓一个自幼被送入尼庵出家的小尼姑与青年郭某冲破各种枷锁互相爱恋，最后斗争胜利的故事。这出小戏与内蒙古“二人台”的《小尼姑思凡》一样，都具有比较鲜明的反封建、反迫害的斗争意义。又如锡剧的笃戏《秋香送茶》，描写一个阔少爷用威胁利诱等手段企图调戏婢女秋香，结果反而遭到婢女一顿奚落和嘲骂，生动而尖锐地揭露了财主荒淫无耻的腐朽本质，赞扬了劳动妇女不为富贵荣华和权势所动的高尚品德。

民间小戏在表现妇女生活的同时，也突出地表现了民间的爱情生活。这种内容在上边所引的锡剧《双推磨》《卖草囤》中已经可以充分表现出来了。除此以外，还有许多大胆描绘恋爱故事的戏。如黄梅戏里的《送表妹》《送绩罗》《绣荷包》，浙江睦剧《补背褡》，内蒙古“二人台”《打樱桃》《挂红灯》等戏，都突出地刻画了真挚而复杂的爱情心理，突出地反映了劳动青年男女的健康的爱情生活。在民间流行的爱情小戏和民间情歌所表现的纯洁朴素的感情完全一致，同时这些戏里的主人公也大多是平民百姓。同时，小戏还演出民间流传的表现爱情生活的某些传说、故事。如梁山伯与祝英台的故事、白娘子的传说等都是。可见民间小戏所反映的爱情生活具有广阔的生活特色。

在民间小戏中还突出地表现了对人民智慧的赞美。和民间故事中那些“长工斗地主”“巧媳妇”型的内容一样，在小戏里往往也有描写人民用机智战胜坏人的作品。像楚剧《葛麻》中的长工葛麻就是一个人民智慧的化身，他用巧妙的计策战胜了嫌贫爱富的暴发户马铎，热情帮助了贫困书生张大洪。这出戏的剧情纠葛安排得既巧妙又紧凑；它完全是一个活现在舞台上的“长工斗地主”型故事。秧歌剧《当皮箱》是表现一个妇女用计谋战胜了调戏她的富豪（当铺掌柜），并把这个当铺掌柜装到皮箱中，然后拿到当铺去当的故事。这个戏和的笃戏《箍桶记》等，都可以说是舞台上的《巧媳妇》型故事。

民间小戏的内容总是以它的丰富多彩博得群众的喜闻乐见。黄梅戏《夫妻观灯》、内蒙古“二人台”《打秋千》等戏主要表现了人民的欢乐情绪，真实地刻画了人物的各种心理状态。

另外，还有以更多民间传说、故事为表演内容的戏。群众依据自己的爱憎眼光洞察现实生活，用自己丰富的生活经验，把历史和传说的故事加以想象和判断，创造了人民所赞颂、所喜爱的剧中人物。在这类小戏里，人民总是同情那些被压迫者被欺凌者，即那些弱小而善良的人们，反过来对于那些作威作福的统治者、剥削者，却表示了他们的极大愤怒和蔑视。人民在自己的小戏里歌颂那些敢于反抗暴力，敢于为生活和幸福而斗争的英雄。他们在戏中讴歌了那些大公无私、见义勇为的人，同时狠狠地鞭挞了那些自私自利、忘恩负义的小人。民间小戏充分反映了我国人民性格中的基本特质，并且在发扬我们民族正气的进程中，无疑是起到了一定的教育作用的。

但是，民间小戏是不可能在孤立绝缘的状态下产生的，它在若干世纪的发展变化中，总是受到复杂的思想和趣味影响的。它们总是通过各种渠道渗透到民间小戏中来。尤其是当民间小戏随着经济发展的需要不断流入城镇以后，内容更加复杂起来。把本来健康的思想性强的戏，也涂染上了不健康的思想。在小戏舞台上演出一些宣扬封建迷信、低级下流的坏戏，对此应当做出正确的分析。因此，在分析民间小戏的思想内容时，必须严格遵守“剔除其封建性糟粕，吸收其民主性的精华”的原则，把小戏的精华发扬出来，在新的历史条件下，发挥它的艺术的和社会的功能。

三、民间小戏的艺术特点

民间小戏在自己的发展过程中，也不断形成和发展着它自成一体的艺术特点，无论是题材方面，或在语言表演风格、技巧及唱腔等方面，它与“大戏”都有着比较明显的区别。

第一，表现在民间小戏的题材方面的特点。小戏总是以人民日常所熟悉的生活事物为创作的基本材料。它表现的生活侧面与群众的命运息息相关。它不同于“大戏”那样以表演历史传说、故事的复杂情节戏为主要特色。小戏以日常劳动生产为材料而创作成功的作品反映了丰富多彩的内容。如种麦、抬麦、耕田、采桑、摘棉花、种菜、卖菜、放牛羊、拉骆驼、缝衣、赶脚、担水、打草、推磨、打草鞋、锯锅、补锅，等等。反映妇女家务劳动的，如洗衣、缝衣、补衣、做鞋、纺线、绣花，等等。同时，以民间风习为创作依据的也很多。如过年、拜年、回娘家、探亲家、送别、观灯、赶庙会、搭船渡、借东西（如锡剧《借红纱》《借黄糠》）、卖东西（锡剧《卖红菱》《卖花》《卖花带》《张老福卖西瓜》，黄梅戏《卖大蒜》《卖老布》《卖花篮》《卖斗箩》，内蒙二人台《卖菜》《卖饺子》）、买东西（锡剧《买花》，黄梅戏《买胭脂》，二人台《买鸭梨》《打连城》）。送东西（黄梅戏《送绫罗》，锡剧《送兰花》）等都是。小戏从这些老百姓最熟悉的生活当中选择了最典型的事件作为剧情，深入细致地表现平民百姓的健康思想感情，使人们从小戏中亲切地感受到浓厚的生活气息，显示了戏剧形象的深刻感染力量。

第二，表现在民间小戏语言方面的特点。通俗、质朴、生动、活泼，富于表现力。小戏和传统“大戏”不同，它很少在白与唱中安排一系列公式化了的套语。谁都知道，语言是刻画戏剧人物性格，表现人物感情、心理的最基本工具。小戏的语言对表现小戏内容，刻画人物，发展情节都具有突出的表现力。小戏的语言是从异常丰富生动的人民生活语言中汲取和提炼出来的。同时，也是在演唱过程中不断推敲和锤炼出来的；正因为这样，它才能够充分表现生活，深刻塑造人物，细致抒发感情。

例如山东柳腔《寻工夫》中刘喜儿上场的一大段独唱和独白就很精彩。

刘：（上唱）嗳咳？日出东来准落西，光棍家里没有妻，衣裳破了没人补，两只破鞋打“哈嘻”。富的不知道穷的苦，饱汉不知道饿汉饥。穷汉日子不好过，一天不动了不得。锄、镰、锨、镢做朋友，土地杂草当亲戚，风不离，雨不散，天天赔咱卖力气。好地锄过上千亩，锄来锄去是人家的，背幸月天，头拱地，脊梁杆子晒破皮。干上一天穷一天，忙了一季穷四季。冬天一身破棉袄，一气披到六月底。灯笼裤子露膝盖，穿到柿子红了皮，补丁上面摞补丁，凑付凑付当棉的。夜晚宿在破庙里，铺着狗皮盖蓑衣来，盖蓑衣。

一个典型的雇农形象就在这一段质朴而生动的自叙中被活灵活现地描画出来了。又如，河北武安落子《九红出嫁》中的一段唱词细致刻画了做母亲的真实感情和复杂心理。

豆荚落地才生根，
听为娘表一表养儿的恩；
娘怀儿十个月如怀珠宝，
不敢走不敢动盼到临盆，
软软的棉布把儿裹起，
放在了娘怀里紧靠娘身。
在白天，一天几遍把奶喂，
哭一声如钢针刺娘的心；
到夜晚，哪里尿湿了娘去睡，
腾出干地方让儿存身。
尿湿了好衣服娘也不嫌，
拉一泡“尼尼”娘也愿意闻。
一岁两岁娘怀中抱，
三岁四岁不出房门，
五岁六岁大街去耍，
娘在后边紧把儿跟。
不下雨娘替儿拿着雨伞，
不刮风娘替儿拿着风巾。
儿吃饭娘先尝一口，
还恐怕热饭烫了儿嘴唇。
正月里就把儿单衣做好，
六月天在柜里把儿棉衣存；
为什么六月天就把棉衣做？
娘恐怕变了天冻着儿身。

这些质朴无华的语言，传达了做母亲的心声，使小戏的广大听众产生极为强烈的联想和共鸣，发挥了巨大的感染作用。东北二人转《兰桥会》中关于婆家兰桥湾的一段环境描写是很逼真的，它把农村中财主家的里里外外做了生动的描绘，听了这段唱词会使人产生身临其境的感觉。这种朴素、活泼、亲切的小戏语言，反映了劳动人民健康的艺术趣味。在这点上，它们与有闲阶级的生活情趣和艺术情调不仅有很大距离和差异，而且往往是决然相反的。

第三，表现在民间小戏风格方面的特点。和小戏的题材、语言的特点密不可分的是它的喜剧风格。尽管在旧社会现实生活中过着极为困苦的日子，普遍有着悲惨的遭遇；尽管在小戏中也深刻反映了这些悲剧的内容，但是小戏表现出来的诙谐、幽默和讽刺的喜剧异常鲜明，成为民间小戏的突出特色。即使是悲剧的内容，往往也用喜剧手法作某些处理，使悲剧也显得健康有力。本来在小戏语言的生动活泼的表演当中已经蕴含了许多幽默成分，但是，从小戏的人物和情节方面表现出的幽默则更为主要。小戏的许多情节都安排得很巧妙，前面提到的山东柳腔《寻工夫》的情节就是如此。这个小戏用天亮前和天亮后作为剧情发展的两阶段，天亮以前地主婆摸黑雇了短工刘喜儿，使刘喜儿在剧情发展中相信了地主婆的花言巧语，等剧情进入天亮以后。刘喜儿认出了这个以前虐待过他的地主婆，矛盾变得激化起来，刘喜儿把地主婆的花言巧语一一揭穿。在长工与前雇主的巧遇这一情节基础上发展起来的一系列纠葛构成了讽刺可笑的情景。在楚剧《葛麻》里用智慧捉弄财主的每一个细节中，秧歌剧《当皮箱》中用巧计惩治富豪的每一个场面里，都充满了劳动人民独具的那种幽默特色。在《卖婆记》里，把娶媳妇同卖婆婆两桩事安排在一起，构成了可笑的场面。在这笑声中充满可对被欺辱的善良人的同情和对狡猾阴险的坏人的憎恨。同时，小戏中的人物也常常以幽默为表现性格的特色。应当注意，民间小戏中的各种角色，都在不同程度上有着“丑”角的特点。无论是小生、小旦，还是老生、老旦，在小戏中常常有引人发笑的表情动作，有诙谐有趣的唱和白。平民百姓的乐观主义精神和健康情趣就这样深深渗透在角色的表演艺术之中。

第四，表现在民间小戏唱腔曲调方面的特点。小戏的唱腔与“大戏”不同，它的曲调唱腔始终保留有各地方民歌的特色。民间小戏在不同程度上与当地民歌有着千丝万缕的联系，有的甚至就是从民歌直接吸取来的。例如，黄梅戏的唱腔曲调多是当地“采茶调”而来，同时也受到当地“樵歌”“渔歌”的种种影响。黄梅戏《打猪草》中的“对花”一段，的笃戏《卖青炭》中的“三翻十二郎”对唱等，实际上就是小戏中相对独立表演的民歌插曲。内蒙古二人台许多腔调都是从内蒙古地区蒙、汉民歌及晋西北汉族小调基础上发展起来的。有些戏直接用内蒙古民歌“爬山调”演唱，同时还吸取了汉族民歌“丝弦调”及蒙古民歌“三百六十只黄羊”“白菜花”等曲调，在蒙汉杂居的地区形成了独特的演唱特点，为当地人民所喜爱。民间小戏的演唱，常常采用民歌上下句连缀式的对唱、接唱形式。如黄梅戏《夫妻观灯》，福建高甲戏的《桃花搭渡》，泗州戏《拾棉花》，二人台《打秋千》《打樱桃》都有长段的接唱、对唱的表演，唱起来活泼不单调，配合舞蹈步伐更加节奏鲜明，增强戏剧的表演效果。唱词中的押韵多半随着各地方语音的不同大体合辙。随唱腔的曲折宛转，民间小戏多有自己的衬腔、垫字，使演唱更加动听，有特殊的“味道”。

第五，表现在民间小戏表演方面的特点。小戏表演的细致、逼真程度往往是惊人的。这是小戏演员不脱离群众、深入观察、体验生活的结果。在舞台上小戏所表演的劳动动作或生活中常见的动作，总是给人以生活实感。如表演缝补、绣花、做鞋时使用针线的动作，往往能把全过程艺术地再现出来，甚至连针扎了手指的细节都表演到了令观众觉疼的程度。又如打水、纺线、梳头的动作都是如此。它们的逼真表演往往能做到哭如真哭的境地，不像“大戏”中的哭是拭泪的象征性动作。小戏表演的另一方面，是它们的舞蹈步伐。民间小戏绝大部分是歌舞剧，它们的基本步伐往往大同小异。一般说来，小戏是在民间舞蹈步伐基础上形成的，它们表演的推磨、推车、荡船、扑蝶、过桥等动作也是从"扮故事"的秧歌动作中吸取的。它们不同于"大戏"中的武功技巧的开打表演。小戏表演步伐的最常见的形式是在秧歌戏的"扭"的表演上加工演化成的。往往这种步伐是由慢而紧，逐渐加快，唱做配合，使观众为之吸引而聚精会神。小戏表演技巧往往还表现在使用小道具上。这是小戏为了扩大表演效果逐渐形成的表演特点。如东北二人转的耍扇子、扔手绢都有很多难度大的表演技巧。内蒙古二人台的打"霸王鞭"也有上、中、下三路套数的打法，使身段和舞姿多样化，增强了戏剧效果。

第六，表现在民间小戏演出活动方面的特点。小戏演出从一开始就带来了一个突出的特点，那就是：单纯。当然，往往因此也出现简单、粗糙或简陋的缺点。但是，这种特点显然是为群众苦难朴素的生活所决定的。小戏的舞台在很长历史时期里是简陋不堪的，但是它却能很有效地演出。这种性质的舞台一般被称作"草台""野台子""地摊戏"，还有更形象的称呼是"靠山吼""牵草索"等。小戏舞台上的大道具也极简单，有的甚至连桌椅都不用。演员的化妆也是一律从简，一般男角的面部不化妆，丑角也略点白色而已。服装也很普通，原来很少"大戏"中那种华丽穿戴，直到近些年来，小戏流入城市受到"大戏"演出的种种影响，才在化妆、道具、服装等方面向"大戏"靠拢。小戏伴奏的音乐也较单纯，除有极少的民间簧管（唢呐、笛、笙、管）、丝弦（二胡、板胡、三弦、四胡、月琴、琵琶、扬琴等）乐器以外，还配有音响效果很强的打击乐器（鼓、锣、钹、梆子、竹板等）。

从以上六方面特点看来，小戏与"大戏"在内容与形式方面的许多不同点是异常醒目的。小戏的这些特点中有一些明显的优点（如语言、风格方面的突出优点），往往是"大戏"所不及，但是，也应当认识与小戏有着血缘关系的“大戏”，也有许多艺术特点往往是小戏很难赶得上的。小戏由于植根于底层生活，已成为人民群众最熟悉、最喜爱、最需要的艺术形式了。任何人用任何手段也扼制不了群众对民间小戏的喜闻乐见，“文革”时期的文化专制主义也不例外。在新的历史条件下，民间小戏仍是百花园中盛开的丛丛山花，有待人民更好地培育和浇灌，使它开得更加鲜艳。